PRETO NO BRANCO

THOMAS E. SKIDMORE

Preto no branco
Raça e nacionalidade no pensamento brasileiro (1870-1930)

Tradução
Donaldson M. Garschagen

Prefácio
Lilia Moritz Schwarcz

1ª reimpressão

COMPANHIA DAS LETRAS

Copyright © 1993 by Duke University Press

Grafia atualizada segundo o Acordo Ortográfico da Língua Portuguesa de 1990, que entrou em vigor no Brasil em 2009.

Título original
Black into White: Race and Nationality in Brazilian Thought

Capa
Victor Burton

Fotos de capa
A partida para a roça. Litografia a partir da fotografia de Victor Frond, Acervo G. Ermakoff
Retrato de Manuel Rosa. Fotógrafo não identificado, 1889, Société de Géographie, Paris
Crioulo fugido (...), Cartaz de Laemmert, 1854, Acervo da Fundação Biblioteca Nacional
— Brasil

Pesquisa iconográfica
Vladimir Sacchetta

Preparação
Osvaldo Tagliavini Filho

Cronologia e índice remissivo
Luciano Marchiori

Revisão
Carmen T. S. da Costa
Huendel Viana

Dados Internacionais de Catalogação na Publicação (CIP)
(Câmara Brasileira do Livro, SP, Brasil)

> Skidmore, Thomas E.
>   Preto no branco : raça e nacionalidade no pensamento brasileiro (1870-1930) / Thomas E. Skidmore ; tradução Donaldson M. Garschagen ; prefácio Lilia Moritz Schwarcz. — 1ª ed. — São Paulo : Companhia das Letras, 2012.
>
>   Título original: Black into White : Race and Nationality in Brazilian Thought.
>   ISBN 978-85-359-2057-4
>
>   1. Brasil — Relações raciais I. Schwarcz, Lilia Moritz. II. Título.

12-00844   CDD-305.800981

Índice para catálogo sistemático:
1. Brasil : Relações raciais : Sociologia   305.800981

[2021]
Todos os direitos desta edição reservados à
EDITORA SCHWARCZ S.A.
Rua Bandeira Paulista, 702, cj. 32
04532-002 — São Paulo — SP
Telefone: (11) 3707-3500
www.companhiadasletras.com.br
www.blogdacompanhia.com.br
facebook.com/companhiadasletras
instagram.com/companhiadasletras
twitter.com/cialetras

Para meus pais, que se interessaram bastante

Sumário

Prefácio	9
Introdução à edição de 1993	17
Introdução	29
Agradecimentos	33

1. O contexto intelectual da Abolição no Brasil 37
    O Brasil em 1865 37
    A ascensão de um espírito reformista 42
    O abolicionismo 49
    O pensamento europeu e dilemas deterministas 66
    A agonia de um pretenso nacionalista: Sílvio Romero 73

2. As realidades raciais e o pensamento racial depois
    da Abolição 80
    Natureza e origem da sociedade multirracial brasileira.... 80
    Variantes das teorias racistas provenientes do exterior..... 91
    A teoria racista no Brasil 98
    "Branqueamento", a solução brasileira 110
    Comparações com os Estados Unidos 117

3. Política, literatura e o sentimento de nacionalidade
no Brasil antes de 1910 128
As realidades políticas de uma República jovem 129
Críticas políticas à jovem República 136
A literatura, os intelectuais e a questão da nacionalidade ... 139
Reação à inadequação 152

4. A imagem nacional e a busca de imigrantes 185
"Vender" o Brasil na época do Império 186
A promoção da imagem brasileira, 1890-1914 190
A política imigratória, 1887-1914 200

5. O novo nacionalismo 210
O período entre 1910 e 1920 212
O Brasil e a eclosão da guerra europeia 215
Defesa nacional: o despertar do nacionalismo 219
A mobilização e o novo nacionalismo 226
A guerra como estímulo ao nacionalismo 240

6. O ideal do branqueamento depois do racismo científico 244
Os anos 1920: crise política e fermentação literária 245
O resgate do caboclo 251
A herança africana 259
A política de imigração 268
O ideal do branqueamento 277
A reação do Brasil ao nazismo: uma digressão 283
Branqueamento: um ideal racial anacrônico? 285

Nota sobre fontes e metodologia 299
Notas 306
Cronologia das obras citadas 371
Bibliografia 375
Créditos das imagens 381
Índice remissivo 383

Prefácio
Como nascem os clássicos

Italo Calvino, em seu ensaio intitulado "Por que ler os clássicos", traz um verdadeiro receituário sobre como localizar obras que merecem tal alcunha e definição. De alguma forma ensina como separar textos mais contextuais dos duradouros; aqueles que repercutem só em seu momento de outros que continuam a produzir conhecimento, emoção, certezas, mas também questionamentos. Calvino conta que clássicos são livros que "se impõem como inesquecíveis", até quando "se ocultam nas dobras da memória". Um clássico é também aquele livro sobre o qual nunca se diz: "eu estou lendo"; estamos sempre "relendo". Talvez por isso Calvino defina um clássico como uma "leitura de descoberta", mesmo quando voltamos algumas vezes à mesma obra e, na verdade, já a conhecemos de cor e salteado. Outra característica dos clássicos é que eles nunca "terminam de dizer aquilo que tinham para dizer". Assim, por mais antigos que sejam, sempre parecem novos, inesperados, inéditos. Clássico é ainda aquele texto que provoca uma enormidade de críticas — a maioria positivas, outras nem tanto —, de maneira que retornamos a ele informados por outras marcas e camadas de leitura. Clássico é, por essas e por outras, um livro que "persiste como rumor, mesmo onde predomina a atualidade mais incompatível".

Receita de bolo e de sucesso, essas definições certeiras e outras, igualmente elencadas por Calvino, parecem remeter a um universo reduzido de obras e a uma seleção que passa, muitas vezes, por um crivo coletivo (isso é certo), mas também individual. Coletivo, pois a experiência de gerações é que confere a uma obra sua posteridade. Individual, pois clássicos são comumente livros de "predileção pessoal", quando não viram amuletos ou talismãs: referências de sorte.

O fato é que são poucos os livros que resistem a seu tempo. Na maioria das vezes, eles se tornam logo datados, ainda mais quando lidam com temas que continuam a gerar polêmica no presente e na atualidade. A história costuma ser dura com essas obras, e as transforma rapidamente em "vestígios", quando não em "meros testemunhos" de uma maneira de pensar em tudo ultrapassada.

É difícil, pois, um livro figurar como clássico e transpor a barreira severa e condicionante de seu próprio momento. E, se tudo isso faz algum sentido, ajuda a entender e dimensionar a importância, o impacto, a recepção e a contínua presença deste livro de Thomas Skidmore, *Preto no branco — Raça e nacionalidade no pensamento brasileiro*.

Comecemos pelo mais óbvio: o título. Poucos livros tiveram seu nome tão copiado, nos mais diferentes e inesperados lugares: em exposições, catálogos, quadros, documentários, e assim por diante. Tudo isso poderia soar como uma grande coincidência, se não fosse um sinaleiro a indicar o caminho das pedras. Skidmore acertou num alvo difícil: uma questão espinhosa de nossa nacionalidade; matéria para o silêncio, omissão e interdito. Mais interessante ainda é destacar que este seu livro se comporta como um "parêntesis", uma pequena pausa, em meio a uma série contínua de obras, mais relacionadas entre si. Conhecido por seus estudos na área de história política e documental, Skidmore se deteve pouco nesse tipo de questão ou mesmo na análise de intérpretes brasileiros. E, ainda, o pesquisador selecionou um tema que mais se assemelhava com um tabu. Na verdade, se a questão racial se mostra sempre presente, para o bem e para o mal, nos discursos de nacionalidade, com frequência é entendida como um falso problema: algo que se sabe mas não se discute ou comenta. E eis que o professor norte-americano tomava em suas mãos um problema central de nossa castigada identidade e o trazia para a frente de sua reflexão.

Por outro lado, ele engenhosamente recortou o tema a partir do "pensamento social brasileiro". Isto é, em vez de se perder em números e em censos falhados — já que no Brasil cor e raça ora aparecem como critérios ora literalmente desaparecem —, optou por seguir a pista dos discursos legados por políticos, professores, médicos, biólogos, humanistas, higienistas, literatos ou meros curiosos. Numa época de poucas retomadas e balanços desse tipo, Skidmore procurava pela "raça" a partir dos próprios textos que a constituíam como perfil do povo, depois como ciência, mais tarde como ideologia de Estado.

O contexto recoberto pelo livro é largo — vai dos idos de 1870, marcados pela criação e fortalecimento de um grupo abolicionista de atuação, até os anos 1930, no período entreguerras. O panorama intelectual também se revela multifacetado; afinal, o pesquisador explora os autores do romantismo indigenista, as teorias raciais de fins do século XIX, os modelos de branqueamento, até chegar ao discurso vitorioso da democracia racial. E, para complicar mais a lista de intérpretes, livros e teorias, já muito extensa e marcada por divisões e contradições fundamentais, alcança de soslaio os anos da pesquisa da Unesco, na década de 1950;

investigação essa que pôs abaixo as máximas que encontravam no país um exemplo de mistura étnica harmoniosa.

Thomas Skidmore foi o primeiro a denunciar o modelo do branqueamento vigente entre nós, e a mostrar como tal teoria interna impedia uma consciência de grupo e o próprio conflito aberto. Ainda mais, permitia acondicionar um racismo velado, e vesti-lo com a aparência de um regime ameno e integrador. Este já nasceu, assim, como um trabalho hercúleo de balanço e revisão. Na verdade, os autores nele apresentados dialogam entre si, uma teoria ilumina a outra, e é por isso que a construção da obra se baseia num andaime seguro: avança e recua, incluindo novos pensadores e sempre voltando aos que os precederam.

Para complicar o cenário, existiam na época da pesquisa de *Preto no branco* poucos trabalhos dedicados à delicada e sensível questão racial. Sílvio Romero, em finais do século XIX, fizera sua *História da literatura*, seguindo um modelo germânico, e acabou apresentando uma espécie de história da cultura. Mas seu critério era muito idiossincrático e pautado por uma concepção determinista de ciência. Cruz Costa também escrevera um livro sobre as ideias raciais, mas padecera com um silêncio bastante constrangedor. Dizia-se, até, que o assunto dava má sorte e que não era sinal de bom augúrio insistir numa temática como essa.

Sem querer parecer pragmática, eu apostaria no fato de que, sendo um "brasilianista", um *outsider* e ao mesmo tempo um intelectual "de dentro", Skidmore teve a tarefa de algum modo facilitada. Se o tema era recorrente no contexto norte-americano, se por lá as políticas de ação afirmativa eram realidade desde os anos 1960, por aqui a história era outra. Não é acidental, dessa maneira, que Skidmore, que já convivia com a realidade do país havia muito, tenha detectado na questão racial um assunto nodal para pensar e escrever sobre o Brasil.

Mas resta ainda uma especificidade deste "clássico" de nossas ciências sociais. Skidmore adianta, nos idos de 1976, toda uma agenda que viria a ser cumprida cerca de vinte anos depois. Estávamos nos tempos de Geisel, o AI-5 continuava vigente, assim como a repressão militar, e esse não parecia ser um tema legítimo; ao menos para a nossa intelectualidade, atolada na política e em dilemas da própria sobrevivência. Um assunto como esse parecia ser menos premente, sobretudo diante da violência que imperava, da tortura, dos desaparecimentos. Já o "brasilianista", de certa forma imune a esse tipo de pressão, trazia a perspectiva comparativa a tiracolo e, à sua maneira, questionava uma grande máxima do regime militar, o qual havia feito renascer a noção de que o que singularizava o país era seu perfil pacífico, que acomodava raças, grupos e indivíduos. Na verdade, parte significativa da ideologia nacional apoiava-se na noção de que este era o "paraíso das raças" e que no Brasil "as coisas eram diferentes". O lugar-comum era afirmar que nos Estados Unidos é que existiria, sim, preconceito, exclusão e até *apartheid*; por aqui, as coisas se comportavam de maneira distinta, sendo a convivência entre grupos a moeda da vez.

A realidade, porém, desdizia o modelo. Novas pesquisas mostravam a existência de uma profunda hierarquia social, também pautada por critérios de cor. As investigações da Escola Paulista de Sociologia, de Carlos Hasenbalg, de Nelson do Valle e Silva, entre outros, apoiadas no censo de 1972, desnudavam os padrões elevados de desigualdade racial que o Brasil apresentava, sendo perceptíveis índices seguros de discriminação no trabalho, no lazer, nas taxas de nascimento e morte, na distribuição populacional e regional, e assim por diante.

Preto no branco demonstrava toda a ambivalência ainda presente em nosso país: branqueamento biológico vira cultural e social; e o país do propalado *melting pot* apresenta índices altos de discriminação social, sendo raça um *plus*, um complicador e um marcador de diferença dos mais poderosos. Sabemos que "raça" não existe como conceito biológico; afinal, só existe uma raça — a humana — dividida em muitas culturas. Mas o livro de Skidmore nos ajuda a entender como o senso comum cria "raças sociais"; formas políticas e cotidianas de manipular o conceito, de modo a criar novas diferenças e hierarquias.

No final dos duros anos 1970, Skidmore ajuizou que faltava no Brasil "discussão pública" sobre as relações raciais vigentes no país; que o tema haveria de se impor entre nós, e que no futuro não seria mais "respeitável" falar em branqueamento ou em democracia racial, ao menos de maneira fácil, leviana e acrítica.

Quer me parecer que agora, em 2012, quando se lança esta nova edição, a história é outra e o futuro nos interpela. "Democracia racial" é hoje expressão combalida e poucos nela investem. Se é certo que atualmente ainda se reconhece no Brasil uma "sociedade multirracial rica", como dizia Skidmore, também sabemos que por aqui se combina inclusão cultural com exclusão social. Além do mais, discursos sobre cotas e políticas de ação afirmativa são hoje uma realidade entre nós, e, se não conformam um consenso nacional absoluto, ajudaram a trazer o assunto para a agenda política e para a pauta dos governantes.

Na época em que o livro foi lançado, a expressão "preto no branco" queria dizer o mesmo que "colocar os pingos nos is"; determinar a ordem certa das coisas, no sentido de esclarecer e iluminar. Skidmore com seu pequeno livro fez um barulho grande, e como estrangeiro entortou a máxima de Tom Jobim, que sempre afirmou que "o Brasil não é para principiantes". Entortou, porque, na qualidade de "brasilianista", assinalou que temas recônditos como esses não deveriam ser adiados em nome de outros considerados mais prementes. Por outro lado, acabou por reforçar a máxima, pois o problema continua presente e está longe de se encontrar resolvido. O importante é que o historiador mostrou, com tremenda clareza, sem floreios ou barroquismos e de maneira definitiva, de que maneira a questão da raça faz as vezes de uma janela privilegiada para entender, pensar e imaginar nossa nacionalidade. Dizia Lima Barreto que "a pior crítica é o silêncio". O livro de Skidmore padeceu do oposto. Disseminou muito debate, fez discípulos, estabeleceu uma agenda de pesquisas e de ações práticas. De uma forma ou de outra, *Preto no branco* é hoje um clássico, seja porque continua atual, seja porque se transformou num livro incontornável e à sua maneira, e sem pretensão, premonitório.

Lilia Moritz Schwarcz
Professora titular do
Departamento de Antropologia da USP

Introdução à edição de 1993

Todo autor que apresenta uma nova edição de um trabalho que não passou por revisões vê-se diante de uma pergunta inevitável: que mudanças teria feito se a editora não lhe tivesse oferecido a opção irresistível de republicação na forma original? Proporei algumas respostas.

Para a maioria dos historiadores das ideias, a tarefa mais difícil consiste em juntar as ideias em questão, os articuladores dessas ideias e o mundo em que eles viveram e pensaram — o que inclui não só o contexto socioeconômico, mas as instituições culturais por meio das quais chegaram a seu público e também a natureza desse público.

A mais difícil dessas conexões, e aquela em que, acredito, tive menos êxito, é a que liga, por um lado, ideias, ideologias e consensos intelectuais, e, por outro, a realidade socioeconômica que os produziu. Creio apenas ter aberto alguns caminhos de investigação, que evidentemente exigem maior exploração.

Ainda não compreendemos bem, por exemplo, as bases socioeconômicas da ideologia republicana liberal (a qual incluía pressupostos racistas) que triunfou na década de 1880. De que forma essa ideologia — por heterodoxa, complexa e inconsistente que fosse — estava relacionada às economias agrárias decadentes do Nordeste, antes dominante, e à economia agroexportadora, do Centro-Sul, cada vez mais dinâmica? Viotti da Costa (1985) e Nachman (1977) propuseram análises interessantes. Como foi que a transformação de São Paulo no primeiro grande centro industrial do Terceiro Mundo se relacionou às controvérsias quanto à identidade nacional, à participação popular e à questão do futuro racial do Brasil? E como explicar a visão que se tinha dos mestiços — principalmente dos mulatos — e do espaço social concedido ou negado a eles na evolução da sociedade brasileira (Schwartz, 1992; Skidmore, 1992, 1993; Vainfas, 1986)?

Muitas sutilezas no contexto intelectual também foram exploradas de forma incompleta em meu livro. Por exemplo: de que forma a tradição do romantismo brasileiro continuou a influenciar os intelectuais e políticos que se preocupavam com as questões de raça e identidade nacional a partir de 1870? Quais são os vínculos entre o modernismo — a mais original expressão literária brasileira do século XX — e a preocupação incessante (ainda que, muitas vezes, tácita) com o caráter racial do Brasil? Como foi que a percepção, por parte da elite brasileira, do contraste entre as culturas europeia (principalmente a francesa) e americana afetou sua compreensão de seu destino nacional e cultural (Massi, 1989)? Como foi que os Estados Unidos, com sua sociedade inequivocamente racista, moldaram a imagem que a elite brasileira fazia de sua própria sociedade e de sua formação racial? Como foi que a relativa desorganização da vida acadêmica formal (não havia universidades até 1930) afetou o pensamento brasileiro em relação a um tema complexo como a evolução étnica e a realidade social contemporânea do país?

Por fim, meu livro concentrou-se no pensamento e nas aspirações de apenas uma pequena fração da população brasileira. Usei o termo "elite" para me referir ao reduzido estrato de literatos que controlava os instrumentos da cultura "superior". Numericamente, seriam no máximo algumas dezenas de milhares de pessoas no fim do Império e algumas centenas de milhares em 1940. Mas o que dizer dos milhões de brasileiros restantes? Estamos apenas começando a ter uma ideia de como esses brasileiros que não pertenciam à "elite" viam o mundo, graças a estudos de caso como as inovadoras monografias de Chalhoub (1986, 1990) e Diacon (1991). Pesquisas a respeito das atitudes populares em relação a temas como raça e identidade nacional proporcionarão um contraponto essencial e enriquecedor ao meu foco no pensamento e no comportamento da elite.

Nos catorze anos transcorridos desde a publicação deste livro, fizeram-se relativamente poucas pesquisas novas a respeito dos temas aqui definidos, principalmente quanto ao vínculo entre raça e nacionalidade. Isso talvez possa ser explicado pelo fato de a maioria dos intelectuais brasileiros, sobretudo os de instituições acadêmicas consagradas, continuar a evitar o tema da raça, e em praticamente todos os seus aspectos, pelo menos com relação ao século xx. Na verdade, os brasileiros costumam achar que os estrangeiros que estudam o assunto o compreendem mal. Às vezes inclinam-se a crer que eles, e principalmente os americanos, projetam no Brasil pressupostos sobre a sociedade dos Estados Unidos. Sem dúvida essa crítica muitas vezes procede. Realmente, as relações raciais são um tema bastante delicado, o que leva muitos brasileiros a recear que um estrangeiro, sobretudo um americano, tenha uma atitude etnocêntrica em relação ao único país de dimensão continental no Novo Mundo a ter experimentado a escravidão africana em grande escala, como Hellwig (1992) tão bem documentou.

Ainda assim, não deixa de causar espécie a maneira como a

vasta maioria da elite intelectual brasileira continua a quase desconsiderar a questão da raça e das relações raciais (Skidmore, 1985, 1991). Isso surpreende ainda mais em vista do enorme volume de novas informações que têm sido publicadas sobre as realidades das relações raciais no Brasil contemporâneo. Quando escrevi meu livro, no começo da década de 1970, praticamente não havia nenhuma análise empírica da estratificação social no Brasil. Isso era especialmente verdadeiro com relação à variável da raça, uma vez que a raça fora omitida do censo de 1970 — o que era, em si mesmo, um indicador interessante da atitude do governo militar em relação ao tema. A partir de fins dos anos 1970, porém, as autoridades censitárias brasileiras realizaram uma série de pesquisas domiciliares bastante detalhadas, que incluíam a raça. Alguns pesquisadores, entre os quais uma equipe do órgão censitário (Oliveira et al., 1985), começaram a analisar esses dados. O conjunto de estatísticas descritivas oficiais, cuja divulgação foi postergada durante dois anos por um diretor daquele órgão, aparentemente temendo que elas prejudicassem a imagem favorável do Brasil no tocante às relações raciais (*Veja*, 1985), mostrava flagrantes desigualdades de renda por raça: os negros ganhavam apenas 35% da renda dos brancos, enquanto os pardos ganhavam 45%. Outras pesquisas, com base em novos levantamentos e nos censos de 1940, 1950, 1960 e 1980 (que incluíram o quesito sobre raça), determinaram, fora de qualquer dúvida, que a raça era uma importante variável *independente* que afetava oportunidades fundamentais na vida de cada cidadão, como educação, mortalidade infantil, expectativa de vida, morbidade e renda. Entretanto, no começo da década de 1990, ainda estava para começar no Brasil um amplo debate sobre o papel da raça (Skidmore, 1991). Afora um pequeno número de ativistas e intelectuais afro-brasileiros, de elementos progressistas da Igreja Católica (CNBB, 1988) e da esquerda política, especialmente o Partido Democrático Trabalhista (PDT) e o Partido dos Trabalhadores (PT), além de um punhado de acadêmicos e intelectuais, aqueles que dominam a vida pública no Brasil continuam a ignorar o tema.

Os poucos cientistas sociais brasileiros que decidiram pesquisar em detalhes o papel da raça têm sido basicamente antropólogos, sociólogos e demógrafos. Hasenbalg (1979), Hasenbalg e Silva (1988, 1990), Silva (1981, 1985) e Wood e Carvalho (1988) realizaram estudos pioneiros sobre as dimensões quantitativas da desigualdade racial, e estudos quantitativos semelhantes são encontrados na coletânea organizada por Lovell (1991). A educação é uma das poucas áreas nas quais se realizaram outras pesquisas sistemáticas, como na edição dos *Cadernos de Pesquisa* organizada por Rosemberg e Pinto (1987). Estudos comportamentais ocasionais suplementaram as pesquisas quantitativas; entre eles estão o realizado por Souza (1983) a respeito da forma como negros encaram a mobilidade ascendente, e um estudo sobre negros em denominações protestantes (Novaes e Floriano, 1985).

A maior parte da pesquisa antropológica continuou enquadrada na tradicional abordagem "culturalista", concentrando-se em sobrevivências culturais africanas na religião, na dança, na música, na alimentação, na linguagem e no folclore. Esses estudos proporcionaram um retrato vívido de um aspecto essencial da vida brasileira, mas contribuíram com relativamente pouco para a compreensão das questões mais amplas sobre as relações raciais no Brasil contemporâneo. Restam muitas oportunidades para que os antropólogos apliquem sua metodologia na análise do contexto cultural e social maior em que se realizam os estudos quantitativos e, não menos importante, da forma como essas conclusões são percebidas e interpretadas na sociedade brasileira.

Vários antropólogos que contribuíram enormemente para meu conhecimento do papel da raça e da escravidão na criação do

Brasil do século XX continuaram a produzir obras importantes: Thales de Azevedo (1975), Fernandes (1989) e Ianni (1978, 1987). Entre os historiadores que se enquadram nessa categoria destacam-se Viotti da Costa (1982, 1985) e escritores e ativistas afro-brasileiros como Moura (1983, 1988, 1990) e Nascimento (1978, 1982).

Existe uma rica literatura sobre o sofrimento imposto aos afro-brasileiros, e a maior parte dela vem à luz fora da rede convencional de publicação e debates públicos. Uma exceção é o volume coletivo organizado por Costa (1982), mas em geral esses textos saem em edições mínimas de poesia ou ficção publicadas por autores negros (*Cadernos Negros*, 1991; Camargo, 1986; Colina, 1982).

A seguir, volto minha atenção para um exame mais geral da literatura surgida a respeito dos temas tratados neste livro. Concentro-me em estudos alentados, publicados em forma de livros, e faço referências apenas ocasionais ao grande número de estudos saídos em revistas. Os pesquisadores que se interessarem devem consultar as obras mencionadas na bibliografia atualizada, no final do livro. Ela inclui também obras sobre assuntos como imigração, monarquismo e atividade política e criminal por parte de não brancos urbanos, bem como obras que abordam diretamente o pensamento sobre raça e nacionalidade.

Entre os temas tratados neste livro, o que continua chamando mais atenção é a história da escravidão (e da luta por sua extinção no século XIX). Os pesquisadores, brasileiros e estrangeiros, que se dedicaram à história das relações e das ideologias raciais concentraram-se quase exclusivamente no período que antecede a Abolição (1888). Essa persistente restrição de foco foi realçada pela comemoração do centenário da Abolição em 1988 (Maggie, 1989), quando muitas conferências acadêmicas praticamente ignoraram o destino dos afro-brasileiros no decorrer dos cem anos *após* o fim do cativeiro legal. A riqueza dos trabalhos recentes sobre a escravidão e a abolição foi destacada na excelente pesquisa bibliográfica de Stuart Schwartz (1992a), que recomendo aos leitores interessados numa discussão minuciosa das recentes tendências acadêmicas. Os interessados na utilização de fontes primárias devem consultar o guia publicado pelo Arquivo Nacional (1988).

O mais completo guia bibliográfico de obras recentes sobre a escravidão e as relações raciais é o catálogo organizado por Luiz Cláudio Barcelos et al. (1991), publicado pelo Centro de Estudos Afro-Asiáticos, no Rio de Janeiro. Esse catálogo compreende aproximadamente 2500 entradas, principalmente nas áreas de antropologia, história, ciência política e sociologia, e tem especial importância pelo grande número de dissertações de mestrado e teses de doutorado que menciona. Estas últimas (que muitas vezes não chegam ao conhecimento dos especialistas devido à ausência de um mecanismo central de divulgação entre as universidades brasileiras) são fruto de uma onda de pesquisa acadêmica no Brasil nas últimas décadas. Todas as entradas, embora não providas de notas analíticas ou críticas, estão agrupadas em cinco categorias: (1) bibliografia, fontes impressas e estudos gerais sobre escravidão e relações raciais; (2) escravidão e abolição; (3) relações raciais e desigualdade; (4) participação política, cultura e identidade; e (5) religião.

No tocante às relações raciais pós-1888, o estudo mais importante é o de Andrews sobre São Paulo (1991), que proporciona aos leitores o primeiro quadro histórico bem documentado e inclui vários estudos de caso sobre local de trabalho na região industrial mais dinâmica do Brasil. Uma monografia mais restrita é o estudo de Maciel (1987) sobre Campinas. A atividade política (e às vezes criminosa) de não brancos urbanos na década que se seguiu à queda do Império em 1889 também recebeu alguma atenção. O papel da Guarda Negra, o grupamento de choque, formado por voluntários negros, que acossava os organizadores do Partido

Republicano, é estudado brevemente por Ricci (1990), enquanto a repressão aos execrados capoeiristas é tratada por Holloway (1989). O caso dramático de André Rebouças, o líder abolicionista mulato que acompanhou o imperador deposto d. Pedro II em seu exílio em Portugal, em 1889, e depois vagueou, desiludido, pela África, é tratado com simpatia por Spitzer (1989).

Um de meus argumentos centrais neste livro é o estrito vínculo entre o pensamento sobre raça e o pensamento sobre a identidade nacional. Este último inclui não só a história das ideias, mas também a história dos movimentos nacionalistas. Nos últimos anos surgiram muito mais estudos sobre nacionalismo e conceitos de identidade nacional do que sobre as relações raciais pós-1888 ou sobre ideologias raciais. O mais abrangente desses novos estudos sobre o período que vai de 1889 a 1930 é o de Oliveira (1990). A época seguinte é analisada, de uma perspectiva centrada em São Paulo, em Mota (1978). Esse trabalho inclui uma das mais críticas interpretações revisionistas de Gilberto Freyre, típica das teses amplamente difundidas entre intelectuais brasileiros na década de 1970 (mas pouco divulgadas publicamente). O período entre 1920 e 1945 é tratado também em Miceli (1979).

Dois movimentos políticos ideologicamente importantes e com fortes implicações para os debates a respeito da identidade nacional, ainda que secundários do ponto de vista histórico, foram o dos jacobinos e o dos monarquistas, que causaram dificuldades para os governos republicanos na década de 1890. Os monarquistas foram objeto do primeiro estudo monográfico sério em Janotti (1986), e os jacobinos, em Suely de Queiroz (1986).

O estudo da cultura da elite na Primeira República (1889-
-1930) continua a despertar interesse. Uma obra de referência de valor inestimável sobre a história intelectual e cultural é a de Wilson Martins, cuja pesquisa enciclopédica, organizada em sete volumes (1976-9), inclui cinco sobre o período entre 1855 e 1960.

Um levantamento historiográfico geral de trabalhos recentes sobre a Primeira República apresenta uma útil seção sobre a história intelectual (Gomes e Ferreira, 1989). Dois estudos sobre a cultura literária, ambos enfatizando o contexto social, são de especial relevância para os temas de raça e identidade nacional. A análise, feita por Ventura (1991), das "polêmicas literárias" no período 1870- -1914 começa com uma discussão dos temas cruciais de raça, geografia e clima no pensamento brasileiro e se concentra nas muitas batalhas travadas por Sílvio Romero para defender suas ideias sobre a identidade cultural brasileira. Sevcenko (1983) adotou um enfoque semelhante, centrando-se nas implicações sociais das lutas literárias de Euclides da Cunha e Lima Barreto. Por fim, Needell (1987) produziu um retrato cuidadoso da cultura de elite e da alta sociedade no Rio de Janeiro no começo do século XX, fornecendo abundantes pormenores sobre as instituições vitais para a produção e o consumo daquela cultura.

Um dos aspectos mais importantes da vida intelectual brasileira naqueles anos foi o predomínio insistente de uma cultura jurídica (resumida no termo *bacharelismo*) que impregnava o mundo da cultura e o da política. Venâncio Filho (1977) ofereceu uma excelente perspectiva da história da formação jurídica no Brasil, ao passo que Adorno (1988) fez uma incisiva análise sociológica da ascensão do bacharel na política brasileira entre 1827 e 1883.

A questão da raça como tema literário interessou a vários autores não brasileiros. Segundo Haberly (1983), os tormentos provocados por essa questão, sobretudo o lugar ocupado pelos afro-brasileiros, são componente fundamental, dentro da consciência nacional, para uma correta compreensão de escritores de grande prestígio como Gonçalves Dias, José de Alencar, Castro Alves, Machado de Assis, Cruz e Sousa e Mário de Andrade. Marotti (1987) e Brookshaw (1983) realizaram estudos sobre a raça na literatura. Entre os autores brasileiros que exploraram esse tema estão Vainfas (1986), que escreveu sobre o modo como os homens de letras (portugueses e brasileiros) do período colonial lidavam com a escravidão e todas as suas implicações raciais; Gomes (1988), que examinou o tema do afro-brasileiro no romantismo no Brasil; Queiroz Júnior (1975), que analisou a representação do mulato na literatura brasileira; e Moura (1976), que abordou o preconceito racial numa forma importante de cultura popular, a literatura de cordel.

A política de imigração foi outro tema importante em minha análise, e continua a produzir um número crescente de estudos. Uma lista bastante útil de contribuições recentes figura em Hall et al. (1989). Célia de Azevedo (1987) analisou a obsessão da elite pela necessidade de substituir a mão de obra afro-brasileira por trabalhadores europeus. O elo entre a campanha para recrutamento de imigrantes e a necessidade de mão de obra adicional no setor cafeeiro de São Paulo é estudado por Holloway (1980). Luebke (1987) investigou as controvérsias em torno da etnia alemã durante a Primeira Guerra Mundial. Meade e Pirio (1988) mostram, com documentos, como os governos do Brasil e dos Estados Unidos colaboraram para impedir que negros americanos imigrassem para o Brasil. Por fim, o Instituto Pan-Americano de Geografia e História (1987) publicou uma obra de consulta muito útil a respeito das políticas e a legislação sobre imigração na Argentina, no Brasil e no Uruguai.

Um dos aspectos notáveis da vida intelectual no Brasil antes de 1930 era a precariedade das ciências sociais, cujas origens foram rastreadas num importante estudo coletivo organizado por Miceli (1989). Corrêa (1987) documentou a história da antropologia, uma das disciplinas mais relevantes. O subcampo da eugenia, que esteve em moda no Brasil nas décadas de 1920 e 1930, foi bem analisado em Stepan (1991). A estrutura da indústria editorial — livros, revistas e jornais — foi de máxima importância na determinação de quais ideias e autores chegavam ao público leitor; Dimas (1983) analisou uma das mais influentes revistas culturais da *belle époque*.

Dentre os escritores que continuam a merecer a atenção dos especialistas, nenhum se destaca tanto como Machado de Assis — que, aliás, não escreveu quase nada, diretamente, a respeito de raça ou identidade nacional. No entanto, seus romances são uma fonte rica e perene de interpretação sobre a ideia que a elite brasileira fazia do destino histórico de sua sociedade no fim do século XIX e começo do século XX. Nenhum crítico foi mais arguto que Roberto Schwarz (1977, 1990) no que tange à relação entre o singular universo criativo de Machado e as duras realidades da sociedade agroexportadora brasileira. Gledson (1984, 1986) e Faoro (1974) contribuíram com análises das abordagens machadianas das contradições da consciência da elite brasileira nessa época. A obra mais importante sobre Euclides da Cunha, além da de Sevcenko (1983), é a de Galvão, que produziu uma edição crítica de *Os sertões* (1985), ao lado de um importante estudo sobre o tratamento dispensado pela imprensa da época à rebelião de Canudos (1974) e ensaios sobre Euclides e Canudos (1976).

Um dos poucos pensadores políticos monarquistas estudados foi Eduardo Prado, que mereceu uma longa análise no estudo da historiografia conservadora elaborado por Rodrigues (1988a), e no retrato que Levi traçou da família Prado (1987). Oliveira Vianna, um dos mais influentes autores do século XX a escrever sobre os fatores étnicos na história do Brasil, tem sido tema frequente de análise, como ocorre em Paulo Queiroz (1975), Vieira (1976) e Medeiros (1978). Rodrigues (1988b) submeteu-o a uma crítica de feroz hostilidade, ao passo que Carvalho (1991) traçou dele um retrato mais favorável (1991). Dois pensadores do início do século XX que discordaram das teorias racistas então predominantes, Alberto Torres e Manuel Bonfim, foram objeto do exame de Marson (1979) e Alves Filho (1979). O papel de Monteiro Lobato, um intelectual de enorme valor e que ainda está por ser examinado da forma como merece, foi estudado por Landers (1988) em conexão com o movimento modernista.

Nenhuma figura é mais importante para o pensamento brasileiro sobre raça e nacionalidade no século XX que Gilberto Freyre. No entanto, ainda não existe um estudo profundo e satisfatório sobre sua obra, que o situe no contexto da história intelectual e social brasileira. DaMatta (1987) e Bastos (1986) fizeram propostas interessantes nessa direção, enquanto a Fundação Joaquim Nabuco, em cuja criação Gilberto Freyre teve participação destacada, proporcionou as fontes, presentes em Fonseca (1983) e Miranda (1988), a serem utilizadas em pesquisas futuras.

Raça e nacionalidade, em conexão com o destino da nação, são questões não menos fundamentais para o pensamento dos brasileiros de hoje do que eram no período entre 1870 e 1940, no qual este livro se concentra (Winant, 1992). De fato, grande parte da linguagem utilizada naquele período permanece corrente, com exceção do vírus do "racismo científico", repudiado tanto pelos brasileiros como por aqueles que, no passado, foram seus propugnadores no mundo ocidental.

Chegando ao século XXI, o Brasil continuará, como todas as repúblicas do Novo Mundo, a se defrontar com angustiantes questões de identidade. Sem dúvida, uma das atitudes mais construtivas com as quais os não brasileiros podem ajudar a esclarecer esse desafio consiste em aderir à tarefa de pôr a nu os pressupostos do pensamento do passado. Se contribuí para essa empreitada, considerarei meus esforços intelectuais amplamente recompensados.

As referências citadas nesta introdução podem ser encontradas na Bibliografia.

Introdução

Quando comecei a trabalhar neste livro, minha intenção era fazer uma série de retratos de intelectuais brasileiros, estudando figuras representativas do período que vai de 1870 a 1930. Para minha surpresa, porém, logo percebi que estava procedendo a uma análise das principais correntes intelectuais da época. Mas demorei a me dar conta de que eu também caminhava para um exame pormenorizado do pensamento racial brasileiro. Ao mesmo tempo que conferi minha própria interpretação sobre o assunto, procurei proporcionar informações suficientes — políticas, econômicas e sociais — sobre a história do Brasil que esclarecessem o contexto.

Os leitores não devem esperar deste livro algo parecido a uma história do pensamento brasileiro entre 1870 e 1930. Isso exigiria uma análise bem mais detalhada e mais ampla dos pensadores e das instituições que mencionei. Muitos autores e escolas de pensamento foram omitidos ou são mencionados apenas de passagem, por pouco terem dito sobre a questão racial ou porque suas teses não difeririam muito das de outras figuras aqui examinadas. Do mesmo modo, muitos dos autores que aparecem nestas páginas só foram analisados naquilo que escreveram sobre o problema racial. Outros aspectos de seu pensamento foram deixados de lado. (O leitor encontrará uma explicação mais detalhada dessa questão na "Nota sobre fontes e metodologia".) O perigo desse enfoque talvez seja distorcer as ideias desses autores, pelo fato de as examinarmos através de um prisma estreito, que não nos permite ver o contexto total de suas posições. Por outro lado, pode ser que isso nos permita enxergar com mais clareza a continuidade do pensamento da elite em relação a uma questão que era tida como fundamental para o futuro do país.

Até o fim da escravatura, em 1888, a maior parte da elite brasileira dava pouca atenção ao problema da raça em si ou à relação entre as características raciais do Brasil e seu desenvolvimento futuro. Embora preocupações sobre a questão racial estivessem sob a superfície do intenso debate a respeito da abolição e de outras reformas depois de 1850, de modo geral os brasileiros não aludiam ao problema como um fenômeno social, preferindo falar em reformas das instituições e da legislação. É claro que essas mesmas inquietações aumentaram progressivamente o afã reformador, e a lentidão com que ocorriam essas reformas — por exemplo, a extinção total da escravidão, como vimos, só se deu em 1888, enquanto a monarquia foi derrubada no ano seguinte — reforçava a disposição da elite de presumir que bastariam reformas institucionais para pôr o Brasil no caminho do rápido progresso histórico.

Entretanto, o brasileiro que desejava mudanças defrontava-se com uma tarefa muito maior que a de um reformador inglês ou francês. Não só tinha de empreender as múltiplas etapas da modernização que já vinham sendo implementadas na Europa e na América do Norte, mas também, antes disso, eliminar anacronismos como a escravidão e criar instituições modernas básicas como um amplo sistema de ensino. Ou seja, os liberais brasileiros estavam travando, a um só tempo, as batalhas do século XVIII e as do século XIX. A ausência de apoio político às principais demandas dos reformadores — a extinção da escravatura, a proclamação da República e o fim da Igreja oficial — levou os liberais ao equívoco de pensar que a conquista desses objetivos bastaria para promover as transformações fundamentais que eles consideravam indispensáveis para o progresso nacional.

A questão da raça (e as questões correlatas do determinismo climático) *estava*, porém, sendo debatida abertamente na Europa, e os europeus não titubeavam em expressar-se em termos nada lisonjeiros em relação à América Latina, e sobretudo ao Brasil, devido ao grande peso, ali, da influência africana. Os brasileiros liam esses autores, em geral sem espírito crítico, e sua apreensão crescia. Caudatários daquela cultura e imitadores constrangidos daquele pensamento, os brasileiros de meados do século XIX, como os demais latino-americanos, estavam despreparados para discutir as últimas doutrinas sociais que chegavam da Europa.[1]

Isso não quer dizer que os determinismos raciais e climáticos fossem aceitos por todos os brasileiros. Seria mais correto dizer que muita gente os aceitava de modo tácito, enquanto outros assumiam implicitamente sua *possível* validade. No entanto, alguns pensadores brasileiros abordaram a questão elementar da raça antes de 1888. Suas teses pressagiaram os dolorosos dilemas que formariam a maior parte da vida intelectual brasileira nas décadas que se seguiram à Abolição.

Cumpre, de saída, deixar claro um ponto. Quando falo daquilo que "os brasileiros" pensavam e queriam, refiro-me à elite. Todo membro dessa elite vivia, necessariamente, em dois mundos. Por um lado, fazia parte de uma minúscula minoria educada. Suas ideias e sua formação eram europeias, moldadas pelas tradições culturais jesuíticas e humanistas de Portugal, mas cada vez mais modificadas, durante o século XIX, pela cultura francesa, que trazia a mensagem do Iluminismo, com seus pressupostos laicos e materialistas. A seguir deu-se o florescimento do liberalismo, alimentado principalmente pela Inglaterra e pelos Estados Unidos. Ou seja, até mesmo os modelos de organização política e social vinham do exterior. Por outro lado, a elite vivia no Brasil, e não em Paris ou em Londres. Eça de Queiroz ou Anatole France podiam visitar o Brasil, mas não eram, obviamente, brasileiros.

Como se não bastasse o desafio de transformar sua sociedade atrasada, os brasileiros ainda tinham de enfrentar a possibilidade de que seu ideário fosse irrelevante. Seria verdade que o progresso moderno se destinava apenas a homens brancos de zonas temperadas? Essa pergunta e as tentativas de respondê-la constituem a base deste livro. Em 1880, o jovem e ambicioso político Joaquim Nabuco publicou um manifesto abolicionista em que dizia: "Se a abolição fosse o suicídio, ainda assim um povo incapaz de subsistir por si mesmo faria um serviço à humanidade".[2] Quando, por fim, a abolição se tornou uma realidade, as questões que serviam de fundamento a essa afirmação foram postas a nu.

Agradecimentos

Contraí muitas dívidas desde que este estudo começou, em meados da década de 1960. Entre os amigos que muito me ajudaram na procura de fontes estão Vamireh Chacon, Antonio Candido, José Honório Rodrigues e Brady Tyson. Alexandre Eulálio e Francisco de Assis Barbosa passaram muitas horas iniciando-me, pacientemente, na história do pensamento brasileiro e opinando sobre as primeiras versões destas ideias. Fui auxiliado também por outros colegas que hoje só existem no reino da memória: George C. A. Boehrer, Luís Washington Vita, Manuel Cavalcante Proença, Lourenço Filho e Araújo Ribeiro.

Diversos amigos leram uma versão muito diferente deste livro. Recebi comentários extremamente úteis de Nancy Stepan, Donald Cooper, Robert Toplin, Joseph Love, John Wirth, Fábio Lucas e Harold Davis. Três amigos brasileiros que me ajudaram em todas as fases da pesquisa e me transmitiram comentários valiosos sobre as primeiras versões foram Francisco Iglésias, Alberto Venâncio Filho e João Cruz Costa. Como nenhum desses amigos leu o manuscrito final, muito revisado, não podem de modo algum ser implicados em qualquer uma de minhas digressões interpretativas ou factuais. Vale a pena ressaltar essa explicação, pois tenho plena consciência da ironia que é um estudo do pensamento racial brasileiro provir de um país cujas atitudes raciais constituem um dos mais deletérios legados históricos do século xx.

O professor Manuel Cardoso, diretor da Biblioteca Oliveira Lima, na Universidade Católica da América (Washington), bem como os funcionários da casa, facilitaram enormemente minhas consultas nessa biblioteca. A Coleção Oliveira Lima é uma excelente fonte documental para a história do pensamento brasileiro entre 1870 e 1930. No Brasil, localizei muitos materiais na Casa de Rui Barbosa, cujo diretor (depois presidente da Fundação Casa de Rui Barbosa), Américo Jacobina Lacombe, fez sugestões valiosas para a pesquisa. A coleção de recortes e a biblioteca do jornal *O Estado de S. Paulo* foram uma fonte importante, graças à solicitude de seu pessoal, sob o comando do sr. Bordallo. A demorada consulta à coleção de jornais da Biblioteca Nacional foi muito auxiliada por Zilda Galhardo de Araújo, que trabalhou em condições difíceis. A professora Heloísa Alberto Torres permitiu-me gentilmente o acesso a uma coleção praticamente completa de artigos de seu pai, Alberto Torres, ou a respeito dele. Faço um agradecimento especial aos funcionários das seguintes bibliotecas, que localizaram fontes impressas raras: a Memorial Library, da Universidade de Wisconsin (e seu Inter-Library Loan Department); a Divisão de Espanhol, Português e de América Latina (antes Hispanic Foundation) da Biblioteca do Congresso dos Estados Unidos; o Centro Brasileiro de Pesquisas Educacionais, no Rio de Janeiro; e a Biblioteca do Harvard College.

Minha pesquisa começou durante uma bolsa de pós-doutorado de três anos no Departamento de História da Universidade Harvard. Essa instituição propôs que eu passasse da minha anterior especialização em história moderna da Alemanha (eu já havia concluído uma tese de doutorado sobre o chanceler Caprivi) para a América Latina contemporânea. Com total liberdade e financiamento de Harvard, pude descobrir o Brasil moderno e os desafios de interpretação que esse país faz ao historiador. Mais tarde, o Comitê de Estudos Latino-Americanos da Universidade Harvard, o Programa de Estudos Ibero-Americanos da Universidade de Wisconsin, o Comitê Conjunto de Estudos Latino-Americanos do Conselho de Pesquisas de Ciências Sociais e o American Council of Learned Societies concederam-me respaldo financeiro para uma licença e para despesas de pesquisa. Todos esses fundos vieram da Ford Foundation, cujo apoio em grande escala foi tão importante para os estudos latino-americanos na década de 1960.

Recebi apoio também da Escola de Graduação da Universidade de Wisconsin, que há décadas vem financiando pesquisas, graças à lucidez e à habilidade de cientistas, administradores e filantropos daquele estado. A revisão dos originais prosseguiu na época em que desfrutei de uma bolsa no Woodrow Wilson International Center for Scholars, com sede na Smithsonian Institution, em Washington. Sou muito grato ao ex-diretor do centro, Benjamin H. Read, e a seus funcionários pelas esplêndidas condições de trabalho, e principalmente ao pessoal da biblioteca, que preencheu um sem-fim de pedidos de livros à Biblioteca do Congresso.

Uma série de pacientes assistentes de pesquisa auxiliou na coleta de material para o projeto: Joel Lazinger, Keith Hewitt, Ellen Brown, Thomas Holloway, Joan Westgate e Rodney Hurd. James Lauer e Mary Karasch, ex-alunos meus em Wisconsin, fizeram muitas sugestões bibliográficas úteis. Para o trabalho de datilografia, recebi ajuda do Departamento de História, do Ibero-American Studies Office e do Industrial Relations Research Institute em Wisconsin, bem como do Woodrow Wilson International Center for Scholars, em Washington.

Minha mulher trabalha como ghost-writer, e neste livro empregou largamente seu talento de escritora. Antes de tomá-lo a seus cuidados, meu manuscrito era um longo e sinuoso tratado sobre liberalismo e nacionalidade. Seus esforços durante os últimos dezoito meses transformaram-no num livro sobre raça. Pela redação, ela tem nada menos da metade da responsabilidade. Se a história fosse seu campo profissional, ela aceitaria coautoria.

Thomas E. Skidmore
Madison, Wisconsin
Fevereiro de 1974

1. O contexto intelectual da Abolição no Brasil

O BRASIL EM 1865

Em 1865 o Brasil constituía uma anomalia política nas Américas: um Império com uma monarquia hereditária. Enquanto os hispano-americanos haviam lutado para apagar todos os traços da administração espanhola, os brasileiros marcharam para a independência sob a bandeira real de um Bragança, combatendo o restante da realeza portuguesa. O Brasil distinguia-se também como uma anomalia social e econômica: uma economia essencialmente agrícola que continuava a tolerar a escravidão, apesar do fim do tráfico negreiro em 1850. Tanto as tradicionais lavouras de cana-de-açúcar no Norte quanto os novos cafezais no Sul, em rápida expansão, eram alimentados pelo trabalho escravo.

O Brasil era um país católico em 1865, ainda que, em comparação com a Nova Espanha, faltasse à Igreja brasileira tanto riqueza quanto pessoal para atuar como uma instituição poderosa e independente.[1] A Constituição de 1824 havia reorganizado a

Igreja católica, dando-lhe foros de religião oficial. Os cemitérios eram de propriedade da Igreja, que os administrava; a educação primária e a secundária foram entregues à Igreja; não existia casamento civil nem divórcio; quem não fosse católico não podia ser eleito para o Parlamento nacional; e os não católicos, embora tivessem permissão de realizar cultos, não podiam dar a seu local de reunião o aspecto de um templo. A mesma Constituição, porém, pôs grande parte das finanças da Igreja sob o controle imperial. Além dessa débil base de poder, a Igreja brasileira, no século XIX, havia herdado uma tradição menos militante que a da aguerrida Igreja espanhola. A reputação de corrupção pessoal do clero brasileiro refletia um ânimo semelhante. Em vista disso, embora clérigos participassem da vida política, sobretudo no Primeiro Reinado, a Igreja brasileira, como tal, não era um centro de pensamento vigoroso no tocante a questões sociais e políticas.

A base da filosofia e da teoria política que prevaleceram no Império até 1865 foi um curioso amálgama de ideias importadas da França[2] — o chamado ecletismo, que, como o nome indica, era pouco mais que uma síntese das ideias filosóficas e religiosas que predominavam na França.[3] Sua própria indeterminação fazia dele o complemento ideal para a fraca tradição religiosa, e essa corrente era abraçada pelos principais pensadores oitocentistas no Brasil, país que de modo nenhum podia ser considerado um centro de pensamento filosófico.[4] Como explicou Antônio Paim:

> Sinônimo de simples justaposição de ideias, desprovido de princípios norteadores, [o ecletismo] perde, no Brasil, toda e qualquer conotação negativa e é adotado, quase universalmente, com a denominação de "esclarecido", qualificativo que visa, sem dúvida, a enobrecê-lo. Mais que isso, a própria vitória da conciliação no plano político, durante o Segundo Reinado, é atribuída ao estado de espírito que se identificava com o ecletismo.[5]

O clima político era dominado pela "conciliação partidária". Em 1860 havia dois partidos políticos, o Liberal e o Conservador,[6] que disputavam as cadeiras parlamentares de acordo com o modelo da Câmara dos Comuns britânica — até o estilo dos debates com frequência lembrava o inglês. Os liberais tinham surgido como um partido que defendia os interesses brasileiros contra os portugueses. Os conservadores eram, de início, os defensores do absolutismo, o que alguns deles interpretavam como defender os interesses de Portugal, mesmo quando os portugueses, mais tarde, se opuseram à independência. Na década de 1840, contudo, os traços originais desses partidos tinham se tornado indistintos. O regionalismo e o republicanismo haviam dividido os políticos segundo novas linhas, e no início da década de 1860 os dois partidos pareciam muito semelhantes (embora os liberais viessem a mudar em breve). Chegara-se a um equilíbrio entre, de um lado, as poderosas oligarquias agrárias das províncias mais importantes (Bahia, Pernambuco, Minas Gerais, São Paulo, Rio de Janeiro) e, de outro, o imperador. Até mesmo os políticos mostravam-se, muitas vezes, bastante francos com relação à ausência de divergências ideológicas entre eles.

Esse sistema político parecia estável até que as tensões causadas pela Guerra do Paraguai (1865-70) fizeram com que d. Pedro II impusesse sua autoridade sobre a maioria parlamentar, o que provocou uma torrente de críticas contra toda a estrutura monárquica. Em certo sentido, os críticos liberais da Coroa tinham razão. Por mais esclarecido que d. Pedro II possa ter sido, ele se situava no ápice de uma sociedade hierárquica baseada na escravidão. Era sob a autoridade do imperador e de seus ministros que a polícia e o Exército caçavam escravos fugidos e os devolviam aos senhores, às vezes para serem torturados ou mutilados. Essa estrutura autoritária, ainda que atenuada na prática, estendia-se ao sistema familiar, no qual o chefe de família desfrutava de um poder sobre as mulheres e as crianças que podia raiar ao sadismo.[7]

Era também verdade que o Império era mais centralizado que o aceitável para regiões de crescimento dinâmico, como a província de São Paulo, cujos líderes desejavam mais autonomia para explorar seus próprios recursos e mostrar sua capacidade em áreas como educação e desenvolvimento econômico. A questão da supercentralização também proporcionava uma conveniente saída para "excluídos" políticos que não tinham conseguido se eleger ou não queriam colaborar com as oligarquias políticas de suas províncias. Por exemplo, o papel do favorecimento palaciano era enorme na composição do Senado, uma vez que o imperador tinha a prerrogativa de designar o vencedor final de uma breve lista de três postulantes à senadoria. Além disso, o monarca exercia um efetivo poder de veto sobre as nomeações para cargos administrativos até o nível provincial, o que aumentava ainda mais a necessidade que tinham os políticos locais de conquistar apoio pessoal na Corte. Assim sendo, poder-se-ia alegar, com certa razão, que a monarquia unitária estava asfixiando a iniciativa privada e distorcendo a formação da opinião local.

Não obstante essas queixas, a autoridade política instituída e a pertinência de sua justificativa teórica eram tão débeis em 1870 quanto a religião oficial. Em ambos os casos, o objeto de crítica era mais vulnerável do que os críticos poderiam acreditar. Longe de ser o tirano pintado pelos panfletários republicanos, d. Pedro II era mais liberal e tolerante quanto a questões sociais do que a maior parte da velha elite política, embora resistisse às iniciativas liberais no sentido de reduzir o Poder Moderador.[8] Seu poder verdadeiro fora justificado por jurisconsultos constitucionais pragmáticos e pelos filósofos ecléticos.[9] Isso, porém, não evitou que ele se tornasse um conveniente bode expiatório para os críticos liberais, porque era mais fácil atacar a pessoa do imperador — mais visível — que a tradição do pensamento político amorfo que esfumara as linhas divisórias entre partidos e deixara a geração mais jovem sem uma justificativa clara para a anomalia que era uma monarquia agrária, católica e escravista.

A tradição intelectual e literária paralela que dominava o Brasil em meados do século merecia amplamente o título de "romântica".[10] Originara-se de um pequeno número de escritores surgidos no fim do século XVIII. Suas ideias e seu trabalho eram profundamente influenciados pelo que acontecia na Europa, como se podia ver no culto à natureza tão característico do romantismo europeu. Quando o Brasil se tornou independente de Portugal em 1822, esses escritores acreditaram que, ao glorificar as belezas naturais *brasileiras*, estavam articulando uma consciência nacional independente. Vazadas em hipérboles exuberantes, suas invocações românticas de brasilidade serviam como um manto literário para as campanhas antilusitanas dos políticos.

Nos anos que se seguiram à Independência do Brasil, o indianismo tornou-se uma moda social e intelectual entre os membros da elite. Nomes próprios portugueses foram deixados de lado em favor de nomes indígenas. Aspirantes à alta sociedade tentavam até provar que tinham sangue índio nobre. Embora quase não existissem dicionários de tupi, a língua indígena mais falada, e ainda que as línguas indígenas obscuras da bacia Amazônica e do planalto interior (Mato Grosso) não fossem estudadas, chegou-se a propor seriamente que o tupi se tornasse a nova língua oficial do país, substituindo o português. O próprio Gonçalves Dias, o primeiro grande popularizador da poesia indianista, organizou um dicionário de tupi, publicado em 1857.

Com a maioridade do romantismo literário, o índio tornou-se um símbolo das aspirações nacionais.[11] Foi transformado num protótipo literário, com pouca conexão com seu papel real na história brasileira. Tal como o índio de James Fenimore Cooper, o do romantismo brasileiro era um símbolo sentimental que não oferecia nenhuma ameaça ao sono tranquilo de seus leitores. O paralelo com Cooper fica mais claro ainda nos romances de José de Alencar.[12] O negro em geral figurava na literatura romântica como o "escravo heroico", o "escravo sofredor" ou a "bela mulata". O homem negro livre, que existia em todos os níveis da sociedade brasileira, era ostensivamente ignorado pelos escritores românticos.[13] Dificilmente poderia ser maior o contraste com as tentativas angustiadas de escritores posteriores — Sílvio Romero, Euclides da Cunha, Graça Aranha — para fazer frente à realidade étnica do Brasil.

Assim, pois, era o Brasil em 1865. Como sintetizou o historiador da literatura Antonio Candido, tratava-se de um tradicionalismo jesuítico sustentado por uma economia agrária e uma ideologia "romântica".[14] Suas raízes mais distantes eram o clericalismo e o agrarianismo de Portugal. No fim do século XVIII e começo do século XIX, essa tradição, apoiada numa Igreja fraca, fora bastante modificada pelo Iluminismo, que insuflou uma dose de liberalismo político na cultura tradicional, produzindo assim o híbrido brasileiro de uma monarquia liberal.

A ASCENSÃO DE UM ESPÍRITO REFORMISTA

A causa mais imediata de uma mudança no ânimo nacional foi a Guerra do Paraguai (1865-70), que estimulou uma boa parte da elite brasileira a reexaminar sua nação. Até o imperador a chamou de "um bom choque elétrico". A guerra se arrastava e, por fim, o Brasil precisou da ajuda da Argentina e do Uruguai para derrotar o Paraguai — uma nação muito menor e mais pobre —, e os efeitos desse prolongado conflito sobre o Império brasileiro foram extensos. A inépcia do Brasil na mobilização inicial para a guerra obrigou muitos civis a despertarem para o atraso nacional no tocante a serviços modernos em áreas básicas como a educação e os transportes.¹⁵ Também embaraçou os militares, despertando nos oficiais uma consciência que fez com que se tornassem, depois da guerra, um poderoso grupo de pressão. Ademais, quando o imperador recusou uma oferta paraguaia para negociar a paz em 1868, ele alienou permanentemente uma importante facção política (em face da impopularidade geral da guerra no Brasil) e precipitou a fundação do Partido Republicano em 1870. Por fim, a guerra pôs em evidência a carência, no Brasil, de homens livres fisicamente aptos. A falta de voluntários aceitáveis para o Exército obrigou ao recrutamento de escravos, muitos dos quais se mostraram bons soldados. Como retribuição, ganharam a liberdade e muitos sentaram praça.¹⁶ Isso, por sua vez, teve um importante efeito secundário, porque em 1887-8 o Exército foi incumbido de caçar escravos fugidos. O resultado foi uma contradição, pois os oficiais do Exército tinham visto o bom desempenho dos ex-escravos quando alforriados. Essa anomalia, aliada a dúvidas crescentes quanto à escravidão em princípio, tornou os oficiais do Exército mais receptivos a ideias abolicionistas e republicanas depois da guerra.

Todas essas mudanças, acarretadas pela longa guerra na bacia do Prata, foram reforçadas pela penetração de ideias vindas do exterior. Brasil, Porto Rico e Cuba eram os únicos territórios escravagistas nas Américas depois que os Estados Unidos aboliram a escravidão em 1865. Nesse ínterim, o liberalismo político e econômico avançava de triunfo em triunfo na França e na Inglaterra.¹⁷

A mudança atingia também a estrutura social e econômica. A urbanização começava a produzir um grupo social não diretamente vinculado ao setor agrário. Embora as diferenças de classe produzidas pela urbanização ainda fossem mínimas no fim do Império, e conquanto os laços econômicos, políticos e familiares entre a cidade e a fazenda continuassem muito próximos, havia um clima de mudanças. Na década de 1870, muitos rapazes se dispuseram a desafiar a ordem política e cultural. Alguns foram logo absorvidos pelo sistema, mas outros mantiveram a postura crítica. Vários desses jovens provinham das fazendas dos pais; outros vinham diretamente de ambientes urbanos. Na década de 1880, foram apanhados pela maré convergente de abolicionismo, anticlericalismo e republicanismo.

Acontecimentos políticos foram os prenúncios mais óbvios de mudança. Em 1868, d. Pedro II exonerou o primeiro-ministro Zacarias de Góis e Vasconcelos, do Partido Liberal. O motivo foi uma discórdia sobre a condução da Guerra do Paraguai. O imperador convidou então os conservadores, que eram minoritários no Parlamento, para formar o novo governo. Estes mostraram-se dispostos a colaborar, e imediatamente convocaram uma nova eleição, da qual saíram com maioria — eleição esta conduzida com um nível de fraude excessivo até para os frouxos padrões eleitorais da época. A ala radical do Partido Liberal, já muito sensível ao que diziam ser a conduta "tirânica" do imperador, reagiu com uma cisão e fundou, no mesmo ano, o novo Partido Radical (o manifesto do partido saiu em 1869), dedicado a reformas políticas extremistas que incluiriam controles rigorosos sobre os poderes da Coroa. Dois anos depois (1870), outro grupo de dissidentes deu um passo adiante, fundando o Partido Republicano.

Embora nenhum dos dois grupos incluísse mais que uma pequena minoria da elite política (com os republicanos concentrados em São Paulo), esses partidos realmente representavam um rompimento com a cultura política conciliadora em que se baseava a monarquia, e pareciam constituir um desafio direto — formulado na linguagem do secularismo democrático — a toda a estrutura de hierarquia e privilégios herdada da era colonial.[18]

Esses tremores políticos foram acompanhados de novas comoções intelectuais.[19] A partir de 1868, formou-se no Recife um grupo de estudantes ambiciosos que mostravam pouco respeito pelas tradições.[20] Reconheciam como líder Tobias Barreto, que se formara pela Faculdade de Direito em 1869.[21] Durante os dez anos seguintes, o Recife foi o centro de um pequeno núcleo de intelectuais jovens e seguros de si. Tobias Barreto, que assumira um posto de professor no interior de Pernambuco, viajava regularmente à cidade. Manteve-se como líder dos estudantes e dos jovens já diplomados, divulgando as ideias da filosofia materialista alemã, que estudava avidamente. Sílvio Romero, um jovem polemista de Sergipe que fizera o curso secundário no Rio, era outro integrante influente e ativo desse grupo (que viria a ser chamado de "Escola do Recife"). Outros membros — todos ganhariam destaque na vida intelectual brasileira — eram Franklin Távora, romancista; Araripe Júnior, crítico literário; e Inglês de Sousa, outro romancista (que se transferiu para a Faculdade de Direito de São Paulo, pela qual se formou).

Esses jovens estudavam intensamente o positivismo, o evolucionismo e o materialismo. Liam Comte, Darwin e Haeckel, além de Taine e Renan. Nos primeiros anos, o fascínio do romantismo continuou intacto, mas, no começo da década de 1870, Sílvio Romero e Tobias Barreto lançaram uma campanha feroz contra o indianismo e o ecletismo.[22] A Escola do Recife entrou em nova fase em 1882, quando Tobias Barreto finalmente obteve uma cátedra na Faculdade de Direito, a qual ocupou até sua morte, em 1889. Nesse cargo prestigiado, exerceu forte influência sobre mais uma geração de estudantes — entre os quais estavam Artur Orlando, Clóvis Bevilácqua, Graça Aranha, Fausto Cardoso e Sousa Bandeira. Na década de 1880, os defensores do pensamento tradicional ou até de um catolicismo militante atualizado estavam numa situação de grave inferioridade numérica no Recife.

Embora o Recife mantivesse sua posição como um dos primeiros e mais influentes centros da nova mentalidade crítica, a efervescência intelectual logo repontou em outros lugares. A província do Ceará tornou-se mais um centro de renovação intelectual no Nordeste. Em 1874, alguns moços que tinham estudado no Recife começaram seu próprio movimento em Fortaleza, capital da província. Seus líderes eram Rocha Lima, Capistrano de Abreu (que mais tarde alcançaria fama como o primeiro historiador moderno do Brasil) e Araripe Júnior, o crítico literário.[23] Todavia, esse novo espírito crítico não se restringia, de modo algum, ao Nordeste, como integrantes da Escola do Recife mais tarde alegariam com frequência. No resto do Brasil, a ruptura com as ideias tradicionais estava associada à propagação do positivismo.[24] A primeira Sociedade Positivista foi fundada no Rio de Janeiro em 1876. No ano seguinte, Miguel Lemos e Teixeira Mendes viajaram a Paris, onde o envolvimento de ambos passou da simpatia filosófica para o engajamento religioso. Em 1881, fundaram o Apostolado Positivista, que declarou lealdade à facção de positivistas europeus liderada por Pierre Lafitte.

O positivismo fez rápidos progressos entre os jovens cadetes da Academia Militar no Rio de Janeiro, onde a doutrina foi propagada pelo oficial-professor Benjamim Constant (Botelho de Magalhães).[25] Impulso semelhante davam-lhe também outros professores, como Antônio Carlos de Oliveira Guimarães, lente de matemática do Colégio Pedro II, a escola secundária de maior prestígio no Rio. Benjamim Constant e Oliveira Guimarães foram membros fundadores da Sociedade Positivista, criada em 1876. Porém, em contraste com o Apostolado Positivista, adotavam a posição doutrinária de E. Littré, rival de Lafitte na liderança do movimento positivista na Europa.[26]

Para entender a influência do positivismo no Brasil, é preciso lembrar que ele atraía seguidores com graus muito variados de engajamento.[27] Num dos extremos estavam os positivistas religiosos ortodoxos, organizados numa igreja formal em 1881 (o Apostolado Positivista),[28] que acabaram se tornando tão rígidos que foram expulsos da igreja matriz em Paris. No outro extremo estavam brasileiros que liam Comte ou, no mais das vezes, divulgadores do filósofo, e viam com simpatia sua interpretação geral da importância da ciência e do declínio da religião, sem aceitar, entretanto, suas teorias esquemáticas da inevitabilidade histórica e suas fórmulas minuciosas de engenharia social. Entre esses extremos estavam os positivistas "heterodoxos", como Luís Pereira Barreto, que aceitavam as teorias históricas de Comte mas rejeitavam a religião fundada em seu nome e institucionalizada no Rio de Janeiro. Coube a Pereira Barreto, médico de São Paulo, publicar em 1874 o primeiro tratado brasileiro escrito segundo uma postura positivista sistemática.[29]

O positivismo mostrou-se influente no Brasil por aparecer no momento em que a mentalidade tradicional achava-se mais vulnerável. O espírito crítico dos jovens estava pronto para uma rejeição sistemática do catolicismo, do romantismo e do ecletismo associados à monarquia agrária. Na década de 1890, Clóvis Bevilácqua, produto da Escola do Recife, explicou como o positivismo havia cumprido uma função especial:

> Anteriormente, a filosofia brasileira, representada pelos Mont' Alverne, Eduardo França, Patrício Muniz etc., andava muito arredia dos progressos consumados no Velho Mundo, e, para levantá-la desse abatimento, nos parece, nenhum sistema melhor do que o positivismo; porque só ele podia opor uma organização firme e acabada à organização católica que se dissolvia.[30]

Ademais, o positivismo vinha da França, país cuja cultura gozava de enorme prestígio entre os brasileiros letrados. Era lógico, embora irônico, que os rebeldes intelectuais lançassem mão de Comte a fim de atacar a imitação servil de Victor Hugo pela geração mais velha.

Não menos importante é que o positivismo rapidamente se identificou com a ciência aplicada brasileira, que na época ganhava respeitabilidade no seio da elite. Na década de 1860, estudantes de matemática ou engenharia no Rio ouviam de seus professores que as doutrinas filosóficas de Comte constituíam a aplicação lógica da ciência à sociedade. Tais ideias levavam muitos estudantes ao positivismo; e vários desses jovens, formados pela Academia Militar ou pela Escola Politécnica, tornaram-se proeminentes oficiais do Exército e engenheiros.[31] Mesmo quando não chegavam a se tornar positivistas ortodoxos na maturidade, muitas vezes mantinham-se simpáticos às ideias positivistas e avessos à cultura humanística católica que tinham ouvido seus mestres criticarem.

O positivismo também atraía aqueles membros da elite que ansiavam por desenvolvimento econômico, mas sem mudança social. Considerando a massa da população "despreparada" para uma plena participação na sociedade (em virtude do analfabetismo, da origem racial inferior etc.), encontravam na face autoritária do positivismo um modelo de modernização que justificava a concentração de poder nas mãos da elite. A tônica dada por Comte à família como a unidade básica da sociedade era outra ideia atraente para os brasileiros ansiosos por modernização, mas preocupados com a forte ênfase no indivíduo característica do pensamento liberal europeu (o que poderia corroer a família).[32]

Por fim, os positivistas ortodoxos estavam entre os propagandistas mais diligentes na fase final do Império. A partir de 1881, a Igreja Positivista começou a publicar panfletos e "circulares anuais". Seus membros contribuíam à larga para a missão educativa de sua igreja — um dos preceitos básicos do positivismo — e com isso ganhavam conversos, ou pelo menos publicidade, porque se dispunham a trabalhar com afinco para divulgar suas doutrinas, numa época de poucos propagandistas bem organizados. Entusiastas posteriores do positivismo muitas vezes exageraram o impacto da doutrina positivista, mas não se pode contestar a grande influência do positivismo filosófico na formação de engenheiros, oficiais do Exército e médicos a partir da década de 1870. Esses homens foram expostos a um dogma científico que desafiava toda a estrutura de privilégios existente na política (a monarquia), na economia (a escravidão), na religião (uma igreja cristã oficial) e na educação (a negligência das ciências e o patrocínio oficial da educação religiosa).

As novas ideologias de progresso e de ciência eram um remédio forte e atraente para espíritos jovens numa nação cuja estrutura social e herança cultural não poderiam ser mais diferentes do panorama de progresso material na Europa ocidental e na América do Norte. Em 1878, Pereira Barreto, o positivista paulista, assim escreveu a José Bonifácio, o Moço, um dos patriarcas políticos: "V. Ex.ª tem vivido nas nuvens, tem aderido a elas, e tem-se descuidado dos negócios da terra. A sua geração foi toda de literatura e imaginação; a nossa é toda de ciência e de razão. Outros tempos, outros temperamentos".[33]

O ABOLICIONISMO

Foi nessa atmosfera que o movimento pela abolição[34] enfim ganhou impulso.* A oposição à escravidão demorou muito para se tornar uma força política importante no Brasil. Algumas vozes isoladas haviam clamado pela abolição gradual no começo do século. A mais famosa delas terá sido a de José Bonifácio de Andrada

---

* No capítulo 2 será feita uma análise mais completa das relações raciais no fim do Império e começo da República. Aqui expomos somente as ideias básicas que condicionaram a campanha abolicionista.

e Silva, o Patriarca da Independência.³⁵ Entretanto, poucos deram ouvidos à sua corajosa proposta de uma libertação total em 1825, e raro era o brasileiro que desejava (ou ousava) opor-se ao comércio escravagista, que se manteve intenso até a pressão inglesa finalmente forçar sua supressão em 1850.³⁶ Com a oferta de novos escravos enfim interrompida e com manumissões, a população escrava passou a decrescer. Surpreendentemente, a escravidão deixou de ser uma questão política candente durante uma década e meia.

A calmaria acabou em 1866, e mais uma vez por pressão externa. Um grupo de abolicionistas franceses apelou para o imperador, pedindo-lhe que lançasse mão de seus amplos poderes para pôr fim à escravidão no Brasil. Em sua resposta, d. Pedro II subscreveu o primeiro compromisso oficial do governo com a abolição, declarando que a emancipação total era apenas uma questão de tempo. Prometeu que assim que a pressão da Guerra do Paraguai o permitisse, seu governo haveria de considerar como "objeto de primeira importância a realização do que o espírito da cristandade desde há muito reclama do mundo civilizado".³⁷

A Guerra do Paraguai proporcionou a ocasião para um primeiro passo no sentido da abolição. Num esforço de recrutar soldados rapidamente para a campanha, como já foi dito, o Exército, pressionado, aceitou escravos em suas fileiras. Consciente da evidente contradição que era ter escravos lutando ao lado de homens livres, o governo imperial decretou, em novembro de 1866 — pouco depois de responder aos abolicionistas franceses —, que os escravos que estivessem servindo nas Forças Armadas seriam libertados incondicionalmente. No último ano da guerra, o conde d'Eu, genro do imperador e comandante das forças combatentes brasileiras, forçou o governo provisório do Paraguai a decretar de imediato a abolição da escravatura naquele país.³⁸

Finda a guerra, o governo voltou-se para o problema da es-

Soldados durante a Guerra do Paraguai, com o conde d'Eu ao centro. A luta lado a lado com negros cativos transformou o Exército brasileiro num importante grupo de pressão pelo fim da escravatura.

cravidão, como prometera o imperador. Paradoxalmente, ainda não havia um movimento abolicionista no Brasil. Escritores liberais, como Tavares Bastos, já haviam instado por uma abolição gradual. O mesmo fizeram os manifestos do Partido Liberal de 1868 e 1869. No entanto, nenhum grupo de pressão fazia campanha sistemática pela causa, e o primeiro deles só apareceria no fim da década de 1870.

Vale observar que os republicanos não incluíram uma única palavra a respeito da escravidão em seu manifesto de fundação, em 1870. À diferença dos reformadores liberais, cujas declarações invariavelmente continham apelos em favor da abolição (em geral, gradual), os republicanos preferiram adotar uma atitude evasiva no tocante ao assunto. Isso porque pretendiam tirar proveito do jogo político a fim de granjear toda a simpatia que pudessem entre os fazendeiros escravagistas, principalmente na província cafeicultora de São Paulo, que se desenvolvia depressa. O partido usou essa tática como sua política oficial até a Abolição, em 1888, embora ela tenha provocado frequentes e arraigadas discórdias em nível municipal, e levado muitas organizações republicanas a aderir unilateralmente ao movimento abolicionista.[39] E essa tática se provou eficaz: foi o Partido Republicano quem colheu os melhores benefícios políticos do ocaso da autoridade imperial. Embora o Partido Liberal se mantivesse em seu papel de eterno inspirador de reformas, nunca saboreou os frutos da vitória. Os três grandes projetos abolicionistas, por exemplo, foram aprovados por governos conservadores, enquanto o Partido Republicano conquistava uma vantagem decisiva.

O primeiro passo legal, bem antes da formação do movimento abolicionista como tal, foi dado pelo ministério do visconde do Rio Branco (1871-5). Em 1871, Rio Branco comandou a aprovação da Lei do Ventre Livre, segundo a qual seriam livres todos os filhos nascidos daí em diante de mães escravas. (Essa lei mostrou-se bem menos eficaz do que seus propugnadores haviam esperado, porque se o senhor não quisesse aceitar a indenização, paga pelo governo, quando a criança atingia oito anos de idade, tinha ainda a opção de manter sob sua autoridade o "ingênuo" até a idade de 21 anos — ou seja, como escravo *de facto*.)

Somente em 1879 um político brasileiro atreveu-se a fazer um apelo em favor de uma abolição imediata e total. A iniciativa partiu de Jerônimo Sodré, professor de medicina e deputado pela Bahia, que não se destacava pela liderança política.[40] Naquele mesmo ano, um homem mais promissor entrou para o Parlamento como deputado por Pernambuco. Tratava-se de Joaquim Nabuco, filho sofisticado de uma família de fazendeiros, que logo se tornaria o líder de um movimento abolicionista em rápido crescimento.[41] Sociedades emancipadoras surgiam em todas as cidades de maior porte. Em 1883, os abolicionistas haviam fundido seus esforços numa campanha nacional. Concentravam-se em duas frentes: exigiam a liquidação da base legal da escravidão e, ao mesmo tempo, mobilizavam doações para manumissões voluntárias. Os dois objetivos acabaram sendo alcançados, mas somente depois de outros cinco anos. Em 1884, as províncias do Ceará e do Amazonas concederam manumissão voluntária a todos os escravos dentro de seus limites. Em 1885, o Parlamento aprovou a Lei dos Sexagenários, que declarava livres, incondicionalmente, todos os escravos com mais de 65 anos de idade, ao mesmo tempo que libertava, com algumas condições, aqueles entre sessenta e 65 anos (tinham de prestar mais três anos de "serviço" a seus senhores). Em 1887, a escravidão estava sendo questionada por todos os lados. Os escravos fugiam de seus senhores, o Exército se recusava a caçá-los e os juízes passaram a fazer vista grossa às reclamações dos proprietários.[42]

O terceiro e último projeto de lei abolicionista, que concedeu emancipação imediata e total aos escravos em 13 de maio de 1888, foi obra de um ministério conservador liderado por fazendeiros (principalmente de São Paulo) que antes haviam lutado pela manutenção da escravidão. No último minuto, viram que a substituição dos escravos por trabalhadores livres poderia até ser benéfica, porque estes seriam menos caros e mais eficientes do que aqueles. Além disso, conduzir o passo final para a abolição manteria o governo sob o controle da elite agrária, impedindo assim a ascensão ao poder de abolicionistas de longa data que talvez viessem com ideias radicais, como reforma agrária.[43]

A maior parte dos intelectuais envolvidos com outros movimentos liberais, como o republicanismo e o anticlericalismo, acabou se tornando abolicionista. Na década de 1880, por exemplo, a maioria dos alunos politizados das faculdades de direito (e, assim, por definição, porta-vozes da futura elite governante) era ardoro-

André Rebouças (1838-98), engenheiro mulato, entusiasta da doutrina liberal, foi abolicionista de primeira hora, sem no entanto atacar a instituição da monarquia.

samente abolicionista e também apoiava o republicanismo ou a ala radical do Partido Liberal. Mesmo os abolicionistas que preferiam não atacar a monarquia em si, como André Rebouças e José do Patrocínio, endossavam a doutrina liberal em praticamente todos os seus aspectos políticos e filosóficos. Rebouças lia John Stuart Mill, e Joaquim Nabuco confessou em sua autobiografia que devia sua inspiração a Bagehot.[44] O paulista Luís Gama, impetuoso advogado mulato e um dos pioneiros do abolicionismo, recomendava ao filho a leitura de dois livros: a Bíblia e *Vida de Jesus*, de Ernest Renan.[45] Ou seja, aprovava um amálgama de religião tradicional e liberalismo teológico. Até os pseudônimos dos abolicionistas eram indicativos de suas simpatias pelo modelo anglo-americano de liberalismo: Rui Barbosa chamava-se "Grey", Nabuco usava "Garrison", e Gusmão Lobo, "Clarkson".[46]

Os abolicionistas ativos dividiam-se em dois grandes grupos. Como anotou Nabuco em suas memórias, havia um grupo "pioneiro", constituído de José do Patrocínio, Ferreira de Menezes, Vicente de Sousa, Nicolau Moreira e João Clapp. Esses homens eram,

José do Patrocínio (1853--1905), farmacêutico, jornalista, escritor, orador e ativista político. Em 1884, escreveu a Victor Hugo, pedindo-lhe uma intervenção pessoal junto a d. Pedro II pelo fim da escravidão.

antes de tudo, propagandistas que se valiam de argumentos emocionais. Oradores hábeis em despertar fervor em suas plateias, alguns, como Patrocínio, chegavam à beira de pregar a revolução. O outro grupo — encabeçado por Nabuco, André Rebouças, Gusmão Lobo e Joaquim Serra — compunha-se de moderados cujo objetivo era a manipulação da opinião parlamentar.[47]

Nabuco era o principal teórico entre os abolicionistas. Coube-lhe redigir, em 1880, um dos primeiros manifestos publicados pela recém-fundada Sociedade Contra a Escravidão.[48] Nesse texto, o argumento liberal destaca-se como o cerne da mensagem abolicionista. A escravidão fizera do Brasil um anacronismo vergonhoso no mundo moderno, fora de harmonia com o "progresso do nosso século". A condenação moral da Europa e da América do Norte era um pesado ônus: "O Brasil não quer ser uma nação moralmente só; o leproso lançado fora do acampamento do mundo. A estima e o respeito das nações estrangeiras são para nós tão apreciáveis como para os outros povos". De nada adiantava argumentar que apenas vinte anos antes a escravidão ainda era aceita

Joaquim Nabuco (1849-1910) despontaria na vida pública como o principal teórico entre os abolicionistas. Redigiu, em 1880, um dos primeiros manifestos publicados pela recém-fundada Sociedade Contra a Escravidão.

com naturalidade nos Estados Unidos: "A moral social não há de esperar por nós [...]. Isolar-se é condenar-se".

A escravidão, além disso, era "uma árvore cujas raízes esterilizam sempre o solo físico e moral onde se estendem". A instituição estava corrompendo inerentemente todo o Brasil, pois "o homem não é livre nem quando é escravo, nem quando é senhor". A escravidão corrompia a moral da família, aviltava o valor do trabalho e reduzia a religião a uma "superstição". Pior de tudo, cobria o país com "um tecido de feudos, onde o senhor é o tirano de uma pequena nação de homens que não ousam encará-lo". O Brasil, disse ele, nunca poderia progredir até que eliminasse a escravidão: "O que nós temos em vista, porém, não é só a libertação do escravo, é a libertação do país; é a evolução do trabalho livre, que se há de fazer sob a responsabilidade da geração atual". Só então os brasileiros poderiam aspirar "à fundação de um país livre, unirem-se em torno de uma bandeira comum, que é a da libertação do solo".

Nabuco levou ainda mais longe sua linha de argumentação em

O abolicionismo (1883), que logo se tornou um clássico do movimento. Repetiu nele muitos dos argumentos do manifesto de 1880, mas as batalhas que travara desde então haviam lhe rendido maior habilidade em combinar razões humanitárias e práticas. Com as conhecidas injunções morais vinha a afirmação de que a manutenção da escravidão prejudicava o desenvolvimento do Brasil segundo o modelo capitalista liberal, pois ela "impede a imigração, desonra o trabalho manual, retarda a aparição de indústrias, promove a bancarrota, desvia os capitais do seu curso natural, afasta as máquinas, excita o ódio entre as classes". Somente abolindo a escravidão é que o Brasil poderia desfrutar dos "milagres do trabalho livre" e colaborar "originalmente para a obra da humanidade e para o adiantamento da América do Sul".[49] Nabuco assumia a posição de que a abolição era a questão mais urgente na agenda da reforma liberal — nisso destoando não só dos republicanos, como também de muitos membros de seu próprio Partido Liberal.

Desde a primeira hora, os abolicionistas brasileiros deveram muito à opinião pública. O tráfico de escravos só chegara ao fim depois de três décadas de pressão dos ingleses, que culminou com um virtual bloqueio por parte da Marinha Real britânica em 1850. E foi o apelo de intelectuais franceses em 1866 que provocou o primeiro compromisso formal do governo brasileiro com a abolição da escravatura. De fato, muitos membros da geração mais jovem admitiam que fora a censura estrangeira ao Brasil que os levara à ação. Para Manuel Vitorino, por exemplo, que viria a ser governador da Bahia e vice-presidente da República, "uma experiência me fez militante político: minha viagem à Europa mostrou a que ponto nos caluniavam e como a nossa reputação nos prejudicava, pelo fato de sermos um país que ainda tinha escravos. Depois de regressar [no começo de 1881], meus sentimentos abolicionistas ficaram irredutíveis, e nessa questão nunca mais cedi".[50]

Os abolicionistas esforçaram-se por mobilizar uma pressão

externa ainda maior sobre seus conterrâneos. Em 1880, Nabuco pediu ao ministro americano, Henry Hilliard, uma opinião sobre a escravidão no Brasil. Hilliard prontamente o atendeu, defendendo o fim da escravatura e a substituição do elemento servil por trabalhadores livres. Seu entusiasmo, bastante indiscreto para um diplomata que externava um parecer sobre uma questão interna do país, fez a felicidade dos abolicionistas, que procuraram aproveitá-lo ao máximo para fins de propaganda, tanto mais porque o próprio Hilliard fora senhor de escravos e oficial do Exército confederado antes de se aperceber do erro de seu procedimento e da "feliz transformação nas condições da população na grande região agrícola em que a escravidão primitivamente existira".[51]

Os intelectuais franceses sempre foram, para os abolicionistas, uma arma favorita a ser utilizada contra o governo brasileiro. Em 1884, José do Patrocínio escreveu a Victor Hugo, pedindo-lhe uma intervenção pessoal junto a d. Pedro II. O ato de Patrocínio chamou a atenção por duas razões: primeiro, pelo fato de ele imaginar que Hugo pudesse ter tanta influência (talvez estivesse levando em consideração a extrema admiração do imperador por Hugo); segundo, por pensar que d. Pedro II tivesse poder para abolir a escravidão. Seria isso uma avaliação exagerada do poder da Coroa, que os liberais, afinal de contas, esperavam limitar? Ao que parece, Patrocínio, o orador inspirado que induzia as massas à ação pela via emocional, sucumbiu a uma ilusão característica da elite: a de que o imperador realizasse o sonho liberal com um simples gesto magnânimo.[52]

Esse hábito de pedir ajuda externa tornava os abolicionistas vulneráveis à acusação de serem antibrasileiros. Com efeito, em todas as faces da campanha, os defensores do status quo puseram em dúvida o patriotismo de seus adversários abolicionistas. Em 1871, por exemplo, o escritor romântico José de Alencar, que também era deputado conservador pelo Ceará, ridicularizou as "proclamações da filantropia europeia" que produziam "salamaleques para a opinião estrangeira". Alencar considerava muitas outras reformas (como a "emancipação do voto") mais importantes que o fim da escravatura — mesmo que gradual, como foi proposta na Lei do Ventre Livre (aprovada em 1871). No entanto, acrescentava ele, incisivo: "Os interesses do país [isto é, as reformas que ele considerava mais importantes] não têm uma voz francesa a soprar a alguém: 'Senhor, por esse ato seu nome terá imorredoura fama'".[53]

Os abolicionistas eram também acusados de ameaçar os interesses básicos do Brasil em troca de granjear aplausos em capitais estrangeiras. Ainda em 1884, um escravocrata mordaz argumentou que tudo estava bem nos campos até que "vieram [...] os lobos, e desta vez da cidade; sopraram-lhes aos ouvidos ideias novas da corte; contaram-lhes [...] as esperanças que têm os sábios da Europa de ver a escravidão do Brasil abolida, por fás ou por nefas, no próximo centenário da descoberta da América",[54] isto é, em 1892.

Por sua vez, os abolicionistas enfrentavam essas acusações de frente. No magnífico banquete em homenagem ao ministro Hilliard (que fora tão solícito em sua análise), ao qual compareceram praticamente todos os abolicionistas de renome, o principal orador brasileiro, Joaquim Nabuco, empenhou-se em refutar a acusação de "intervenção estrangeira". O próprio governo brasileiro, disse ele, em mais de uma ocasião julgara conveniente atender a exigências de "estrangeiros" (como no caso da resposta do imperador ao apelo dos intelectuais franceses em favor do fim da escravidão em 1866). E o próprio governo brasileiro interviera em outro país, quando decidiu abolir a escravidão no Paraguai!

"Esse apoio moral que nós [os abolicionistas] derivamos da aprovação do mundo, esse nos honra e nós pedimos. Nenhuma causa liberal jamais debateu-se em qualquer país sem que os elementos liberais de todos os outros se agitassem em favor dela." Nabuco fez então uma ostensiva homenagem ao representante diplomático americano como um aliado da causa. Depois de nomeá-lo membro honorário da Sociedade Contra a Escravidão, Nabuco declarou que Hilliard estava no Brasil "como Benjamin Franklin esteve na França às vésperas de uma revolução liberal".[55] O que pensavam os abolicionistas a respeito da questão da raça, à parte a escravidão? Era inevitável que tivessem ciência das teorias racistas que vinham da América do Norte e da Europa, conquanto suas plenas implicações ainda não fossem percebidas. Nabuco, por exemplo, não escondia que seu objetivo era um Brasil mais branco. Era bastante honesto para dizer que se vivesse no século XVI, teria se oposto à introdução de escravos negros no país, do mesmo modo como se opunha agora ao plano da "escravidão asiática", referindo-se a uma proposta, então corrente, de importação de trabalhadores chineses para substituir os escravos. Na opinião de Nabuco, era uma pena que os holandeses não tivessem ficado no Brasil no século XVII. Embora tivesse o cuidado de explicar que a grande contribuição holandesa fosse "a liberdade do comércio e a liberdade da consciência", as implicações étnicas pareciam inequívocas: "A nossa evolução social foi demorada pela pronta terminação do domínio holandês".[56]

No entanto, os abolicionistas estavam prontos a admitir a viabilidade de uma sociedade liberal em que grande parte da população fosse não branca. De acordo com o manifesto abolicionista liberal de 1880, redigido por Nabuco:

> enquanto uma nação só progride pelo trabalho forçado de uma casta posta fora da lei, ela é apenas um ensaio de Estado independente e autônomo. Enquanto uma raça só pode desenvolver-se, em qualquer latitude, fazendo outra trabalhar para sustentá-la, a experiência da aclimação mesmo dessa raça ainda está por fazer. Aos olhos dos brasileiros tradicionais, o Brasil sem escravos sucumbiria logo; pois bem, esta experiência mesmo tem mais valor

do que a vida que só se consegue manter pelo enfraquecimento do caráter nacional e pela humilhação geral do país. Se a abolição fosse o suicídio, ainda assim um povo incapaz de subsistir por si mesmo faria um serviço à humanidade, tendo a coragem de abandonar a outros, mais fortes, mais robustos e mais válidos, a incomparável herança da terra que ele não soubesse cultivar e onde não pudesse manter-se.

A essa avaliação de notável franqueza, Nabuco acrescentou uma conclusão otimista:

Em vez de ser o suicídio, o ato de previdência tanto quanto de justiça que pusesse termo à escravidão despertaria no caráter nacional faculdades inertes e abriria para a nação, em vez da paralisia vegetativa a que ela está sujeita, uma época de movimento e de trabalho livre, que seria o verdadeiro período da sua construção definitiva e da sua completa independência.[57]

Embora preocupados com o "fator étnico", os abolicionistas acreditavam, como a maioria dos demais brasileiros, que não existia preconceito racial em sua sociedade. Os debates a respeito dos projetos de lei abolicionistas deixam claro o quanto era comum essa convicção em todas as facções políticas. Em 1871, por exemplo, Perdigão Malheiro, deputado por Minas Gerais e respeitada autoridade em leis escravagistas, condenou o que considerava serem calúnias injustificadas com relação à harmonia racial no Brasil: "Desde que para o Brasil vieram negros da Costa d'África, nunca houve esse desprezo pela raça africana, que, aliás, se notava em outros países, principalmente nos Estados Unidos". Ele afirmava que "a escravidão tinha se tornado menos perniciosa" no país, "principalmente depois de 1850". Preconceito de cor no Brasil?

Senhores, eu conheço muitos indivíduos de pele escura que valem mais do que muitos de pele clara. Esta é a verdade. Não vemos nas escolas, nas academias, nas igrejas, ao nosso lado, homens distintos, bons estudantes, de pele de cor? Não vemos no Parlamento, no Conselho de Estado, em missões diplomáticas, no Exército, nas repartições públicas, gente de pele mais ou menos escura, de raça mestiça mesmo como a africana?[58]

Essa era a concepção que reinava na elite: o Brasil escapara ao preconceito de cor. Como Nabuco escreveu em *O abolicionismo*: "A escravidão, por felicidade nossa, não azedou nunca a alma do escravo contra o senhor, falando coletivamente, nem criou, entre as duas raças, o ódio recíproco que existe naturalmente entre opressores e oprimidos". Além disso, experiências recentes haviam demonstrado que "a cor, no Brasil, não é, como nos Estados Unidos, um preconceito social contra cuja obstinação pouco pode o caráter, o talento, o mérito de quem incorre nele".[59] Ao contrário do que ocorria nos Estados Unidos, os abolicionistas no Brasil raramente se viam obrigados a discutir a questão da raça em si, porque os defensores da escravidão praticamente nunca recorriam a teorias de inferioridade racial. Seus congêneres americanos tinham sido forçados, antes deles, a rebater alegações de inferioridade racial do negro, ao mesmo tempo que enfrentavam argumentos políticos e econômicos em defesa da escravatura.

Não obstante, os abolicionistas brasileiros falavam sobre o papel da raça na história. A maioria previa um processo "evolucionista" em que o elemento branco aos poucos triunfaria. Também estavam dispostos a acelerar essa "evolução" promovendo a imigração europeia, que defendiam por dois motivos. Em primeiro lugar, os europeus poderiam contribuir para reduzir a carência de mão de obra decorrente da eliminação do trabalho escravo, tanto mais necessária porque a taxa de reprodução da população de libertos era considerada insuficiente para atender às necessidades de mão de obra. Em segundo lugar, a imigração europeia ajudaria a apressar o processo de branqueamento no Brasil. Foi surpreendente ver Nabuco falar sem rodeios sobre essa questão. O que os abolicionistas queriam, explicou ele em 1883, era um país "onde, atraída pela franqueza das nossas instituições e pela liberalidade do nosso regime, a imigração europeia traga sem cessar para os trópicos uma corrente de sangue caucásico vivaz, enérgico e sadio, que possamos absorver sem perigo".[60]

Outros abolicionistas, que também acreditavam no branqueamento, descreviam o processo com mais eufemismos. José do Patrocínio, um mulato, dizia que o Brasil fora mais abençoado, historicamente, do que os Estados Unidos: "Podendo fundir em massa popular indígena todas as raças, porque a colonização portuguesa, em vez de haver procurado destruir as raças selvagens, as assimilou, preparando-se assim para resistir à invasão assoladora do preconceito de raças".[61] Aqui, o predomínio branco era descrito em termos mais polidos: falava-se de "fusão".

Em nenhuma outra área a crença dos abolicionistas no branqueamento ficou mais clara do que na reação à proposta de trabalhadores chineses. Um grupo de fazendeiros e políticos que viam a inevitabilidade da abolição total propôs, na década de 1870, que o Brasil importasse chineses para substituir os escravos negros. A ideia não era nova, pois fora aventada já no reinado de d. João VI (1808-21). Em 1870, fez-se de novo a proposta, debatida acaloradamente na Sociedade Auxiliadora da Indústria Nacional. Os defensores da mão de obra chinesa pareciam desculpar-se por suas ideias. Queriam apenas trabalhadores "temporários", e *não* colonizadores que se tornassem uma "parte permanente da nossa sociedade". O objetivo deles era simplesmente um "meio de transição" para um "regime de trabalho inteiramente livre", quando "as medidas sobre imigração, higiene e catequese possam produzir seus frutos e dispensar a cooperação chinesa".[62] Embora a Sociedade tivesse rejeitado a proposta, ela não morreu. Ressurgiu, na década de 1870, entre as muitas ideias para resolver a carência de mão de obra, ainda que pouquíssimos daqueles que defendiam a imigração se dispusessem a ver os chineses com bons olhos. Meneses e Sousa, convincente autor de um relatório de 1875 que instava por medidas do governo para atrair imigrantes, fez o que pôde para depreciar os chineses. O Brasil precisava de "sangue novo", e não de "suco envelhecido e envenenado" proveniente de "constituições exaustas, degeneradas". Baseava seu racismo em uma "verdade antropológica" que determinara que a "raça chinesa abastarda e faz degenerar a nossa".[63] Essa tese, aliás, era ao menos semioficial, uma vez que seu livro fora escrito como relatório formal ao ministro da Agricultura.

A proposta de mão de obra chinesa aflorou novamente no fim da década de 1870, levantada por um grupo que se intitulava "Sociedade para a Importação de Trabalhadores Asiáticos de Ascendência Chinesa".[64] A ideia foi objeto de um importante debate quando o líder do governo liberal, o visconde de Sinimbu, solicitou um estudo oficial sobre a imigração chinesa para os Estados Unidos. A pesquisa foi confiada a Salvador de Mendonça, na época o ambicioso e bem-sucedido cônsul-geral do Brasil em Nova York. Não tardou para que Mendonça se tornasse um entusiasta da imigração chinesa. Seu memorando, mais tarde desenvolvido num livro publicado pelo governo brasileiro, louvava os chineses como "trabalhadores inteligentes, frugais e industriosos". Como viriam de Cantão, "onde o clima é tropical, adaptar-se-iam rapidamente ao Brasil", tal como já tinham se adaptado a Cuba e às minas dos Estados Unidos.[65]

Mendonça conhecia os preconceitos de sua plateia brasileira. Do mesmo modo que os anteriores advogados da imigração chinesa, ele queria apenas "uma emigração transitória", a fim de proporcionar alguma continuidade da oferta de mão de obra "entre o africano e o europeu". Os chineses não podiam ser considerados imigrantes permanentes porque "não aprendem a amar a terra para a qual imigram", à parte o fato de que ele os considerava "falsos, desconfiados, mentirosos e concupiscentes".[66]

Esse apoio oficial a uma "investigação" dos aspectos práticos da imigração chinesa fez com que ela se tornasse tema de longas discussões. Mais uma vez a questão foi criticada por motivos raciais. Joaquim Nabuco enfureceu-se com a disposição do presidente do Conselho de cogitar a importação de chineses. Uma onda de imigração chinesa, disse, ia "viciar e corromper ainda mais a nossa raça".[67] Por mais limitada que fosse a imigração, argumentou, seria inevitável que o Brasil ficasse "mongolizado, como foi africanizado, quando Salvador Correia de Sá fez vir os primeiros escravos".[68]

Para Nabuco, os chineses não só eram racialmente tão inferiores quanto os negros, como também careciam da capacidade destes de se integrar na sociedade brasileira. Pior: como os chineses eram capazes de sobreviver "nas piores condições possíveis", estavam fadados a "ocupar" qualquer país onde pusessem o pé.[69] Em suma, opunha-se aos chineses

> etnologicamente, porque vêm criar um conflito de raças e degradar as existentes no país; economicamente, porque não resolvem o problema da falta de braços; moralmente, porque vêm introduzir na nossa sociedade essa lepra de vícios que infesta todas as cidades onde a imigração chinesa se estabelece; politicamente, afinal, porque em vez de ser a libertação do trabalho, não é senão o prolongamento [...] do triste nível moral que o caracteriza e a continuação ao mesmo tempo da escravidão.[70]

Como vimos antes, Nabuco partia do pressuposto de que o Brasil deveria "aprimorar-se" eugenicamente. De acordo com essa lógica, importar chineses seria dar um passo para trás. Num debate parlamentar em que questionou o valor "civilizador" dos chineses, um deputado o apoiou: "Precisamos elevar o nível moral deste país"; ao que outro replicou: "Quer-se ambas as coisas: moralidade e trabalho". Os chineses não correspondiam a essa expectativa. Como um terceiro deputado explicou: "o negro melhora-se, o 'chim' é impossível".[71]

Apesar da oposição, nem todos os fazendeiros renunciaram à esperança de importar trabalhadores chineses. À proporção que o contingente de escravos minguava sem que aparecessem imigrantes europeus, um grupo de fazendeiros entabulou negociações diretas, em 1883, com uma companhia de navegação que lhes prometeu trazer chineses. A veemente oposição dos abolicionistas contribuiu, sem dúvida, para o insucesso do plano, que nunca obteve a necessária cooperação por parte dos chineses. Além disso, o governo britânico, lançando mão de sua Marinha Real, ameaçara intervir para impedir o plano.[72] Todavia, a controvérsia acerca da imigração chinesa havia obrigado muitos brasileiros a revelar suas opiniões raciais. O que se percebeu foi um forte empenho em incentivar o progressivo branqueamento do Brasil.

O PENSAMENTO EUROPEU E DILEMAS DETERMINISTAS

Como todo o pensamento reformista no Brasil, o pensamento abolicionista nasceu do liberalismo oitocentista europeu que havia acompanhado a Revolução Industrial, a rápida urbanização e o crescimento econômico. Por seu turno, o que possibilitou essas mudanças foi o incremento da ciência e da tecnologia. Na Europa, a prosperidade econômica parecia justificar a fé no liberalismo.

No Brasil, porém, o advento do liberalismo decorreu antes de tendências intelectuais do que de qualquer transformação econômica profunda. Embora as cidades tenham crescido depressa a partir de 1850, não houve um salto comparável no desenvolvimento econômico. Ou seja, os brasileiros estavam utilizando ideias liberais num contexto social que não era radicalmente diferente do mundo de seus ancestrais.[73]

À medida que as principais potências europeias se fortaleciam econômica e politicamente, aumentando seu domínio sobre outras partes do mundo, seus pensadores começaram a apresentar explicações para grandes êxitos econômicos, expondo motivos "científicos" para o sucesso da Europa. Tais justificativas da superioridade europeia foram exportadas para a América Latina a reboque do liberalismo europeu, e essa justaposição criou um paradoxo desconfortável para os intelectuais brasileiros.

Antes que essas ideias chegassem ao Brasil, o prestígio das ciências naturais (basicamente uma criação europeia, em sua forma moderna) tinha corroborado a autoridade intelectual da Europa. Afirmava-se que os europeus do norte tinham conquistado poder econômico e político graças a sua herança genética e ao ambiente físico singularmente favorável. Em suma, os europeus do norte eram as raças "superiores" e desfrutavam de um clima "ideal"; por implicação, as raças mais morenas e os climas tropicais jamais poderiam produzir civilizações comparáveis. Alguns desses autores excluíam explicitamente a possibilidade de civilização numa área destituída de condições europeias. Não por coincidência, a análise era dirigida às áreas que tinham sucumbido à conquista europeia desde o século XV: a África e a América Latina. Assim, uma Europa em expansão encontrou uma explicação científica para suas conquistas políticas e econômicas.[74] Para a nossa análise, não importa que em sua forma popularizada essas ideias tenham sido grosseiramente simplificadas e, com frequência, distorcidas. O fato é que muita gente acreditava nelas.

Um dos mais conhecidos desses autores foi o historiador inglês Henry Thomas Buckle (1821-62), cuja *History of Civilization in England* (1857-61) [*História da civilização na Inglaterra*], em diversos volumes, continha uma filosofia do determinismo climático claramente enunciada.[75] Em oito páginas, Buckle analisava a precipitação pluvial, a topografia, o sistema hidrográfico e os regimes de ventos no Brasil. Sem ter nunca visitado o país e carecendo de qualquer estudo autenticamente científico que arrimasse suas afirmações, baseou-se em relatos de viagens, que citou à farta. Suas descrições do Brasil lembravam em muito o estereótipo romântico: "Tão florescente e luxuriante é a vegetação que a Natureza parece desregrar-se na ostentação do seu poder". A seguir, descrevia as "florestas emaranhadas" e "aves de esplendorosa plumagem". Lamentavelmente, porém, "em meio a essa pompa e fulgor da Natureza, nenhum espaço é deixado para o Homem. Ele fica reduzido à insignificância pela majestade que o circunda". O Brasil sofreu uma reprimenda especial no estudo que Buckle fez da civilização.

> Em nenhum outro lugar há tão penoso contraste entre a grandiosidade do mundo exterior e a pequenez do interno. [...] E a mente, acovardada por essa luta desigual, não só foi incapaz de avançar, mas sem ajuda estrangeira teria, indubitavelmente, regredido. Porque mesmo no presente, com todos os aperfeiçoamentos originários da Europa, não há sinais de progresso real.[76]

É improvável que muitos intelectuais brasileiros tenham lido na íntegra a alentada obra de Buckle, mas seguramente conheciam seu libelo de oito páginas. Terá sido difícil para um pensador social brasileiro, nos sessenta anos seguintes, deixar de enfrentar esse

Arthur de Gobineau (1816-82), autor de Essai sur l'inégalité des races humaines *(1853-5). Esteve no Brasil como diplomata francês, onde travou amizade com o imperador, e deplorou a experiência de viver numa sociedade plurirracial.*

tipo de visão pessimista do potencial brasileiro. Muitas vezes, eles citavam Buckle explicitamente.

Autores europeus também expuseram de forma nova uma outra doutrina determinista com longa história: o racismo. Notável exemplo deles foi Arthur de Gobineau (1816-82). Pouco antes de Buckle publicar sua *História da civilização na Inglaterra,* Gobineau lançou seu *Essai sur l'inégalité des races humaines* (1853-5) [Ensaio sobre a desigualdade das raças humanas]. Esse livro foi menos divulgado no Brasil que o de Buckle, mas os brasileiros já estavam familiarizados com as ideias fundamentais do racismo de Gobineau.

O determinismo racial já fora endossado politicamente na América do Norte inglesa, onde a separação entre as raças "superiores" e "inferiores" era um sistema institucionalizado. O Brasil, porém, fora uma sociedade multirracial durante muito tempo para que uma rígida segregação em linhas birraciais fosse viável. No Brasil, o histórico equilíbrio racial levara a uma ampla miscigenação, que chegava até as famílias mais antigas. No entanto, esse fato consumado de história social não impedia que pensadores sociais brasileiros se preocupassem com os efeitos do caldeamento racial. O Brasil fora a maior colônia do Novo Mundo, e a porcentagem de negros na população excedera 50% durante muito tempo. A população negra dos Estados Unidos nunca se aproximou dos 50% do total, nem mesmo no Sul (embora isso ocorresse em alguns estados).

Ao contrário de Buckle, Gobineau esteve no Brasil, depois da publicação de seu *Essai*. Diplomata ambicioso e com aspirações políticas, via o Brasil como um posto nada promissor para sua carreira, bem como uma prova viva de suas teorias. A partir do momento em que aqui pisou no Rio como ministro francês (desembarcando durante as festividades do Carnaval de 1869), detestou o país. Julgava o Brasil um lugar culturalmente atrasado que apresentava riscos constantes de doenças. Desprezava os brasileiros, considerando-os inelutavelmente maculados pela miscigenação.[77] E assustava-se com a possibilidade de contrair a febre amarela antes de rever a França (não sem razão, pois houve uma epidemia em 1869-70).

Seu senso estético era ferido por "uma população totalmente mulata, viciada no sangue e no espírito e assustadoramente feia".[78] Declarou que "nem um só brasileiro tem sangue puro, porque os exemplos de casamentos entre brancos, índios e negros são tão disseminados que as nuances de cor são infinitas, causando uma degeneração do tipo mais deprimente tanto nas classes baixas como nas superiores". Gobineau não hesitou em tirar conclusões generalizadas, observando num relatório oficial sobre a escravidão que os brasileiros nativos não eram "nem trabalhadores, nem ativos, nem fecundos".[79]

Este último ponto tornou-se fundamental para a análise que Gobineau fez do futuro do Brasil. Embora o clima e os recursos naturais fossem favoráveis, ele julgava que a população nativa estava destinada a desaparecer, devido a sua "degenerescência" genética. Mediante um curioso cálculo aritmético, estimou que seriam necessários "menos de duzentos anos" para se ver "o fim dos descendentes de Costa-Cabral [sic] e dos emigrantes que os seguiram". A única forma de evitar esse desfecho seria a população existente "fortalecer-se com a ajuda dos valores mais altos das raças europeias". Com isso, a raça "reviveria, a saúde pública melhoraria, o temperamento moral seria revigorado, e as melhores mudanças possíveis se operariam na condição desse admirável país".[80]

Nada dessa lucubração de longo alcance foi capaz de abrandar a fúria do francês por ter sido despachado para semelhante fim de mundo na América do Sul. Suas cartas revelam um desdém irreprimível por seus colegas de todas as outras nacionalidades, mas as palavras mais ásperas cabiam aos brasileiros: "Todo mundo é feio aqui, mas incrivelmente feio: como macacos".[81] Seu único consolo era a amizade com o imperador, e Gobineau fez eco à descrição de Buckle de uma terra vazia: "À exceção do imperador, ninguém neste deserto povoado de marotos".[82] A frustração do francês chegou a extravasar para sua conduta pessoal. Era frequente que se metesse em brigas, o que culminou com um desforço físico, na rua, com o genro de um senador brasileiro. Em 1870, foi chamado de volta por seu governo, a instâncias de seu bom amigo, d. Pedro II.[83]

Outros observadores estrangeiros também lembraram aos brasileiros as implicações de doutrinas racistas. O filósofo argentino José Ingenieros (1877-1925) influenciou a elite brasileira com suas confusas doutrinas da inferioridade racial dos não brancos.[84] O francês Louis Couty foi outro estrangeiro que se mostrou muito franco. Conhecendo bem o Brasil, interessava-se especialmente pelas províncias cafeeiras do Centro-Sul e colaborou de perto com reformadores brasileiros, como o visconde de Taunay e outros líderes da Sociedade Imperial de Imigração. Em 1884, Couty publicou um livro sobre o Brasil, intitulado *Ébauches sociologiques* [*O Brasil em 1884. Esboços sociológicos*], em cujo prefácio enunciou sem ambiguidades suas opiniões raciais: "Tentei provar que foi a colonização pelos africanos escravizados que produziu todos os males do Brasil, e indiquei a colonização por homens livres da Europa como o único remédio possível".[85] Não há nenhum indício de que algum dos importantes amigos brasileiros de Couty tenha tentado refutar essa sua interpretação unilateral da história do Brasil.

Talvez a mais famosa manifestação de desprezo por parte de um visitante estrangeiro tenha sido a de Louis Agassiz, que chegou ao Brasil em 1865 numa expedição científica e, três anos depois, publicou (com sua mulher) um relato dessa viagem.

> Que qualquer um que duvida dos males dessa mistura de raças, e se inclina, por mal-entendida filantropia, a botar abaixo todas as barreiras que as separam — venha ao Brasil. Não poderá negar a deterioração decorrente da amálgama das raças, mais geral aqui do que em qualquer outro país do mundo, e que vai apagando, rapidamente, as melhores qualidades do branco, do negro e do índio, deixando um tipo indefinido, híbrido, deficiente em energia física e mental.[86]

Agassiz encerrou o livro com uma tentativa de homenagear seus amigos brasileiros, que logo puderam lê-lo numa tradução para o francês.[87] Reconheceu neles a "sensibilidade aos altos impulsos e emoções, seu amor à liberdade abstrata, sua natural generosidade, sua facilidade de aprender e seus dons de eloquência". Mas não pôde deixar de aludir novamente à raça e ao clima, acrescentando: "Se é verdade que também sinta falta de qualidades das raças nórdicas, lembro uma distinção tão antiga quanto as próprias zonas tropical e temperada".[88]

A AGONIA DE UM PRETENSO NACIONALISTA: SÍLVIO ROMERO

Uma leitura cuidadosa do pensamento social brasileiro antes da Abolição deixa poucas dúvidas de que os brasileiros evitavam tocar nos problemas que teorias raciais deterministas criavam para sua nação. Contudo, alguns pensadores excepcionais enfrentaram questões que a maioria de seus conterrâneos letrados levou ainda muitos anos para confrontar. Este capítulo termina com o exame de um reformador liberal que se empenhou honesta e continuamente em questões de raça e meio ambiente: Sílvio Romero (1851-1914).[89]

Analisaremos nas páginas seguintes as teses do autor sobre o assunto anteriores a 1889. Formuladas basicamente entre 1869 e 1881, elas foram sintetizadas na obra principal de Romero, *História da literatura brasileira*, publicada em 1888.[90] Seu pensamento posterior a 1889, examinado em capítulos posteriores, pouco mudou no tocante a questões raciais.

Foi sobretudo como crítico literário que Sílvio Romero ganhou renome. Fazia uma abordagem sociológica da literatura, argumentando que a raça e o meio ambiente eram vitais para a compreensão das criações artísticas. Dizia-se um darwinista social, e embora nutrisse reservas quanto a algumas ideias de Spencer, julgava-as o melhor guia para a compreensão da história.[91] Inveterado polemista, muitas vezes contradizia a si próprio a fim de criar um tema de debate.[92] No entanto, suas incoerências tinham uma explicação mais relevante — o futuro do Brasil, analisado dentro do quadro analítico do darwinismo social, não era um tema cômodo para especulações.

Contudo, Sílvio Romero tinha uma convicção inabalável: os brasileiros precisavam dominar as doutrinas científicas então correntes e aplicá-las a seu país. E jamais abandonou sua ligação emocional com o Brasil, por mais deprimentes que fossem as suas conclusões. Partia do princípio de que qualquer nação é produto de uma interação entre a população e seu habitat natural. O caráter e a cultura específicos do país resultavam de um ajuste a longo prazo. Quão longo? A estimativa de Sílvio Romero variava. As implicações de qualquer estimativa eram sérias, pois afetavam, inevitavelmente, o status e o futuro do Brasil.

Romero abordou de frente a questão do determinismo ambiental, qualificando o veredicto de Buckle sobre o Brasil como "palavras duras, mas, no fundo, corretas".[93] Embora questionasse este ou aquele ponto, achava que Buckle deveria ser lido pelos brasileiros e fez publicar, em tradução, praticamente todas as oito páginas do subcapítulo da *História da civilização na Inglaterra* que se referia ao Brasil. Esse texto saiu numa série de artigos, na *Revista Brasileira*, em 1879-80, e em sua *História da literatura brasileira*, o que sem dúvida contribuiu para dar publicidade à verrina de Buckle.[94]

No entender de Sílvio Romero, Buckle exagerara em sua análise, sendo sua teoria "demasiado cosmográfica".[95] O inglês "divide a civilização em dois grandes ramos: o da Europa, e o de fora dela; no primeiro, predomina o esforço do homem sobre a natureza; no outro, é o contrário que se nota. Esta distinção é caprichosa".[96] Além disso, considerava Buckle mal informado sobre a geografia e o clima do Brasil. Não havia no país montanhas gigantescas, como Buckle dera a entender; a terra mais padecia de seca do que de chuvas excessivas, do mesmo modo que as selvas intransponíveis criavam menos problemas que o interior semiárido.[97] Durante muito tempo, a profusão da natureza tinha sido considerada maior no Brasil do que em qualquer outro lugar, "o que é uma vantagem, dizem os patriotas; o que é um empecilho — diz Buckle; o que é um erro, dizemos nós".[98]

Sílvio Romero não duvidava que o habitat brasileiro fosse seriamente debilitante. O calor opressivo e a seca periódica contri-

Sílvio Romero (1851-1914). O famoso crítico literário foi dos primeiros intelectuais brasileiros a enfrentar os problemas que as teorias raciais apresentavam para o futuro do país.

buíam para tornar o brasileiro "indiferente e apático".[99] Citou, em tom aprovador, um manual de higiene que listava as supostas consequências físicas da vida nos trópicos — sangue langoroso, digestão lenta, pele demasiado sensível. A condição física do índio supostamente "provava" a influência enervante do clima, em que febres e moléstias eram comuns. Romero fez uma longa citação dessa descrição deprimente e a classificou como "mais ou menos exata" no caso do Brasil. Acrescentou que "temos uma população mórbida de vida curta, achacada e pesarosa em sua maior parte".[100]

Julgava ele que essa influência perniciosa do clima fosse irremediável? Ao que parece, não, pois rejeitou de plano o determinismo de Buckle. Além disso, reconhecia a importância da dieta e da higiene como instrumentos para ajudar o homem a se adaptar aos trópicos. Não tinha como, é claro, ter conhecimento das iminentes descobertas no campo das doenças contagiosas e do tratamento de parasitas, de modo que o tom de sua análise foi equivocado.

Sílvio Romero preocupava-se mais, no entanto, com a raça. Começou aceitando a ideia básica de uma hierarquia das raças, usando com frequência a expressão "escala etnográfica" e fazendo referência a raças "inferiores" e "superiores". Ao mesmo tempo, era suficientemente cético para se dar conta das incoerências do discurso racial — observando que a própria definição de raça era vaga e que as "raças históricas" (inclusive a ariana) "têm vivido no mais completo cruzamento e quase fundidas".[101] Tais ressalvas, porém, não o impediram de repetir muitas das teorias europeias correntes sobre a inferioridade dos índios e de negros.

Romero via o Brasil como resultado de três vertentes raciais — o europeu branco, o africano negro e o índio nativo. Os pareceres que externou sobre cada uma delas não eram nada encorajadores. Com relação à cepa branca particular ("greco-latina") que fora para o Brasil — por meio dos portugueses —, abraçava a mesma opinião dos românticos que popularizaram o nacionalismo cultural, isto é, que era inferior ao ramo "germano-saxão". Lembrou aos compatriotas que "às robustas gentes do Norte, tendo à sua frente ingleses e alemães, está reservado o papel histórico de [...] tonificar o sangue e as ideias dos povos latinos, célticos e ibéricos".[102] Os índios eram por ele considerados "certamente os mais decaídos na escala etnográfica".[103] Com seu baixo nível cultural, em quase nada tinham influenciado a cultura brasileira. Os africanos eram descritos como "derrotados na escala etnográfica". Citou Wilberforce, e de forma aprovadora, com relação à inferioridade inerente dos negros em comparação aos brancos, repetindo o argumento batido, apesar de infundado, de que os negros nunca haviam criado uma civilização.[104]

Uma vez descritos esses elementos étnicos, Romero ponderou que o caráter particular do Brasil devia-se a uma mistura dos três. "A raça ariana, reunindo-se aqui a duas outras totalmente diversas, contribuiu para a formação de uma sub-raça mestiça e crioula, distinta da europeia. [...] Não vem ao caso", escreveu ele em 1888, "discutir se isto é um bem ou um mal; é um fato e basta."[105]

Não havia mais no Brasil tipos raciais puros, argumentou, e mesmo se houvesse, nunca negros ou índios de *sangue puro* tinham se "notabilizado" na história brasílica.[106] Entretanto, o resultado de séculos de miscigenação mostrava graus bastante diversos de influência dos três elementos. Os brancos tinham predominado, por ser sua cultura a mais desenvolvida; os índios haviam sido aniquilados por guerras e doenças, e o africano era brutalizado pela escravidão. "A consequência é fácil de tirar: o branco, o autor inconsciente de tanta desgraça, tirou o que pôde de vermelhos e negros e atirou-os fora como coisas inúteis. Nesse empenho foi sempre ajudado pelo mestiço, seu filho e seu auxiliar, que acabará por suplantá-lo, tomando-lhe a cor e a preponderância."[107] Sílvio Romero considerava que o africano tinha contribuído com muito mais do que o indígena para a nova raça, chegando a ponto de descrevê-lo como um "agente robusto, civilizador", que ajudara a nova raça a adaptar-se ao clima tropical.[108]

Diante da difícil pergunta — a mistura de raças fora benéfica? — sua resposta variava. Tal como no caso do determinismo climático, ainda não existiam os argumentos científicos de que ele precisava para redigir uma rejeição definitiva do determinismo racista. Em 1880 ele escrevera: "Povo que descendemos de um estragado e corrupto ramo da velha raça latina, a que juntara-se o concurso de duas das raças mais degradadas do mundo, os negros da costa e os peles-vermelhas da América". O resultado? "O servilismo do negro, a preguiça do índio e o gênio autoritário e tacanho do português produziram uma nação informe sem qualidades fecundas e originais."[109] Em outras ocasiões, ele se sentia mais esperançoso. No mesmo ano (1880) em que publicou essa declaração, desafiou os brasileiros a estudarem sua cultura real e não uma criação artificiosa dos indianistas românticos. "Nessa grande obra da civilização, não há privilégios de raças ou continentes; há somente o privilégio da força criadora."[110]

No fundo, naturalmente, Sílvio Romero não tinha certeza. "Se é certo que a mistura de povos diversos é um garante de geração vigorosa, nesse caso ninguém é capaz de oferecer maiores vantagens do que o brasileiro."¹¹¹ O tom condicional resume sua incerteza. Ele afirmava, taxativo, que a miscigenação estava no centro da história brasileira, mas suas conclusões sobre o significado disso dependiam da estimativa que ele fazia do progresso corrente no Brasil e de sua tendência pessoal a confundir análise histórica com previsões acerca do futuro. Tal ambiguidade não surpreende. As ideias científicas sobre os híbridos estavam mudando rapidamente no tempo de Romero. A ciência europeia inclinava-se a condenar a mistura de sangue humano como fonte de fraqueza e possível esterilidade. Ele achava que isso provavelmente era tolice, mas não dispunha ainda de uma base científica para expressar essa opinião.

Suas ideias raciais tornavam-se mais enérgicas quando ele discorria sobre o futuro do Brasil:

> A minha tese, pois, é que a vitória na luta pela vida, entre nós, pertencerá, no porvir, ao branco; mas que esse, para essa mesma vitória, atentas as agruras do clima, tem necessidade de aproveitar-se do que de útil as outras duas raças lhe podem fornecer, máxime a preta, com quem tem mais cruzado. Pela seleção natural, todavia, depois de prestado o auxílio de que necessita, o tipo branco irá tomando a preponderância até mostrar-se puro e belo como no Velho Mundo. Será quando já estiver de todo aclimatado no continente. Dois fatos contribuirão largamente para esse resultado: de um lado a extinção do tráfico africano e o desaparecimento constante dos índios, e de outro a imigração europeia.¹¹²

Em outros contextos, via o resultado final como menos que branco puro.

É conhecida [...] a proverbial tendência do pardo, do mulato em geral, a fazer-se passar por branco, quando sua cor pode iludir. Quase não temos mais famílias extremamente arianas; os brancos presumidos abundam. Dentro de três ou quatro séculos, a fusão étnica estará talvez completa, e o brasileiro mestiço bem caracterizado.[113]

E em outro lugar:

O povo brasileiro será uma mescla áfrico-indiana e latino-germânica, se perdurar, como é provável, a imigração alemã.[114]

A visão que Romero tinha do futuro dependia em alto grau de sua avaliação da estabilidade psicológica da população existente, racialmente mestiça. Já tivemos oportunidade de apontar sua ambiguidade com relação a esse ponto. Em 1880 ele foi cauteloso: "Os dois grandes agentes de transformação — a natureza e a mescla de povos diversos — estão por enquanto em ação, e o resultado não pode ser determinado com segurança".[115] No mesmo ano, ele observou, em outro lugar: "Ainda entre nós as três raças não desapareceram confundidas num tipo novo, e esse trabalho será lentíssimo. Por enquanto, a mescla nas cores e a confusão nas ideias é o nosso apanágio".[116] Em 1888, estava mais confiante: "O povo brasileiro, como hoje se nos apresenta, se não constitui uma só raça compacta e distinta, tem elementos para acentuar-se com força e tomar um ascendente nos tempos futuros. Talvez tenhamos ainda de representar na América um grande destino histórico-cultural".[117]

2. As realidades raciais e o pensamento racial depois da Abolição

Em 13 de maio de 1888, como regente do trono e em nome do pai enfermo e ausente, a princesa Isabel assinou a lei que abolia a escravidão, sem indenização para os senhores. Antônio Prado, um dos mais ricos fazendeiros de São Paulo, por exemplo, apoiou a emancipação incondicional em maio de 1888, embora ainda no ano anterior se opusesse com ardor ao fim da escravidão. Nas províncias do Sul, os fazendeiros prósperos já procuravam imigrantes italianos que suprissem a mão de obra necessária; e quando a abolição pareceu enfim inevitável, foram bastante sagazes para entender que presidir ao último ato lhes possibilitaria conservar o controle político.

NATUREZA E ORIGEM DA SOCIEDADE MULTIRRACIAL BRASILEIRA

Como os latifundiários (mais perspicazes) haviam previsto, a abolição não trouxe a transformação econômica e social esperada pelos abolicionistas (mais ingênuos).[1] Em 1888 o Brasil ainda era uma economia essencialmente agrária. Seu sistema paternalista de relações pessoais prevalecia até nas áreas urbanas. A rígida estratificação social dava aos proprietários de terra (brancos, ou, vez por outra, mulatos claros) praticamente um monopólio do poder — econômico, social e político. Os estratos inferiores, incluindo os brancos pobres, bem como a maioria dos libertos de cor, estavam afeitos à submissão e à deferência. Essa hierarquia, na qual a classificação social se correlacionava em alto grau com a cor, se desenvolvera como parte integral da economia colonial escravagista. No entanto, à época da abolição, ela *não mais* dependia da escravidão para se manter. O momento exato em que essa dependência deixou de existir é uma questão que ainda não foi pesquisada. O importante aqui é que a maioria dos fazendeiros brasileiros, principalmente os das prósperas regiões cafeicultoras do Centro-Sul do país, se deu conta de que a abolição não ameaçaria sua hegemonia social e econômica. A análise mostrou-se correta. Os escravos recém-libertados sujeitaram-se à estrutura social, multirracial e de cunho paternalista, que durante muito tempo havia ensinado aos libertos de cor os hábitos de deferência em suas relações com patrões e outros superiores na escala social. Foi nesse contexto — denominado "pré-industrial" pelo sociólogo francês Roger Bastide — que se desenrolaram as relações raciais depois da Abolição.[2]

O Brasil oitocentista já exibia um complexo sistema de classificação racial. Era pluralista e multirracial, em contraste com o rígido sistema birracial dos Estados Unidos.[3] O meio milhão de escravos libertados em 1888 ingressou numa complexa estrutura social que compreendia libertos de cor (de todas as tonalidades). A cor da pele, a textura do cabelo e os traços faciais, além de outras características físicas visíveis, eram os elementos determinantes da categoria racial em que uma pessoa seria inserida. O patrimônio e a posição social aparentes da pessoa observada, indicados por seus trajes ou por seu círculo social, também afetavam a reação do observador, como indicava um adágio popular brasileiro, segundo o qual o "dinheiro embranquece" — embora os casos observados em geral se aplicassem a mulatos claros.[4] O somatório dos caracteres físicos (o "fenótipo") era o fator determinante, embora sua percepção pudesse variar de acordo com a região, a área e o observador. Nunca houve no Brasil, pelo menos desde o fim da colônia, um rígido sistema birracial. Havia sempre uma categoria intermediária de misturas raciais — os chamados mulatos ou mestiços. A observância rigorosa da endogamia com base na cor, consagrada por lei nos Estados Unidos na década de 1890, nunca existiu no Brasil.

É verdade que o país jamais aplicou com rigor a "regra de descendência" — pela qual é a ascendência, e não a aparência física (a menos que a pessoa possa "passar" por branca), que determina a classificação racial.[5] Mas convém ter cuidado para não exagerar esse fato. A origem ainda era importante no Brasil. Era comum que mestiços em ascensão social fizessem de tudo para ocultar seus antecedentes familiares. E esse comportamento leva a crer que um mulato cujos caracteres fenotípicos lhe haviam permitido a ascensão se sentisse inseguro o suficiente para acreditar que sua mudança social estaria ameaçada por sua origem familiar, que provocaria uma redefinição de seu status social.[6] Mas pode-se dizer que o mulato foi a figura central na "democracia racial" brasileira, por ter-lhe sido concedido ingresso — ainda que limitado — ao estrato social superior. Os limites à sua ascensão dependiam da aparência precisa (quanto mais "negroide", menos mudança social) e do grau de "brancura" cultural (educação, maneiras, renda) que fosse capaz de obter. A aplicação bem-sucedida desse sistema multirracial exigia que os brasileiros desenvolvessem uma intensa sensibilidade às categorias raciais e às nuances na maneira de aplicá-las.[7] Isso tinha como resultado uma rede instável de linhas de cor, cujas marcas podem ser vistas no volumoso folclore brasileiro sobre o mulato "pernóstico".[8]

Qual foi a origem desse sistema multirracial? Para quem só conhece uma sociedade rigidamente birracial, é de especial importância compreender como se deu o surgimento de uma sociedade pluralista no Brasil.

As proporções demográficas oferecem uma pista. O Brasil já contava com grande número de negros e mulatos libertos antes da abolição. No século XVII, os escravos provavelmente eram mais numerosos que os livres (brancos e de cor), e os brancos nunca foram maioria em parte nenhuma do Brasil até a imigração alterar acentuadamente o equilíbrio racial em vários estados do Sul e do Centro-Sul.[9] O número de libertos de cor cresceu muito depressa no século XIX. Em 1819, pouco menos de um terço da população total, de aproximadamente 3,6 milhões, era formado de escravos (ver Quadro 1), e apenas cerca de 10% a 15% da população era constituída de libertos de cor. No decurso do meio século que se seguiu, porém, estes passaram a representar 42% da população total, enquanto o percentual de escravos na população baixou para menos de 16%. Em 1872, havia na população de cor quase três vezes mais libertos do que escravos.

A existência dessa grande classe de libertos de cor criou modelos para seu modo de vida no futuro. Quando da abolição, o Brasil já tinha uma longa experiência com milhões desses libertos; e tivera uma tradição ainda mais longa, que remontava aos primeiros tempos da colônia, de ascensão social por parte de um pequeno número de escravos alforriados.[10] Havia também padrões consagrados de passagem da escravidão para a liberdade. É plausível que uma carência mais que centenária de mão de obra branca qualificada e semiqualificada no Brasil colonial obrigasse os colonizadores europeus a legitimar a criação de uma categoria de negros libertos que fossem capazes de executar essas tarefas.[11] O mesmo processo provavelmente continuou durante o século XIX.

QUADRO 1

POPULAÇÃO ESCRAVA NO BRASIL EM COMPARAÇÃO COM A
POPULAÇÃO TOTAL POR REGIÃO, EM 1819 E 1872

Região*	População total		População escrava		População escrava como % da população total	
	1819	1872	1819	1872	1819	1872
Norte	143 251	332 847	39 040	28 437	27,3	8,5
Nordeste	1 112 703	3 082 701	367 520	289 962	33,0	9,4
Leste	1 807 638	4 735 427	508 351	925 141	28,1	19,5
Sul	433 976	1 558 691	125 283	249 947	28,9	16,0
Centro--Oeste	100 564	220 812	40 980	17 319	40,7	7,8
TOTAL	3 598 132	9 930 478	1 081 174	1 510 806	30,0	15,2

* Províncias por região: Norte — Amazonas, Pará; Nordeste — Maranhão, Piauí, Ceará, Rio Grande do Norte, Paraíba, Pernambuco, Alagoas; Leste — Sergipe, Bahia, Espírito Santo, Rio de Janeiro, Corte (cidade do Rio de Janeiro), Minas Gerais; Sul — São Paulo, Paraná, Santa Catarina, Rio Grande do Sul; Centro--Oeste — Goiás, Mato Grosso.

Fontes: Para 1819: Artur Ramos, "O negro no Brasil: escravidão e história social", em Pedro M. Arcaya et al., *Estudios de história de América* (Cidade do México, 1948), p. 159. Para 1872: Diretoria Geral de Estatística, *Recenseamento do Brasil realizado em 1º de setembro de 1920* (5 vols.; Rio de Janeiro, 1922-30), 1, p. 414.

A fertilidade diferencial foi um segundo fator que contribuiu para criar o sistema multirracial. O grau de velocidade com que grupos raciais diferentes se reproduzem exerce obviamente uma forte influência sobre as relações raciais — os grupos que crescem rapidamente tornam-se uma parcela cada vez maior do total.[12] A população escrava nos Estados Unidos, por exemplo, aumentou num ritmo relativamente rápido no século XIX. Dados censitários mostram um crescimento de aproximadamente 23%, em média, em cada década, entre 1830 e 1860;[13] e como o tráfico de escravos para os Estados Unidos cessara em 1808, o aumento só podia dever-se a um incremento natural líquido da população cativa existente.

No Brasil, entretanto, a tendência foi, ao que parece, exatamente o inverso, pelo menos antes do fim do tráfico de escravos em 1850.[14] Esse fenômeno parecia ser comum nas economias que continuavam a depender do tráfico negreiro,[15] nas quais as baixas taxas de fertilidade dos escravos têm sido atribuídas a distorções na proporção entre os sexos (um substancial excesso de homens em relação a mulheres) e a altos índices de morbidade e mortalidade.[16] Todavia, seria de esperar que esses fatores desaparecessem no Brasil após o fim do tráfico em 1850, com os negros nascidos no Brasil exibindo uma taxa de fertilidade análoga à da população em geral, como aconteceu nos Estados Unidos.

Mas não foi esse o caso. Mesmo quando se leva em conta as imprecisões inerentes aos dados brasileiros (como classificar crianças mestiças em um grupo que não é o de suas mães), os demógrafos têm chegado à conclusão de que depois da abolição a população negra passou a se reproduzir a uma taxa menor que os mulatos e os brancos. Pesquisas por amostragem levam a crer que essa tendência (considerando aqui negros livres, e não escravos) pode remontar a princípios do século XIX, pelo menos.[17] De passagem, nota-se que aparentemente essa menor taxa de fertilidade contribuiu bastante para o processo de branqueamento, cuja promoção tornou-se o núcleo do ideal racial brasileiro que será analisado adiante. A causa dessa baixa taxa de fertilidade continua a ser objeto de conjecturas. Uma das hipóteses mais prováveis é a maior dificuldade das mulheres negras para encontrar parceiros sexuais.[18]

A relativa ausência de regionalismo no Brasil foi outro fator para o surgimento do sistema multirracial. Nos Estados Unidos, a escravidão foi uma instituição regional, ao passo que no Brasil ela se tornou realmente nacional (ver Quadro 1). O centro econômico do Brasil transferiu-se do Nordeste açucareiro para o Centro-Sul aurífero e diamantífero do século XVIII, e mais tarde continuou para o sul, com a expansão do café no século XIX. Por isso, todas as grandes regiões geográficas brasileiras tinham, no século XIX, uma porcentagem substancial de escravos em relação à sua população total. Em 1819, segundo dados não oficiais, nenhuma região do país tinha menos de 27% de negros em seu conjunto demográfico (ver Quadro 1).

Quando começou a campanha abolicionista, a população escrava nacional se concentrava — em números absolutos — nas três províncias cafeicultoras principais: São Paulo, Minas Gerais e Rio de Janeiro. Todavia, como porcentagem da população total em cada região, os escravos continuavam distribuídos por todo o Império numa taxa de notável uniformidade. Em 1872, quando os cativos perfaziam 15,2% da população nacional, nenhuma região tinha menos de 7,8% de sua população ainda na escravidão, e a maior taxa era de apenas 19,5% do total (ver Quadro 1). Embora várias províncias tenham emancipado todos os seus escravos antes da lei nacional de 1888, as relações raciais não se tornaram moeda de troca na política regional. Nenhuma província podia alegar que sua economia ou sua estrutura social tinham sido prejudicadas à força por outra região do país. É óbvio que deve ter havido variações regionais nas relações raciais depois da abolição. Entretanto, os dados disponíveis não mostram que essas variações tenham sido intensas o bastante para que não possamos supor um alto grau de semelhança no espaço e no tempo no Brasil — pelo menos para o estudo do pensamento racial desde a década de 1870.[19]

O fato é que os libertos de cor desempenharam um papel importante muito antes da extinção total da escravatura no Brasil.[20] Haviam alcançado uma considerável ascensão ocupacional — o ingresso em ocupações qualificadas e até mesmo, vez por outra, o destaque como artistas plásticos, políticos e escritores — enquanto a escravidão ainda vigorava *em todo* o país. Essas oportunidades econômicas e sociais por eles desfrutadas atestam que o padrão multirracial de categorização social estava firmado antes da abolição. Conquanto essa escala pluralista de classificação social tenha conferido ao Brasil uma flexibilidade ausente em outras sociedades ex-escravagistas, como os Estados Unidos, é essencial ter presente que a sociedade multirracial repousava em pressupostos implicitamente racistas. O "caucasiano" era tido como o topo natural e inevitável da pirâmide social. O europeu branco representava, idealmente, a "imagem normativa somática"[21] — frase cunhada por H. Hoetink para designar os caracteres físicos socialmente mais valorizados. De modo geral, os brasileiros viam o *mais branco* como *melhor*, o que levou, naturalmente, a um ideal de branqueamento, visível tanto nos textos mais elitistas quanto no folclore.[22]

Curiosamente, o ideal parece ter-se realizado na prática, como se pode ver na Figura 2.1. Ocorreu um rápido aumento na população "branca" entre 1890 e 1950. A porcentagem de brancos, tal como definidos pelo censo oficial, cresceu de 44% em 1890 para 62% em 1950. O declínio concomitante da população de cor foi mais intenso na categoria mulatos entre 1890 e 1940, caindo de 41% para 21%, embora aumentasse para 27% em 1950. No entanto, cumpre examinar os dados censitários com cautela. A definição das categorias raciais deve ter variado segundo a época histórica de cada censo, as instruções dadas aos recenseadores e as atitudes dominantes entre recenseadores e informantes. Sabe-se, por exemplo, que no período mais recente para o qual é possível uma comparação — isto é, 1940 e 1950 (o quesito raça foi omitido do censo de 1970 e os dados de 1960 permanecem inéditos) —,* houve diferenças drásticas nas instruções dadas aos recenseadores.[23]

---

* Esta obra foi escrita antes dos censos realizados a partir dos anos 1980, que reintroduziram a rubrica "raça". (N. E.)

FIGURA 2.1

População brasileira por cor, 1872-1950

Porcentagen da população total

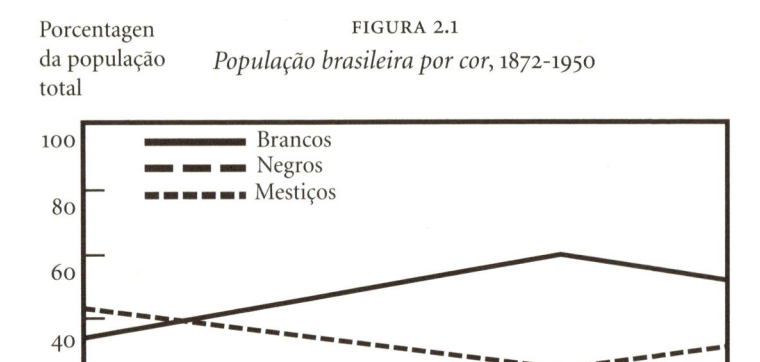

— Brancos
— — Negros
▪▪▪▪ Mestiços

Eixo Y: 20, 40, 60, 80, 100
Eixo X (Anos de censos): 1872, 1890, 1940, 1950

Podemos imaginar ainda que as definições sociais dos fenótipos raciais mudassem com o tempo. Mesmo levando em conta esses fatores, porém, não se pode fugir à conclusão de que ocorreu um branqueamento da população nos últimos cem anos, fenômeno para o qual há várias explicações razoáveis.

Para começar, a imigração foi esmagadoramente branca. Desde 1890, 3 milhões de europeus radicaram-se no Brasil. Em segundo lugar, indícios empíricos nos dados censitários referentes à cidade de São Paulo (onde, na década de 1920, observadores documentavam um "déficit de negros") levam à conclusão de que a população negra apresentava uma baixa taxa de crescimento natural líquido. Diversos fatores levaram a essa baixa taxa de reprodução. O tráfico de escravos (encerrado oficialmente em 1850, embora algumas levas tenham chegado ainda em 1852) dava preferência a homens, e essa situação, enquanto durou, criou um contínuo desequilíbrio sexual e, por conseguinte, uma baixa taxa de natalidade na população negra. As péssimas condições de vida dessa população devem ter reduzido ainda mais a taxa de sobrevivência de seus filhos — o que se confirmou nas estatísticas vitais relativas à cidade de São Paulo.[24]

Há uma explicação final para o processo de branqueamento: a forma como ocorreu a miscigenação. A darmos crédito à exposição de Gilberto Freyre — e são muitas as corroborações de outras fontes —, os homens brancos geravam muitos mestiços, aumentando com isso a proporção de proles de pele mais clara para a geração seguinte. O ideal do branqueamento, assim como o sistema social tradicionalista, contribuiu para evitar que homens de pele escura tivessem muitos filhos, pois as negras, sempre que possível, tinham forte condicionamento para preferir parceiros mais claros que elas. Em suma, o sistema de exploração sexual que dava licença aos brancos da classe alta (na realidade, também aos da classe baixa) ajudou a fazer com que a realidade social coincidisse cada vez mais com o ideal de branqueamento.[25]

Os brasileiros viam com alívio esse visível branqueamento da população, que só reforçava seu ideário racial. Como a miscigenação havia atuado no sentido de promover a meta desejada, os genes brancos "deviam ser" mais fortes. Ademais, durante o auge do pensamento racista — 1880 a 1920 —, a ideologia do "branqueamento" ganhou legitimidade científica, uma vez que as doutrinas racistas pareciam confirmar, para os brasileiros, a tese de que a raça branca "superior" prevaleceria no processo de amálgama racial.

Feita a abolição, pareceram confirmar-se as previsões dos escravocratas mais empedernidos de que a emancipação dos escravos provocaria o caos social.[26] Milhares de escravos deixaram as fazendas e se entregaram a uma agricultura de subsistência onde quer que encontrassem uma terra para se instalar, ainda que não tardasse para que muitos ansiassem por retornar à força de trabalho rural e procurassem seus antigos senhores. Outros migraram para as cidades, mal preparadas para receber esse afluxo de trabalhadores não qualificados. Alguns se juntaram a quadrilhas urbanas, cujos membros, os *capoeiras*, praticavam uma forma de luta com os pés com que aterrorizavam as cidades. A capoeira conferia aos lutadores boa vantagem contra qualquer adversário que não estivesse armado. Essa ameaça direta à segurança pública confirmou os piores receios de muitos membros da elite, que julgavam menos constrangedor preocupar-se com a criminalidade urbana que com as consequências sociais da abolição. As medidas políticas então adotadas foram mais influenciadas pela dramatização do processo de libertação dos escravos que pelo número de libertos que trocavam o campo pelas cidades. As forças policiais foram aumentadas, e os bandos de capoeiras tornaram-se o alvo preferencial das penas repressivas do novo Código Penal de 1890, que incluíam a expulsão do país. Tal violência reforçava a imagem do negro como elemento atrasado e antissocial, e com isso a elite ganhava mais um incentivo para trabalhar no sentido de um Brasil mais branco.

O trabalhador sem qualificação que ia para as cidades em busca de emprego encontrava poucas oportunidades. No Sul, tinha de competir com os imigrantes, quase sempre muito mais bem equipados para sobreviver no mundo capitalista urbano. No Norte, por outro lado, eram poucas as oportunidades de trabalho para qualquer pessoa, em vista da economia rudimentar. Por isso, para o brasileiro da classe baixa, que compreendia a vasta maioria dos negros e mulatos, era dificílimo ascender economicamente. Essa deficiência confirmava a concepção que dele fazia a elite: um obstáculo ao desenvolvimento nacional.

Embora os brasileiros costumassem dizer que não tinham preconceito racial, a imprensa noticiava casos de suposta discriminação contra negros ou mulatos escuros. Os incidentes envolviam instituições brasileiras oficiais que volta e meia tinham contatos com estrangeiros. O *Correio da Manhã* denunciou, em 1904, que os negros não eram contratados como guardas no Teatro Lírico, a melhor casa de espetáculos no Rio. Em 1906, o jornal protestou, em editorial, contra a suposta discriminação de negros e mulatos no recrutamento para a Guarda Cívica de São Paulo. Esse recrutamento estaria sendo feito como parte dos preparativos para a chegada dos integrantes de uma missão de treinamento do Exército francês, a quem os paulistas não queriam ofender. O editorialista do *Correio da Manhã* ridicularizou essa atitude, lembrando a seus leitores o rol ilustre de mulatos brasileiros, que incluía Tobias Barreto e André Rebouças. Segundo rumores, até Rodrigues Alves, presidente da República e ex-presidente da província de São Paulo, teria sangue negro.[27]

A Marinha, que tinha a reputação de só recrutar oficiais brancos, deu ensejo a numerosos incidentes. Em 1907, segundo se alegou, marinheiros negros teriam sido excluídos de uma missão naval enviada aos Estados Unidos. O governo foi acusado de tentar apresentar o Brasil, na Europa e nos Estados Unidos, como um país branco — imputação que, obviamente, tinha fundamento.[28] Num incidente semelhante, a Marinha teria excluído marinheiros negros da guarnição do navio que recebeu a visita do presidente da Argentina, o general Roca.[29] A Marinha já havia sofrido desfeitas raciais nos Estados Unidos: em 1905, um cruzador brasileiro ancorou em Norfolk, Virgínia, onde alguns de seus oficiais foram recusados em hotéis sob a alegação de que eram negros — uma experiência especialmente exasperadora em vista da visível tentativa da Marinha de manter branca sua oficialidade. O embaixador Joaquim Nabuco apresentou veementes protestos. Esse desagradável contratempo em Norfolk pode ter influenciado as posteriores tentativas de filtrar as tripulações navais em viagem aos Estados Unidos.[30]

VARIANTES DAS TEORIAS RACISTAS PROVENIENTES DO EXTERIOR

O século XIX assistira a duas tendências contraditórias nas teses raciais. Por um lado, movimentos abolicionistas triunfaram em todo o domínio do Atlântico Norte e, por fim, até no Atlântico Sul. Entretanto, no exato momento em que a escravidão retrocedia sob o impacto de mudanças econômicas e da pressão social, pensadores europeus articulavam teorias sistemáticas de diferenças raciais inatas. A era que produziu Wilberforce também viu Gobineau. O racismo, que já fora definido como "uma teoria pseudocientífica, mas racionalizada, postulando a inferioridade inata e permanente dos não brancos", tornou-se uma teoria difícil de superar.[31] Esse *corpus* sistemático de teses racistas não existia ainda na Europa de 1800. No entanto, em 1860, as teorias racistas tinham conquistado o beneplácito da ciência e gozavam de plena aceitação por parte de líderes culturais e políticos nos Estados Unidos e na Europa. No decurso do século XIX, impuseram-se três escolas principais de teorização racista.[32]

A primeira delas foi a escola etnológica-biológica, que ganhou sua primeira formulação sistemática nos Estados Unidos, nas décadas de 1840 e 1850.[33] Para essa "escola americana de etnologia", as raças humanas tinham sido criadas na forma de diferentes espécies, uma teoria conhecida como poligenia. Os etnógrafos Samuel Morton, Josiah Nott e George Glidden publicaram volumes de "indícios" (medições do crânio de múmias egípcias etc.) para provar que as raças humanas sempre tinham exibido diferenças físicas. O que propunham, na verdade, era uma nova versão da velha hipótese poligênica da criação humana. A base de sua argumentação era que a suposta inferioridade dos indígenas e negros podia ser correlacionada com suas diferenças físicas em relação aos brancos; e que essas diferenças eram resultado direto do fato de terem sido criadas como espécies separadas.[34] A teoria ganhou o importante apoio de Louis Agassiz, eminente zoólogo de Harvard que se tornou o mais famoso adepto da poligenia na América. Agassiz acreditava que a criação de espécies separadas entre os animais fora imposta pela diferenciação das "províncias zoológicas" na Terra, o que levava à implicação de que as diferentes espécies do gênero *Homo* podiam ser atribuídas às diferentes regiões climáticas onde viviam. Como os pressupostos iniciais definiam a raça branca como superior em qualidades mentais e sociais (como a "construção de civilizações"), essa superioridade ganhava assim uma fundamentação científica.

Não demorou muito para que a teoria darwinista pusesse termo à hipótese poligênica da escola americana. No entanto, o peso dos dados científicos que seus seguidores compilaram e que indicavam permanentes diferenças físicas — e, por implicação, mentais — mostrou-se muito duradouro. Durante os cinquenta anos seguintes, muitos cientistas continuaram a produzir tabelas detalhadas de medidas cranianas, estruturas esqueléticas e histórias de doenças, discriminadas segundo as diferentes "raças", cientificamente definidas. Praticamente todas essas tentativas se baseavam no pressuposto de que as diferenças físicas podiam de alguma forma "provar" a existência de outras diferenças — aquelas que mais tarde viriam a ser chamadas de "culturais". Os divulgadores da escola etnológica-biológica usavam os instrumentos de uma nova ciência, a antropologia física, para conferir uma base científica a preconceitos preexistentes sobre o comportamento social dos não brancos, ao mesmo tempo que outros pesquisadores afirmavam encontrar evidências da inferioridade mental dos negros nos resultados dos testes de QI a que eram submetidos. Em suma, a escola etnológica-biológica proporcionava uma justificativa científica para a subjugação de não brancos (o fato de ser em forma de servidão legal ou não logo se tornou irrelevante).

Embora a versão etnológica-biológica do pensamento racista tenha recebido sua primeira formulação sistemática nos Estados Unidos, ela logo se espraiou para a Inglaterra e a Europa, onde ganhou seguidores poderosos. E foi basicamente por meio desses prosélitos europeus que ela chegou ao Brasil. Os poucos etnólogos e antropólogos em atividade no Brasil entre 1870 e 1914 estavam ligados sobretudo a cientistas franceses e alemães. No entanto, um representante ilustre da "escola americana" tinha influência direta sobre o Brasil: Louis Agassiz. Seu livro *Journey in Brazil* [Viagem ao Brasil] era bastante citado no país e deu amplo curso, no seio da elite, às ideias de diferenças raciais inerentes e da "degenerescência" dos mulatos.

Uma segunda corrente de pensamento racista surgida nos Estados Unidos e na Europa mostrou-se igualmente influente no Brasil: a escola histórica (bem representada por Gobineau, examinado acima). Esses pensadores partiram do mesmo pressuposto: era possível definir raças humanas bem diferenciadas, com a raça branca mostrando-se permanente e intrinsecamente superior. Baseavam-se sobretudo em evidências históricas, aceitando como pacífico que diferenças físicas permanentes tinham sido estabelecidas por etnógrafos e anatomistas. Na Inglaterra, por exemplo, Thomas Arnold, Robert Knox e Thomas Carlyle viam a história como os triunfos sucessivos das raças criativas, entre as quais a anglo-saxã era a mais destacada. Gobineau e outros proponentes menos conhecidos da escola histórica ajudaram a espalhar na Europa a mensagem segundo a qual a raça era o fator central na história.

O enfoque histórico do racismo ganhou um matiz adicional com o culto ariano. Exposto por profetas como Houston Stewart Chamberlain, o arianismo tornou-se quase um dogma na Alemanha após a Guerra Franco-Prussiana (1870-1). A impossibilidade de comprovar ou negar o mito deu-lhe uma flexibilidade que permitiu adaptá-lo facilmente à Inglaterra, onde a convicção da superioridade anglo-saxã tornou-se a contrapartida do arianismo. Pormenorizados ensaios históricos corroboravam a teoria: os arianos (ou anglo-saxões) haviam alcançado o nível supremo de civilização e, portanto, estavam destinados, pela natureza e pela história, a ganhar um crescente controle do mundo. Exceções evidentes à tese de que os não arianos jamais haviam produzido uma cultura digna desse nome recebiam explicações confusas, mas que remetiam a uma provável participação ariana. É desnecessário dizer que a definição do termo "ariano" sempre foi fugidia. Se começou indicando uma categoria linguística, logo passou a ser entendido como "branco nativo do norte da Europa". O termo era também facilmente traduzido como "nórdico", o que muitos preferiam.

A terceira escola de pensamento racista foi o darwinismo social. Embora diferisse, em muitos aspectos importantes, da escola etnológica-biológica descrita acima, no fim das contas as duas teorias mostraram-se conciliáveis. Do ponto de vista científico, a tese de Darwin só podia ser aceita descartando-se a hipótese poligênica, uma vez que Darwin postulava um processo evolucionário que, por definição, começava com uma única espécie.

Contudo, o darwinismo podia ser utilizado pelos racistas poligênicos caso eles alterassem suas teorias. Se a evolução no sentido de formas superiores de vida natural resultava da "sobrevivência dos mais aptos" numa competição entre espécies e variedades diversas, era lógico supor que as diferentes raças humanas tinham passado por um processo semelhante. No processo histórico, as raças "superiores" tinham predominado, condenando as "inferiores" a encolher e desaparecer. O próprio Agassiz nunca concordou com a teoria darwiniana, mas a maioria dos outros proponentes da escola etnológica-biológica aceitou-a num prazo relativamente curto. Como notou um atento observador do pensamento racial americano, "a essência do pensamento poligênico com relação à raça foi preservada num quadro darwiniano".[35] Os darwinistas sociais descreviam os negros como uma "espécie incipiente", o que lhes possibilitava continuar a citar todas as evidências — respigadas na anatomia comparada, na frenologia, na fisiologia e na etnografia histórica — propostas anteriormente em apoio à hipótese poligênica, e ao mesmo tempo conferir uma nova respeitabilidade científica à teoria racista.

Essas três escolas de pensamento racista, em conjunto, influenciaram todos os brasileiros que se davam ao trabalho de pensar seriamente a questão racial. Como toda a América Latina, o Brasil se mostrava vulnerável a doutrinas racistas provenientes do exterior. Nem poderia ser de outra forma, já que tais teorias eram uma parte vital da civilização norte-atlântica admirada, ardorosa e incondicionalmente, pela maioria dos intelectuais latino-americanos antes de 1914. Quanto mais os brasileiros se informavam sobre as últimas teses surgidas na Europa, mais ouviam falar da inferioridade do negro e do índio. Isso se intensificou na virada do século, quando a preferência brasileira pela cultura francesa levou-os diretamente a autores racistas populares, como Gustave Le Bon e Vacher de Lapouge.[36]

Entre 1888 e 1914, a elite brasileira aceitou como fato histórico a teoria da superioridade ariana, pelo menos em boa parte. Algumas teorias do "arianismo" eram vagas o bastante para englobar praticamente todos os europeus como "arianos", ainda que as sutilezas da distinção entre "nórdico" e "celta" fossem desconfortáveis para um brasileiro. A ideia da superioridade da Europa do norte levou alguns escritores brasileiros a endossar a tese da "degenerescência latina", refletida nas frequentes descrições dos portugueses como os menos progressistas dos europeus, inclinados à imprevidência, à imoralidade e à indolência.[37] Essa difamação dos ibéricos agradava aos nacionalistas que nutriam fortes sentimentos antilusitanos, mas parecia inconveniente aos nacionalistas que temiam a intervenção ou dominação "anglo-saxã". No mais das vezes, entretanto, estes últimos não se davam ao trabalho de repudiar a teoria ariana, simplesmente pediam aos conterrâneos que despertassem para a luta darwiniana que vinha sendo imposta por incursões americanas ou nórdicas, representadas por vultosos in-

Gustave Le Bon (1841-1931), autor racista de grande repercussão no Brasil.

vestimentos estrangeiros ou colônias de imigrantes.³⁸ No entanto, a aplicação da teoria ariana aos africanos não incomodava, pois, nesse contexto, "ariano" podia ser facilmente traduzido como "branco". Os brasileiros prontamente repetiam a acusação de que os negros nunca haviam construído uma grande civilização, citando informes ingleses e de outros países da Europa sobre as estruturas sociais "primitivas" com que os governadores coloniais brancos tinham de se avir.

As obras emanadas do darwinismo social, em particular, tiveram grande influência no Brasil. Antes de 1914, praticamente todos os pensadores sociais brasileiros viram-se confrontados com essa teoria. O pesquisador encontra a cada momento citações de figuras como Spencer, Le Bon, Lapouge e Ingenieros (o filósofo racista argentino).³⁹ Os brasileiros geralmente aceitavam o darwinismo social em princípio, procurando apenas determinar a melhor forma de aplicá-lo à *sua* situação nacional. Mas, para onde quer que se voltassem, davam com o prestígio da cultura e da ciência "civilizadas" em formação de batalha contra o africano. Do mesmo modo que o dinossauro, o negro estava condenado à extinção, ou pelo menos à subjugação, pelas raças brancas "mais fortes" e mais "civilizadas". Como poderia um simples brasileiro teimar com a evolução?

A TEORIA RACISTA NO BRASIL

Os brasileiros não teimavam com a evolução.[40] Sua realidade social, porém, era suficientemente diversa da americana — quanto mais da europeia — para obrigá-los a buscar algum meio de torná-la compatível com as teorias pregadas. O Brasil já era uma sociedade multirracial. Ao contrário do que ocorria nos Estados Unidos, não existia ali uma barreira de cor institucionalizada. Também ao contrário do que se dava nos Estados Unidos, em vez de duas castas (brancos e negros), havia uma terceira casta social bem reconhecida no Brasil — a mulata.

No fim do século XVIII, o liberto de cor já estava abrindo para si um espaço na sociedade brasileira, enquanto seu congênere nos Estados Unidos enfrentava o sistema discriminatório (leis no Sul, costumes no Norte) que impedia seu ingresso efetivo na ordem econômica ou social instituída.[41] Não existia no Brasil uma tradição de confinar os não brancos por meio de um rígido sistema de castas birracial, e por isso o pensamento racista não podia ser utilizado para consolidar tal sistema.

Em nenhuma outra área esse contraste fica mais claro do que nas atitudes em relação à miscigenação. Americanos e europeus do Norte viam os casamentos inter-raciais como algo pavoroso. Embora na prática a questão dificilmente se colocasse para os europeus, para os americanos era um tema muito importante. Os americanos não tinham como evitar a realidade histórica — a miscigenação havia ocorrido com frequência durante a escravidão. Mas se consolavam com o fato de que a prole mulata era rigidamente relegada à casta "negra". Esses mestiços eram então considerados como perdidos para a raça superior — um processo que, se a miscigenação ocorresse em grande escala, poderia representar uma séria ameaça para o predomínio numérico da raça "superior". O medo resultante da mestiçagem era uma consequência direta dessa possibilidade e constituía uma parte importante do profundo medo psicossocial na atitude americana em relação ao cruzamento racial.[42]

Os poligenistas extremados haviam declarado que os mulatos deviam ser estéreis, uma vez que, segundo as leis da zoologia, qualquer animal produzido pelo acasalamento de pais de espécies diferentes não se reproduziam.[43] Mas era óbvio que isso não acontecia com os mestiços humanos. Como nem mesmo os mais ferrenhos poligenistas podiam ignorar a evidência da fertilidade dos mulatos, em geral eles recorriam ao argumento de que após uma única geração uma das raças "puras" originais predominaria, eliminando com isso a cepa híbrida. Essas teorias continuaram a circular na Inglaterra e nos Estados Unidos nas décadas de 1850 e 1860, apesar das abundantes evidências em contrário provenientes das Índias Ocidentais e de outros lugares.[44]

A teoria poligenista da infertilidade dos mulatos (ou da infertilidade de gerações posteriores) teve poucos adeptos no Brasil. Talvez a realidade social a desmentisse tão claramente que era impossível ser levada a sério. Com certeza ela tocou num ponto vulnerável demais. Uma coisa era dizer que os brancos (ou arianos) eram superiores e os negros, inferiores; mas outra, bastante diferente, era acrescentar que qualquer mistura das duas raças era intrinsecamente perniciosa. Os brancos "puros", europeus ou americanos, podiam encarar a miscigenação como uma questão sem relevância imediata para suas sociedades — ainda que para tornar plausível essa atitude os americanos tivessem que impor,

por meio de segregação legal, uma estrutura social de duas castas. Os brasileiros não tinham essa opção. Sua sociedade já era multirracial, e a casta intermediária era precisamente a categoria social para a qual a flexibilidade das atitudes raciais brasileiras era de máxima importância. Aceitar que ela fosse descrita como "degenerada" ou infértil ameaçaria um aspecto estabelecido e aceito da sociedade brasileira. Além disso, lançaria uma sombra sobre não poucos membros da própria elite. Na verdade, a miscigenação não despertava a oposição instintiva da elite branca no Brasil. Pelo contrário, era um processo admitido (e tacitamente tolerado) mediante o qual alguns mestiços (quase invariavelmente mulatos claros) haviam ascendido ao topo da hierarquia social e política.

Os textos de Sílvio Romero nesse período refletem bem as incoerências postas a nu pela justaposição dos costumes nacionais e da teoria importada. No fim do Império, ele fora um dos primeiros a defender o reconhecimento da sociedade brasileira como produto da miscigenação. Chegara a prever um final feliz para a futura evolução étnica. Em 1904, rejeitou uma descrição do Brasil feita por Teófilo Braga, intelectual e líder político português que, segundo ele, havia subestimado o papel do mestiço.[45] Entretanto, em 1906, declarou que acreditava, ancorado em Gobineau, Ammon, Lapouge e Chamberlain, que os povos dolicocéfalos louros do norte da Europa eram superiores aos outros grupamentos humanos. A fórmula que ele propunha para melhorar o Brasil consistia em aumentar a imigração de alemães, que deveriam ser espalhados por todo o país, de modo a absorver a cultura brasileira e aceitar a autoridade do governo nacional.[46] Em 1912 ainda estava louvando Gobineau por sua "admirável visão genial" e pelas "sábias palavras que merecem toda consideração", e, em meio a uma polêmica, tomado de violenta emoção, chegou a ponto de endossar uma versão extrema da teoria da degenerescência do mulato.

Afirmou que "os mais competentes naturalistas demonstraram que raças demasiado distanciadas pouco coabitam e, quando o fazem, ou não produzem, ou se produzem, são bastardos infecundos depois da segunda ou terceira geração". Incluiu longas citações da exposição, feita por Lapouge, da corrupção biológica da "primitiva aristocracia gaulesa" devido a intrusões latinas como os exércitos de Júlio César.[47]

Não surpreende que o Brasil produzisse poucas análises rigorosas da teoria racial nesse período. Só existiam faculdades de direito, medicina e engenharia, e sem uma estrutura universitária era difícil para aspirantes a cientistas encontrar uma base de operações. (Essa relativa ausência da ciência social organizada era comum em toda a América Latina antes da Primeira Guerra Mundial, mas o Brasil demorou mais que os outros países para criar universidades.)

A antropologia física foi uma das primeiras disciplinas reconhecidas, graças, em certa medida, ao estímulo de uma série de missões importantes de cientistas estrangeiros, com frequência alemães. Em 1876 fundou-se um laboratório de fisiologia experimental, subordinado ao Museu Nacional do Rio de Janeiro. Seu primeiro diretor, o botânico Ladislau Neto, promoveu em 1882 uma Exposição Antropológica Brasileira, a primeira desse tipo realizada no país. Ele e o colega que lhe sucederia em 1895, João Batista de Lacerda, concentraram-se nos índios, usando as mais recentes técnicas europeias de mensuração craniana. Mas o museu carecia de recursos para expedições de campo. Tais viagens continuavam a ser monopólio de visitantes estrangeiros, principalmente alemães e escandinavos, cujas obras publicadas proporcionavam importantes informações etnográficas e linguísticas.[48] Outro centro de antropologia física surgiu em 1893, com a fundação do Museu Paulista. Seu fundador e primeiro diretor foi Herman von Ihering, zoólogo alemão que imigrara para o Brasil.[49] A pouca pesquisa que levava a cabo também se concentrava exclusivamente nos indígenas, e o mesmo acontecia no caso do Museu Paraense, localizado em Belém e fundado por um imigrante suíço, Emílio Goeldi, em 1885. Os três museus eram os únicos centros dedicados à pesquisa antropológica e à produção de estudos na área. Todos sofriam com inadequações orçamentárias. Igualmente importante para a história do pensamento racial, nenhum deles dedicou a mínima atenção aos africanos carreados para o Brasil. Os povos "primitivos" estudados eram as tribos indígenas remotas. O "imigrante" africano e sua progênie afro-americana não despertavam interesse algum em meio ao pessoal dos museus.*

O primeiro estudo etnográfico respeitável de um brasileiro sobre os afro-brasileiros não veio dos museus, mas sim de um professor de medicina da prestigiosa faculdade da Bahia. No começo da década de 1890, Nina Rodrigues, um jovem médico mulato, tornou-se catedrático daquela escola. No fim da década, tinha se distinguido em duas áreas: a etnologia afro-brasileira e a medicina legal. Nem uma nem outra dessas atividades era reconhecida como um campo de pesquisa quando ele começou, mas seus esforços contribuíram para lançar os alicerces de ambas no Brasil. Embora Nina Rodrigues tenha morrido precocemente em 1906, aos 44 anos, já havia publicado muitos estudos científicos, além de ter fundado a *Revista Médico-Legal*. Mantinha estreito contato com pesquisadores com ideias afins no exterior e era membro de grupos como a Sociedade Médico-Legal de Nova York e a Socieda-

---

* Com exceção de Alexandre José de Melo Morais Filho, do Museu Nacional, que realizou um trabalho pioneiro de coleta de folclore afro-brasileiro (Museu Nacional, *João Batista de Lacerda: Comemoração do centenário de nascimento, 1846-1946*. Rio de Janeiro, 1951, pp. 14-5). A principal obra publicada de Melo Morais Filho foi *Festas e tradições populares do Brasil*. Rio de Janeiro, 1901.

de Médico-Psicológica de Paris. Ao falecer, era um nome altamente respeitado nos círculos científicos brasileiros.[50]

Nina Rodrigues foi, pois, o primeiro pesquisador brasileiro a estudar de modo sistemático a influência africana. Tentou fazer uma catalogação minuciosa das origens precisas, na África, dos negros trazidos para o Brasil, e procurou, sem a vantagem de um conhecimento pessoal da África, identificar os principais grupos linguísticos. Reuniu fotografias e desenhos de objetos de arte brasileiros de origem africana e também se dedicou à questão da assimilação dos africanos a sua nova pátria. Ao longo de toda a carreira, frisou a importância de se distinguir claramente as principais regiões do Brasil ao se falar da assimilação do africano.

Nina Rodrigues e sua obra serão examinados de maneira mais detalhada adiante porque seu trabalho científico o levou, embora ele próprio fosse mulato, a tornar-se o mais prestigiado doutrinador racista brasileiro de sua época. Era muito lido por aqueles que se interessavam seriamente pelas questões raciais, obtendo aí grande destaque; mas suas teses permaneceram fora da corrente predominante do pensamento brasileiro. Embora poucos de seus contemporâneos brasileiros pudessem permanecer alheios àquilo que ele chamava de "essa esfinge em nosso futuro — o 'problema do negro' no Brasil",[51] poucos tendiam a abraçar ideias racistas tão dogmáticas quanto as dele.[52]

Nina Rodrigues afirmava a seus leitores que a inferioridade do africano tinha sido determinada além de qualquer dúvida científica. Em 1894, rejeitou a ideia "sentimental" de que um "representante das raças inferiores" pudesse alcançar em inteligência "o elevado grau a que chegaram as raças superiores", declarando que essa "é uma concepção irremissivelmente condenada em face dos conhecimentos científicos modernos".[53] Em 1905, estava disposto a admitir que os cientistas não conseguiam chegar a um consenso quanto à questão de ser a inferioridade dos negros ine-

Nina Rodrigues (1862-1906), médico maranhense, professor da faculdade de medicina da Bahia, foi o primeiro antropólogo brasileiro a fazer um levantamento dos povos africanos residentes no país. Defensor de teorias do darwinismo social e da antropologia criminal.

rente ou transitória. Mesmo que a hipótese da transitoriedade fosse em teoria verdadeira, concluiu ele, era impossível pô-la à prova na prática, já que a civilização europeia estava avançando depressa demais.[54]

Rodrigues não hesitou em aceitar as implicações de suas doutrinas raciais, declarando (percebe-se em suas palavras uma certa satisfação) que seus sentimentos pessoais nada tinham que ver com a teoria científica — sobretudo porque ele nutria uma "viva simpatia" pelo negro brasileiro.[55] Ao mesmo tempo, e à medida que sua pesquisa etnográfica pioneira gerava dados baseados em testemunhos orais (principalmente na Bahia), aplicava sua teoria da inferioridade racial diretamente a seu trabalho de medicina legal — expressando a tese, sem muitas excusas, de que características raciais intrínsecas afetavam a conduta social e deviam, portanto, ser levadas em consideração pelos legisladores e pelas autoridades policiais. Em 1894, publicou um livro em que propunha que a responsabilidade penal das "raças inferiores" não fosse equiparada à das "raças brancas civilizadas". Embora alguns indivíduos, principalmente mestiços, pudessem constituir exceções, sempre tinham o potencial de regressão. Por isso, recomendava que se considerasse que os negros e os índios só tinham "responsabilidade atenuada", o que equivaleria, ao que parece, à condição de uma criança. Como era de esperar, os mestiços representavam um problema para ele. Contornou-o dividindo-os em três subgrupos: (a) o tipo superior (plenamente responsável, incluindo presumivelmente o próprio Nina Rodrigues); (b) os degenerados (alguns parcialmente responsáveis; os restantes totalmente irresponsáveis); e (c) os tipos socialmente instáveis que, como os "pretos e os índios", só teriam "responsabilidade atenuada".[56] Não explicou, em lugar nenhum, *como* essas categorias graduadas atuariam e a *quem* caberia decidir a classificação racial de cada indivíduo. Na verdade, a própria subdivisão dos mestiços em categorias ilustrava o absurdo delas, porque as "castas" intermediárias compreendiam precisamente os brasileiros para os quais as categorias linguísticas e raciais eram as mais elásticas. Cabe suspeitar que as distinções raciais poderiam bem depender do desejo das autoridades competentes de punir os acusados.

Seja como for, Nina Rodrigues produziu uma justificação teórica completa para que os ex-escravos fossem considerados incapazes de conduta "civilizada". E, pior, proscreveu quaisquer possíveis direitos dos "inferiores":

> A civilização ariana está representada no Brasil por uma fraca minoria da raça branca a quem ficou o encargo de defendê-la, não só contra os atos antissociais — os crimes — dos seus próprios representantes, como ainda contra os atos antissociais das raças inferiores, sejam estes verdadeiros crimes no conceito dessas raças, sejam, ao contrário, manifestações do conflito, da luta pela existência entre a civilização superior da raça branca e os esboços de civilização das raças conquistadas ou submetidas.[57]

Nenhuma palavra sobre o direito dos "inferiores" a serem protegidos de atos antissociais cometidos por seus "superiores". Eis uma visão da sociedade brasileira que era autenticamente racista — os seres humanos deveriam ser julgados de acordo com sua suposta classificação racial. Em sua aceitação de teorias racistas estrangeiras, Nina Rodrigues tinha ido mais longe do que a maioria dos demais membros da elite brasileira. Significativamente, porém, sua proposta não teve nenhuma influência sobre os responsáveis pela revisão do Código Penal brasileiro em 1890. E ele lamentou essa falta de receptividade por parte das autoridades legais e dos legisladores.

A genética ainda não era uma ciência bem desenvolvida quando Nina Rodrigues morreu, em 1906, e cientistas respeitados continuavam debatendo se o cruzamento de diferentes "raças" produziria "híbridos vigorosos" ou degenerados físicos. Nina Rodrigues inclinava-se para esta última posição. Citava Agassiz como autoridade em miscigenação, associando-se assim ao mais destacado teórico americano da degenerescência dos mulatos. Em outro lugar ele citou o conceito de José Veríssimo de mestiços "degradados" da bacia amazônica, bem como ideias de Ladislau Neto (etnógrafo brasileiro e diretor do Museu Nacional até 1893) com relação ao suposto "atavismo" dos mestiços. Nina Rodrigues não chegou tão longe quanto Agassiz na condenação dos mestiços, mas desmentiu taxativamente a opinião corrente de que a miscigenação havia ajudado a raça branca a se adaptar à região Norte (tropical) do Brasil e ali sobreviver. A influência negra, disse ele, "há de constituir sempre um dos fatores da nossa inferioridade como povo";[58] e nada poderia deter a "eliminação do sangue branco" naquela região. Ela fora só retardada pela miscigenação. Nina Rodrigues opunha-se sobretudo à visão "injustificadamente" otimista da maioria dos brasileiros em relação ao "valor social" dos mestiços, escrevendo uma série de dissertações técnicas sobre temas como "Antropologia patológica: os mestiços" (1890), "Miscigenação, degenerescência e crime" (1898) e "Degenerescência física e mental entre os mestiços nas terras quentes" (obra que, ao morrer, ele deixou inacabada). Isso, é claro, o colocava em oposição à tese dominante em meio à elite — a de que a miscigenação, mais cedo ou mais tarde, levaria a um Brasil branco.

> Não acredito na unidade ou quase unidade étnica, presente ou futura, da população brasileira, admitida pelo dr. Sílvio Romero. Não acredito na futura extensão do mestiço luso-africano a todo o território do país; considero pouco provável que a raça branca consiga predominar o seu tipo em toda a população brasileira.[59]

Nina Rodrigues preocupava-se em especial com o Norte do Brasil. Embora o processo de branqueamento pudesse, de fato, ter êxito no Sul temperado, julgava que o Norte tropical estava condenado — levando-o a temer a possibilidade de um Brasil dividido racialmente entre o Sul branco e o Norte mestiço.[60] Curiosamente, recorreu ao determinismo climático para decidir a questão. O "clima intertropical é inóspito para o branco", escreveu. Um texto póstumo, embora se referisse ao português como "rotineiro e improgressista", considerava dois fatores como mais importantes para o desenvolvimento do Brasil. Um deles era a "forte barreira oposta ao branco" pelo clima tropical; o outro eram "as vastas proporções da mestiçagem que, entregando o país aos mestiços, acabará, por outro lado, privando-o, por longo prazo, pelo menos, da liderança marcante da raça branca. E esta foi a garantia da civilização nos Estados Unidos".[61]

É interessante notar que, apesar de aceitar a teoria racista, Nina Rodrigues considerava de máxima importância distinguir a situação étnica do Brasil da que vigorava nos Estados Unidos. Mesmo na década de 1890, quem quer que discutisse o "problema do negro" no Brasil estava vulnerável à acusação de aplicar um paradigma americano num lugar onde ele não tinha base na realidade. Sensível a essa alegação, Nina Rodrigues procurou refutá-la. As teorias científicas da inferioridade racial nada tinham a ver com a defesa da escravidão pelos escravagistas americanos, argumentou (revelando com isso sua presunção de que os leitores brasileiros poderiam rejeitar quaisquer ideias racistas se elas fossem associadas aos Estados Unidos). Como esse país gozava de várias vantagens que obviamente faltavam ao Brasil — um "excedente" de brancos e ausência de clima tropical —, os debates americanos sobre o "problema do negro" de modo algum se aplicavam ao Brasil. No entanto, é importante notar que ele nunca pôde explicar de modo satisfatório por que o grau de preconceito racial entre os brancos brasileiros era "muito menor do que dizem ser na América do Norte".[62]

O tipo de racismo dogmático expresso por Nina Rodrigues transparecia em pronunciamentos de autoridades importantes, como Joaquim Murtinho, ministro da Indústria, Transportes e Obras Públicas, que, em seu relatório ministerial relativo a 1897, rejeitou qualquer ideia de buscar nos Estados Unidos um modelo de industrialização "porque não temos as aptidões da sua raça".[63] Esse tipo de racismo escorreu também da pena de pensadores sociais de segunda linha e de propagandistas no decênio seguinte, como se pode perceber no discurso pronunciado por Hermann Soares, orador da turma de 1913 da Faculdade de Direito do Recife. Pouco conhecido depois de formado, Soares proferiu um discurso nada original, mas que serve como uma sinopse típica das ressalvas brasileiras à teoria racista dogmática do começo do século XX.

"A raça latina não tem perseverança, não tem energia, não tem caráter", afirmou.[64] Era a conhecida teoria da degenerescência latina, que se tornara um corolário da escola histórica do pensamento racista. "Os ingleses, os norte-americanos, descendentes de outra raça, que não a latina, são povos predestinados às grandes conquistas no universo." O Brasil nunca atingiria "os mais altos graus de desenvolvimento, como a América do Norte", devido a suas origens. Essa história lamentável começou com a colonização pelos portugueses, "um povo em decadência".

Era comum que intelectuais manifestassem essa opinião. Em 1914, por exemplo, usando o pseudônimo de João Grave, um autor declarou que "a raça latina, criadora de civilizações, guiadora da humanidade, achava-se exausta de fluido vital".[65] Alcides Bezerra, crítico literário de pouca expressão, explicou que acreditava na "superioridade dos homens do Norte sobre as raças latinas quando no tocante às faculdades práticas". A "raça ariana" era "dona e senhora do mundo pelos seus invejáveis predicados psíquicos", e, em consequência, "a civilização moderna há de se modelar pelos tipos inglês e norte-americano".[66]

Para resumir o retrato desenhado por Hermann Soares, as coisas só pioravam quando os colonizadores se acasalavam com os indígenas, "de grande indolência [...] apesar da sua perspicácia", e depois "com esses infelizes vindos da África [...] descendentes da raça negra, desprestigiados de inteligência e de caráter, como todos os filhos da Etiópia". Citou Le Bon com relação à "perpétua anarquia" que surge inevitavelmente em países que padecem de "um excessivo número de mestiços". (Le Bon, por sua vez, tinha citado Agassiz com relação à "decadência resultante dos cruzamentos efetuados neste país mais largamente que noutro".)[67] *Mas*, disse Soares, não estaria "completamente perdido o caráter brasileiro" se seus compatriotas adotassem o sistema americano de educação, "que há elevado esse país aos mais culminantes píncaros". As escolas americanas estavam produzindo "as qualidades de caráter que faltam", qualidades que tinham feito dos Estados Unidos um país onde "não há lugares para os fracos". Copiando essas escolas, o Brasil poderia ser capaz de governar "com mão de ferro"

— o que Le Bon sugerira como o único antídoto para "a anarquia dominante nesta nossa pátria".[68]

A contradição em termos era típica, e não parou por aí. Soares observou que "a raça negra nada tem feito em prol de qualquer ideia; existe, sem energia, sem vontade, ignorantemente". (É importante notar que ele não chamou esses defeitos de intrínsecos ou irremediáveis.) Além disso, ele via a "absorção da raça negra pela branca" como "um grande perigo para a segurança", pois "quanto maior o número de mestiços num país, tanto maior é a degenerescência da população". Entretanto, Soares condenava "a terrível humilhação" sofrida pelos negros nos Estados Unidos, "onde vivem sob a constante ameaça de terror" ou "acabam sendo linchados". Os americanos tratavam os negros "como se nem fossem seres humanos", quando, de fato, "são sem dúvida adaptáveis a todos os desenvolvimentos do país e à sua espantosa civilização".[69]

Depois de tudo isso, Soares passa a endossar o costumeiro ideal de branqueamento do Brasil, isto é, o homem de cor pode elevar-se, mas apenas mediante um grande investimento de esforço. O processo de aculturação, considerava ele, podia transformar o elemento negro, desde que se desse à força "civilizada" tempo suficiente. Além disso, era preciso que ambos se apresentassem com magnitudes compatíveis — ou seja, o número de pessoas a serem "embranquecidas" culturalmente não podia exceder a capacidade "civilizadora" dos "civilizados". Ele não arriscou um palpite quanto à proporção crítica...

"BRANQUEAMENTO", A SOLUÇÃO BRASILEIRA

Já mencionamos a tese brasileira do branqueamento. Aceita pela maior parte da elite nacional no período entre 1889 e 1914, era uma teoria peculiar ao Brasil. Raramente enunciada como fórmula "científica" e decerto nunca abraçada na Europa ou na América do Norte, vale a pena explicá-la aqui em alguma minúcia.

A tese comentada se baseava no pressuposto da superioridade branca — às vezes minimizada por ficar em aberto a questão do quão "inata" seria essa inferioridade e pelo emprego de eufemismos como raças "mais adiantadas" e "menos adiantadas". Primeiro, a população negra estava se tornando menos numerosa do que a branca por motivos que incluíam uma taxa de natalidade supostamente menor, uma maior incidência de doenças e a desorganização social. Segundo, a miscigenação estava produzindo, "naturalmente", uma população mais clara, em parte porque os genes mais brancos eram mais fortes e em parte porque as pessoas escolhiam parceiros mais claros que elas. (A imigração branca reforçaria, é claro, o resultante predomínio branco.)[70]

A conclusão otimista dessa análise racial repousava, obviamente, em outro pressuposto crucial: a miscigenação não gerava, necessariamente, "degenerados", e poderia forjar uma população mestiça saudável que se tornaria cada vez mais branca, tanto cultural quanto fisicamente. O diretor do Museu Nacional, João Batista de Lacerda, deu o beneplácito científico a essa tese e foi o único latino-americano a apresentar um trabalho (*Os métis ou mestiços do Brasil*) no Primeiro Congresso Universal de Raças, realizado em Londres, em 1911.[71]

Em seu estudo, Batista de Lacerda primeiro descartou a teoria segundo a qual o que se sabia sobre a hibridização de animais ("deduções de Galton") podia ser aplicado aos seres humanos. Depois descreveu os efeitos do processo histórico de miscigenação entre africanos e europeus no Brasil (os índios não foram citados). Suas palavras nada tinham de modernas. Sentenciou que os mestiços eram "obviamente inferiores aos negros" como "mão de obra agrícola" e que tinham "pouca resistência às moléstias"; em sua opinião, a superioridade deles estava em serem "física e intelectualmente muito acima do nível dos pretos". A ideologia do branqueamento era assim defendida:

> Contrariamente à opinião de muitos escritores, o cruzamento do preto com o branco não produz geralmente progênie de qualidade intelectual inferior; se esses mestiços não são capazes de competir em outras qualidades com as raças mais fortes de origem ariana, se não têm instinto tão pronunciado de civilização quanto elas, é certo, no entanto, que não podemos pôr o *métis* ao nível das raças realmente inferiores.

Tendo assim liquidado, à sua moda, a tese científica sobre os mestiços, Batista de Lacerda prossegue sustentando seu argumento com uma descrição do importante papel que eles haviam desempenhado na história do Brasil. Aqui ele se mostrou menos condescendente. A influência deles, disse, até aumentou quando o "novo regime [isto é, a República, proclamada em 1889] abriu a porta a todos os talentos", permitindo que "numerosos mulatos capazes" tivessem acesso "aos mais altos cargos públicos" e aos "supremos ramos da administração". Além disso, os casamentos inter-raciais (entre mulatos e brancos) "já não são olhados com desdém como outrora, agora que a alta proporção do mulato e a prova de suas qualidades morais levaram as pessoas a fazer vista grossa ao evidente contraste dos seus caracteres físicos. Sua origem negra é esquecida na comparação de suas qualidades morais e intelectuais com as dos brancos".

Batista de Lacerda chegou a ponto de dizer que, no Brasil, "já se viram filhos de *métis* apresentarem, na terceira geração, todos os caracteres físicos da raça branca". Alguns deles, admitiu, "retêm uns poucos traços da sua ascendência negra por influência do atavismo", mas a influência da seleção sexual [...] tende a neutralizar a do atavismo, e remove dos descendentes dos *métis* todos os traços da raça negra. [...] Em virtude desse processo de redução étnica, é lógico esperar que no curso de mais um século os *métis* tenham desaparecido do Brasil. Isso coincidirá com a extinção paralela da raça negra em nosso meio.

O último processo tinha uma explicação especial. Desde a Abolição, os negros haviam estado "expostos a toda espécie de agentes de destruição e sem recursos suficientes para se manter". Agora, "espalhados pelos distritos de população mais rala", eles "tendem a desaparecer do nosso território".

Martim Francisco, destacado político republicano e escritor, concordou com a cronologia de Batista de Lacerda. Durante uma viagem ao exterior, em 1913, registrou em seu diário que, embora o negro tivesse sido indispensável para o crescimento da agricultura brasileira, o "sangue caucásico" era "mais forte" e por isso estava agora a "dominar o etíope. [...] Vencerá dentro de um século, e conquistará, mais tarde, o índio". Para corroborar isso, ele recorria a observações feitas em seu estado natal: "Em São Paulo, por exemplo, graças ao clima e a uma série de fatores antropológicos, o sangue negro desaparece na quinta geração".[72]

No entanto, o documento de Batista de Lacerda foi criticado por brasileiros que se agastaram com sua cronologia — porque sua estimativa de um século era longa demais! Em 1912 ele respondeu a esses críticos — mostrando, de fato, o quão pouco, na verdade, divergia deles. Observou que o representante do Haiti, "negro escuro e homem educado", elogiara sua monografia, tal como W. E. B. DuBois, um mestiço. Depois de assim demonstrar a aprovação por parte de membros das raças condenadas à extinção no Brasil, alegou que de modo nenhum seria errôneo apontar a existência de uma mistura racial no país. Ele tinha sido citado fora de contexto, declarou, com relação ao transcurso de um século para o branqueamento total. Embora essa resposta não afirmasse que os brancos já *eram* maioria, essa era a implicação. No final de seu panfleto, triunfantemente exibiu estatísticas fornecidas por Edgar Roquette-Pinto, professor de antropologia do Museu Nacional. Embora o censo de 1890 mostrasse que os brancos constituíam apenas 44% da população, os dados (não oficiais) de Roquette-Pinto para o ano de 1912 indicavam que a população branca correspondia a exatamente 50% do total. Por coincidência, esse era o índice mínimo que os críticos de Batista de Lacerda exigiam. (Não há como aferir a correção desses números, uma vez que o censo seguinte, realizado em 1920, não informou a composição racial da população.) Mais tarde, o censo de 1940 mostrou que a população branca representava 63% do total nacional. Utilizando ainda as estatísticas de Roquette-Pinto, Batista de Lacerda gerou gráficos de barras multicores que mostravam a composição racial da população brasileira até o ano de 2012. Nesse intervalo de um século, a população branca teria supostamente se elevado a 80%, ao passo que a negra teria caído para zero e a mestiça para 3% (contra uma estimativa de 28% em 1912), enquanto a população indígena subiria para 17% (contra uma estimativa de 13% em 1912).[73]

Nesse período, a ideologia brasileira do branqueamento foi incentivada por visitantes estrangeiros, como Pierre Denis, autor de um relato de sua estada no Brasil que, publicado em 1909, granjeou muita popularidade. Denis dedicou um capítulo às "populações negras", descrevendo-as como "indolentes" e referindo-se à "irregularidade do trabalhador negro". Considerou "irrefutável [...] a inferioridade econômica e moral da população negra do Brasil". Devastados pelo alcoolismo e por "uma falta total de higiene", eles não se multiplicavam "como seria de esperar da sua extrema fecundidade". Sua conclusão deve ter agradado aos proponentes de um Brasil mais branco. "Seria, sem dúvida, exagerado prever sua próxi-

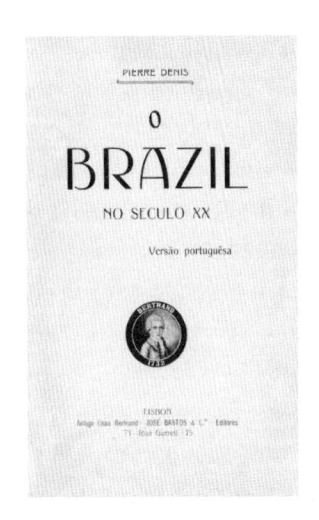

Primeira edição de O Brazil no século xx, *de Pierre Denis, que previa o gradual branqueamento da população brasileira. O livro influenciou muitos pensadores nacionais, como o jornalista Tobias Monteiro.*

ma extinção [dos negros]. Todavia, é provável que ela não se desenvolva na mesma proporção que os outros elementos da população brasileira. Seu papel, no Brasil, não pode senão decrescer; ela não terá, jamais, influência decisiva sobre os destinos do país."[74]

O livro de Denis recebeu comentários entusiásticos de Tobias Monteiro, destacado jornalista republicano e ex-assessor presidencial. Monteiro reeditou a conclusão de Denis sobre os negros quase *ipsis litteris*, sem acrescentar uma só palavra de crítica. Como, de modo geral, elogiara Denis por sua precisão e perspicácia, é lógico concluir que ele concordava com a tese do autor sobre o presente e o futuro do negro brasileiro.[75]

Outro visitante estrangeiro a elogiar sem meias palavras o processo de branqueamento foi o ex-presidente americano Theodore Roosevelt, que realizou, em 1913-4, uma expedição científica com o coronel Rondon ao interior do Mato Grosso. Em 1914, Roosevelt escreveu, para a revista *Outlook*, um artigo entusiasmado a respeito do desaparecimento do negro brasileiro, traduzido e republicado na primeira página do *Correio da Manhã*, influente diário do Rio. Ele destacou que:

No Brasil [...] o ideal principal é o desaparecimento da questão negra pelo desaparecimento do próprio negro, gradualmente absorvido pela raça branca. Não quer isso dizer que os brasileiros sejam ou venham a ser o povo de mestiços que certos escritores, não só os franceses e ingleses, mas americanos também, afirmam que são. Os brasileiros são um povo branco, pertencente à raça do Mediterrâneo, diferenciando-se das gentes do Norte, somente como delas diferem, com seu esplêndido passado histórico, as grandes e civilizadas velhas raças de espanhóis e italianos. A evidente mistura de sangue índio adicionou-lhe um bom, e não um mau elemento. A enorme migração europeia tende, década a década, a tornar o sangue preto um elemento insignificante no sangue de toda a nação. Os brasileiros do futuro serão, no sangue, mais europeus ainda do que o foram no passado e diferenciarão de cultura somente como os americanos do Norte diferem.[76]

Com relação a essa questão, Sílvio Romero se encontrava na época, mais uma vez, em minoria. Em sua opinião, a monografia de Batista de Lacerda era vulnerável, em virtude de seu "otimismo" ao prever apenas um século para a tripla desaparição do negro, do índio e do mestiço. E desdenhava dos outros críticos de Batista de Lacerda: "O nosso representante chegara a conclusões verdadeiramente otimistas e, ainda assim, não escapou à sanha da patriotada aristocratizada [...] europeizada [...] do momento. Uma comédia!".[77] Mostrou-se atônito com o superotimismo de seus conterrâneos na avaliação do progresso no branqueamento do Brasil. Comentando o alvoroço que as palavras de uma visitante belga havia provocado na imprensa brasileira, afirmando que vira negros e mulatos até nas maiores cidades do Brasil, ele observou com sarcasmo: "A nação arianizou-se de repente".

Em sua *História da literatura brasileira* (1888), Romero calculara três ou quatro séculos para o processo de branqueamento. Agora, porém, julgava que seriam necessários "uns seis ou oito [séculos], se não mais", para a assimilação dos índios e negros. Além disso, havia chegado à conclusão de que os mestiços nunca desapareceriam. "É preciso ser completamente ignorante em coisas de antropologia e etnografia para desconhecer o duplo fenômeno da persistência dos caracteres fundamentais das raças, por um lado, e, por outro, o fenômeno do cruzamento de todas elas, sempre que se acham em contato." O índio, o negro e o mestiço só desapareciam totalmente, argumentou Romero, se no futuro todos os cruzamentos incluíssem um parceiro muito claro (se não branco). Da análise de Romero não constavam estatísticas. Ele argumentava com base em suas impressões pessoais e suas leituras. Sempre rebelde, tinha um típico estilo polêmico que questionava qualquer conclusão transformada em opinião dominante.[78]

COMPARAÇÕES COM OS ESTADOS UNIDOS

Uma forma bastante comum de explicar o branqueamento brasileiro era comparar o Brasil com os Estados Unidos. Como já vimos, até mesmo um pensador racista relativamente dogmático como Nina Rodrigues receava a possibilidade de que julgassem que ele estava equiparando o Brasil aos Estados Unidos. Pessoas que abraçavam ideias raciais mais otimistas gostavam de fazer essa comparação. Assim a expôs Batista de Lacerda:

> Enquanto os portugueses não hesitaram em misturar-se aos negros, com risco de produzir filhos mestiços, os anglo-saxões, zelosos da pureza de sua linhagem, guardaram o negro à distância, e somente o usaram como instrumento de trabalho. É curioso e dig-

no de nota que nem a passagem do tempo nem qualquer outro fator foi capaz de alterar essa primeira atitude dos norte-americanos, que mantêm a raça negra separada da branca até os nossos dias. O Brasil agiu diversamente. Os brancos estabeleceram uma raça de mestiços, que se encontra, hoje, espalhada por uma vasta extensão do seu território.

A descrição que Batista de Lacerda fez dos Estados Unidos estava, é claro, equivocada. Quaisquer que fossem as supostas diferenças nas atitudes raciais, os americanos haviam praticado a miscigenação livremente. Se em 1850 a população negra dos Estados Unidos compreendia, oficialmente, 11% de mulatos, em 1910 essa proporção se elevara para 21%. E cabe lembrar que, provavelmente, os recenseadores americanos eram menos generosos do que os brasileiros ao incluir alguém na categoria de mulato (em oposição à de negros).[79] Nenhuma sociedade escravagista nas Américas deixou de produzir uma ampla população de mulatos. A diferença não estava no fato da miscigenação, e sim no reconhecimento ou não reconhecimento dos mestiços como um grupo separado. Ao escrever sobre os Estados Unidos, Batista de Lacerda confundiu o sistema legal e social de segregação com uma suposta pureza racial, chegando a se referir aos mestiços como uma "raça". Na realidade, a sociedade branca americana havia simplesmente empurrado seus mestiços para a categoria inferior dos "negros".

A fé de Batista de Lacerda no branqueamento fez com que ele levasse sua comparação ainda mais longe, no panfleto em que respondeu aos que haviam criticado sua monografia de 1911. Nos Estados Unidos, argumentou, os negros haviam sido "expulsos" da comunidade branca, e isso os tinha obrigado a criar suas próprias instituições a fim de se proteger. Nessa situação de segregação, eles se mostraram também prolíficos e inclinados à vida familiar. Com isso, ficava implícito que o elemento negro estava aumentando ou pelo menos mantendo-se estável, embora não se citassem dados estatísticos. No Brasil, por outro lado, os negros eram desorganizados, "sem qualquer espécie de iniciativa, perdidos em estradas não mapeadas como animais que se desgarraram do rebanho" — o que tornava inevitável, felizmente, que o negro brasileiro desaparecesse.

A comparação com os Estados Unidos causava embaraços para o Brasil. Se o branqueamento era a solução para o "problema racial", por que motivo os Estados Unidos não estavam em melhor situação, uma vez que sua população branca já era numericamente majoritária? Nina Rodrigues já havia se referido a essa questão, ao observar que existia um "excedente" de brancos nos Estados Unidos. No entanto, a maioria dos analistas brasileiros preferia, como João Batista de Lacerda, inferir que a miscigenação tinha sido mínima nos Estados Unidos ou que a segregação que se seguira havia tornado impossível qualquer diluição futura do elemento africano. A conclusão de Lacerda era semelhante à da maioria de seus contemporâneos: "No Brasil, a questão racial está sendo resolvida sem esforço, enquanto nos Estados Unidos desafia e confronta, ainda, os estadistas com um problema insolúvel, inçado de dificuldades e de perigo".[80]

Outra comparação veio da pena de Manuel de Oliveira Lima, cultíssimo ensaísta e historiador que, como diplomata, passara a década de 1890 em Washington. Mais tarde ele publicou um livro sobre os Estados Unidos em cujo primeiro capítulo, intitulado "O problema negro", fazia um esboço da história americana desde a Guerra de Secessão, observando que "na atualidade [...] deve-se dizer que o negro na América é incontestavelmente um mal". A seguir, voltou sua análise para o Sul dos Estados Unidos, que ele considerava semelhante ao Norte do Brasil. Lançando um olhar retrospectivo à escravidão nos Estados Unidos, Oliveira Lima afirmou que "a sorte dos trabalhadores era infinitamente pior que no Brasil, mercê da superior predisposição ao afeto da raça latina e do seu menor desprezo pelas raças inferiores". Os fazendeiros americanos viviam sob o medo constante de insurreições de escravos, o que "nunca inquietou muito os senhores de engenho e fazendeiros do Brasil" (e aqui ele reescrevia a história brasileira).[81] Oliveira Lima propôs que a chave para os fatos futuros estava no relativo equilíbrio racial da população. Os negros "melhoram num ambiente de brancos". Mas o Sul dos Estados Unidos tinha um número excessivo de negros (embora essa porcentagem fosse notadamente inferior à do Nordeste brasileiro!), e, por conseguinte, "só a imigração branca", ao lado de uma migração de negros do Sul para outras partes do país, poderia restabelecer a antiga prosperidade da região. Acrescentou que o Brasil também precisava de mais imigrantes, sobretudo em vista do "relativo atraso mental e do enervamento da raça colonizadora". Essa imigração corrigiria "a extrema mestiçagem estabelecida pelo português e firmará a real supremacia dos brancos", que ainda "ameaçam [...] afundar-se num alastramento de raças inferiores".[82]

A análise de Oliveira Lima foi, em vários aspectos, bastante característica da época. Primeiro, atribuiu o contraste que viu nas relações raciais nos dois países a supostas diferenças no tratamento dispensado aos escravos. No entanto, não apresentou provas da existência dessas diferenças, que, por sua vez, foram explicadas como reflexo do caráter nacional. Segundo, fazia de passagem uma concessão ao arianismo, ao admitir o atraso dos colonizadores latinos. Terceiro, descrevia o negro como inferior, mas passível de redenção — sob a tutela dos brancos e através da miscigenação. Quarto, insistia num equilíbrio racial, para o qual contribuiria a imigração branca. De modo geral, o tom era de otimismo, dando a entender que o caráter nacional mais flexível do Brasil possibilitava uma solução harmônica de branqueamento para o "problema do negro" — um caminho provavelmente vedado aos americanos devido a seus rígidos preconceitos raciais. O Brasil jamais poderia proibir casamentos mistos porque "a indulgência das nossas opiniões e desmazelo dos nossos costumes impedem-nos de hostilizar o negro em qualquer terreno, mesmo no da mistura de raças".[83]

As resenhas e comentários tecidos, no Brasil da época, sobre o livro de Oliveira Lima concentraram-se em sua análise da questão racial. Duas delas serão mencionadas aqui para mostrar como suas teses eram geralmente aceitas. Os dois críticos divergiam dele (e um do outro) apenas no nível do otimismo que exibiam. José Veríssimo, famoso crítico literário, elogiou o livro e acrescentou:

> Estou convencido, como o está o sr. Oliveira Lima, de que a civilização ocidental só pode ser obra da raça branca, e que nenhuma grande civilização pode ser construída por uma mistura de povos. Tenho, mesmo, tendência a crer que os Estados Unidos devam seu rápido e constante desenvolvimento à sua pureza étnica. Mas pergunto-me se o fato de obtê-lo um século antes do tempo valia o sacrifício de milhões de seres humanos.

Aqui ele aludia à Guerra de Secessão.

> Não há perigo, como diz o sr. Oliveira Lima, de que o problema negro venha a surgir no Brasil. Antes que pudesse surgir seria logo resolvido pelo amor. A miscigenação roubou o elemento negro de sua importância numérica, diluindo-o na população branca. Aqui o mulato, a começar da segunda geração, quer ser branco, e o homem branco (com raras exceções) [...] acolhe-o, estima-o e aceita-o no seu meio. Como nos asseguram os etnógrafos, e como pode ser confirmado à primeira vista, a mistura de raças é facilitada pela prevalência do elemento superior. Por isso mesmo, mais cedo ou mais tarde, ela vai eliminar a raça negra daqui. É óbvio que isso já

começa a ocorrer. Quando a imigração, que julgo será primeira necessidade do Brasil, aumentar, irá, pela inevitável mistura, acelerar o processo de seleção."[84]

Medeiros e Albuquerque, outro conhecido crítico literário que escreveu sobre o livro de Oliveira Lima, também presumia a inferioridade do negro e a possibilidade de um Brasil mais branco. Duvidava, entretanto, que a "fusão" que absorvera uma proporção tão grande do elemento africano houvesse produzido um tipo estável. "Não se suprimem, assim, tão facilmente, características orgânicas profundas. A pele é o que menos importa. O que não está na pele, pode estar no sangue, nos nervos, no cérebro." Ele não questionava que o Brasil se tornaria mais claro, e que milhões de imigrantes rematariam o trabalho. Mas se perguntava se o processo seria capaz de resultar em algo como uma *identidade* brasileira. "Resta ver se ficará ao fim alguma coisa que corresponda historicamente àquilo que é conhecido como povo brasileiro."[85]

A visão recorrente de um Brasil branqueado aparecia também na ficção. Um romance de enorme sucesso, *A esfinge* (1911), de Afrânio Peixoto, reflete em seus diálogos as preocupações raciais da elite carioca. Perto do fim do livro, um homem mais velho tranquiliza um jovem compatriota, dizendo que o país tivera a sorte de ser colonizado pelos portugueses, sem os quais o Brasil careceria do "belo gênio latino". (Essa rejeição do arianismo refletia a posição pró-Portugal do próprio Afrânio Peixoto.) A seguir, ele explica que o índio e o negro haviam dado uma boa contribuição para a história do país, mas que "essas sub-raças tendem a desaparecer uma vez que a raça branca se reintegre na posse exclusiva da terra". Segue-se a manifestação da crença na fusão: os portugueses tinham "ainda uma vantagem", o cruzamento com o negro, "exterminando-o nas diluições sucessivas de sangue branco".

A fusão lenta de misturas malfeitas ainda, a seleção reiterada da cultura, a disciplina forçada da vida social farão dessa massa um povo forte, são e feliz, porque as qualidades dominantes são boas. O esboço preliminar de hoje dará um povo voluntarioso, sentimental e inteligente, digno desta terra e do tempo em que viver.

Seguia-se a inevitável comparação com os Estados Unidos: "Em trezentos anos mais, seremos todos brancos; não sei que será dos Estados Unidos, se a intolerância saxônia deixar crescer, isolado, o núcleo compacto de seus 12 milhões de negros".[86]

A comparação entre Brasil e Estados Unidos não escapou nem mesmo aos visitantes da América do Norte. Alguns ficaram bem impressionados com a solução brasileira do problema étnico. A ideologia do branqueamento chamou a atenção de um americano, Clayton Cooper, que publicou um relato de sua visita ao Brasil em 1917. Comentou que estava em andamento

> um novo experimento entre as nações [...] diferente de tudo o que se conhece nos Estados Unidos ou em qualquer país da Europa na colonização de povos de cor diferente. [...] Uma honesta tentativa está sendo feita aqui para eliminar os pretos e pardos pela infusão de sangue branco. Pretende-se que um dos fatores nesse processo seja a seleção natural, pela fêmea, de um parceiro de cor mais clara do que a sua.

Cooper informou ainda que "certas partes do Sul do Brasil, onde são encontrados relativamente poucos dos tipos negroides ou de pele escura, são dadas como exemplo do progresso já alcançado nessa façanha audaciosa e sem precedentes". "Muitos dos brasileiros mais cultos vos dirão que este país revelará um dia ao mundo inteiro o único método existente de interpenetração racial, único que evitará guerras raciais e derramamento de sangue." Até mesmo a biologia, para Cooper, era tranquilizadoramente óbvia: "Parece tratar-se de um caso nítido do processo seletivo de Lamarck e Darwin. Se um certo tipo fica na moda por razões puramente sociais, todos os casamentos tendem para ele, e o tipo, finalmente, prevalece na raça".

Por fim, vinha o mesmo tipo de comparação tão comum aos observadores brasileiros de seu próprio país: "Embora, provavelmente, o americano médio expresse satisfação pelo fato de que a sua civilização ponha muitos obstáculos ao desenvolvimento de tal princípio nos Estados Unidos, não reconhecer a seriedade de motivo dos brasileiros, nessa mistura vital de raças, seria lamentável".[87]

Theodore Roosevelt teve uma reação semelhante, e formulou-a com tantos pormenores que merece ser citada na íntegra:

> A grande maioria dos homens e das mulheres que encontrei, expoentes do mundo das atividades políticas e industriais e das realizações científicas, mostravam um pouco mais de sangue negro do que mostrariam pessoas de grupos semelhantes numa capital europeia. Não só há, em algumas classes, considerável infiltração de sangue negro — com uma tendência paralela para a desaparição do tipo negro puro —, mas esse processo é aplaudido calorosamente pelos mais autorizados estadistas do país. A opinião que esposam, tão diversa da nossa, pode ser melhor traduzida pelo que um deles — de sangue branco puro — me disse:
>
> "Naturalmente, a presença do negro é o verdadeiro problema, e problema muito sério, tanto no seu país quanto no meu. A escravidão é um método intolerável de resolvê-lo, e tem de ser abolida. Mas como o problema permanece [...] permanece a necessidade de encontrar outra solução. Vocês nos Estados Unidos conservam os negros como um elemento inteiramente separado, e tratam-nos de maneira a infundir neles o respeito de si mesmos. Permanecerão como ameaça à sua civilização, ameaça permanente e talvez, depois

de mais algum tempo, crescente. Entre nós, a questão tende a desaparecer porque os próprios negros tendem a desaparecer e ser absorvidos [...]

"O negro puro diminui de número constantemente. Poderá desaparecer em duas ou três gerações, no que se refere aos traços físicos, morais e mentais. Quando tiver desaparecido, estará seu sangue, como elemento apreciável mas de nenhum modo dominante, em cerca de um terço do nosso povo; os dois terços restantes serão brancos puros. Admitindo que a presença do elemento racial negro represente um leve enfraquecimento de um terço da população, os outros dois terços terão, ao contrário, força integral. E o problema negro terá desaparecido. No seu país foi toda a população branca que guardou a força racial de origem, mas o negro ficou, e aumenta de número, com o sentimento cada vez mais amargo e mais vivo do seu isolamento, de modo que a ameaça que representa será mais grave no futuro. Não tenho por perfeita a nossa solução, mas julgo-a melhor que a sua. Fazemos face, vocês e nós, a alternativas diferentes, cada qual com as suas desvantagens. Penso que a nossa, a longo prazo e do ponto de vista nacional, é menos prejudicial e perigosa que a outra, que vocês, nos Estados Unidos, escolheram."[88]

A confiança da elite no branqueamento, descrita com tanta perspicácia por Theodore Roosevelt, continuou durante as duas primeiras décadas da República.[89] Visto pelo prisma da ideologia do branqueamento, o Brasil parecia navegar em mar de almirante. Evitara as amargas divisões raciais dos Estados Unidos, consideradas resultado dos inflexíveis preconceitos dos anglo-saxões — um traço supostamente ausente nos portugueses, latinos e mais libidinosos. E agora o Brasil estava eliminando o elemento racial inferior por meio do atrito natural e por aquilo que José Veríssimo chamara, eufemisticamente, de "amor". Dizia-se, pois, que os brasileiros haveriam de escapar à armadilha determinista de Buckle e Agassiz numa ascensão contínua para a branquidão. Negando, de forma explícita ou implícita, o caráter absoluto das diferenças raciais, essa explicação permitia uma saída cômoda das conclusões deprimentes do pensamento racista rigoroso. Ademais, a ideologia do branqueamento ajustava-se bem a um dos fatos mais óbvios da história social brasileira: a existência de uma vasta "casta média", geralmente chamada "mulata". Essa categoria comportava enormes variações, que iam desde prestigiadas figuras da sociedade, que só podiam ser chamadas de mulatas nos círculos mais íntimos, até criminosos do submundo que se enquadrariam na categoria penal dos "degenerados", proposta por Nina Rodrigues.

Por quaisquer características físicas objetivas, seria um contrassenso classificar toda essa categoria como "mulata". No entanto, os brasileiros faziam isso habitualmente, e sua crença na existência dessa categoria constituía uma parte essencial de seu pensamento racial. Em vista da experiência da sociedade multirracial brasileira, a tese do branqueamento proporcionava aos nacionais uma justificativa para o que acreditavam *já* estar acontecendo. Tinham tomado a teoria racista de empréstimo à Europa, e logo descartaram dois de seus pressupostos principais — o caráter inato das diferenças raciais e a degeneração dos mestiços — a fim de formular sua própria solução para o "problema negro". A sensação de alívio — por vezes, até de superioridade — que lhes dava a comparação de seu futuro racial com o dos Estados Unidos não era o menor dos atrativos dessa solução.

Seria errôneo pensar que *todos* os membros da elite brasileira abraçavam as teses raciais que constituíam o "ideal do branqueamento". Entretanto, entre 1889 e 1914, a grande maioria sem dúvida defendia essas ideias. Alguns, como Nina Rodrigues, adotavam a teoria racista ortodoxa segundo a qual as diferenças eram inatas e que, por isso, o processo de branqueamento não triunfaria em todo o país. Outros, inclusive imigrantes alemães que residiam nos estados do Sul, defendiam opiniões rigidamente racistas e tentavam segregar-se da população nascida no país. Por fim, havia alguns pensadores (analisados mais adiante) que, em sua busca de uma definição mais autêntica da nacionalidade brasileira, rejeitavam frontalmente o quadro de referência da teoria racista científica.

3. Política, literatura e o sentimento de nacionalidade no Brasil antes de 1910

Vimos como a raça tornou-se uma questão candente no Brasil do começo da República, e como os pensadores brasileiros procuraram chegar a um meio-termo viável em suas lutas com o determinismo racial. Este capítulo examinará a ligação entre o sentimento dos brasileiros em relação à sua identidade nacional no período e as teses predominantes sobre raça que não tinham como evitar.

Por volta da virada do século XX, os países costumavam mensurar de duas maneiras seu sentimento de identidade nacional e, portanto, de sua autoconfiança. A primeira era a estabilidade política; a segunda, o relativo desenvolvimento de uma autêntica literatura nacional.* O significado da primeira era evidente: a capacidade que tinha um país de trocar o partido que exerce o poder, ou mesmo sua forma de governo, sem uma violenta comoção política. Os brasileiros identificavam os golpes com as "risíveis" re-

---

* Uma terceira medida, que não examinaremos aqui, era o grau de desenvolvimento econômico.

públicas das bananas da América Hispânica — um exemplo admonitório que queriam evitar. O significado de uma autêntica literatura nacional não era explicitado satisfatoriamente nessa época. Entretanto, à medida que o capítulo avançar, defrontaremo-nos com certas definições implícitas.

De acordo com esses dois indicadores, o Brasil deixava muito a desejar aos olhos de seus cidadãos cultos. Este capítulo examina as formas que a insatisfação resultante assumiu, e a seguir procura mostrar que a difusão dessa insatisfação levou críticos perspicazes a relacionar a questão da raça ao insucesso desconcertante indicado por esses dois critérios.

AS REALIDADES POLÍTICAS DE UMA REPÚBLICA JOVEM

No fim do século XIX, a expressão "estabilidade política" era muitas vezes identificada com governo constitucional. Vejamos, nesta seção, os principais fatos e rumos políticos que o Brasil conheceu no período.[1]

O primeiro decênio da República assistiu a revoltas regionais (Rio Grande do Sul, 1893-5), a rebeliões militares na capital (Revolta da Armada de 1891 e 1893-4), a uma quebra da bolsa de valores (1892), a um grave surto inflacionário e a repetidas suspensões das liberdades civis — de maneira nenhuma os ideais com que acenavam os reformadores liberais no fim do Império. Por menos representativo que possa ter sido, o sistema bipartidário do Império foi substituído por uma rede de máquinas políticas unipartidárias em cada estado. O Partido Liberal e o Partido Conservador desapareceram como organizações reconhecíveis, e os deputados eleitos para a Assembleia Constituinte em 1890 eram, basicamente, republicanos. Esse monopólio foi mais tarde relaxado quando alguns altos cargos eletivos couberam a políticos que tinham se destacado como monarquistas durante o Império (como foi o caso de Afonso Pena, governador do estado de Minas Gerais de 1892 a 1894 e presidente da República de 1906 a 1909). Porém, o poder de nomear esses homens cabia às organizações republicanas estaduais. Assim, a política eleitoral tornou-se uma disputa pelo poder *dentro* das fileiras republicanas de cada estado. No plano nacional, tornou-se um jogo de negociação entre os líderes republicanos dos estados mais poderosos — São Paulo, Minas Gerais, Rio de Janeiro, Bahia, Pernambuco e Rio Grande do Sul.[2]

Na maior parte do país, e sobretudo nas áreas rurais, havia um contraste nítido entre o ideal de governo representativo livre e a realidade socioeconômica. O movimento em prol da ampliação do direito de voto — iniciado no fim do Império — conferiu tintas dramáticas a esse contraste, já que as fraudes eleitorais tornaram-se corriqueiras na década de 1890. Um candidato indicado pelo partido oficial não podia deixar de ganhar a eleição, a menos que uma facção dissidente do partido desafiasse a chapa oficial. Na maioria das áreas, esse desafio assumia a forma do uso de força ou de promessas ostensivas (ou de ambas as coisas) para ganhar o favor das autoridades locais incumbidas de proceder à contagem dos votos. Autores posteriores deram ao sistema resultante o nome de *coronelismo*, em referência à manipulação por chefes locais, que eram chamados simplesmente de *coronéis*, um rótulo informal usado para descrever líderes políticos regionais. Nos poucos estados economicamente desenvolvidos e urbanizados, a competição eleitoral era, em geral, mais aberta. Em São Paulo, por exemplo, uma facção republicana dissidente conseguiu, por fim, fundar um partido independente. Mesmo nesses estados, porém, o coronelismo geralmente prevalecia nas áreas rurais.[3]

Era comum o uso de violência. Vez por outra, principalmente no Nordeste, contratavam-se pistoleiros de aluguel para eliminar candidatos ou líderes políticos rivais. Nos estados em que o republicanismo não se firmara, o partido republicano local simplesmente proporcionava uma nova liça para a luta entre clãs rivais que antes haviam se combatido sob as bandeiras dos Liberais e Conservadores. No sistema de representação unipartidária, o clã que estivesse fora do poder só podia conquistá-lo apoderando-se da máquina republicana controlada pelo clã situacionista.

No plano nacional, a política assumiu também um aspecto diferente do que apresentava no período imperial. A nova Constituição estipulava um presidente eleito, de acordo com o modelo americano. As eleições para presidente e vice-presidente eram nacionais, o que exigia que os líderes do partido nos estados chegassem a um acordo com relação aos candidatos oficiais. Nesse novo sistema unipartidário, a falta desse acordo com frequência levava a violentos conflitos.

Assim, a estrutura política da jovem República repousava num sistema local eivado de mandonismo e numa tênue aliança nacional de líderes estaduais. Não produzia a competição política racional e aberta que os reformadores liberais do fim do Império haviam pretendido. No entanto, seria errôneo concluir que homens notáveis não se elegessem. As máquinas estaduais indicavam e elegiam muitos políticos capazes e eloquentes. Os chefes políticos das cidades interioranas tinham orgulho de sua capacidade de mobilizar o eleitorado em benefício de um deputado cuja retórica talvez fosse de um rebuscamento incompreensível para muitos dos que o elegiam. Mas esses políticos ficavam à mercê dos donos do poder, que podiam abandoná-los sem cerimônia (e era isso o que muitas vezes acontecia) se as circunstâncias assim exigissem. Vários intelectuais renomados viveram essa experiência — entre eles Sílvio Romero, José do Patrocínio, Gilberto Amado e Coelho Neto.

A derrubada do Império e a proclamação da República, em novembro de 1889, se deram com tão pouca comoção social que o observador se inclina a rotular o episódio como um golpe palaciano típico da América Latina. Já a consolidação da nova República mostrou-se mais traumática. Menos de um ano depois que a Assembleia Constituinte aprovou uma nova Constituição, em 1891, o regime constitucional deu lugar a uma ditadura militar. O primeiro presidente, o general Deodoro da Fonseca, indispôs-se com o Congresso (que era a mesma Assembleia Constituinte com outro nome) que o elegera. Repetindo o gesto de d. Pedro I, que se indispusera com a Assembleia que fizera a Constituição anterior (a de 1824) e depois com prepotência a dissolvera, Deodoro fechou o Congresso em retaliação. Mas pouco tempo depois adoeceu e não conseguiu conter as forças republicanas em divergência. Renunciou em favor de outro general, o vice-presidente Floriano Peixoto, que governou de 1891 a 1894, aniquilando, sem demonstrar emoção, os muitos inimigos da jovem República.

Floriano defrontou-se com terríveis desafios. Em 1891, sem incentivo nenhum por parte do imperador deposto, monarquistas conspiraram para restaurar o trono. Havia entre eles homens inteligentes, abastados e com experiência política, como o visconde de Ouro Preto, que chefiara o último gabinete imperial, entre junho e novembro de 1889. Embora não encontrassem oportunidade de organizar um movimento político de base ampla, os monarquistas fustigaram o governo durante toda a década de 1890, procurando apresentar candidatos ao Congresso (que o governo declarava inelegíveis) e desencadeando uma campanha de propaganda contra a República e seus líderes. Republicanos dissidentes também constituíam uma ameaça a Floriano. Movimentos oposicionistas rebeldes eclodiram no Rio Grande do Sul, no Paraná e em Santa Catarina. Até nas Forças Armadas ocorreram rebeliões. Em 1893, unidades da Marinha se rebelaram, e alguns líderes da sublevação, como o almirante Saldanha da Gama, proclamaram sua lealdade à monarquia. O crédito do Brasil em Londres despencou, e os títulos brasileiros só eram negociados com elevados deságios.

Floriano passou a governar por decreto, suspendendo informalmente as liberdades civis para impedir a publicação de artigos e discursos críticos. Por fim o poder federal levou a melhor, reprimindo as revoltas.

Para surpresa de muitos, a liderança do Exército demonstrou pouco interesse em manter-se por mais tempo no poder. A presidência passou para um civil, eleito em 1894 — Prudente de Morais, o primeiro de uma série de presidentes oriundos do próspero estado de São Paulo.[4] Floriano havia conseguido impor uma firme autoridade republicana em todo o país, e isso pareceu suficiente para os militares — e para o mundo das finanças internacionais. Prudente de Morais colheu os frutos políticos do governo de Floriano. O crédito do Brasil subiu em Londres, o que permitiu negociações para a consolidação da dívida a curto prazo e com juros altos, o que aconteceu em 1898.

Não obstante, as revoltas armadas prosseguiram. Uma prolongada rebelião contra a autoridade federal rebentou em 1896-7 no norte da Bahia, onde Antônio Conselheiro encabeçou uma revolta de sertanejos, imortalizada por Euclides da Cunha em *Os sertões* (ver adiante). Esse levante tornou-se a mais grave ameaça ao governo de Prudente de Morais, em grande parte por ter subestimado de maneira desastrosa a gravidade da situação. Como um difícil teste de prestígio para o governo e para o Exército, a revolta provocou uma onda de histeria contra os monarquistas, os bodes expiatórios de sempre dos políticos republicanos em horas críticas. Essa onda avolumou-se em 1897, quando o ministro da Guerra foi assassinado por um soldado dissidente.[5] Fosse por desinformação ou por premeditação, o governo aproveitou a oportunidade para impor a censura e fazer vista grossa a atos de violência contra os monarquistas. O Congresso aprovou o estado de sítio, dando a Prudente de Morais poderes de exceção que ele não tardou a usar contra opositores de todos os matizes. A revolta foi finalmente esmagada, e a virada do século deu início a um decênio de relativa tranquilidade política.

O presidente Campos Salles (1898-1902) teve um quadriênio muito mais tranquilo que o de seu antecessor. Era também paulista, consolidando assim o domínio desse estado, que se desenvolvia rapidamente, na política republicana nacional. Com a eleição de Rodrigues Alves em 1902, os paulistas mandaram um terceiro presidente sucessivo ao Rio de Janeiro. Pelo visto, os chefes políticos republicanos tinham descoberto o segredo de exercer o poder e transmiti-lo com eficiência.

A aliança entre os líderes dos principais estados (a chamada "política dos governadores") ficou evidente quando Afonso Pena, um prestigiado político de Minas Gerais, foi eleito para a presidência em 1906, praticamente sem oposição, valendo-se tão somente da ideia de que havia chegado a hora de São Paulo ceder lugar ao segundo estado em importância. Tal como Rodrigues Alves, Afonso Pena fora um político proeminente durante o Império. Ambos eram administradores dinâmicos e progressistas pelos padrões da época. Ambos procuraram aplicar as fórmulas republicanas de constitucionalismo liberal que tinham sofrido tão duros ataques na década anterior. Ambos tiveram notável êxito.

O sistema presidencial republicano parecia estar, finalmente, dando certo. Econômica e financeiramente, o Brasil também se tornava mais forte. Continuava a ser o maior produtor mundial de café, embora prejudicado pela superprodução. Um plano de valorização iniciado em 1906 possibilitou uma manipulação do mercado mundial (basicamente por intermédio de corretores estrangeiros) que protegia os produtores brasileiros de drásticas flutuações do mercado. O plano incluiu também um programa a longo prazo (dos governos estaduais e, depois, do governo federal) para compra de excedentes de café e formação de estoques. O resultado desse programa foi garantir uma margem mínima de lucro para os cafeicultores eficientes, localizados principalmente em Minas Gerais e São Paulo. Esses estados, por sua vez, eram os fulcros da política republicana. As exportações do Brasil cresceram com o boom da borracha natural, produto do qual o país deteve o monopólio até 1912, quando se deu a entrada, no mercado mundial, da borracha proveniente de plantações inglesas nas Índias Orientais. De igual importância foi a consolidação da dívida externa em 1898, quando o governo de Campos Salles conseguiu negociar um empréstimo para esse fim em Londres. Com seu crédito no exterior restaurado, o Brasil podia contar com investimentos estrangeiros e com o aumento do comércio.[6]

No entanto, subsistiam todas as grandes deficiências do sistema republicano: a baixa mobilização política, as frequentes manipulações e as fraudes das eleições, o governo unipartidário e o alto grau de descentralização. Os estados gozavam do direito de contrair empréstimos no exterior e tributar as exportações. Os mais poderosos, como São Paulo e Rio Grande do Sul, mantinham milícias estaduais, com frequência maiores e mais bem equipadas do que as unidades do Exército nacional neles existentes. Em suma, o crescimento do poder dos estados eclipsava, em muitos aspectos, o sistema político nacional. A tendência não podia causar surpresa, uma vez que esse crescimento fora uma das mais importantes bandeiras dos republicanos durante o Império. Era encorajado com entusiasmo pelos paulistas, que se apressaram a tirar proveito da nova autonomia nos primórdios da República. Os monarquistas tinham exagerado o perigo de desmembramento, mas previram acertadamente que o governo federal haveria de sofrer em benefício do poder regional.

CRÍTICAS POLÍTICAS À JOVEM REPÚBLICA

Embora o período entre 1898 e 1910 tivesse trazido uma aparente estabilidade política, o que satisfazia a elite e aliviava suas apreensões, o fato é que ela ficara profundamente transtornada com os levantes da década de 1890. As críticas à nova ordem política, por não proporcionar estabilidade, vinham igualmente de republicanos, monarquistas e visionários políticos. Entre estes, os jacobinos eram os mais intransigentes.

Os jacobinos alarmavam-se com o que consideravam uma erosão da nacionalidade. Tinham a atenção posta também na arena política, e logo acharam um bode expiatório conveniente: os portugueses. Sentimentos antiportugueses tinham vindo à tona repetidamente na história brasileira, do mesmo modo como acontecera em todas as demais colônias no Novo Mundo em relação a suas metrópoles. A Independência do Brasil em 1822 havia despertado, em relação a Portugal, animosidades nacionalistas que depois se transformaram no nativismo mais difuso do movimento romântico. Entretanto, a lusofobia retornava de vez em quando, em geral na forma de ressentimentos pelo controle do comércio por parte dos portugueses em praticamente todas as cidades brasileiras. Poucos anos antes, em 1872-3, ocorrera um surto virulento de lusofobia no Recife, depois que um retrato nada lisonjeiro dos brasileiros, traçado por Eça de Queiroz em *As farpas*, afrontara os pernambucanos.[7]

Um grupo de radicais fundou o jornal *O Jacobino*, que serviria sobretudo como veículo de propaganda antiportuguesa.[8] Eis a razão do título, que logo viria a ser aplicado a todos os nacionalistas radicais: "Há um século em França o jacobinismo conseguiu firmar a República contra as facções reacionárias que a dilaceravam internamente e repelir no solo da pátria os exércitos invasores coligados para o restabelecimento da realeza e o predomínio clerical". Ora, só "meios violentos" e "medidas enérgicas", como os dos jacobinos franceses, poderiam salvar o Brasil "do torpor em que jaz [...] desde seu descobrimento pela lusa gente".[9] Em sua primeira edição, o jornal proclamou que "combatemos e odiamos o elemento português, que é o que nos corrompe e ceifa a existência, monopolizando tudo e sacrificando nossa população".[10]

Os jacobinos logo encontraram uma chama para atiçar. Na Revolta da Armada de 1893, alguns rebeldes tinham sido evacuados em vasos da Marinha portuguesa, que prometera ao governo brasileiro que os fugitivos só seriam desembarcados em portos lusitanos. Devido aparentemente a problemas mecânicos, os navios fundearam em Montevidéu, onde os rebeldes tiveram permissão de descer, tornando relativamente fácil sua volta ao Brasil pela fronteira do Rio Grande do Sul. Quando a notícia chegou ao Rio de Janeiro, multidões atacaram lojas e outros estabelecimentos comerciais de portugueses. Essa explosão de fúria popular foi alimentada pelos inflamados editoriais de O Jacobino, cujo editor, Deocleciano Mártir, cumpre admitir, foi descrito por um contemporâneo como "meio doido, impulsivo, muitíssimo apaixonado, andando de muleta e dela, muitas vezes, valendo-se como arma de combate, sempre que em rusgas de calçada se metia".[11]

Outros propagandistas também instigaram o frenesi, e um deles foi Aníbal Mascarenhas, que publicava O Nacional, outro jornal jacobino, esse menos radical. A folha combatia a "grande naturalização" incluída na Constituição de 1891, que concedia cidadania brasileira, automática, a todos os estrangeiros residentes no Brasil, a menos que submetessem às autoridades um comunicado oficial abrindo mão desse direito. Essa medida beneficiou significativamente a grande colônia lusitana. Nesse ponto, a lusofobia foi mobilizada contra uma das disposições mais liberais da nova Constituição. O Nacional advogava também proteção à indústria nacional, bem como a "nacionalização gradual" do comércio, da indústria e da propriedade.[12] O apoio exaltado à guerra de Floriano aos estrangeiros estendeu-se até as escolas secundárias, e um estudante lembrava-se, anos depois, de ter sido um "entusiasta do Marechal de Ferro".[13]

O mais famoso jacobino foi o romancista e poeta Raul Pompeia. Militante do chamado Clube Jacobino do Rio de Janeiro, era admirador fanático de Floriano. Em 1893, escreveu uma introdução ao livro escolar de Rodrigo Otávio sobre os "feriados nacionais". O livro em si procurava apenas formar uma consciência cívica por meio da observância de datas nacionais. Embora o texto de Rodrigo Otávio fosse anódino, a introdução de Raul Pompeia era um contundente ataque aos interesses econômicos estrangeiros, em especial os portugueses. Minimizava o papel histórico de d. Pedro II, que, para ele, era "obcecado pela preocupação de parecer bem à Europa" e "voltou perpetuamente as costas à pátria". O verdadeiro alvo de Raul Pompeia era o capital estrangeiro: "Os grandes centros sensórios de nosso organismo de interesse estão em Londres ou em Lisboa. Ausentes de nós, portanto. Somos, assim, em economia política, uns miserandos desvertebrados". Assim, a "gangrena do mercantilismo estrangeiro" e do "cosmopolitismo dissolvente e desmoralizador" corroía o que restava do país. Esses interesses estrangeiros estavam bem representados no Brasil, argumentava. Estavam por trás das constantes campanhas públicas lançadas "em nome de fórmulas vãs de liberalismo, contra as medidas, os recursos, as precauções enérgicas que têm feito a salvação econômica e financeira de outros Estados".

Raul Pompeia encerrava seu texto com uma investida contra a comunidade comercial portuguesa. Embora nunca nomeasse a nacionalidade de modo explícito, nenhum leitor brasileiro teria deixado de entender o contexto. Para ele, "este partido" era o responsável pela "enfermidade do civismo brasileiro. [...] Os nossos cegos analistas de sociologia preferem investigar as rebuscadas metafísicas deprimentes do caráter nacional, quando podiam reconhecer a realidade patente e simples".[14]

A animosidade antiportuguesa extremada não durou muito. Embora o governo de Floriano tivesse rompido relações diplomáticas com Portugal em 1894, depois que os navios da Marinha portuguesa permitiram que os rebeldes brasileiros fugitivos desembarcassem no Uruguai, as relações foram reatadas em 1895, e Portugal mandou como seu embaixador o poeta Tomás Ribeiro, que se mostrou um conciliador muito eficaz no Brasil. A imprensa jacobina combateu ferozmente o restabelecimento de relações, mas em vão. Floriano havia deixado a presidência, Raul Pompeia se suicidara em 1895, e os interesses econômicos que ele tanto combatera agora tiravam proveito da nova estabilidade do Brasil.[15]

A LITERATURA, OS INTELECTUAIS E A QUESTÃO DA
NACIONALIDADE

O segundo critério muito usado nessa época para aferir o desenvolvimento de um país era o grau alcançado por uma cultura nacional própria. Para a maioria dos intelectuais brasileiros, isso significava literatura. Certa ou erradamente, não se dava à música, à dança, à pintura, à escultura ou à arte popular o mesmo peso. Agora que instalamos um novo sistema político, argumentava-se, e agora que abolimos tanto a escravidão quanto a monarquia, devemos estar nos tornando um país mais autônomo. Onde, então, está nossa literatura nacional?[16]

No início desse período, Machado de Assis (a principal figura literária de sua geração) explicitou, de maneira instrutiva, o desafio de criar uma literatura nacional. Em 1873, num breve ensaio, examinou o estado em que se achava a literatura brasileira, concluindo que ela ainda não existia. Julgava que a conquista da independência literária levaria ainda muito tempo — "não será obra de uma geração ou duas" —, embora fosse provável, em sua opinião, que o processo já estivesse em andamento. Censurava os escritores que simplesmente inseriam no texto os nomes de aves e flores do país, julgando que com isso estavam sendo brasileiros. Embora as "cenas majestosas da natureza americana" oferecessem ao poeta ou romancista excelentes oportunidades, que deviam ser tratadas com "imaginação", Machado expunha o eterno dilema do artista: como desenvolver temas nativistas e, ao mesmo tempo, permanecer universal. A tarefa, afirmava, era interrogar "a vida brasileira e a natureza americana". Denunciava os excessos da escola romântica tardia que via no índio o brasileiro autêntico, mas admitia que eram os costumes do interior os que melhor preservavam as tradições nacionais.[17]

Essas opiniões instigantes (mas vagas) de Machado não continham nenhuma consideração quanto à conexão entre o desenvolvimento político e social do Brasil, por um lado, e sua evolução literária, por outro. (Críticos posteriores deram realce a essa conexão.) É significativo que não tenha proposto nenhuma definição positiva do que poderia ser uma literatura *nacional*. Na verdade, ele não fez nenhuma referência substancial à cultura popular nem à sua utilidade como fonte para os escritores, nem tampouco, em algum ponto, propôs que os escritores brasileiros investigassem o Brasil por si próprios.

Com relação a esse ponto, também é bastante significativo que o próprio Machado de Assis escrevesse uma literatura urbana sofisticada. Como o Brasil era (e continuou a ser, pelo menos até a década de 1960) uma sociedade basicamente rural, o paradoxo fica evidente. Como poderiam os escritores brasileiros levar a bom termo a tarefa de tornar seus textos mais brasileiros? Um caminho para isso seria descrever a flora e a fauna (o que só era feito de modo romântico e convencional); outro era assenhorear-se das lendas ou da linguagem da cultura popular e usá-las em suas obras. No período que antecedeu à Primeira Guerra Mundial, os autores consagrados não trilharam o segundo caminho. Somente uns poucos escritores tentaram segui-lo, mas de modo geral os críticos os ignoraram ou depreciaram.*

Entre 1889 e 1910, a literatura brasileira não experimentou na verdade nenhuma inovação importante. Com poucas exceções (como a do romancista Lima Barreto, que teve pouco sucesso de público e de crítica antes de sua morte, em 1922), os escritores evitavam representar as reais condições de muitos aspectos da vida brasileira, fosse na cidade ou no interior. E houve também pouca inovação na linguagem ou na forma artística (excetuado o movimento simbolista na poesia, objeto do ostracismo por parte da comunidade literária). Em suma, houve poucos indícios de que estivesse em gestação uma literatura original e independente. Segue-se um exame das diversas reações a esse fato.

* Valdomiro Silveira escreveu contos em que usou a linguagem coloquial do caboclo do interior de São Paulo. Escritores do Rio Grande do Sul, como Alcides Maia e Simões Lopes Neto, produziram uma literatura regionalista que refletia as tradições gaúchas. Afonso Arinos, em seus contos e peças de teatro, fez o mesmo com relação ao estado de Minas Gerais, e Melo Morais Filho recolheu literatura popular de vários cantos do Brasil (Alfredo Bosi, *História concisa da literatura brasileira*, São Paulo, 1970, pp. 232-40; Antonio Candido, *Literatura e sociedade*, São Paulo, 1965, p. 136; Ronald Dennis, "Brazilian Literary Nationalism Among the Critics, 1870-1900", tese de doutorado, Universidade de Wisconsin, 1972, pp. 102-12). Esses escritores e alguns poucos mais quase não afetaram a tendência predominante, que continuou a ser definida pelos escritores eurocêntricos do Rio de Janeiro. A tradição oral e a cultura popular, outras fontes de literatura "nacional", brotam da experiência social da classe mais baixa e existem à margem dos escritores formais e dos críticos literários. No Brasil dessa época, tinham sua vitalidade própria. As lendas e os contos folclóricos dessa cultura popular seriam vistos mais tarde como uma expressão nobre da cultura brasileira original e tornaram-se fonte de inspiração para o movimento modernista de 1922. Essa tradição, é claro, pode existir — e existiu — independentemente da crítica literária formal.

Uma semana depois da proclamação da República, um grupo de escritores dirigiu um manifesto ao Governo Provisório, advertindo os novos líderes: "A literatura brasileira não se vai prostrar a vossos pés, como junto ao trono de Augusto ou de Luís XIV". Afirmando ser "um fator no desenvolvimento desta pátria, um elemento de diferenciação e progresso no seio da República que ajudaram a fundar", esperavam do governo "apenas justiça e liberdade: justiça para os seus esforços, liberdade para o seu pensamento". A proclamação terminava com uma nota otimista: "A pátria abriu as largas asas em direitura à região constelada do progresso: a literatura vai desprender também o voo para acompanhá-la de perto".[18]

Os distúrbios da década de 1890 geraram ondas recorrentes de censura. Isso representava um contraste enorme com o Império de d. Pedro II, que, apesar de todas as suas deficiências, preservara um notável grau de liberdade pessoal para a elite. O pequeno número de intelectuais havia desfrutado de liberdade de imprensa e de expressão.

Apesar dessas vicissitudes, o mundo literário da primeira fase da República conseguiu institucionalizar-se. Durante o reinado de d. Pedro II, as formas de expressão para a vida intelectual tinham sido muito restritas. Havia o Instituto Histórico e Geográfico Brasileiro, apoiado pelo imperador, mas limitadíssimo, em que se liam ensaios em sessões solenes presididas por Pedro II em pessoa. Havia os jornais de algumas cidades grandes — Rio de Janeiro, Recife, São Paulo, Porto Alegre. Havia as faculdades de direito de Recife e de São Paulo.

Só após os primeiros anos da República é que se fundou, em 1897, a primeira instituição literária oficial do Brasil: a Academia Brasileira de Letras — embora durante a década de 1890 já houvesse no Rio de Janeiro locais informais de reunião: a redação da *Revista Brasileira* (que o crítico José Veríssimo ajudara a ressuscitar em 1895), as confeitarias e as casas de escritores, sendo a residência de Coelho Neto uma das favoritas. A proposta original de criação da Academia logo havia recebido a bênção e o apoio ativo de Machado de Assis, o mais famoso homem de letras do Brasil, embora seu verdadeiro fundador tenha sido Lúcio de Mendonça. O primeiro secretário foi Rodrigo Otávio. Sua organização seguia o modelo francês, com cadeiras para quarenta "imortais". A composição da Academia refletia o caráter institucional da cultura na *belle époque* brasileira. Seus membros fundadores eram os descendentes do liberalismo imperial tardio. Eles se viam como uma minoria criativa que sustentava e defendia a cultura num posto avançado da civilização europeia na América do Sul. Mas que tipo de cultura ela poderia ser? De que modo poderia a inspiração europeia expressar-se nesse ambiente do Novo Mundo? No fundo, esse era o eterno problema enfrentado por qualquer nação nova que procurasse aplicar o liberalismo: teria ele de ser acompanhado, necessariamente, pela importação acrítica de outra cultura?

Era muito comum que o tema da originalidade cultural brasileira provocasse uma resposta evasiva por parte dos intelectuais na fase inicial da República. Isso ficou evidente na fala de Joaquim Nabuco por ocasião da fundação da Academia de Letras, em 1897. Como secretário-geral da nova instituição, Nabuco proferiu um discurso intelectual. Observou que o Brasil não tinha produzido ainda um "livro nacional, ainda que eu pense que a alma brasileira está definida, limitada e expressa nas obras de seus escritores; somente não está toda em um livro". Nabuco concordou com a acusação de que os escritores latino-americanos eram meros imitadores:

> Não passamos de condutores elétricos, e o jornalismo é a bateria que faz passar pelos nossos corações essa corrente contínua. [...] Se fôssemos somente condutores, não haveria mal nisso; que sofrem os cabos submarinos? Nós, porém, somos fios dotados de uma

consciência que não deixa a corrente passar despercebida de ponta a ponta, e nos faz receber em toda a extensão da linha o choque constante dessas transmissões universais.

E terminou com uma nota de esperança:

> A formação da Academia de Letras é a afirmação de que, literária como politicamente, somos uma nação que tem o seu destino, seu caráter, e só pode ser dirigida por si mesma, desenvolvendo sua originalidade com os seus recursos próprios, só querendo, só aspirando a glória que possa vir de seu gênio.[19]

Que sinais havia de que o Brasil tinha demonstrado algum "gênio" próprio? Em sua autobiografia, publicada em 1900, Nabuco parecia menos otimista:

> Nós, brasileiros — o mesmo pode-se dizer dos outros povos americanos —, pertencemos à América pelo sedimento novo, flutuante, do novo espírito, e à Europa, por suas camadas estratificadas. Desde que temos a menor cultura, começa o predomínio destas sobre aquelas. A nossa imaginação não pode deixar de ser europeia, isto é, de ser humana [...].

Essa tensão levava à "mais terrível das instabilidades", que decorria do fato de que "na América, falta à paisagem, à vida, ao horizonte, à arquitetura, a tudo o que nos cerca, o fundo histórico, a perspectiva humana; e que na Europa nos falta a pátria". O resultado? "De um lado do mar sente-se a ausência do mundo; do outro, a ausência do país. O sentimento em nós é brasileiro, a imaginação, europeia."[20]

Graça Aranha, diplomata e figura de destaque nos círculos literários, somou a esse quadro uma apreensão com a influência cultural exercida pelos imigrantes europeus. Em 1897, proferindo em Buenos Aires uma palestra intitulada "A literatura atual no Brasil", afirmou:

> Somos um povo novo; ainda não temos uma verdadeira significação histórica. Que somos um produto de várias raças, é sabido; mas que não somos só o resultado do cruzamento do português, do índio, do africano, também é certo. Esses elementos clássicos de nossa formação são cada dia perturbados por outras forças, que vão chegando ao nosso solo. O tipo nacional não se pode fixar com as misturas diversas que o vão minando; e o caráter brasileiro permanece uma incógnita.[21]

No começo do século XX, mesmo quando não viajavam, os brasileiros promoviam uma cultura que, caracteristicamente, imitava a europeia. Havia um desejo avassalador de demonstrar que o Brasil era um digno posto avançado da civilização europeia. Partia-se do princípio de que a elite dominava com fluência o francês falado e escrito. Os principais periódicos literários centravam a atenção na vida intelectual parisiense. No Dia da Bastilha de 1907, por exemplo, a *Gazeta de Notícias* estampou uma reportagem ilustrada de quatro páginas, com imagens de Rousseau, Marat e Victor Hugo, junto com uma enorme fotografia da chave da Bastilha. Nesse mesmo ano, Olavo Bilac, o príncipe dos poetas na *belle époque* brasileira, regozijou-se com a boa acolhida que uma plateia do Rio de Janeiro dispensou ao político francês Paul Doumer: "Este auditório, familiarizado com a língua francesa [...] escuta o sr. Paul Doumer com uma simpatia que não seria obtida por um conferencista de outra nacionalidade. O nosso espírito ainda é, e creio que sempre será, um prolongamento do espírito francês".[22]

Em 1910, o jornal *O País*, do Rio de Janeiro, publicou uma resenha entusiástica do livro de um francês, o barão de Anthouard, que dizia a certa altura: "O Brasil está moralmente vinculado à França, em cujos livros aprende, cuja arte o fascina, cuja história conhece e ama. Nenhum povo nas melhores condições do que o francês para [...] constituir, no Brasil, um campo formidável de ação".[23] Monteiro Lobato, o proeminente escritor e editor nascido em 1882 no interior do estado de São Paulo, confessou (numa carta a Godofredo Rangel, em 1915) que praticamente tudo o que tinha lido de literatura antes dos 25 anos havia sido em francês: "Até essa idade, conto nos dedos os livros em nossa língua que li: um pouco de Eça, uns cinco volumes de Camilo, meio Machado de Assis e Euclides e jornais".[24]

Para esse representativo escritor brasileiro, Paris era o centro da civilização, o lar espiritual que ele ansiava visitar. Alguns iam a Londres, dando preferência a seu mundo diferente de cultura aristocrática (*não* a cultura de classe média que era, na realidade, a mais característica da era vitoriana), ou Berlim, onde a torrente científica parecia fascinante. Para os brasileiros, sobretudo os tradicionalistas, Portugal era uma meca ocasional. Mas só os mais ardentes lusófilos entre os brasileiros eram capazes de encontrar na Lisboa de fins do século XIX uma atmosfera que incentivasse a vida intelectual. No mais das vezes, Portugal era apenas uma parada no caminho para Paris.

Até os instrumentos de cultura na *belle époque* brasileira passavam por mãos europeias. Na edição de livros, do mesmo modo que em muitas outras esferas, as artérias vivificantes da cultura brasileira ainda seguiam na direção do Velho Mundo. Antes de 1914, por exemplo, só havia no Brasil algumas poucas editoras importantes. A principal casa era a Garnier, uma firma francesa que imprimia em Paris a maioria das obras que publicava.[25] Em geral os livros eram enviados diretamente de Paris e Lisboa para alguns poucos distribuidores, dispersos em cidades portuárias brasileiras.

A década de 1900 foi um período de intensa atividade literária, mas gerou relativamente poucas obras de valor duradouro. Talvez o estilo da época inibisse os escritores sérios e inovadores. Em retrospecto, os historiadores de literatura não logram encontrar um rótulo satisfatório para esses anos: "pós-simbolismo" ou "pós-parnasianismo", dizem alguns; outros preferem "pré-modernismo". Seja como for, a *belle époque* é definida em termos do que veio antes ou depois. Nenhuma escola ou estilo a distingue.[26]

Machado de Assis, o inconteste monstro sagrado, havia chegado a sua fase final. Ainda senhor de seu estilo sem par, não estava mais inovando, embora continuasse a ser o mais respeitado dos escritores vivos. Outros romancistas e contistas, como Coelho Neto e Gonzaga Duque, tinham muitos leitores nessa época, mas sua reputação literária decaiu em seguida. Eram literatos que procuravam atender ao gosto de seu público mais próximo (basicamente as senhoras do Rio de Janeiro e de São Paulo) — o que lhes valia bons rendimentos, mas fez com que caíssem no desfavor dos críticos futuros.[27] O clímax literário da época deu-se em 1902, com a publicação de dois livros muito lidos: *Os sertões*, de Euclides da Cunha, e *Canaã*, de Graça Aranha (obras que serão analisadas mais adiante). No entanto, a época foi pródiga em autores menores, alguns dos quais de grande público, como João do Rio, Afrânio Peixoto e Medeiros e Albuquerque. Foi também a era de cronistas e colunistas sociais, como Figueiredo Pimentel, que assinava a coluna "Binóculo" na *Gazeta de Notícias*.[28]

A prosperidade e a estabilidade efêmeras da *belle époque* possibilitaram também o surgimento de um clima cultural pretensioso no Rio de Janeiro. A panelinha que se destacou zombava do "gênio" brasileiro a que Nabuco aludira em sua alocução quando da fundação da Academia. A *boutade* do romancista e crítico Afrânio Peixoto — "A literatura é o sorriso da sociedade" — pareceu a muitos contemporâneos a síntese da época.[29] Nessa atmosfera fútil, um escritor bem-sucedido foi Medeiros e Albuquerque, que, em 1901, resenhou com entusiasmo as produções recentes de seus colegas da Academia. Depois de descrever suas obras com superlativos, concluiu: "Outros deem ao Brasil o valor do seu braço e da sua inteligência na política, na indústria, no comércio, na lavoura. Nós lhe trazemos, também, o nosso esforço". A seguir, a retórica: "Nos céus tão vastos [...] estrelas novas ainda nascem. Nós seremos, talvez, a de menor fulgor na constelação de tudo o que brilha por nossa pátria. Mas para aumentar sua grandeza, no nosso campo de ação, agiremos, lutaremos, trabalharemos".[30]

A ideia que Medeiros e Albuquerque fazia desse trabalho revelou-se nas palestras que proferiu, em 1905-6, no Instituto Nacional de Música. Seus temas foram "Beijos", "O pé e a mão" e "Os mortos", todos tratados de modo a divertir os ouvintes. Como ele mesmo confessou, poucos poderiam se surpreender com a "frivolidade" de suas palestras, muito menos seus patrocinadores, já que o próprio palestrante "sabia bem, desde o princípio, que eu só poderia dizer coisas de evidente frivolidade".[31]

Homens de menos talento gravitavam em torno dos salões do Rio. Um dos mais desinibidos era Elísio de Carvalho, jovem esteta que se casara com uma moça rica, o que lhe permitia adquirir luxuosas edições encadernadas de clássicos europeus.[32] Queixava-se de que havia no Rio uma lamentável escassez de salões onde se pudesse encontrar "um ambiente suave, de coisas intelectuais, de boa música e de perfumes delicados". O melhor de todos era presidido pela condessa Sílvia Diniz, "que pode evocar [...] os nevoeiros de Londres, as paisagens, as alturas e as neves dos Alpes, a beleza radiosa dos jardins e dos parques de Paris, a magia soberba de Veneza".[33] Figuras como Medeiros e Albuquerque e Elísio de Carvalho competiam umas com os outras em melhor atender ao anseio de seus compatriotas ricos de imitar a "sofisticação" europeia.

Nenhum escritor personificou melhor a elegância da *belle*

époque que Paulo Barreto, mais conhecido por seu pseudônimo, "João do Rio". Esse instigador literário, admirador e tradutor de Oscar Wilde, era um defensor apaixonado e sem rival da pátina cultural da avenida Central — a principal via pública do Rio de Janeiro, aberta por ocasião da renovação da cidade, patrocinada pelo presidente Rodrigues Alves. A partir da virada do século, João do Rio produzira uma torrente de colunas de jornal, registrando a crônica dos costumes dos literatos do Rio. Um dândi, de quem se dizia que emulava Oscar Wilde em mais do que gosto literário, era o colunista social mais talentoso do Rio. Elísio de Carvalho dedicou um de seus livros a Paulo Barreto, "o cronista elegante, e o mais singular, das luxúrias, das perversões, das insânias, das sensualidades, das bizarrias inconfessáveis e das grotescas vaidades da nossa gente".[34] Mais tarde, o mesmo Elísio de Carvalho o chamaria de "o observador irônico, paradoxal e cruel do nosso tempo".[35] Foi esta última qualidade que rendeu tantos inimigos a esse dândi agressivo, de espírito mordaz. Recordou um contemporâneo: "João do Rio não tinha amigos. Todos o atacam. Todos o detestam. Todos. Negam-lhe tudo, a começar pelo talento que, sem favor algum, é o mais robusto e o mais fecundo entre os da sua geração". Por que tanta hostilidade? "[Ele] Vive, com a sua pena, a semear ventos. E colhe, naturalmente, tempestades."[36]

Fica-se tentado a sondar mais fundo em busca de uma explicação para esses antagonismos. Muitos de seus contemporâneos deviam ressentir-se com a justeza com que ele descrevia o mundo de livrarias, teatros e cafés em que viviam. Com as mesmas minúcias eloquentes, retratava senhoras bem-vestidas e estivadores iletrados, os filhos mimados de ricos e moleques de rua. Os contrastes ficavam ainda mais acentuados com a sutileza com que eram desenhados. Desagradavam-lhe as pretensões da recente "civilização" do Rio, cidade da qual ele mesmo acabou por se tornar um símbolo familiar. "Vamos tomar um café? Meu filho, isso não é

O mordaz cronista João do Rio (1881-1921), que ridicularizava, em sua vasta produção para a imprensa carioca, os hábitos "europeizados" da elite local.

civilizado. Melhor tomarmos chá." Assim, "e tal qual o homem, a cidade desdobrou avenidas, adotou nomes estrangeiros, comeu à francesa, viveu à francesa". Os esnobes locais podiam ser identificados de relance, porque "a primeira qualidade pela qual se conhece a pastranice é a pretensão a não ser brasileiro". A classe média os copiava, "e os pobres, como que marcados mentalmente por essa bizarra sensação de inferioridade, não têm outra opinião".[37] Eis a "terrível instabilidade", descrita por Nabuco, levada a um novo extremo.

A maioria dos intelectuais brasileiros tinha nítida consciência do quão imitativa era a cultura nacional. E como já foi dito, fazia uma estreita correlação entre literatura e nacionalidade. Essa consciência evidenciou-se numa série de entrevistas publicadas por João do Rio em 1908, em que 36 escritores, entre os quais os principais vultos literários da *belle époque*, opinaram sobre a situação da literatura brasileira. Praticamente todos reconheceram, com franqueza, a dependência brasileira dos modelos franceses. Um poeta simbolista, Duque-Estrada, lamentou o "deplorável estacionamento" da literatura contemporânea, acrescentando que "estamos à espera de que a ideia nova nos chegue pelos próximos transatlânticos franceses" e que "chega muito deteriorada pelos imitadores sem talento". Nenhum dos entrevistados julgava que o Brasil já tivesse chegado a uma literatura própria. A explicação de Olavo Bilac foi típica: "Somos uma raça em formação, na qual lutam pela supremacia diversos elementos étnicos. Não pode haver uma literatura original, sem que a raça seja formada". Medeiros e Albuquerque considerava que o Brasil era "uma nação que se vai formando anarquicamente", de modo que "ninguém sabe para onde se orientará". E Raimundo Correia acreditava que "só de hoje a noventa anos é que poderei dizer ao certo o resultado disto".[38]

Um dos autores de maiores vendas na época teve a mesma franqueza. "O que temos de original?", perguntou Coelho Neto. E ele mesmo respondeu: "Nada". "O caráter brasileiro refugiou-se nos sertões. As cidades desnacionalizam-se, a pretexto de civilizarem-se. Compramos tudo ao estrangeiro — desde o pão até o couraçado, a roupa e o livro. As nossas próprias opiniões vêm de fora."[39] Autores como Sousa Bandeira e Medeiros e Albuquerque foram honestos o bastante para reconhecer que a literatura (e até a alfabetização) era prerrogativa de uma minúscula minoria.[40]

Houve o caso de escritores que negaram até mesmo a possibilidade de uma literatura brasileira original. Medeiros e Albuquerque não só opinou que o Brasil ainda não havia criado uma literatura original, como também vaticinou que *nunca* teria uma, "porque quando chegarmos a ser uma nacionalidade e atingirmos o grau de cultura precisa, o mundo, em torno de nós, terá também caminhado, e nós, embora o façamos em português, exprimire-

Coelho Neto (1864-1934), um dos escritores brasileiros mais populares de seu tempo, liderou campanha pela entrada do país na Primeira Guerra, ao lado dos Aliados.

mos apenas sentimentos análogos aos de todos os intelectuais civilizados, daqui, da França, do Japão [...] de toda a Terra".[41]

Elísio de Carvalho foi o menos sutil. Em vez de professar uma visão universal projetada no futuro, abraçou a Europa de sua época. "O intelecto brasileiro está muito baixo [...] para influir em meu espírito", respondeu. Os escritores brasileiros do passado provocavam-lhe uma sensação de "repulsa", ao passo que os modernos "inspiram-me nojo e dor, dor sobretudo". Por isso, podia assegurar ao entrevistador que "minha alma é muito pouco brasileira; propriamente falando, não sou um escritor brasileiro, não me pareço em coisa alguma com qualquer deles [...] eu sou supernacional e pertenço ao momento intelectual europeu".[42]

REAÇÃO À INADEQUAÇÃO

Assim, tal como na passagem bíblica, o Brasil foi pesado na balança e achado em falta — e pelos próprios brasileiros.[43]

Como vimos antes, a reação dos politizados era lutar por mudanças na estrutura política. As reações dos intelectuais podem ser classificadas em três grupos. Os do primeiro declaravam que a crítica tinha sido exagerada e que o Brasil na verdade estava progredindo de forma admirável — alguns chegavam a esbravejar, afirmando que o Brasil era melhor do que qualquer outro lugar do mundo. Os do segundo grupo reconheciam que alguma coisa estava errada e tentavam, apreensivos, entender a relação que havia entre sua identidade nacional e o problema da raça. Embora esses escritores presumissem que as opiniões deterministas, dominantes na época, estavam no fundo corretas, procuravam argumentar que o Brasil haveria de triunfar e tornar-se um membro respeitável da comunidade de nações. Como era de esperar, o único consolo deles estava no fato de assumirem uma posição contraditória, em cujas inconsistências não se aprofundavam. As opiniões desses dois grupos estavam bem representadas no pensamento da elite, e serão analisadas logo a seguir.

O terceiro grupo rejeitava *in totum* os pressupostos racistas científicos, com o argumento de que o Brasil era diferente e que, se os brasileiros aceitassem sua singularidade honestamente, poderiam edificar uma nação forte. Na parte final deste capítulo examinaremos dois dos poucos escritores que defendiam essa posição. Falavam como precursores de um enfoque posterior e mais esclarecido.

O determinismo de pernas para o ar: os chauvinistas brasileiros

O crítico literário Sousa Bandeira formulou a primeira atitude, de certa forma defensiva, de maneira muito precisa em 1901: "Os defeitos do nosso país são endêmicos do tempo, e não representam sinais de barbarismo excepcional. Na presente crise não há nada que nos dê razão de sentir vergonha". Já estava farto de uma frase crítica ("tão banal que se tornou ridícula") que dizia o seguinte: "Esta não é a República dos meus sonhos".[44] Sousa Bandeira sentia-se livre para desancar os políticos, mas não estendia qualquer crítica à própria nação. "Com nossos soberbos recursos naturais e as quase inexauríveis riquezas que podemos oferecer ao mundo, temos mais do que é necessário para superar a crise", desde que "trabalhemos com perseverança, paciência e confiança no futuro."[45]

Mais tarde ele retornou a esse tema, descrevendo com orgulho a "completa reversão" do pessimismo da década de 1890 por causa de "uma República sem modos, cujos verdes anos foram gastos em revoltas militares, intrigas políticas e negociatas financeiras". À "velha depressão seguiu-se um otimismo extraordinário: o país parecia sacudido por um poderoso impulso dionisíaco".[46]

Uma das primeiras e mais famosas expressões dessa nova confiança foi a louvação patriótica do conde de Afonso Celso, *Por que me ufano do meu país*.[47] Milhares de escolares — futuros membros da elite — aprenderam no livro de Afonso Celso (publicado em 1901) que seu país era um paraíso geográfico escolhido por Deus como sua nação eleita na era moderna. Assim o escritor se dirigia aos filhos (a quem o livro era dedicado) no prefácio: "Quando disserdes: 'Somos brasileiros!', levantai a cabeça, transbordante de nobre ufania. Convencei-vos de que deveis agradecer quotidianamente a Deus o haver Ele vos outorgado por berço o Brasil".[48] Na obra, elencava onze razões pelas quais o Brasil era superior a qualquer outro país do mundo, e entre elas estava a grandeza territorial, a beleza, a variedade do clima (sem calamidades naturais), o nobre caráter nacional (e a excelência das raças que o formaram) e uma história que não registrava derrota ou humilhação por outros povos. "Confiemos em nós próprios, confiemos no porvir, confiemos, sobretudo,

Afonso Celso (1860-1938), nacionalista radical e ingênuo, autor de Por que me ufano do meu país.

em Deus, que não nos outorgaria dádivas tão preciosas para que as desperdiçássemos esterilmente. [...] Se aquinhoou o Brasil de modo especialmente magnânimo, é porque lhe reserva alevantados destinos."[49]

O cântico ardoroso de Afonso Celso não tardou a se tornar um clássico escolar, com sete reimpressões até 1915, embora o termo "ufanismo" se tornasse, ao mesmo tempo, sinônimo de um patriotismo ingênuo e romantizado. Como confessou um crítico literário em 1902: "Secretamente exultei com esse manifesto assaz ingênuo", porque era "um antídoto eficaz contra as sementes de desespero espalhadas em nosso solo por tantas mãos ilustres".[50]

O próprio Afonso Celso não deixava dúvidas com relação à finalidade de seu livro: "Presumo haver demonstrado nesse trabalho que nós, brasileiros, não temos o direito de desanimar nunca, mas nos corre o dever de confiar sempre. Desanimar no Brasil equivale a uma injustiça, a uma ingratidão; é um crime".[51]

Um exemplo de "ufanismo" que saltou à vista durante a *belle époque* foi a extática recepção dada a Santos Dumont, pioneiro da aviação, quando voltou ao Brasil para uma visita, em 1903. Durante muito tempo ele tinha morado em Paris, obcecado com seus engenhos voadores. A fragilidade de seus laços com a pátria era indicada pelo boato segundo o qual ele falava francês com mais fluência que o português. No entanto, foi aclamado calorosamente pela imprensa brasileira como prova do gênio científico do país. Os festejos em sua homenagem foram notáveis pelo patriotismo popular que revelaram. Era de esperar uma acolhida ruidosa por parte de estudantes do Rio ou de São Paulo; o que surpreendeu, porém, foi o entusiasmo de compositores populares, como Eduardo das Neves, que escreveu os versos que todo mundo logo sabia de cor:

A Europa curvou-se ante o Brasil,
E aclamou parabéns em meigo tom.
Brilhou lá no céu mais uma estrela,
Apareceu Santos Dumont.

Assinalou para sempre o século XX,
O herói que assombrou o mundo inteiro.
Mais alto que as nuvens, quase Deus,
É Santos Dumont, um brasileiro.[52]

Viajando pela pátria, que pouco visitava, Santos Dumont era cercado por multidões a cada parada. No interior do estado de São Paulo, um admirador meteu uma carta em sua mão: "O mais humilde e obscuro cidadão da vossa pátria [...] vos abraça e felicita como a maior mentalidade do mundo, que, com o invento, veio glorificar o Brasil, berço de tantos luzeiros das ciências. Viva o

Brasil! Viva Santos Dumont! O de V. Ex.ª patrício e admirador, Joaquim Silveira dos Reis".⁵³

Os escritores também ficaram entusiasmados. Coelho Neto escreveu colunas líricas, descrevendo o circuito triunfal do herói.⁵⁴ Ai do colunista que se mostrasse "bastante inepto para suprimir do *menu* o único prato cujo tempero lisonjeia atualmente o paladar do público. Santos Dumont concentra hoje a nossa vida: em torno desse foco luminoso, tudo se apaga".⁵⁵ Era como se os brasileiros pretendessem se convencer de que não podiam ser um povo inferior se já tinham produzido um gênio da engenharia como Santos Dumont.

Havia outros exemplos. Em meados de 1911, Nilo Peçanha, que na qualidade de vice-presidente acabava de completar o mandato presidencial de Afonso Pena, falecido em 1909, usou um tom confiante ao falar a seus compatriotas num banquete no palácio Élysée, em Paris. O governo brasileiro "saneia e transforma o Rio de Janeiro, fazendo dele uma das cidades mais belas do mundo". Além disso, "lá está o povo que antecipa de quase dois anos o serviço da sua dívida externa" e que "constrói a primeira esquadra da América meridional, sem operação de crédito". Nilo Peçanha relacionou as outras realizações: construção de linhas férreas, reforma do ensino e a bem-sucedida resolução de vários litígios de fronteiras.⁵⁶ No ano seguinte, Rodrigo Otávio, infatigável propagandista da *belle époque*, garantiu a um auditório em Genebra que o desenvolvimento econômico de seu país, "tomado, atualmente, por um *élan* prodigioso, será mantido na sua vida triunfal [...] sob a inspiração de seu espírito liberal sempre vivificante".⁵⁷ Rodrigo Otávio chegou a descrever seu país (uma das maiores e mais antigas sociedades escravistas do hemisfério) como "um país novo, sem história e sem tradições, no qual se forma uma nação nova, sem aristocracia e sem preconceitos".⁵⁸

A tentativa de viver com o determinismo

Era inevitável que mais cedo ou mais tarde os historiadores tivessem de enfrentar as realidades da confrontação dos brasileiros com o seu habitat. No fim do século XIX, uma importante campanha revisionista da historiografia brasileira começou a dar frutos. Capistrano de Abreu (1853-1927), mais tarde considerado o primeiro "historiador moderno" do Brasil, havia publicado em 1889 um estudo muito original dos padrões da colonização e do povoamento do país na era colonial. O trabalho de Capistrano era revisionista porque dava muito mais ênfase à importância do interior (principalmente o sertão) do que os estudos precedentes, e com isso se afastava da tradicional preocupação com a história político-legal dos clãs governantes ao longo do litoral.[59] Em 1907, Capistrano publicou outra obra importante, *Capítulos de história colonial*, que substituiu o conceito de raça pelo de cultura, refletindo assim a mudança no pensamento antropológico que triunfou nos Estados Unidos e na Europa entre 1900 e 1930.[60]

Entretanto, em sua correspondência particular, Capistrano mostrava dúvidas em relação ao futuro do Brasil. Em 1911, escreveu a um amigo, o crítico literário Mário de Alencar, que "a questão terebrante" consistia em determinar se "o povo brasileiro era um povo novo ou um povo decrépito". Mais tarde revelou o mesmo tipo de pessimismo a respeito do caráter nacional brasileiro (embora não baseado explicitamente numa presunção de inferioridade racial) ao escrever a um amigo que o jaburu é a "ave que para mim simboliza nossa terra. Tem estatura avantajada, pernas grossas, asas fornidas, e passa os dias com uma perna cruzada na outra, triste, daquela austera, apagada e vil tristeza".[61]

Uma tentativa ainda mais famosa de fazer frente à interação dos brasileiros com a sua terra foi o épico de Euclides da Cunha, *Os sertões*, publicado em 1902. A bagagem intelectual do autor o distinguia da maioria dos literatos da fase inicial da República.⁶² Seu forte interesse pela matemática e pela ciência levou-o a ingressar na Escola Politécnica, escolha muito menos comum na elite do que as faculdades de direito. Logo se transferiu para a Escola Militar, onde foi arrebatado pelo espírito científico que a dominava e que empolgava os militares da nova geração. Tornou-se um ardente republicano e acabou expulso por insultar o ministro da Guerra durante uma visita deste à escola no começo de novembro de 1888.

Tendo se mudado para São Paulo, Euclides deu início a uma longa parceria com o principal jornal republicano, *O Estado de S. Paulo*.⁶³ Às vésperas da queda do Império, em novembro de 1889, Euclides era um típico reformador jovem, defensor das novas doutrinas de mudança e do ideal de nacionalidade que, pressupunha-se, dela deveria resultar.⁶⁴ Salvo sua impetuosidade, pouco havia nele que o distinguisse da maioria dos idealistas de sua geração.

Imediatamente após a proclamação da República, Euclides conseguiu ser readmitido no Exército. Seu republicanismo era-lhe agora vantajoso. Terminou seus cursos militares (que incluíram um período na Escola de Estado-Maior), obtendo a patente de primeiro-tenente em 1892. Embora permanecesse na ativa até 1896, nunca comandou nenhuma força de combate. Em vez disso, tornou-se engenheiro.

A despeito das comoções iniciais do novo regime, ratificou sua fé republicana numa série de artigos escritos para *O Estado de S. Paulo* em 1892. "Vamos ser otimistas", proclamava, comparando as disputas e revoltas políticas de 1891-2 às dores do crescimento de uma sociedade que saltara repentinamente de uma vida colonial para a condição de república moderna.⁶⁵ Citava reiteradamente Darwin, Spencer, Huxley e Comte como autoridades para sua interpretação na linha do darwinismo social. Dessas lutas "de transição" surgiria uma nação mais forte e um povo mais bem definido. Não ficou claro se o processo que levaria a esse fim seria físico ou psicológico. Defendia a imigração (de brancos), frisando que "o estrangeiro inteligente" pode constituir "poderoso elemento étnico para a feição por vir e próxima que assumiremos".[66] Essas palavras pareciam resumir o ideal do branqueamento.

O otimismo de Euclides foi duramente posto à prova pelos motins da jovem República. Em 1896, irrompeu em Canudos, no sertão da Bahia, a rebelião encabeçada por Antônio Conselheiro. Embora permanecesse em São Paulo, em março e julho de 1897 Euclides escreveu artigos sobre a revolta (em *O Estado de S. Paulo*).[67] Seus relatos causaram tão forte impressão que o dono do jornal, Júlio de Mesquita, enviou-o à Bahia para que de lá mandasse uma reportagem de primeira mão, depois que os sertanejos aniquilaram a primeira coluna do Exército despachada para desbaratá-los. Entretanto, a artilharia e o poder de fogo das tropas do governo acabaram por esmagar os rebeldes, massacrados até o último homem. Euclides chegou a tempo de testemunhar o terrível desenlace. Profundamente comovido com o que viu, logo começou a planejar uma obra alentada sobre os rebeldes e sua luta contra forças muito superiores.[68]

De regresso ao sul "civilizado", Euclides assumiu um novo cargo, mais alto, no Departamento Estadual de Obras Públicas em São Paulo, e passou a dedicar-se a suas duas vocações: a engenharia e a literatura. Em 1899, deu início a uma tarefa profissional de fôlego: a reconstrução de uma ponte que ruíra no interior do estado. Residindo no canteiro de obras, trabalhava ao mesmo tempo em seu livro sobre a revolta de Canudos.

Em 1900, havia completado os originais, que tinham agora um título brasileiro: *Os sertões*.* A mudança refletia a transforma-

---

* De início, Euclides pretendia que o livro tivesse um título de inspiração francesa, *A nossa Vendée*, o mesmo dos dois artigos por ele publicados sobre a rebelião antes de viajar a Canudos.

ção no pensamento do próprio autor. Ele acreditara antes, como o público leitor, que Canudos fora uma contrarrevolução em oposição à República. Uma vez lá, no entanto, verificou que as causas da rebelião eram muito mais complexas.[69] Enquanto isso, o público brasileiro continuava a ver Canudos como um movimento de mestiços ignorantes e supersticiosos, chefiados por um messias delirante. Além do mais, a inépcia do governo permitira que a revolta se tornasse uma questão política importante no Rio, cabendo aos monarquistas o papel de principais bodes expiatórios. Passavam praticamente despercebidas as implicações mais profundas da rebelião, que era vista apenas como outra ameaça político-militar à jovem República.[70]

As primeiras tentativas de publicação do livro não foram nada animadoras. A diretoria do jornal O Estado de S. Paulo, cujo proprietário patrocinara a viagem do autor à Bahia, assustou-se com o tamanho dos originais. O Jornal do Comércio teve a mesma reação. Por fim, Lúcio de Mendonça, amigo seu, conseguiu um contato bem-sucedido com a editora Laemmert, especializada em obras científicas, mas Euclides teve de arcar com os custos da primeira impressão (a Laemmert presumiu que não haveria uma segunda!). Durante todo o ano de 1902, ele se atormentou com as provas tipográficas. Localizando oitenta erros na edição já impressa de 2 mil exemplares, sentou-se à sua mesa, na véspera do lançamento, e tentou corrigir à mão, pessoalmente, cada volume.[71]

Convicto de que seu livro seria recebido com poucas críticas favoráveis, Euclides refugiou-se no interior de São Paulo. Apesar de seus temores, a reação positiva da crítica no Rio foi praticamente unânime. Dentro de poucas semanas, o livro tinha sido guindado à categoria de "clássico" e seu autor aclamado como a mais nova sensação literária.[72]

Que espécie de livro era Os sertões? Em primeiro lugar, a obra não se enquadrava em nenhum gênero literário convencional.

Sertanejos durante a campanha de Canudos. Fotografia de Flavio de Barros.

Não era ficção porque os personagens e os acontecimentos eram reais. Era longo demais para ser visto como um ensaio, e transcendia o nível de reportagem jornalística pela linguagem poética e pela dramaticidade. Carregado de vocabulário técnico da etnografia, geologia e climatologia — bem como de descrições minuciosas da flora e da fauna do sertão —, seus esmerados retratos dos sertanejos incluem muitos termos coloquiais característicos do Nordeste. Com frequência sua prosa é tão difícil quanto o terreno que descreve.[73] O primeiro quarto do livro consiste num longo e pormenorizado ensaio sobre a interação do homem e de seu ambiente no sertão. Para muitos leitores, esse seria seu primeiro contato com o sertão calcinado pela seca. Outro capítulo, mais longo, estuda a presença do homem no sertão, e aqui Euclides analisa a etnografia da região do ponto de vista da ciência da época. O restante do livro descreve a campanha militar destinada a subjugar os rebeldes de Antônio Conselheiro.

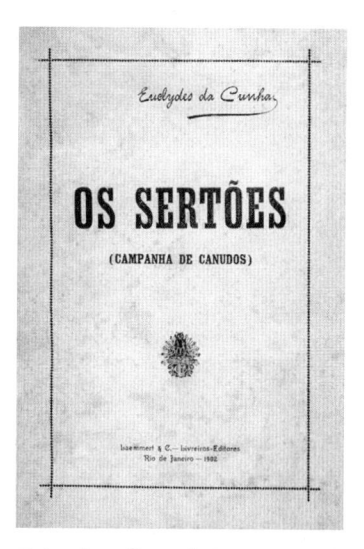

Primeira edição de Os sertões, *de Euclides da Cunha.*

Os primeiros capítulos examinam os dois fatores que com frequência os deterministas apontavam como as grandes desvantagens do Brasil: a raça e o clima. Pintam com realismo os recursos escassos e os desastres naturais que afligem os sertanejos. Aqui estava a terra inóspita que Buckle tentara descrever — embora o problema, naturalmente, fosse a seca, e não as chuvas excessivas, como ele pensara. Preocupado com o alto grau de mestiçagem, Euclides buscou explicar o comportamento dos sertanejos com base em suas origens raciais, repetindo as teses comuns à sua geração.[74] Pressupunha um processo zoológico no qual a mistura de raças só alcançaria um equilíbrio — a "integração étnica" — após um número não especificado de gerações. Tal processo afligia Euclides por vários motivos. Primeiro, ele acreditava que o sangue índio fosse um fator positivo, e o africano, não. Isso o levou a apoiar a mistura do índio e do branco, e a depreciar o mulato. Além disso, temia que grande parte da população brasileira, como os sertanejos, estivesse ainda numa fase intermediária de desenvolvimento — demasiado "instável" para vir a formar uma genuína sociedade.

Da parte "O homem" consta uma passagem que, sintomaticamente, Euclides chamou de "parêntese irritante". Nela repetia a condenação do sangue mestiço encontrada em textos de sociólogos europeus como Gumplowicz e Lapouge:

> A mistura de raças mui diversas é, na maioria dos casos, prejudicial. Ante as conclusões do evolucionismo, ainda quando reaja sobre o produto o influxo de uma raça superior, despontam vivíssimos estigmas da inferior. A mestiçagem extremada é um retrocesso. O indo-europeu, o negro, o brasílio-guarani ou o tapuia exprimem estágios evolutivos que se fronteiam, e o cruzamento, sobre obliterar as qualidades preeminentes do primeiro, é um estimulante à revivescência dos atributos primitivos dos últimos. De sorte que o mestiço — traço de união entre as raças, breve existência individual, em que se comprimem esforços seculares — é, quase sempre, um desequilibrado [...]. E o mestiço — mulato, mamaluco ou cafuz — menos que um intermediário, é um decaído, sem a energia física dos ascendentes selvagens, sem a atitude intelectual dos ascendentes superiores. Contrastando com a fecundidade que acaso possua, revela casos de hibridez moral extraordinários: espíritos fulgurantes, às vezes, mas frágeis. Irrequietos, inconstantes, deslumbrando um momento e extinguindo-se prestes, esmagados pela fatalidade das leis biológicas, chamados ao plano inferior da raça menos favorecida.[75]

A rebelião, descrita como uma demonstração dramática da potencialidade do homem no sertão, foi tratada em dois níveis. No nível militar, Euclides mostrou simpatia pelos insurgentes. Admirava sua coragem e a habilidade no uso do meio ambiente contra o inimigo — atraindo os soldados para emboscadas, vendo-os serem rasgados pelos cactos e envenenados por plantas não comestíveis que nunca tinham visto. Leitor nenhum poderia deixar de ver nos enfatuados e incompetentes oficiais do Exército de Euclides, que mandavam seus soldados para terrenos perigosos que não tinham se dado ao trabalho de reconhecer, a grotesca divergência entre as condições reais do campo e o mundo de fantasia do Ministério da Guerra no Rio. Por fim, a vitória foi obtida graças à superioridade numérica e à tecnologia. Os revoltosos foram rechaçados para sua utopia de Canudos e sitiados com canhões Krupp. Depois, tropas de infantaria massacraram os últimos resistentes.

Em outro nível, porém, o livro era também uma condenação da mestiçagem. Em grande parte, Euclides atribuía a rebelião à instabilidade emocional dos sertanejos e, principalmente, à personalidade "atávica" de Antônio Conselheiro, o líder dos rebeldes.[76] Tal como ocorria com a maioria de seus contemporâneos, faltava a Euclides uma definição satisfatória de raça. Ele presumia uma hierarquia de raças, cada qual com características distintivas. A população brasileira, ponderava, formara-se a partir de três linhas originais: o branco, o índio e o negro. Presumia ainda que cada raça podia, sozinha, constituir uma sociedade estável, embora em distintos níveis de civilização. O perigo surgia quando as raças se misturavam. Essa mistura trazia instabilidade pessoal e social — o que nunca foi substanciado com provas. Às vezes Euclides simplesmente presumia esse perigo; em outros momentos afirmava-o com base na autoridade científica de autores estrangeiros.

Assim sendo, o Brasil via-se diante do mais grave de todos os problemas raciais: a miscigenação em grande escala. Euclides expressava a preocupação geral da elite em termos "científicos". Qual era, perguntavam, a ligação entre o processo biológico de miscigenação e o processo histórico de construção da nação? Se a miscigenação criava instabilidade, quanto tempo seria necessário para se chegar ao equilíbrio? Ou nunca se poderia contar com isso? Nesse caso, qual seria o resultado? Embora Euclides jamais tenha se comprometido explicitamente com relação ao rumo da evolução biológica de todo o país, previa, implicitamente, o surgimento final de um produto homogêneo que estaria mais próximo de uma mistura de índio e branco. O que aconteceria à nação brasileira no intervalo? Poderia a integração social ocorrer antes da integração étnica?

Euclides foi deliberadamente evasivo ao formular essas perguntas. Concluir que a integração política e econômica teria de aguardar um mal definido processo de amalgamação étnica teria sido desanimador. Se os processos pudessem ser simultâneos, deveriam o governo e a elite tentar orientar a integração étnica? Se sim, como? Uma resposta era a imigração europeia, solução que Euclides examinara brevemente. Mas o reverso da moeda era o tratamento dispensado aos setores mais baixos, nativos, da população, que incluíam a maioria dos brasileiros não brancos. Nesse sentido, o retrato que Euclides fez da reação ao episódio de Canudos foi uma advertência arrepiante.

Juntando os dois níveis de Euclides, vemos um retrato da incompetência do Exército — que era, na realidade, o retrato da incompreensão, por parte da elite, do que era o interior — e o retrato de uma luta nobre — e, em certo sentido, justificável — pela liberdade, empreendida por não brancos, que era também um retrato do problema racial baseado numa aceitação implícita dos argumentos de superioridade e inferioridade.

Por que *Os sertões* teve uma recepção tão favorável, se era, ao mesmo tempo, uma condenação da elite (os compradores do livro) e um retrato pouco lisonjeiro dos sertanejos? Em parte, pode ter sido por sua crítica contundente ao Exército, já que muitos intelectuais ainda se ressentiam da forte repressão militar na década de 1890, com o estabelecimento da censura e a decretação do estado de sítio. Mas, na verdade, foi principalmente porque Euclides soube tocar no nervo exposto do sentimento de culpa da elite quanto ao abismo entre seu ideal de nacionalidade e as condições reais de seu país, e *sem* deixar os leitores incomodados com a contestação de todas as suas presunções sociais básicas.

A reação favorável dos críticos literários à obra confirma isso. Quase todas as críticas iniciais debatiam a questão racial. Os críticos se mostravam tão ambíguos quanto Euclides no tocante às questões vitais. Alguns concordavam em que a conexão entre as integrações étnica e social era fundamental. Nenhum se dispunha a concluir que a sina do Brasil era irremediável. Só um ou dois tiveram lucidez suficiente para apontar as incoerências na exposição de Euclides.[77]

Outra notável apreciação das visões contraditórias da realidade brasileira (e também recebida com ovação) foi *Canaã*, de Graça Aranha, publicado no mesmo ano que *Os sertões* — 1902. Primeiro romance de tese brasileiro a ter sucesso,[78] foi muito lido e discutido entre a sua publicação e a Primeira Guerra Mundial, embora mais tarde passasse a ser visto como obra medíocre. A bagagem cultural de Graça Aranha tornava-o um excelente exemplo dos intelectuais brasileiros que, em meio à elite, tinham os olhos voltados para a Europa.[79] Na Faculdade de Direito do Recife, foi muito influenciado por Tobias Barreto, o famoso propagador da filosofia alemã. Graça manteria seu fascínio pela cultura alemã pelo resto da vida. Depois de formar-se em 1886, foi promotor de justiça e juiz de direito no estado do Espírito Santo, o que lhe permitiu observar, em primeira mão, a interação entre imigrantes alemães e brasileiros natos.

Como a maioria dos integrantes de sua geração, Graça Aranha fora abolicionista e republicano, recebendo a derrubada do Império como motivo de comemoração. Tornou-se íntimo de figuras eminentes do mundo literário do Rio, como Machado de Assis, José Veríssimo e Joaquim Nabuco, ao lado de quem colabo-

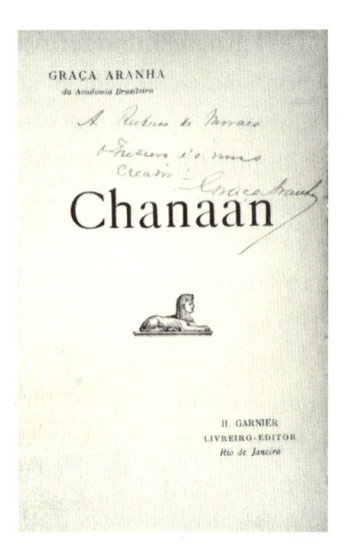

Primeira edição de Canaã, *de Graça Aranha.*

rou na *Revista Brasileira*. Ao que parece, esses contatos contribuíram para que ele fosse incluído entre os membros fundadores da Academia Brasileira de Letras, apesar de, na época, só ter publicado um breve trecho de seu romance que estava para sair. Tais contatos foram úteis também para que ele ingressasse no serviço diplomático, o que lhe permitiu viver na Inglaterra e outros países da Europa ocidental, da virada do século até a Primeira Guerra. Foi durante o tempo em que serviu em Londres, como secretário da missão diplomática chefiada por Joaquim Nabuco, que terminou *Canaã*.

O romance transcorre no Espírito Santo, estado do Sudeste onde, como dito, o autor passara vários meses como juiz. A trama gira em torno de dois imigrantes alemães que discutem suas reações à nova terra e depois assistem ao drama de uma jovem brasileira, pobre e solteira, que dá à luz desassistida. Depois da morte do bebê, a mãe é acusada de homicídio.

O tema sentimental de uma moça abandonada talvez tenha atraído alguns leitores, mas o drama real resultava do retrato do dilema brasileiro traçado pelo autor: podia um país tropical, que a natureza fizera luxuriante, tornar-se um centro de civilização mediante a fusão de imigrantes europeus e mestiços brasileiros? O autor não utiliza artifícios sutis. O dilema é exposto abertamente num diálogo entre os dois imigrantes que constitui todo o segundo capítulo do livro. Milkau, o imigrante otimista, argumenta que o Brasil seria redimido e aprimorado pela mistura de sangue europeu e brasileiro. "As raças civilizam-se pela fusão", diz ele. "É no encontro das raças adiantadas com as raças virgens, selvagens, que está o repouso conservador, o milagre do rejuvenescimento da civilização." Ele via isso como um processo que acontecera na própria Europa. "Foi assim que a Gália se tornou França, e a Germânia, Alemanha." Milkau considerava a miscigenação um processo social positivo que engrandeceria a capacidade cultural e física do Brasil. Com isso expressava o ideal do branqueamento, com base no pressuposto de que a raça superior poderia assimilar as inferiores. Na verdade, ele articulava a contemporização brasileira com a teoria racista científica.

    O outro imigrante, Lentz, era o pessimista. "Não acredito que na fusão com espécies radicalmente incapazes resulte uma raça sobre que se possa desenvolver a civilização. Será sempre uma cultura inferior, civilização de mulatos, eternos escravos em revoltas e quedas." O negro era uma influência degradante, por causa de sua "bestialidade e servilismo inatos". O progresso só poderia ocorrer com a "substituição de uma raça híbrida, como a dos mulatos, por europeus". Lentz via isso num contexto global, uma vez que "a imigração não é simplesmente [...] um caso de simples estética", e sim uma "questão complexa, que interessa o futuro humano". É óbvio que Lentz reproduzia o pensamento racista dogmático.

    As simpatias do autor estavam com Milkau. No entanto, seu

diálogo deu publicidade à teoria pseudocientífica da degeneração do mulato, com todas as suas implicações desastrosas para a população brasileira nata. Lentz era um retrato do alemão ou anglo-saxão arrogante para quem as regiões subdesenvolvidas do mundo só poderiam progredir com um regime de rigoroso controle europeu. Os muitos brasileiros que leram esse livro devem ter acompanhado a discussão com uma sensação de desconforto.

Por outro lado, Graça Aranha havia apresentado diversos componentes da teoria racista de uma forma facilmente compreensível para a elite. Seu romance era o trabalho de um homem em contato próximo com os mais distintos intelectuais da época — dos quais quase todos aplaudiram *Canaã*, tanto como obra literária quanto como representação cuidadosa de um importante problema social. Nenhum dos proeminentes críticos que escreveram sobre o livro aventurou-se a contestar as opiniões racistas de Lentz, que repetia as teorias das escolas etnológico-biológicas e das escolas históricas. Elogiavam o retrato "honesto" desenhado por Graça Aranha, deixando de lado o fato de que sua análise era, em si, evasiva.[80]

O sucesso de *Canaã* junto ao público confirma, de certa forma, o que dissemos sobre o pensamento da elite brasileira. O tema do livro realmente a inquietava.* Além disso, a visão favorável da ideologia do branqueamento, presente no livro, se fazia acompanhar da análise da teoria determinista que condenava o Brasil a

---

* *Canaã* agradou aos brasileiros também porque abordava outra questão, ligada à raça, que fascinava o país — as reações dos imigrantes brancos, vale dizer, europeus. Graça Aranha analisa as opiniões deles sobre atividades urbanas em contraste com as rurais, o fato de que a língua materna deles não era o português e o fato de que sua religião (no caso dos alemães no Sul) não era a católica. Na verdade, os imigrantes eram, na maioria, italianos, portugueses e espanhóis, e nenhum desses grupos apresentava maiores obstáculos à assimilação, fossem de natureza linguística ou religiosa.

uma situação de inferioridade permanente. Tudo isso refletia correntes paralelas no pensamento racial da elite. Afinal, era mais fácil para a classe dominante visualizar o brasileiro nato, principalmente o mestiço, em termos do romantismo literário, como um homem indefinido, perdido na vastidão de uma natureza esmagadora. A ambiguidade do retrato traçado por Graça Aranha era um indicador preciso da incerteza sentida na alma por muitos daqueles que refletiam sobre o brasileiro do futuro.

Embora ambíguos em relação ao dilema fundamental do Brasil, nem Euclides da Cunha nem Graça Aranha julgavam que a audaciosa retórica do ufanismo fizesse algum sentido. Ela se evaporava quando uma pessoa deixava o Brasil das cachoeiras e paisagens romantizadas de Afonso Celso e confrontava a realidade: a terra inculta e o homem analfabeto, doente, supersticioso e esquecido do interior.

Ambos tentavam combater a teoria racista. Euclides chegou a ponto de aceitar o indígena como uma contribuição positiva, mas considerava o africano um fardo indesejável. Graça Aranha parecia apoiar as teses moderadas de Milkau, mas não deixou de incluir um porta-voz racista ortodoxo em seu diálogo ficcional. O sucesso dos dois livros revelava a preocupação com o papel do brasileiro em sua terra. Seria possível à nação manter-se coesa, apesar da chegada de imigrantes superiores não assimilados e do tratamento desumanizante dos brasileiros nativos no interior?[81]

A rejeição do quadro de referência

A maior parte da elite brasileira abraçava uma das duas posições intelectuais que acabamos de mencionar. Todavia, algumas almas solitárias eram progressistas e independentes o suficiente para, em suas tentativas de explicar as condições presentes no Brasil ou justificar o pessimismo quanto ao futu-

O médico e ensaísta Manuel Bonfim (1868-1932), pioneiro em rejeitar o quadro racial determinista.

ro do país, rejeitar todo o quadro determinista. Examinaremos agora dois desses dissidentes: Manuel Bonfim e Alberto Torres.[82] Rejeitando as doutrinas de diferenças intrínsecas entre as raças, ambos estavam à frente de seu tempo; e ambos sustentavam que o Brasil só poderia livrar-se de seu relativo atraso mediante uma análise cuidadosa das causas *históricas* dessa situação.[83]

A principal obra de Manuel Bonfim foi publicada em 1903. Os dois livros mais significativos de Alberto Torres saíram em 1914, mas na verdade reuniam artigos publicados em jornais e revistas ao longo de vários anos, refletindo uma análise do Brasil baseada em observações do autor *antes* de pedir exoneração do Supremo Tribunal Federal, em 1909. Assim, esses dois autores podem ser vistos como contemporâneos de outros já citados. Nenhum deles teve grande sucesso em sua época, o que demonstra que a elite não estava disposta a abrir mão dos pressupostos estabelecidos. Entretanto, os brasileiros de uma época posterior reconheceram a importância de ambos.*

Médico e ensaísta, Manuel Bonfim nasceu no estado de Sergipe, estudou na Faculdade de Medicina da Bahia e trabalhou em jornais e revistas do Rio de Janeiro. Convidado em 1897 a avaliar originais num concurso para seleção de um novo compêndio escolar sobre a história da América, a redação de seu relatório sobre esses originais o incentivou a escrever uma análise detida das causas do atraso da América Latina, que ele deu por terminada em Paris, em 1903.[84]

Bonfim não hesitava em reconhecer o atraso *relativo* da América Latina, incluindo aí o Brasil. Via os países latino-americanos como crivados de vícios herdados da era colonial — a mentalidade de enriquecimento rápido, a falta de tradição científica ou empírica, combinadas com a cultura excessivamente legalista, o entranhado conservadorismo político e a ausência de organização social. Segundo ele, espanhóis e portugueses, líderes da Europa no passado, tinham degenerado na era moderna, deixando de participar da revolução científica e tornando-se simples dependentes das potências industriais. Haviam adquirido um caráter parasitário que foi transmitido aos territórios por eles colonizados no Novo Mundo — parasitas que levavam os hospedeiros a apresentar um desenvolvimento distorcido de suas várias funções naturais.

Para Bonfim, a história e o caráter nacional explicavam, em

---

* O renome de Alberto Torres, em particular, cresceu depressa depois de 1917, e cabe atribuir sua influência tanto ao efeito de sua personalidade sobre um pequeno grupo de seguidores quanto ao conjunto de suas obras. Ele reuniu a seu redor jovens brilhantes como Oliveira Vianna e Carlos Pontes. Ambos vieram a exercer muita influência e, atuando de certa forma como os discípulos de Tobias Barreto, atribuíram sua inspiração a Alberto Torres, o que aumentou sobremaneira a reputação tardia deste.

essência, essa condição patológica. O caráter nacional remontava ao caráter dos ibéricos no início da colonização e à própria colonização, que, ao contrário da conduta dos ingleses na América do Norte, era meramente "predatória". O que ele rejeitava era o estereótipo da América Latina corrente na Europa: países povoados por "alguns milhões de preguiçosos, mestiços degenerados, bulhentos e bárbaros", que se veem como "senhores de imensos e ricos territórios, dando-se ao rastaquerismo de considerar-se nações".[85]

Atacava as três escolas principais de teorias racistas, começando *ad hominem*. De onde vinha a teoria de "raças inferiores"? "Tal teoria não passa de um sofisma abjeto do egoísmo humano, hipocritamente mascarado de ciência barata, e covardemente aplicado à exploração dos fracos pelos fortes."[86]

A seguir, documentava as inconsistências lógicas e a base empírica deficiente da doutrina racista. Com relação aos argumentos biológicos, não via nenhuma prova da suposta inferioridade dos mestiços — um corolário racista de extrema importância, já que sua validade era necessária para provar o caráter *absoluto* das diferenças raciais. Ele ridicularizava a condenação dos mestiços brasileiros por Agassiz, demonstrando que sua visão anacrônica da geologia do Brasil já tinha sido refutada por um geólogo francês, professor do Instituto Católico de Paris e portanto "tão inatacável quanto o deísta Agassiz".* Como a teoria da degeneração do mulato de Agassiz fundara-se na já desacreditada hipótese poligenista, Manuel Bonfim achou um alvo fácil:

---

* Manuel Bonfim citou também outros cientistas (Waitz, Martin de Moussy e Quatrefages) que corroboravam a tese de que os mestiços não eram menos inteligentes do que as raças individualizadas que os produziam. Vale observar que ele se baseava nas mais recentes tendências da antropologia para refutar o racismo científico, numa época em que poucos formadores de opinião europeus e americanos tinham feito isso.

> Não há razão para que nos impressionemos com os conceitos de um sábio reacionário; ele andava por estes mundos com propósito determinado de achar provas de que foi o Padre Eterno quem fez, bem separadamente, em momentos diferentes, cada uma das espécies existentes, e que elas são hoje o que eram quando saíram das mãos do obreiro lá dos céus; e sustentava que não há nenhum parentesco entre as raças.[87]

Este último ponto deve ter sido visto pela maioria dos brasileiros como absurdo, dada a realidade da sociedade multirracial.

Manuel Bonfim mostrava o mesmo desprezo pela escola histórica do pensamento racista. Considerava a versão arianista a mais ridícula, uma vez que grande parte da ciência e da cultura do Ocidente tinha vindo dos povos morenos mediterrâneos, que não podiam de modo algum ser chamados de "dolicocéfalos louros".[88] Aqui, mais uma vez, citava autoridades científicas da época — os antropólogos Zaborowski e Topinard tinham publicado ensaios em que desacreditavam a definição "científica" de ariano.[89]

Por fim, com relação aos darwinistas sociais, Bonfim afirmava que eles estavam aplicando a teoria biológica à seleção humana de forma imprópria. Em comparação com as diferenciações na teoria da evolução física, o período histórico em que as raças humanas "mais fortes" haviam predominado era simplesmente breve demais. Bonfim escolheu como alvo principal o historiador português Oliveira Martins, que invocara a "dura fatalidade da natureza" para justificar a liquidação do quilombo dos Palmares, criado no século XVII por escravos fugidos — depois de ter elogiado o elevado grau de organização social demonstrado pelos fugitivos, cuja complexa comunidade sobrevivera por quase um século. Se ela fora uma "Troia negra, e sua história uma Ilíada", como o próprio Oliveira Martins escrevera, como poderia o africano ter representado um nível tão primitivo de civilização?[90]

Na verdade, dizia Manuel Bonfim, todas essas teorias racistas não eram mais que justificações do status quo pelos fortes.

> Sem hesitar, traduziram eles esta desigualdade atual, e as condições históricas do momento, como a expressão do valor absoluto das raças e das gentes — a prova de sua aptidão ou inaptidão para o progresso. A argumentação, a demonstração científica, não chega a ser pérfida, porque é estulta; mas foi bastante para que lhe pudessem dar esse nome de teoria científica do valor das raças, para que os historiadores, os fortes do momento, se apegassem a ela.[91]

A grande inovação de Manuel Bonfim foi transformar seu antirracismo em uma posição nacionalista, anti-imperialista. Os latino-americanos tinham de rejeitar o racismo não só por ser cientificamente falso, mas, sobretudo, por ser um instrumento utilizado pelos estrangeiros para desmoralizá-los e desarmá-los. Era a "sociologia da cobiça", que só deveria nos impressionar "pela ameaça que contém e não pelo mérito científico".[92] Os latino-americanos vinham endossando, com demasiada frequência, teorias racistas de sua própria inadequação, desdenhando com isso suas próprias populações como intrinsecamente inferiores, por causa do sangue índio ou negro, e procurando às cegas imigrantes europeus supostamente superiores. (Nesse ponto, ele criticava a política demográfica do Brasil, que se diferenciava da dos demais países latino-americanos por ter esquecido os escravos depois da Abolição.)[93] Além disso, acusava ele, os latino-americanos tinham copiado acriticamente instituições estrangeiras, sobretudo no campo político. Pressupunham que bastaria a simples transposição de estruturas legais para criar os processos constitucionais que haviam levado séculos para se desenvolver na Europa e na América do Norte. (Também aqui o Brasil se singularizava, por causa de sua nova Constituição republicana, que Bonfim criticava como uma tentativa ingênua de aplicar o sistema federal americano ao caótico regionalismo do Brasil.)

A retórica de Manuel Bonfim tinha o intuito imediato de despertar os latino-americanos para o perigo da perda do mínimo de nacionalidade que haviam logrado desenvolver, e para a "absorção progressiva" de sua "soberania pelos Estados Unidos". As potências europeias já haviam reconhecido um "protetorado efetivo" dos Estados Unidos na América Latina, como demonstrava a Doutrina Monroe. "Tudo isto é perigosíssimo porque em certos momentos as grandes nações não sabem resistir às tentações de expansão e absorção, principalmente esses povos anglo-saxões."[94]

A receita de Bonfim era menos original do que seu diagnóstico. Ele recomendava uma vasta expansão da educação, vergonhosamente descuidada pelos governos coloniais e seus sucessores depois da Independência. Acima de tudo, o Brasil deveria diversificar sua economia, presa à monocultura devido ao dogma "idiota" de que deveria permanecer "puramente agrícola". Essa política tinha sido fomentada por uma aliança de fazendeiros e interesses econômicos estrangeiros (principalmente britânicos), que tiravam proveito da "manifesta inferioridade" do Brasil.[95]

Apesar de séculos de parasitismo, os latino-americanos ainda tinham como superar seu atraso, e para isso "seria preciso, apenas, corrigir, educar ou eliminar os elementos degenerados".[96] A real inferioridade da América Latina residia em sua falta de instrução e educação. Mas isso "é curável, é facilmente curável". A necessidade "imprescritível" era de "atender-se à instrução popular, se a América quer se salvar". No tocante ao Brasil, o esforço para superar a herança colonial "não é uma luta de nacionalidades; é o eterno conflito dos oprimidos e espoliados com o explorador dominante — dos parasitados e parasitas".[97]

Alberto Torres, nosso segundo exemplo de crítico que rejeitava o quadro de referência, havia chegado à crítica com credenciais impecáveis. Republicano jovem e entusiasta na década de 1880, fora depois ministro da Justiça (1896-7), governador do estado do Rio de Janeiro (1898-1900) e, finalmente, ministro do Supremo Tribunal Federal (1901-9).[98]

Tal como Manuel Bonfim, Alberto Torres falava sem rodeios sobre a questão racial. Ao apresentar provas, demonstrava um notável conhecimento das recentes tendências da antropologia e da arqueologia na América do Norte e na Europa. Em essência, abraçava a escola culturalista que, na época (a década que antecedeu a Primeira Guerra Mundial), estava se desenvolvendo sob a liderança de Franz Boas, da Universidade Columbia. Como Bonfim, zombava dos sumos sacerdotes do arianismo e observava que as teses dos cientistas teutônicos coincidiam à perfeição com as ambições internacionais de seus próprios países. Acreditava que os textos científicos mais recentes (e citava especificamente Boas e Ratzel) haviam provado que caracteres essenciais podiam ser herdados, o que definia o meio ambiente como o fator mais importante na evolução social. As descobertas arqueológicas (por Schliemann et al.) das grandes civilizações no Mediterrâneo, criadas por povos "morenos", haviam tornado anacrônica a tese da "superioridade" nórdica.[99]

Para Alberto Torres, o Brasil era um "museu vivo" que desmentia as teorias da superioridade ariana, uma vez que os alemães e outros tipos saxônicos não se saíam melhor do que qualquer outro grupo étnico no esforço para se adaptar às condições do Brasil. Apesar da diversidade de grupos étnicos, o Brasil produzira uma "civilização brilhante" e alcançara uma notável unidade cultural em face das dimensões do país e das deficiências no setor de comunicações. Também ele repetiu a conhecida observação segundo a qual o Brasil não tinha descambado para o tipo de tratamento cruel dado ao negro, como nos Estados Unidos.[100]

Tendo demonstrado a falsidade da teoria racista, Alberto

Torres espantava-se com o fato de a elite brasileira continuar a acreditar nela. Com muita frequência, a suposta inferioridade étnica do Brasil era aceita como explicação cômoda para seus problemas, cujas causas eram outras — falta de ensino, nutrição deficiente, higiene insatisfatória. Em suma, falta de uma adaptação inteligente ao meio.[101] Essa adaptação oferecia a mesma dificuldade para *qualquer* tipo racial que se instalava no Brasil.*

Alberto Torres se deu ao trabalho de refutar as teorias racistas, como fizera Manuel Bonfim, por acreditar que o "problema nacional do Brasil" (como, aliás, ele intitulou um de seus livros) só poderia ser explicado *depois* que a teoria racista tivesse sido liquidada. A natureza do problema brasileiro podia ser vista, primeiramente, na exploração do país por estrangeiros, cuja ganância estava levando à exaustão dos recursos naturais num ritmo alarmante; depois, na crescente dominação dos setores dinâmicos da economia por investidores e administradores estrangeiros; e, por fim, no sistemático descaso em relação à população nacional, enquanto os imigrantes estrangeiros contavam com privilégios.[102]

À primeira vista, Alberto Torres parece ter abraçado um na-

---

* Alberto Torres confiava de tal forma em sua refutação dos arianistas que, vez por outra, afirmava que os melhores tipos étnicos eram os mais nativos de seu habitat. Assim, o índio era o "melhor" para o Brasil, vindo o negro em segundo lugar, uma vez que provinha de áreas na África mais semelhantes ao Brasil do que os países dos europeus que se instalaram por aqui. Isso colocava os nórdicos no mais baixo patamar da escala étnica. Todavia, Alberto Torres sucumbiu a um dogma do racismo científico: concluiu que a miscigenação talvez fosse nociva e por isso devia ser evitada (Alberto Torres, *A organização nacional*, p. 196; Alberto Torres, *O problema nacional*, XIX, pp. 66-75). Entretanto, seus divulgadores deram bem menos ênfase a isso do que a seu ataque geral às doutrinas de superioridade racial, e, por incoerente que possa parecer, ele não permitiu que suas dúvidas com respeito à miscigenação moderassem sua ardorosa refutação da crença de que a anterior evolução étnica brasileira havia produzido uma população "inferior".

cionalismo econômico de extraordinária agressividade para o Brasil pré-1914. Desde o fim do grupo dos jacobinos, em meados da década de 1890, nenhum outro escritor da estatura política de Alberto Torres e com suas origens sociais tinha adotado posições anti-imperialistas tão radicais. Reconhecia a rápida internacionalização da estrutura financeira e comercial do capitalismo, assim como o crescimento de um "movimento proletário" de âmbito mundial. Argumentava (como, mais tarde, faria Lênin) que era a exploração dos países pobres pelos industrializados que permitia o padrão de vida relativamente alto dos operários nestes últimos.[103]

Entretanto, ele parecia ver na exploração estrangeira mais um sintoma do que a causa do "problema nacional do Brasil". Permaneceu fixo naquilo que a análise marxista-leninista viria chamar de "fase nacional-burguesa". Negava com veemência ser um "nativista", termo da época que designava o opositor inflexível da influência estrangeira. Chegou a dizer que o capital estrangeiro teria um papel a desempenhar, caso atendesse aos interesses do Brasil.[104] A causa fundamental do problema nacional, em seu entender, era a alienação da elite em relação a sua própria realidade nacional. Herdeiros de uma tradição educacional retórica e pouco prática, os brasileiros educados tinham vivido de conhecimentos teóricos e frases ocas. Alberto Torres escarnecia dos intelectuais do Rio (que constituíam boa parte dos leitores que ele pretendia atingir) como pálidas cópias de seus congêneres de países mais adiantados. A imaturidade intelectual deles lhes infundia um respeito "supersticioso" pelas ideias estrangeiras, principalmente se tais ideias viessem da França. Por isso, eram presa fácil para as teorias de degenerescência divulgadas por racistas europeus. No entender de Alberto Torres, essa imaturidade e essa alienação intelectual tinham uma motivação histórica: eram sintomas de uma falta de consciência nacional, da carência de um conjunto consensual de valores.[105]

O modelo de desenvolvimento histórico para o qual Alberto Torres apontava era a Europa. Suas nações "velhas" desfrutavam de uma herança "instintiva" de tradições e hábitos. Havia uma identificação histórica, natural, entre o governo e a sociedade. Já nas nações "novas" isso não acontecia. Eram nações "acidentais" — povoadas por colonização e mantidas para o lucro da metrópole. Só poderiam tornar-se nações genuínas interrompendo seu falso "progresso" e estudando sua exata situação.[106] A menos que a elite se desse conta de que ainda habitava um acidente histórico, essas nações jamais poderiam aspirar a tornar-se nações autênticas — necessariamente diferentes do modelo europeu por causa do clima e dos recursos básicos do Brasil.*

Era preciso começar, pensava ele, mudando a mentalidade da elite. Uma vez reconhecidas as origens históricas de seus problemas, os brasileiros precisariam transformar o caráter nacional e adotar novos hábitos de trabalho. A verdadeira tarefa do patriota, portanto, consistia em assumir a causa desses povos que haviam sido colocados numa posição "inferior" por acidentes históricos.[107]

Depois que a elite assumisse uma nova mentalidade e começasse a tarefa essencial da reorganização política, teria de encontrar soluções *brasileiras* para os problemas brasileiros. Esse "nacionalismo sociológico" era um tema constante no pensamento de Alberto Torres, e tornou-se uma de suas ideias mais férteis. Ele costumava criticar seus compatriotas por quererem aplicar cega-

---

* Alberto Torres teve o cuidado de explicar que o crescimento econômico mais rápido dos Estados Unidos decorria do melhor clima e de uma administração pública superior. Em sua opinião, os Estados Unidos *também* estavam abrindo mão de seu caráter e de seus recursos devido à mesma fraqueza: o desejo de imitar a cultura europeia (Alberto Torres, *O problema nacional*, pp. 28-9, 93 e 102-3). Juntamente com seus comentários ferinos sobre o modo brutal como os americanos tratavam o negro, essa opinião ajudou a protegê-lo da acusação de elogiar indevidamente os Estados Unidos.

mente técnicas e ideias desenvolvidas em sociedades mais antigas. Tal crítica tinha importância óbvia em áreas como a agricultura. Torres insistia, com razão, que uma região tropical apresentava problemas científicos desconhecidos no norte da Europa.[108] Os insucessos do homem nos trópicos podiam ser explicados pelo fato de não estudar o novo meio e adaptar-se a ele — erro em que os imigrantes europeus incorriam com frequência.*

À medida que sua análise avançou para prescrições positivas, tornou-se menos interessante e não resistiu bem ao teste do tempo, pelo menos no que se refere a políticas econômicas. Curiosamente, para Alberto Torres, uma abordagem tipicamente brasileira seria uma fórmula econômica obsoleta. Apesar de seu nacionalismo, ele se opunha à industrialização e até à urbanização. Só votava desprezo à indústria e ao comércio, acreditando que a verdadeira riqueza no Brasil só poderia advir da terra. Isso o levou — o que foi irônico diante de seu nacionalismo econômico — a apoiar a teoria da divisão internacional do trabalho. Repetia assim o bordão dos liberais do *laissez-faire* (muitos dos quais estavam em dívida, direta ou indiretamente, com o setor de importações e exportações), segundo o qual a proteção à indústria nacional só traria preços mais altos e menos qualidade para o consumidor. Como o Brasil tinha uma certa desvantagem comparativa na indústria, ele achava que o país deveria limitar-se à agricultura como seu caminho "natural".[109] Ademais, a vida rural era "mais saudável" do que a urbana, que ele considerava corruptora. Encarava as cidades como entrepostos para as influências alienantes e debilitantes da Europa — principalmente da França. Estragavam os homens e espoliavam

---

* Certa vez ele chegou a dizer que os trópicos talvez fossem mais fáceis de colonizar do que a zona temperada — esperando com isso derrubar a imagem tão corrente dos "trópicos insalubres" (Alberto Torres, *A organização nacional*, Rio de Janeiro, 1914).

a riqueza brasileira. A população imigrante deveria ser *devolvida* ao campo, repetia com frequência. Alberto Torres era tão obstinado quanto à necessidade de preservar uma ordem rural estável que se opunha à melhoria dos transportes (rodovias e ferrovias), pois isso facilitaria o êxodo rural para as cidades e promoveria a troca de bens de luxo por recursos naturais vitais.[110]

No plano político, as recomendações de Alberto Torres tiveram maior influência. Ele esboçou uma detalhada revisão da Constituição republicana, defendendo maiores poderes para o governo federal, a serem exercidos sobretudo em política econômica (embora não incluíssem tarifas protecionistas). Um Conselho Nacional vitalício atuaria como parte do "Poder Coordenador" — um quarto poder, novo, paralelo ao Executivo, Legislativo e Judiciário.[111] Mais tarde, o espírito dessas reformas políticas se manifestaria na tendência persistente a atribuir maiores poderes à esfera federal, especialmente depois de 1930. Muitos desses reformadores constitucionais citavam Alberto Torres, cuja influência cresceu rapidamente após sua morte em 1917.

Em vida, ele liderara um grupo de jovens intelectuais que se reuniam regularmente para debater suas críticas e fórmulas socioeconômicas para reformas. Entre eles estavam Oliveira Vianna, um dos mais influentes autores de textos sociais e políticos das décadas de 1920 e 1930; Antônio Torres (sem relação de parentesco com Alberto Torres), autor jacobino muito lido nos anos 1920; e Alcides Gentil e Saboia Lima, eficientes divulgadores do pensamento do mestre. Na década que se seguiu à sua morte, ele se tornou um luzeiro para os pensadores nacionalistas, que cada vez mais aplaudiam suas ideias pioneiras.[112]

Qual a razão desse prestígio? Como sempre ocorre na história do pensamento social e político, foi uma questão de oportunidade. Alberto Torres articulou inquietações, formulou críticas e delineou reformas que estavam na mente de muitos dos que o cercavam. Entretanto, poucos haviam chegado a ponto de explicitar suas preocupações. Torres repisou temas que estavam prestes a chamar a atenção da elite — antirracismo, nacionalismo econômico, reforma constitucional e a necessidade de soluções "brasileiras" em lugar de fórmulas estrangeiras. Sua contribuição mais duradoura foi o ataque frontal que moveu ao pensamento racista. Ele teve a coragem de rejeitar o quadro de referência determinista. Ao ajudar a afastar o espectro da inferioridade racial, abriu caminho para novas interrogações a respeito do futuro da nacionalidade brasileira.

4. A imagem nacional e a busca de imigrantes

Muito antes do colapso do Império, a elite brasileira se preocupava com a necessidade de "vender" o Brasil no exterior — de acordo com a suposição liberal clássica de que o progresso é mais bem servido pelo livre fluxo de homens, bens e ideias dentro das nações e entre elas. Os ingleses, que formularam essa doutrina em sua expressão mais acabada, eram os principais exportadores de capital e tecnologia para as sociedades menos desenvolvidas. Nesse universo liberal de fatores instáveis, o Brasil estava destinado a ser receptor e, na época do Império, os brasileiros pareciam acreditar que deviam pegar tudo o que pudessem. Viam os Estados Unidos como um exemplo inequívoco de que era possível obter um crescimento prodigioso acolhendo de bom grado investimentos estrangeiros e a imigração em grande escala.

Entre a queda do Império e 1920, quase todos os brasileiros educados ainda achavam que o Brasil poderia e até deveria receber imigrantes, sobretudo da Europa. Para atraí-los, políticos e escritores brasileiros se dedicavam a projetar uma imagem que pretendia impressionar europeus ocidentais e americanos. Um exame dessa propaganda dá uma ideia daquilo que a elite brasileira queria que sua nação *se tornasse*.

"VENDER" O BRASIL NA ÉPOCA DO IMPÉRIO

A política de promover a imagem do Brasil no exterior era pelo menos tão antiga quanto o reinado de d. João VI (1808-21), que trouxe ao país missões científicas estrangeiras para ajudar a pôr em marcha instituições educacionais, científicas e artísticas.[1] Também d. Pedro II se interessou pela assistência estrangeira nessas áreas, embora se mostrasse menos sistemático em suas iniciativas.[2] Engenheiros ingleses foram essenciais na construção da malha ferroviária brasileira, assim como na abertura de minas modernas e na construção de fábricas de bens de consumo.[3] Intelectuais liberais estavam envolvidos diretamente na "venda" do Brasil a imigrantes em potencial. O barão do Rio Branco, por exemplo, passou muito tempo em Paris tentando melhorar as relações públicas do Brasil.[4] Os paulistas eram especialmente ativos e eficientes nisso. Embora seus esforços não tenham produzido frutos significativos até a Abolição, as autoridades paulistas, já durante o Império, começaram a criar uma rede organizada que trouxesse imigrantes para as lavouras de café.[5]

As iniciativas de "venda" buscaram também atrair capitais e homens de negócios. Nas últimas décadas do Império, o surto propagandístico teve como alvo a França. Houve convites para investimento, muitas vezes justificados com o argumento de que a cultura e a civilização do Brasil estavam profundamente ligadas às da França, dando assim aos franceses um incentivo especial para investir no futuro do país.[6] Entre os propagandistas brasileiros que contribuíram para essa campanha estavam o barão do Rio Branco, o barão de Santana Nery e Eduardo Prado. Era bem característico dessas iniciativas o orgulho que o barão do Rio Branco sentia por ter conquistado mais espaço para o verbete referente ao Brasil em *La Grande Encyclopédie* (publicada em 1889) do que aquele que os editores concederam à Inglaterra.[7]

Mas era uma dura batalha. A imagem do Brasil na Europa e na América do Norte tinha sido forjada por viajantes famosos como Louis Agassiz e Richard Burton, cujas premissas racistas levaram-nos a enfatizar a grande influência africana que os propagandistas brasileiros estavam tentando minimizar. Parte do público europeu tinha até certa dificuldade para discernir entre as nações latino-americanas do Novo Mundo. Peças produzidas em Paris em 1863 e 1873, por exemplo, mostravam uma confusão total entre brasileiros e hispano-americanos.[8] Quando o imperador d. Pedro II visitou Paris em 1871, seus anfitriões franceses vasculharam a cidade em busca de uma partitura do hino nacional brasileiro. Ficaram constrangidos ao não encontrar nenhuma.[9]

Uns poucos intelectuais brasileiros já viam os Estados Unidos como território promissor para a propaganda destinada a atrair capitais. Afonso Celso queria melhorar os transportes marítimos e a comunicação telegráfica entre o Brasil e a América do Norte, com o objetivo de "criar por todos os meios possíveis um rival ao monopólio inglês". Como explicou em 1887 ao cônsul brasileiro em Nova York, "não seria uma política extremamente produtiva para o futuro atrair capitais americanos para o país, aproveitando-nos nós, assim, do que lhes sobeja?".[10]

Mas as principais iniciativas continuaram sendo dirigidas à Europa, onde nas décadas de 1870 e 1880 os candidatos à imigração quase sempre podiam escolher entre diversas opções. Acreditava-se que o clima fosse uma questão importante para muitos deles. Os Estados Unidos, a Argentina e o Chile (que também queriam imigrantes) estavam situados na zona temperada. Já o Brasil pagava o preço da imagem de país tropical; e os supostos riscos para a saúde nos trópicos (analisados mais adiante) eram muito discutidos na Europa, pelo menos nos círculos interessados na América Latina. O Brasil tinha a seu favor o fato de que a parte economicamente mais dinâmica do país situava-se na zona temperada, e, com efeito, foi essa a área (o sul de São Paulo e os estados da região Sul) que atraiu a maior parte dos imigrantes.[11] Mas a elite brasileira achava que estava sendo passada para trás, especialmente pela Argentina e pelos Estados Unidos.[12]

Um fórum propagandístico importante e muito explorado pelos brasileiros foram as grandes exposições internacionais que se seguiram à exposição de 1851 no Palácio de Cristal, em Londres. O Brasil conseguiu mandar exibidores a todas elas, e a publicidade daí resultante foi, de modo geral, favorável. Os catálogos e relatórios oficiais desses eventos internacionais dão claros indícios do tipo de imagem que o Brasil desejava projetar de si próprio. A Exposição de Paris de 1867 foi difícil porque as energias dos brasileiros estavam concentradas na Guerra do Paraguai. Mesmo assim, houve um pavilhão brasileiro. O catálogo oficial lamentava o envolvimento do Brasil numa guerra imposta "injusta e inesperadamente" ao país. Prosseguia na defensiva, observando que "as imensas riquezas naturais e forças produtivas" dificilmente poderiam ser descritas da maneira adequada no pouco tempo que os exibidores teriam para preparar sua apresentação. Mas, dizia, "para que o Brasil seja uma das maiores nações do mundo, não precisa senão de população, e para atraí-la basta ser conhecido".[13] Os brasileiros gostaram do impacto que o evento causou sobre o público em Paris. Seus comunicados especiais à imprensa impressionaram até mesmo jornais que estavam contra o país na questão da Guerra do Paraguai. Os organizadores brasileiros alegaram que esses mesmos jornais tinham de admitir agora que o Brasil era um "país liberal, rico, amante do progresso e destinado a uma grande prosperidade".[14]

Para a exposição de Viena de 1873, os brasileiros atualizaram seu catálogo de 1867, fazendo mais esforço para exaltar a fertilidade de seu solo. Houve também muito cuidado para explicar que o clima era "geralmente muito saudável". Candidatos à emigração foram convidados a considerar a terra brasileira, já "que a natureza parece ter destinado o Brasil a ser uma das principais nações agrícolas do mundo".[15] A introdução ao catálogo da Exposição de Filadélfia de 1876 tornava esse papel do Brasil ainda mais explícito: "Se as exposições universais não podem, ainda, por parte do Brasil, servir para a competência industrial, é inegável que lhe têm proporcionado ensejo para ser melhor conhecido e apreciado como região agrícola de solo fertilíssimo e nacionalidade pacífica, inteligente e laboriosa".[16]

A grande ocasião internacional seguinte foi a Exposição de Paris de 1889. Por pouco ela não se realiza sem pavilhão brasileiro algum. Antônio da Silva Prado (membro do gabinete entre 1885 e 1887) fez muita pressão em favor da participação do Brasil, mas deixou o cargo em 1887. No fim desse mesmo ano, o governo imperial estava tão preocupado com as crises políticas relacionadas à Abolição e à disciplina militar que nenhum membro do gabinete se dispunha a perder tempo tratando da participação do Brasil numa feira internacional. Em janeiro de 1888, o governo anunciou que o Brasil não participaria. Mas o caso não se encerrou aí. Em maio de 1888 formou-se um novo gabinete, e Antônio Prado retornou ao governo como ministro da Agricultura. Ele conseguiu reverter a decisão anterior. O projeto que previa o financiamento da participação brasileira foi apresentado ao Parlamento por Afonso Celso, apoiado com firmeza por Joaquim Nabuco e aprovado pelo plenário.[17] (Essa colaboração entre Afonso Celso, Nabuco e Prado exemplifica a amplitude da corrente de apoio à "venda" do Brasil durante o Império.) A introdução ao catálogo produzido para a Exposição explicava a presença do país da seguinte forma:

"Vender o Brasil": Pavilhão Brasileiro na Feira de St. Louis, 1904.

O Brasil não veio a Paris em busca da vã satisfação de recompensas honoríficas, mas para estreitar mais solidamente os laços que o prendem à Europa, para abrir novos escoadouros para os seus produtos primários e, sobretudo, para encorajar aqueles que estiverem prontos a escolher o país como sua nova pátria e a trazer-lhe o seu trabalho ou a fazer frutificar ali seus capitais.[18]

A PROMOÇÃO DA IMAGEM BRASILEIRA, 1890-1914

Os esforços dedicados a promover a imagem do Brasil no exterior prosseguiram depois da derrocada do Império. Embora pouquíssimos imigrantes tenham vindo da França, a maior parte da propaganda continuava voltada para o público francófono. Talvez isso fosse apenas o reflexo da preferência da elite pela cultura francesa. Em 1891, publicou-se em Paris um livro (em francês) que falava da grande necessidade de engenheiros, mecânicos e comerciantes no país. O autor admitia francamente que, "embora muito vasto, o país nunca foi capaz de atrair a atenção da Europa". Até recentemente, seus "amigos franceses" pouco sabiam além de que "em nosso país há negros e macacos ao lado de meia dúzia de brancos de cor duvidosa". O clima e as doenças eram outros empecilhos. O escritor tentava minimizar a importância da febre amarela: "Quanta tolice se tem escrito a respeito disso! É certo que morre gente — às vezes. Mas qual o país em que o povo vive [...] eternamente?".[19]

A verdade é que a febre amarela ainda era uma doença mortal que só seria erradicada do Rio de Janeiro com a campanha sanitarista de Oswaldo Cruz nos primeiros anos do século XX, e que continuou sem controle no Norte e no Nordeste do país até a década seguinte (embora a malária seja impossível de erradicar e continue presente nessas regiões até os dias atuais).

Domingos Jaguaribe, outro propagandista dos primeiros anos da República, também investiu contra os europeus que culpavam o clima "sem saber nada a respeito". Mesmo levando em conta a incidência da febre amarela, que "estava prestes a ser banida para sempre do país", a taxa de mortalidade no Rio de Janeiro era menor que a de Bruxelas, "considerada uma das cidades mais saudáveis da Europa" (Jaguaribe não cita as fontes de suas estatísticas). Ele louvava o comportamento dos ex-escravos, que tinham mostrado "admirável conduta moral por todo o Brasil". E continuava: "Felizmente, não há preconceito racial no Brasil. Veem-se homens de cor casando com mulheres brancas e vice-versa, de maneira que a população negra tende a diminuir extraordinariamente. Dentro de cinquenta anos se terá tornado muito rara no Brasil".[20]

Vozes de maior autoridade científica se uniram à campanha de refutação da "calúnia" contra o clima tropical do Brasil. Em

1907, o destacado sanitarista Afrânio Peixoto publicou um livreto que continha o capítulo que ele escrevera para o *Anuário Brasileiro* de 1908. Tratava-se de um ataque contra "certos espíritos fáceis da Europa" que propagavam o "mito" das doenças tropicais. Os problemas de saúde não eram diferentes em zonas tropicais e temperadas, afirmava, já que o fator mais importante em ambos os casos era a higiene. O Brasil, sustentava ele, não tinha doenças autóctones — todas elas haviam sido importadas. A malária tinha sido eliminada (o perigo de contágio era maior na Itália!), e outras doenças contagiosas iam pelo mesmo caminho. Afrânio Peixoto transcreveu uma tabela de taxas de mortalidade das maiores cidades do mundo na qual São Paulo e Rio de Janeiro apresentavam taxas inferiores às de Madri, Lisboa e Roma. Salvador e Curitiba, cidades brasileiras menores, tinham taxas de mortalidade mais baixas do que Boston e Nova York, de acordo com essa tabela. "Em suma, tem o Brasil uma patologia igual à europeia, com algumas vantagens em muitos casos particulares." Como o clima do Brasil "não importa absolutamente em questões de salubridade", os homens do país poderiam ter certeza de um "desenvolvimento próspero e feliz".[21]

A imprensa brasileira entre 1889 e 1914 também mostrava uma preocupação constante com a imagem do país no exterior. Gil Vidal (nome literário de Leão Veloso), colunista do jornal carioca *Correio da Manhã*, escreveu repetidamente sobre a necessidade de mais propaganda eficaz na Europa. No fim de 1904, ele comparou as iniciativas brasileiras às da Argentina e dos Estados Unidos na Itália, e pediu uma campanha mais bem planejada.[22] Em 1908, os japoneses começaram a chegar em pequenos grupos, já que depois do decreto de imigração de 1907 não precisavam mais de aprovação especial do Congresso.[23] Disse Vidal: "Não somos muito simpáticos à imigração de amarelos. Preferimos que venham povoar nosso país as raças brancas". Em 1911, elogiou a tentativa do Ministério da Agricultura no sentido de atrair imigrantes europeus para o Nordeste do Brasil tanto quanto para o Sul.[24]

Sentimentos semelhantes podiam ser percebidos em propagandistas de menor estatura. Num panfleto publicado em 1914, Caio de Menezes pedia que o Brasil desse as boas-vindas a imigrantes alemães:

> como coeficiente étnico de primeira grandeza, por isso que nenhum povo mais necessita da influência de povos adiantados na formação de um tipo de raça do que o brasileiro, principalmente no momento histórico em que a porcentagem da raça africana começa a diminuir e precisa desaparecer dissolvida pelo turbilhão da raça branca. [...] A preponderância étnica do estrangeiro só trará resultados maravilhosos para a formação da nossa raça.[25]

Como era comum no seio da elite, Caio de Menezes se sentia à vontade para repudiar as práticas raciais americanas. Com efeito, era a *ausência* de preconceito no Brasil o que possibilitava sua salvação étnica. Como ele explicou, temos "uma vantagem, sobre os Estados Unidos, de haver rasgado o preconceito de cor, de modo que o próprio negro tende a se dissolver no turbilhão inexorável da raça branca"[26] graças à cordialidade das relações raciais no Brasil.*

Como qualquer outro país que cortejasse investidores capitalistas, o Brasil tinha de lhes dar garantias a respeito daquilo que se conhecia como "questão social". Como dizia o catálogo brasileiro

---

* A teoria do branqueamento, como vimos anteriormente, permitia que seus defensores mantivessem ideias contraditórias como essa — condenar o tratamento dispensado aos negros americanos (segregação e supressão) e, ao mesmo tempo, justificar a inferioridade dos brasileiros não brancos.

para a Exposição do Centenário da Compra da Louisiana em 1904, não havia necessidade de "organizações trabalhistas e não há praticamente distúrbios ou disputas de natureza trabalhista [...] as classes trabalhadoras têm, via de regra, moradia adequada" (afirmação desmentida pelas favelas que já se multiplicavam no Rio).[27]

Mesmo um nacionalista como Serzedelo Correia apoiava a campanha para atrair imigrantes europeus. Depois de uma viagem à Europa em 1907, queixou-se amargamente de que a propaganda brasileira era ineficiente se comparada à do Canadá ou à do México (embora o México tenha recebido pouquíssimos imigrantes europeus).[28] A opinião de Artur Orlando, figura menor da Escola do Recife, era bem típica da fé na imigração. Ele dizia que "a expansão comercial e o desdobramento industrial do globo" poderiam ser atribuídos "principalmente" à migração internacional.[29]

Num esforço para aumentar a assistência externa e "modernizar" o país, os governos brasileiros empreenderam obras públicas ambiciosas. A remodelação do Rio foi um exercício visível de europeização. Como explicou João de Barro (colaborador regular da requintada revista mensal *Renascença*) em 1904, os estrangeiros que desembarcavam no Rio "levavam de sua rápida visita à nossa desprovida cidade uma triste ideia de todo o nosso país" — triste, continuava ele, porque "essa é uma questão vital para nós, país que antes de tudo precisa de auxílio do estrangeiro, do sangue, do braço e do capital estrangeiro".[30]

Na virada do século, o Rio ainda era a cidade superpopulosa que se desenvolvera durante o Império — "suja, atrasada e fedorenta". Os ricos escapavam do "miserável povoado, sem grandes hotéis de luxo, sem numerosas carruagens, sem conforto e sem *chic*" para a cidade serrana de Petrópolis. O mesmo cronista prosseguia dizendo que "a cidade é dos comendadores analfabetos. [...] Não há lugar, portanto, onde o aristocrata possa divertir-se. Por isso sai ele da cidade, ou, quando fica, isola-se".[31]

Na década de 1900, o Rio de Janeiro não só replanejou suas ruas e projetou um novo conjunto de edifícios importantes (a Biblioteca Nacional, o Palácio Monroe, o Teatro Municipal) como também acabou com a febre amarela. Por suas realizações como principal organizador da impopular campanha de saneamento do Rio, Oswaldo Cruz tornou-se um herói. Afrânio Peixoto, destacado membro da comunidade literária na *belle époque* tardia, fez o discurso de boas-vindas a Oswaldo Cruz na Academia Brasileira de Letras em 1913, elogiando o trabalho do cientista no cumprimento das promessas do presidente Rodrigues Alves no sentido de "sanear a capital do país, que dava internamente o exemplo da corrupção, e ao estrangeiro fazia justamente suspeitar de todo o Brasil. Antes de pretendermos um lugar no mundo, cumpria prepararmo-nos para ele, com decência e confiança de civilizados. Qualquer sacrifício seria pequeno para tamanha aspiração".[32]

A confiança no sucesso da empreitada evidenciou-se na Exposição Nacional de 1908, organizada para celebrar o centenário da abertura dos portos, declarada logo depois da chegada da Corte portuguesa em 1808. As mostras de 1908 davam ênfase ao rápido progresso material do Brasil nas últimas décadas, com o crescimento dos transportes (ferrovias) e das comunicações (telégrafo) e a melhora dos serviços públicos (educação e programas de saúde pública, como o que instaurou a pasteurização do leite e erradicou a febre amarela — embora o problema residual da malária nunca tivesse sido resolvido). O Boletim Comemorativo da Exposição de 1908 refletia o tom de confiança: foi impresso em três línguas (português, francês e esperanto). Segundo o Boletim, a mostra exibiria, "num quadro magnífico, a imagem do progresso do Brasil fazendo num século de apressada marcha o percurso necessário para alcançar o grau de cultura que as antigas nacionalidades atingiam em milhares de anos". O propósito dos organizadores era "animar o progresso do Brasil e elevar seu conceito no mundo civilizado".[33]

João do Rio viu na Exposição uma excelente oportunidade para a elite europeizada do Rio descobrir seu próprio país. "No fundo, temos a ideia de que somos fenomenalmente inferiores, porque não somos tal e qual os outros, e ignoramo-nos por completo." Os esnobes da metrópole ficariam surpresos "diante do ouro, das pedras preciosas, da madeira e dos tecidos".[34] Num rompante de entusiasmo, ele chegou a predizer que essa "apoteose extraordinária" modificaria a velha atitude que "achava *chic* posar de pouco brasileiro", e o sentimento de que o patriotismo era "uma espécie de ataque intermitente de jacobinismo". Qualquer pessoa que permanecesse "impassível" depois de ver a Exposição devia carecer "da faculdade simples de pensar o que sente".[35] Na verdade, não há indício algum de que a Exposição de 1908 tenha afetado a alienação cultural da elite.

O mais famoso "vendedor" do Brasil nessa época era o barão do Rio Branco, ministro das Relações Exteriores de 1902 a 1912. Ele fazia um trabalho hercúleo para apresentar uma imagem "civilizada" do Brasil, pondo escritores em cargos diplomáticos — principalmente na Europa — e convencendo distintas figuras públicas europeias a visitar o Brasil.[36] Já promovia a imagem do Brasil no exterior antes de tornar-se ministro de Estado. No período imperial, ajudou a escrever e editar publicações como o catálogo da Exposição de Paris de 1889. Agora estava em condições de empregar todos os recursos de sua pasta numa sofisticada campanha publicitária. Acima de tudo, ele queria apresentar o Brasil como um país culto. Uma maneira de fazer isso (e ele fez) era preencher os cargos do serviço diplomático com homens brancos que os estrangeiros considerariam civilizados e refinados, reforçando assim a imagem de um país europeizado que se tornava cada vez mais branco.

Isso podia ser visto na escolha dos intelectuais para as missões diplomáticas. Desde o início do Império houvera literatos no serviço diplomático brasileiro. Dado o tamanho acanhado da elite, era natural que os ocupantes de cargos diplomáticos estivessem também entre as poucas figuras literárias. As escolhas do barão do Rio Branco, no entanto, recaíam ostensivamente sobre homens bem-apessoados e imponentes (ou seja, brancos).[37] Um intelectual digno de menção como eficiente propagandista do Brasil foi Oliveira Lima. Suas credenciais como integrante da *intelligentsia* brasileira eram impressionantes. Membro fundador da Academia Brasileira de Letras, produziu uma série de obras de destaque sobre história do Brasil, inclusive um estudo definitivo sobre o primeiro monarca português que reinou no Brasil, d. João VI. Oliveira Lima escreveu livros interessantes e bem fundamentados sobre seu trabalho como diplomata no Japão, nos Estados Unidos e na América espanhola, e ensinou história do Brasil em universidades importantes nos Estados Unidos, França e Inglaterra.[38]

Outro proeminente intelectual enviado ao estrangeiro pelo barão do Rio Branco foi o jurista e político Rui Barbosa, que chefiou a delegação brasileira à II Conferência Internacional de Paz realizada em Haia em 1907. Embora a conferência tenha terminado num impasse sobre a estrutura da Corte Internacional de Justiça que estava sendo proposta, Rui Barbosa foi nomeado *president d'honneur* da primeira comissão — distinção que não foi concedida a nenhum outro representante latino-americano. Tornou-se também o paladino dos países menores ao defender a completa igualdade entre as representações nacionais na Corte. As notícias sobre sua eloquência poliglota, da forma como chegaram aos brasileiros pela cobertura jornalística do país, emocionaram a elite brasileira, convencida de que seu erudito orador tinha hipnotizado os círculos diplomáticos internacionais. Deram-lhe uma efusiva recepção quando voltou da Europa.[39]

Outros escritores convidados pelo barão do Rio Branco foram Graça Aranha, Joaquim Nabuco, Rodrigo Otávio, Domício da Gama e Aluísio Azevedo. Euclides da Cunha, no entanto — homem de baixa estatura e de aspecto nada imponente —, teve de implorar ao ministro que lhe desse um emprego no serviço diplomático e nunca conseguiu ser enviado ao exterior. Recebeu uma missão interna: supervisionar o rio Purus, na bacia amazônica. Não era o emprego de seus sonhos na diplomacia, mas permitiu-lhe descobrir uma nova região do Brasil. Como ocorrera ao ser destacado para o trabalho jornalístico em Canudos, Euclides ampliou seus conhecimentos e teve o estímulo necessário para uma nova análise sobre o fracasso do Brasil quanto à integração territorial.[40]

Os esforços envidados pelo barão do Rio Branco no sentido de construir uma imagem do país não se limitaram à Europa, onde se centravam na época do Império. Com efeito, o equilíbrio entre as influências europeia e americana constituiu a base de sua política externa. O cultivo das boas relações com os Estados Unidos chegou ao ponto mais alto em 1906, quando o Rio de Janeiro foi anfitrião da Conferência Pan-Americana, que se ajustava à perfeição ao objetivo de "civilizar" o Rio. Para receber as delegações ao evento, construiu-se um palácio — uma réplica exata do pavilhão do Brasil na Exposição da Compra da Louisiana em Saint Louis. O novo edifício recebeu o nome de Palácio Monroe, talvez para mostrar a relativa inexistência de sentimentos nacionalistas.[41]

A imprensa deu uma pródiga cobertura às deliberações dos delegados, entre os quais estava o secretário de Estado dos Estados Unidos, Elihu Root. Sua presença marcou a primeira vez que um secretário de Estado americano comparecia a uma conferência diplomática na América Latina. O Rio de Janeiro foi escolhido entre as cidades latino-americanas para tal "honraria" por causa da forte aliança política e econômica com os Estados Unidos promovida com sucesso pelo barão do Rio Branco.* Para os entusiasmados observadores brasileiros, a escolha provou que o Rio era "incontestavelmente o centro de maior cultura, de ambiente mais propício" para uma ocasião como aquela.[42]

Apesar da ênfase numa relação diplomática mais estreita com os Estados Unidos, as preocupações culturais do barão do Rio Branco permaneceram essencialmente europeias. Os visitantes célebres patrocinados pelo Ministério das Relações Exteriores eram franceses como Clemenceau, italianos como Ferrero e ingleses como lorde Bryce.[43] Foi só depois da morte do barão, em 1912, que a lista de palestrantes convidados passou a contar com americanos.[44]

Não obstante todas essas atividades, os governos brasileiros mostraram-se menos enérgicos e eficientes que seus rivais argentinos na promoção da imagem de seu país no estrangeiro entre 1890 e 1914. O esforço diplomático e o incentivo à imigração promovidos pela Argentina foram muito superiores na década de 1890, como os críticos brasileiros faziam amargamente notar.[45] Foi na procura de imigrantes que a competição ficou mais evidente.

---

* O embaixador do Brasil em Washington, Joaquim Nabuco, era um agente eficaz da política do barão do Rio Branco quanto ao cultivo das relações com os Estados Unidos. Famoso abolicionista e afastado da política desde a Abolição, viu-se numa situação inusitada. Exemplo máximo do brasileiro europeizado que reverenciava a França ("à qual devemos nossa cultura, nossos gostos, nossa vida intelectual") e tinha na Inglaterra seu modelo político, Nabuco, no entanto, desempenhou fielmente a função de propagandista da harmonia brasileiro-americana (*Jantar na Embaixada do Brasil em Washington, em 18 de maio de 1907, em homenagem ao contra-almirante Huet de Bacellar e aos capitães de navios brasileiros em visita à Exposição de Jamestown* [folheto], p. 3).

A POLÍTICA IMIGRATÓRIA, 1887-1914

No fim da década de 1880, o ideal do branqueamento combinara-se ao liberalismo político e econômico para formar uma autoimagem nacional mais definida. Isso se vê claramente nas atitudes relacionadas à imigração e na propaganda dirigida a estrangeiros veiculada pelos organismos oficiais e por intelectuais que representavam o pensamento da elite no Brasil.[46] A popularidade do ideal do branqueamento não era acidental. Como vimos anteriormente, ele possibilitava um engenhoso acordo entre a teoria racista e as realidades da vida social brasileira. Já nos últimos anos do Império, reformistas liberais apregoavam suas fórmulas, embora às vezes alimentassem dúvidas quanto à praticabilidade de sua doutrina num meio tropical e multirracial. Joaquim Nabuco chegou a expressar, abertamente, dúvidas sobre a viabilidade do Brasil pós-Abolição. O processo de branqueamento, no entanto, prometia segurança, pelo menos no campo racial. Um país mais branco seria campo mais propício para o liberalismo, e o *laissez-faire* subjacente na teoria liberal por sua vez dava o pretexto necessário para o abandono das massas, das quais fazia parte a maioria dos não brancos.

Antes mesmo que a nova Constituição republicana fosse aprovada, o Governo Provisório promulgou um decreto que revelava o ideal de branqueamento implícito na procura de imigrantes. O decreto, datado de 28 de junho de 1890, dizia: "É inteiramente livre a entrada, nos portos da República, dos indivíduos válidos e aptos para o trabalho", desde que não estivessem sujeitos a processo criminal em seu país de origem. A essa disposição liberal foi acrescentada a cláusula que excetuava "indígenas da Ásia ou da África, que somente mediante autorização do Congresso Nacional poderão ser admitidos, de acordo com as condições estipuladas". O artigo subsequente destacava a importância da restrição:

"Os agentes diplomáticos e consulares dos Estados Unidos do Brasil obstarão pelos meios a seu alcance a vinda dos imigrantes daqueles continentes, comunicando imediatamente ao governo federal pelo telégrafo quando não o puderem evitar". Outro artigo dispunha que "a polícia dos portos da República impedirá o desembarque de tais indivíduos, bem como o de mendigos e indigentes". Mais adiante, um artigo determinava que todo proprietário "que quisesse instalar imigrantes europeus em suas terras" gozaria de todos os incentivos especiais previstos pela lei, prova adicional das metas raciais do novo governo.[47] Na verdade, era pouco provável que africanos ou asiáticos tentassem imigrar para o Brasil. Um estudioso de história da imigração observou que o decreto "nunca teve aplicação prática", com o que deve ter pretendido dizer que nunca foi posto à prova.[48] Seja como for, tinha força de lei, assinado pelo presidente e pelo ministro da Agricultura, Francisco Glicério, que, ironicamente, era mulato.*

Os republicanos acreditavam piamente na necessidade de atrair imigrantes para o Brasil. O uso de mão de obra importada da Europa fazia parte de seu compromisso para com o desenvolvimento econômico. Esse compromisso desembocou naturalmente num movimento que foi mais forte em São Paulo, a província onde o crescimento econômico — pelo café — exigia uma oferta cada vez maior de trabalhadores. No fim do Império, os plantadores de café sabiam que a escravatura estava ameaçada e que, em seus últimos anos como instituição legal, não conseguiria satisfazer a necessidade de mão de obra agrícola nas lavouras cafeeiras

---

* Em 1907, um novo decreto estipulou regras para a imigração e a colonização agrícola. Foram tomadas precauções cuidadosas para excluir "criminosos, bandidos, pedintes, vagabundos, loucos e inválidos", mas não havia menção a continente de origem. Aparentemente, a barreira racial implícita acabou esquecida, talvez porque fosse pouco provável que asiáticos e africanos tentassem entrar no país (Decreto nº 6455 de 19 de abril de 1907).

(mesmo sendo burlada a Lei do Ventre Livre, como na prática acontecia com frequência). Tratando-se de homens práticos que previam os grandes lucros que ainda poderiam ser obtidos com as exportações de café, eles queriam os imigrantes antes de mais nada como força de trabalho, cuja contribuição étnica para a população brasileira seria um subproduto bem-vindo.

Em vez de procurar trabalhadores livres desocupados em outras regiões do país (principalmente no Nordeste, que se achava em declínio econômico), os cafeicultores tentaram, a partir de 1870, substituir seus escravos por mão de obra imigrante. A única função que viam para os brasileiros nativos era o trabalho pesado, como a derrubada de matas virgens. Para o trabalho altamente organizado de plantio e colheita do café, os fazendeiros preferiam imigrantes, em sua opinião mais competentes e mais confiáveis.[49]

Em 1886, um grupo de grandes fazendeiros fundou em São Paulo a Sociedade Promotora da Imigração, uma bem organizada entidade privada destinada a recrutar trabalhadores europeus (quase exclusivamente na Itália), pagando-lhes a passagem até São Paulo e cuidando de seus contratos de trabalho na lavoura. A Sociedade, embora não governamental, recebia considerável subvenção do tesouro da província de São Paulo. Dessa forma, o governo provincial usava recursos públicos para financiar o recrutamento de mão de obra imigrante promovido por um consórcio de ricos cafeicultores.[50] O líder dos fazendeiros era Martinho Prado Júnior, que, num relatório de 1887, explicou que a Sociedade evitara gastar dinheiro com agentes ou propaganda intensiva na Europa, preferindo o contato direto com candidatos à imigração que já tivessem parentes ou amigos morando em São Paulo. Martinico Prado, como era conhecido, depositava total confiança no fato de que a insatisfação reinante no Velho Mundo resolveria o problema brasileiro de mão de obra: "Os grandes exércitos europeus e os impostos pesados para mantê-los se incumbirão, em poucos anos, de povoar a América do Sul".[51]

Em 1889, as funções da Sociedade começaram a ser assumidas pelo governo do estado de São Paulo (na República, as antigas províncias passaram a ser estados). Gradualmente, o estado assumiu a responsabilidade pelo programa de imigração subvencionada em massa (uma vez mais, de origem principalmente italiana), usando recursos públicos para custear passagens de navio a São Paulo, construir e manter um grande centro de recepção na capital e arcar com os gastos administrativos envolvidos na colocação dos imigrantes em seus postos de trabalho. Em 1895, a transição para o financiamento estadual estava concluída e a Sociedade se dissolveu. O programa sofreu um revés em 1902, quando, depois de queixas de maus-tratos apresentadas por italianos descontentes, o Ministério das Relações Exteriores da Itália proibiu a emigração subvencionada para o Brasil (isto é, para São Paulo). Mas a imigração subvencionada com origem em outros países, bem como a de italianos* e trabalhadores de outras nacionalidades não subvencionados, levou, em 1904, a uma recuperação do fluxo imigratório, que continuou com altos e baixos até a interrupção provocada pela Primeira Guerra Mundial. Depois da guerra, esse fluxo voltou a subir, e o programa de subvenção do governo de São Paulo prosseguiu até 1928, quando migrantes internos procedentes de outros estados brasileiros começaram a suprir as necessidades de mão de obra em São Paulo.[52]

Assim, a imigração subvencionada pelo governo visava a recrutar mão de obra para a agricultura comercial principalmente no estado de São Paulo. Durante o Império, houve diver-

---

* Alguns italianos conseguiram contornar a proibição e foram ressarcidos dos custos de viagem depois de chegar a São Paulo.

sas tentativas de trazer imigrantes para colônias financiadas pelo governo, nas quais se esperava que eles se tornassem agricultores autossuficientes segundo o modelo dos *yeomen* europeus, mas a maior parte desses projetos de colonização fracassou. A ideia foi retomada, no fim do Império, pela Sociedade Central de Imigração, que tinha o patrocínio do imperador d. Pedro II. Seus líderes eram escritores e intelectuais do Rio de Janeiro, com poucos recursos e menos influência se comparados aos poderosos fazendeiros paulistas, que queriam trabalhadores agrícolas obedientes e não agricultores independentes.[53] Todos os defensores da imigração estavam de acordo em um ponto: a absoluta necessidade de recrutamento de mão de obra agrícola europeia. Ambos os grupos achavam que os europeus eram superiores aos brasileiros nativos.[54]

Os brasileiros compreenderam que estavam competindo por imigrantes europeus diretamente com outros países do Novo Mundo.* Os Estados Unidos já tinham se tornado o destino favorito de milhões, e seu exemplo sempre levava os visionários latino-americanos a esperar que de alguma forma conseguissem repetir o êxito americano, sobretudo porque muitos atribuíam o fenomenal crescimento econômico dos Estados Unidos, como observamos anteriormente, ao fluxo contínuo de mão de obra imigrante.[55] Como se pode ver no Quadro 4-1, entre 1879 e 1920 apenas uma pequena porcentagem da população do Brasil era nascida fora do país (atribuível, portanto, à imigração), principalmente se comparada à da Argentina, ou mesmo à do Canadá e à dos Estados Uni-

---

* A Argentina foi o país latino-americano que mais sucesso obteve na importação de mão de obra. Cortejava os imigrantes, pelo menos em parte, acenando com uma imagem de república branca em que tinha se transformado na década de 1880. Os Estados Unidos atraíam imigrantes sobretudo para o Norte, onde a população de cor ainda era diminuta.

QUADRO 4-1

POPULAÇÃO NASCIDA NO EXTERIOR, 1870-1920

Ano	ARGENTINA			BRASIL			CANADÁ			ESTADOS UNIDOS		
	População total (000)	Nascidos no exterior (000)	% sobre o total	População total (000)	Nascidos no exterior (000)	% sobre o total	População total (000)	Nascidos no exterior (000)	% sobre o total	População total (000)	Nascidos no exterior (000)	% sobre o total
1870[1]	1737	210	12,1	10112	338	3,8	3689	594	16,1	39905	5567	14,0
1890[2]	3955	1005	25,4	14334	750	5,2	4833	643	13,3	63056	9250	14,7
1900[3]	---	---	---	17319	1070	6,2	5371	700	13,0	76094	10341	13,6
1914	7885	2358	29,9	---	---	---	---	---	---	---	---	---
1920[4]	8314	1930	23,2	30636	1566	5,1	8788	1956	22,3	106466	13921	13,1

Notas:

1. Argentina (1869); Canadá (1871); Brasil (1872) — 2. Argentina (1895); Canadá (1891) — 3. Canadá (1901) — 4. Canadá (1921)

Fontes:

Argentina: *Tercer censo nacional*, I, pp. 205-6; *Cuarto censo general de la nación*, I, XXVIII, LXII. Embora o quarto censo de 1947 tenha revisto o total estimado da população pelo censo anterior, proporcionou apenas números brutos e não especificou o que entrava na composição desse número. Para preservar a consistência entre o total da população e o total de nascidos no exterior, apresentamos o censo sem correção. Foram feitos os seguintes ajustes pelo quarto censo: (1) para o primeiro censo, de 1869, a população estimada passou de 1737076 para 1905973; (2) para o segundo censo, de 1895, passou de 3954911 para 4044911; e (3) para o terceiro censo, de 1914, passou de 7885237 para 8042244. A estimativa para 1920 foi tomada da seguinte fonte: República Argentina, *La Población y el Movimiento Demográfico de la República Argentina en el Período, 1910-1925* (Buenos Aires, 1926), p. 12. As populações estimadas apresentadas por diversos documentos oficiais ocasionalmente diferem entre si, mas a diferença não é significativa a ponto de alterar a tendência geral indicada pelo quadro.

Brasil: *Anuário Estatístico do Brasil*, 1 (1908-12), p. 242; *Anuário Estatístico do Brasil*, V (1939-40), p. 1302.

Canadá: *Historical Statistics of Canada* (Toronto, 1965), pp. 14 e 20.

Estados Unidos: U. S. Bureau of the Census, *Historical Statistics of the United States Colonial Times to 1957* (Washington, D. C., 1960), pp. 7 e 66.

dos. Em parte, isso se devia ao valor absoluto da população do Brasil, muito maior que a da Argentina (seis vezes maior em 1870, três vezes e meia em 1920). Mas mesmo os totais referentes exclusivamente à imigração mostram que o Brasil recebeu pouco mais da metade dos imigrantes que chegaram à Argentina entre 1871 e 1920 (ver Quadro 4-2).*

Tomando como base o aumento dos nascidos no exterior em vez dos números da imigração registrada, a inferioridade do Brasil em relação à Argentina foi menor, pelo menos nas duas últimas décadas do século XIX (ver Quadro 4-3).** Embora não haja dados comparativos sobre períodos exatamente correspondentes nos dois países, o aumento da população brasileira nascida no exterior (732 mil) entre 1872 e 1900 foi apenas 8% menor que o aumento na Argentina (795 mil) entre 1869 e 1895. No entanto, mais uma vez, esses números absolutos representam uma parcela muito menor do aumento populacional total nesses períodos: apenas 10,2% no Brasil e 36,0% na Argentina.

Embora a comparação com a Argentina não seja animadora, o fluxo migratório para o Brasil aumentou consideravelmente no fim do Império. Em 1887, quase 56 mil imigrantes chegaram ao Brasil. Os números anuais caíram para menos de 50 mil em apenas três oportunidades até 1914, de modo que entraram no país 2,7 milhões de imigrantes. Mais da metade ficou no estado de São Paulo, onde o café continuava a se expandir para o sul e para o oeste. O maior grupo nacional entre os recém-chegados era o dos italianos. A seguir vinham os portugueses e os espanhóis, seguidos

---

* As discrepâncias evidentes entre o total da imigração registrada e o dos nascidos no estrangeiro refletem aparentemente, e até certo ponto, o fato de os dados oficiais não registrarem a imigração *líquida*, de especial importância no caso da Argentina, onde muitos imigrantes não fixaram residência permanente.

** Infelizmente, as estatísticas oficiais não esclarecem se os números de imigração e de censo foram obtidos com diferentes critérios.

de longe pelos alemães, em quarto lugar. Paradoxalmente, os imigrantes reforçaram a característica "latina" da população branca brasileira, contrariando as esperanças de muitos patronos da imigração de atrair grande número de europeus do norte.

QUADRO 4-2

PARTICIPAÇÃO PERCENTUAL DE QUATRO PAÍSES NO TOTAL REGISTRADO DE IMIGRANTES, 1871-1920

Período	Total registrado de imigrantes (000)	ARGENTINA		BRASIL		CANADÁ		ESTADOS UNIDOS	
		Imigrantes (000)	% dos quatro países	Imigrantes (000)	% dos quatro países	Imigrantes (000)	% dos quatro países	Imigrantes (000)	% dos quatro países
1871-1880	3799	451	11,9	193	5,1	343	9,0	2812	74,0
1881-1890	7736	1090	14,1	513	6,6	886	11,5	5247	67,8
1891-1900	6104	933	15,3	1144	18,7	339	5,6	3688	60,4
1901-1910	13130	2103	16,0	689	5,2	1543	11,8	8795	67,0
1911-1920	9819	1553	15,8	818	8,3	1712	17,4	5736	58,4
TOTAL 1871-1920	40588	6130	15,1	3357	8,3	4823	11,9	26278	64,7

Nota: As quantidades de imigrantes registrados estão expressas em números brutos; não existem números líquidos correspondentes (depois de subtraídos os imigrantes sem residência permanente) para a maior parte do período.

Fontes:
Argentina: Vicente Vázquez-Presedo, *Estadísticas Históricas Argentinas, Primera Parte, 1875-1914* (Buenos Aires, 1971), pp. 15-6; República Argentina, *La Población y el Movimiento Demográfico de la República Argentina en el Período, 1910-1925* (Buenos Aires, 1926), p. 82; República Argentina, *Tercer censo nacional*, x, p. 399.
Brasil: *Revista de Imigração e Colonização*, 1, nº 4 (outubro de 1940), pp. 617-22; *Revista de Imigração e Colonização*, 1, nº 2 (abril de 1940), pp. 227-8.
Canadá: *Historical Statistics of Canada* (Toronto, 1965), p. 23.
Estados Unidos: U. S. Bureau of the Census, *Historical Statistics of the United States, Colonial Times to 1957* (Washington, D. C., 1960), pp. 56-7.

QUADRO 4-3

AUMENTO DE NASCIDOS NO EXTERIOR EM RELAÇÃO AO AUMENTO DA POPULAÇÃO TOTAL
1870-1900

PAÍS / PERÍODO	Total do aumento populacional (em 000)	Imigrantes registrados (em 000)	Aumento de nascidos no exterior (em 000)	Aumento de nascidos no exterior como parcela do aumento populacional total (%)
ARGENTINA (1869-1895)	2218	1912*	795	36,0
BRASIL (1872-1900)	7207	1844	732	10,2
CANADÁ (1871-1901)	1682	1624	106	6,3
ESTADOS UNIDOS (1870-1900)	36189	12569	4774	13,2

* Não inclui 1869 e 1870.

Fontes:

Argentina: Vicente Vázquez-Presedo, *Estadísticas Históricas Argentinas, Primera Parte, 1875-1914* (Buenos Aires, 1971), pp. 15-6; República Argentina, *La Población y el Movimiento Demográfico de la República Argentina en el Período, 1910-1925* (Buenos Aires, 1926), p. 82; República Argentina, *Tercer censo nacional*, x, p. 399.*

Brasil: *Revista de Imigração e Colonização*, I, nº 4 (outubro de 1940), pp. 617-22; *Revista de Imigração e Colonização*, I, nº 2 (abril de 1940), pp. 227-8.

Canadá: *Historical Statistics of Canada* (Toronto, 1965), p. 23.

Estados Unidos: U. S. Bureau of the Census, *Historical Statistics of the United States, Colonial Times to 1957* (Washington, D. C., 1960), pp. 56-7.

5. O novo nacionalismo

Este capítulo trata da segunda década do século XX — a terceira década da República, período em que se deu a Primeira Guerra Mundial. Certos temas recorrentes no pensamento social brasileiro nesses anos tiveram grande influência no debate sobre raças. Em primeiro lugar, os fatos políticos levavam os críticos a encontrar sinais cada vez mais claros de que o Brasil estava com problemas. Eles denunciavam, como vinham fazendo desde a fundação da República, o caos político e financeiro. Lamentavam as crises do mercado exportador e o fracasso brasileiro na ocupação efetiva de todo o seu território. O Brasil ainda estava bem atrás de outros países. Desde a virada do século, a Argentina vinha atraindo muito mais imigrantes do que o vizinho, e sua renda per capita tinha crescido muito mais — ou assim pensava a maioria dos observadores.[1] Os Estados Unidos tinham conquistado o status de grande potência industrial. Mas o alarme dos críticos soava agora diferente porque já não se podia atribuir o relativo atraso do Brasil a um sistema político incipiente. A República tinha já vinte anos.

Os alertas sobre as ambições predatórias de potências estrangeiras no continente americano, como os que tinham sido levantados por Eduardo Prado e Raul Pompeia, na década de 1890, e por Sílvio Romero, em 1906 (no discurso de boas-vindas a Euclides da Cunha na Academia Brasileira de Letras), tornaram-se agora lugar-comum.[2] O Brasil era visto como um país vulnerável, em vista da necessidade imperiosa que tinham os Estados Unidos de encontrar mercados externos para seu excedente industrial e de capitais — um país que esperava, passivamente, numa encruzilhada histórica.

Esse sentimento tornou-se mais premente à medida que prosseguia a guerra na Europa e os brasileiros se viam obrigados a repensar seu país no contexto do conflito. A influência das ideias de Manuel Bonfim e Alberto Torres — figuras isoladas na era anterior — tornou-se claramente maior. A ideia da necessidade de uma avaliação realista do Brasil tomava vulto no espírito das pessoas. Ficou evidente a lacuna existente entre a realidade brasileira e os modelos que pensadores anteriores tinham com frequência, e erradamente, tomado por ela. O tom tornou-se mais empírico; a descrença em modelos prontos aumentou.

Tudo isso constituiu um estímulo ao pensamento nacionalista. Os escritores tornaram-se mais sensíveis à exigência de estudar a situação brasileira por si mesma, sem outras implicações. Começaram a admitir, de maneira mais explícita, que o Brasil era um país que valia a pena proteger e desenvolver, e pensaram numa mobilização nacional como meio de promover esse desenvolvimento. Pela primeira vez e em grande escala, sentiam que podiam mudar o papel que o darwinismo social e a cultura europeia tinham destinado ao país. O corolário dessa constatação, além de óbvio, era reforçado pela reação desses intelectuais à guerra na Europa: a nação brasileira tinha uma identidade e um destino que podia e devia ser controlado por brasileiros. Pela primeira vez, a corrente de pensamento dominante aprendeu como rebelar-se contra a camisa de força imposta ao país pelas ideias europeias e, mais importante ainda, a rejeitar o determinismo próprio do pensamento racista.

O PERÍODO ENTRE 1910 E 1920

Uma máquina política eficiente (a "política dos governadores") teve como resultado uma década relativamente calma na história política da República depois da eleição de Prudente Morais para a presidência em 1898. Mas a situação mudou em 1909, com disputas que se acirravam em torno da sucessão presidencial nas eleições de 1910. O primeiro candidato da máquina era aceitável tanto para os partidos regularmente constituídos quanto para os novos reformistas (especialmente o grupo de brilhantes políticos jovens chamado desdenhosamente de "jardim de infância" por seus oponentes, entre os quais estavam velhos estadistas da máquina nacional). Tratava-se de João Pinheiro, político mineiro hábil e idealista. Sua morte repentina em 1908 causou perplexidade geral e reabriu o processo de indicações.[3] Seguiu-se uma prolongada e nada edificante disputa — com Rui Barbosa, o famoso redator da Constituição e orador parlamentar, entrando na batalha e concorrendo primeiro como candidato oficial, depois como opositor.[4] Quando, como se esperava, a máquina deu a maioria ao candidato oficial, Hermes da Fonseca, Rui Barbosa publicou sua própria versão do processo de apuração, com a qual pretendia provar que tinha perdido votos por manipulação de caciques locais que agiam em colaboração com o governo federal.[5]

Hermes da Fonseca assumiu a presidência em 22 de novembro de 1910, e dias depois eclodiu um motim na baía da Guanabara.[6] No ano seguinte houve outro motim, dessa vez na ilha das

Cobras. Para consternação do barão do Rio Branco, ministro das Relações Exteriores que trabalhara dia e noite para dar ao "mundo civilizado" uma impressão favorável do Brasil, lorde Bryce estava em visita ao Rio de Janeiro na ocasião do motim da baía da Guanabara. O incidente mereceu muitas páginas vibrantes no livro que ele escreveu sobre suas viagens pela América do Sul. Resumindo suas impressões sobre o Brasil, lorde Bryce observou que "nem mesmo a grande república da América do Norte tem um território ao mesmo tempo tão vasto e tão produtivo". Mas "qual será seu futuro? O povo merecerá uma herança como essa? A parte branca na nação brasileira — a única que deve ser levada em conta — parece pequena demais para as tarefas que a ocupação do país impõe". O visitante inglês termina com uma observação ambígua:

> A longo prazo, está fora de dúvida que as terras, assim como as ferramentas, caberão àqueles capazes de usá-las. Mas seria prudente esperar para ver quais são as condições que o novo século traz ao mundo; e os povos latino-americanos, enquanto isso, devem crescer de uma forma um pouco diferente de como agora se mostram aos olhos críticos da Europa e da América do Norte.

Poderiam ter sido palavras de Henry T. Buckle. Os últimos vinte anos não teriam servido para nada?[7]

O problema político mais grave durante o mandato de Hermes da Fonseca foi a série de golpes contra a máquina política em estados menores. Rio de Janeiro, Bahia, Ceará, Pernambuco, Pará e Mato Grosso sofreram violentas mudanças de liderança. Em todos os casos, os "de fora" depuseram a máquina política estabelecida com ajuda de forças federais. Em muitos estados, como no Ceará, o Exército interveio diretamente e instalou a facção rebelde no governo e na Assembleia Legislativa. Essas intervenções do governo central, chamadas "salvações", às vezes foram levadas a efeito em benefício direto de membros da família de Hermes da Fonseca.

Os brasileiros estavam absorvidos demais em suas próprias disputas para dedicar muita atenção à política europeia. Quando o governo de Hermes da Fonseca chegou ao fim, os caciques dos principais estados se uniram em torno da candidatura de Venceslau Brás — postulante oficial respeitável, ainda que sem brilho —, eleito para a presidência da República em março de 1914. Em 15 de novembro desse mesmo ano, 25º aniversário da República, Venceslau Brás instalou-se no palácio do Catete. Enquanto isso, a Europa descambava para a guerra.

Os quatro anos do conflito na Europa, que coincidiram com o mandato de Venceslau Brás, foram de relativa estabilidade na política interna brasileira. Cabe uma menção especial à solução de muitas lutas pelo poder que vinham cozinhando em fogo lento no interior dos estados. Em Mato Grosso e no Rio de Janeiro, o presidente conseguiu cooptar uma facção vencedora e fez valer sua decisão. Resolveu também um conflito de divisas entre o Paraná e Santa Catarina. Todos esses acontecimentos ajudaram Venceslau Brás a reafirmar o poder da presidência contra Pinheiro Machado, senador pelo Rio Grande do Sul, que se tornara um mandachuva na política nacional.*

Mas ainda durante o mandato de Venceslau Brás, a guerra na Europa começou a dominar a atenção da elite. A facção pró-Aliados ganhou muita força em 1917, quando submarinos alemães começaram a afundar navios brasileiros, o que contribuiu para obrigar o Brasil a declarar guerra contra as Potências Centrais em outubro de 1917. Na eleição presidencial de 1918, mais uma vez os eleitores preferiram Rodrigues Alves, o hábil administrador pau-

---

* Pinheiro Machado, que foi derrotado em muitas outras questões relevantes, morreu assassinado por um psicopata em 1915.

lista que já tinha sido presidente entre 1902 e 1906. Pelo menos na superfície, parecia que o sistema político estava se tornando viável outra vez.

O BRASIL E A ECLOSÃO DA GUERRA EUROPEIA

A Primeira Guerra Mundial exerceu sobre os intelectuais brasileiros um efeito retardado. E quando começaram a refletir sobre o conflito, fizeram-no nos termos que os europeus lhes ofereciam.[8] A orientação francófila levou-os inevitavelmente a simpatizar com os Aliados. Rui Barbosa, o eterno cavaleiro liberal, passou muito tempo pleiteando a entrada dos brasileiros na guerra ao lado dos Aliados. Entre os proeminentes escritores e críticos literários que os apoiavam estavam Coelho Neto, José Veríssimo, Mário de Alencar e Medeiros e Albuquerque. Todos achavam que o Brasil devia participar do conflito em defesa da civilização latina contra a barbárie alemã. Para eles, a questão da culpa pela guerra resolveu-se rapidamente, como se vê num artigo que concluía: "A Alemanha não só queria a guerra — ela a precipitou, de medo que uma solução pacífica a fizesse abortar".[9] Em 1914, Coelho Neto pranteou a civilização latina: "Pobre terra de França!". E João do Rio voltou sua histeria contra o kaiser Guilherme II.

Em 1915, os intelectuais simpatizantes dos Aliados fundaram a Liga pelos Aliados, com o objetivo de organizar manifestações e publicar propaganda que mobilizasse os sentimentos dos brasileiros contra as Potências Centrais. Os propulsores da Liga eram José Veríssimo, destacado crítico literário, e Rui Barbosa. Ela refletia perfeitamente o éthos cultural da era que precedeu a guerra. A Liga patrocinou discursos e peças que dramatizavam o infortúnio da civilização latina, ameaçada pelos "hunos" e "godos". Afrânio Peixoto, por exemplo, concordou em escrever uma peça que seria apresentada pela Liga para levantar fundos de socorro para "vítimas da guerra". O roteiro era absolutamente pueril, com as potências em guerra interpretadas por moças que riam bobamente dos corações partidos pela guerra dos sexos.[10]

Os jornais e revistas mais lidos seguiam geralmente a linha pró-Aliados, e apresentavam a guerra como uma ameaça bárbara à liberdade e à cultura. A propaganda inglesa sobre a Violação da Bélgica, com descrições do morticínio de bebês, era repetida fielmente pela imprensa brasileira. Essa lealdade à causa aliada não era de surpreender. A elite brasileira estava ancorada na cultura francesa. Poucos de seus integrantes tinham alguma familiaridade real com a civilização germânica. Tobias Barreto, o evangelista da filosofia alemã, foi um elemento isolado e bizarro contra a camisa de força cultural francesa (e, em menor grau, a inglesa).

As Potências Centrais, por sua vez, tinham apenas um ou outro defensor ocasional explícito. Sampaio Ferraz, por exemplo, escreveu em 1915: "Para os inimigos, o mal dos germânicos não está em suas instituições; o mal dos germânicos está na riqueza do seu caráter, na firmeza da sua vontade, no vigor da sua resistência, na heroicidade da sua abnegação. São estes males (ou piores) que assegurarão, por fim, a vitória da Alemanha".[11] Uns poucos oficiais brasileiros que tinham recebido treinamento no Exército alemão antes da guerra publicaram em jornais contestações aos despachos sobre a guerra, predominantemente antigermânicos. Mesmo assim, tinham o cuidado de assinar com pseudônimos (Gneisenau e Scharnhorst estavam entre os preferidos).[12]

Uns poucos escritores, como Dunshee de Abranches, davam sua *própria* explicação, hostil aos Aliados, sobre como a Europa chegara à guerra total. Em setembro de 1914, ele disse num discurso que o que estava acontecendo era "uma guerra de mercados e nada mais", e elogiou Bismarck e o imperador Guilherme II por seu notável sucesso, demonstrado pelo rápido crescimento econômico, social e cultural do Império Germânico. O "Perigo Alemão" não era mais real que o "Perigo Ianque", cujo lugar passara recentemente a ocupar na linguagem "hipócrita" da propaganda internacional. Durante toda a guerra, Dunshee de Abrantes mostrou-se um incansável opositor dos entusiastas pró-Aliados.[13]

Outra oposição real aos propagandistas dos Aliados veio de uma minoria sem papas na língua para a qual o Brasil não tinha *necessariamente* interesses comuns com os Aliados e portanto devia permanecer neutro. Eles achavam que o país teria pouco a ganhar se entrasse na guerra. A intervenção seria dispendiosa e inútil. Entre os intelectuais dessa tendência estavam Oliveira Lima e Capistrano de Abreu. Eles temiam que o Brasil, caso tomasse parte na guerra, ficasse mais dependente dos Estados Unidos, já que seria o único país grande da América Latina a se unir aos Estados Unidos do lado dos Aliados. Expressavam claramente seu ceticismo a respeito das fábulas assustadoras que se contavam sobre a Alemanha.[14] "Não sei se os alemães têm sido bárbaros", escreveu Oliveira Lima no segundo mês de hostilidades. "Penso que em guerra todos se tornam igualmente bárbaros; já a guerra em si mesma é ato de barbárie."[15]

Um outro grupo resistia à propaganda favorável aos Aliados: os pioneiros da colonização alemã do Brasil. Da mesma forma que seus congêneres da zona rural dos Estados Unidos, os imigrantes alemães tiveram sua lealdade posta em dúvida. Até os membros de ordens religiosas nascidos na Alemanha eram acusados de ser agentes do imperialismo alemão.[16] Seus defensores, geralmente políticos dos estados do Sul, onde a colônia alemã estava concentrada, pleiteavam a separação do Império Germânico — e seu papel na guerra — dos imigrantes alemães que tinham escolhido lançar sua sorte no Brasil. Um panfleto distribuído no Rio Grande do Sul, onde havia muitos imigrantes alemães, pedia o fim da "inundação de ódio e inveja" derramada sobre os alemães do Brasil pelos "jacobinos germanofóbicos". Dizia que os imigrantes eram prósperos contribuintes para o progresso brasileiro e que tinham todo o direito de defender as posições de sua antiga pátria na guerra.[17]

A colônia alemã entrou também na batalha propagandística direta. Em maio de 1915, o jornal publicado em alemão na cidade de São Paulo distribuiu um suplemento em português que criticava violentamente as velhas histórias sobre atrocidades cometidas pelos alemães que estavam sendo impressas em todo o Brasil. Por trás dessa campanha, dizia o jornal, havia dinheiro francês.[18]

Durante o primeiro ano de guerra, os intelectuais continuaram a ver os fatos, em grande medida, pelo prisma da propaganda aliada, mas ao mesmo tempo tornavam-se cada vez mais conscientes de seu isolamento. O conflito europeu desses primeiros meses teve uma consequência curiosa. Observando os exércitos que se digladiavam, os brasileiros começaram a se sentir deixados de lado. Instalou-se uma sensação de distanciamento. O colunista Paulo Silveira observou lugubremente, em novembro de 1914, que "assistimos embasbacados à formidável luta europeia, paralisados na nossa existência, com a nossa atividade entorpecida, completamente escravos da Europa".[19] A comparação com a Europa era odiosa: "Qualquer nação balcânica tem mais vitalidade que o Brasil"; o que o Brasil precisava era de "sangue novo nas veias". Em junho de 1915, o mesmo comentarista perdia as esperanças na geração mais jovem de seu país: "A nossa mocidade não sonha mais", e o país estava consumido por um "ceticismo desolador".[20] "A guerra nos bate às portas", escreveu outro jornalista, "enquanto a visão da cidade [Rio] é quase um delírio."[21] Capistrano de Abreu era mais concreto em seu pessimismo. Em setembro de 1915, escreveu a um amigo dizendo que "depois da guerra a coisa será pior, porque a reconstrução europeia será a maior empresa que jamais se iniciou, e de lá não podemos esperar nem dinheiro nem capitais".[22]

DEFESA NACIONAL: O DESPERTAR DO NACIONALISMO

A primeira fase da reação do Brasil à guerra durou cerca de um ano. Em 1915, a sensação de isolamento começou a dar lugar a um espírito cada vez mais militarista. Um dos sinais da mudança foi a recepção dada a Miguel Calmon — membro de uma proeminente família baiana, engenheiro graduado pela Escola Politécnica e ex-ministro da Agricultura e Transportes e de Obras Públicas — quando retornou da Europa, onde testemunhara o começo da guerra. Ele foi um dos primeiros brasileiros a trazer um relato de primeira mão. Em julho, deu uma palestra na Bahia clamando por um "despertar". Na verdade, não estava fazendo um chamado às armas, embora os militares tenham imediatamente entendido assim. Estava convocando a um novo ataque aos problemas sociais e econômicos do Brasil. "A lição da guerra vós a tendes aqui [...] é o despertar, sob o império da adversidade, de energias profundas e adormecidas, de que o homem, muitas vezes, não suspeita. Toda desgraça, com ou sem guerra, exerce o mesmo efeito; dá aos homens a auréola do sacrifício; traz-nos a alma à flor."[23]

Miguel Calmon recebeu um telegrama de congratulações de *A Defesa Nacional*, uma revista militar editada por um grupo de oficiais apelidados Jovens Turcos, e em pouco tempo estava repetindo sua palestra diante de um entusiástico contingente de militares que finalmente se sentiam objeto do interesse civil.[24]

O chamado à ação lançado por Calmon foi ofuscado em pouco tempo por uma figura mais famosa do mundo cultural. Em outubro de 1915, Olavo Bilac falou aos estudantes da Faculdade de Direito de São Paulo. Tratava-se de um discurso de formatura — quase sempre uma boa amostra do sentimento intelectual dominante.[25] Começou traçando um quadro desanimador da falta de integridade moral no Brasil, fazendo eco a outras opiniões recentemente expressas: "Uma onda desmoralizadora de desânimo avassala todas as almas", porque "hoje, a indiferença é a lei moral; o interesse próprio é o único incentivo". Embora deplorando o egoísmo da elite, ele reconhecia a "bruta ignorância" do homem comum, que só mostrava "apatia, superstição, absoluta privação de consciência". Referindo-se aos sertões, disse que seus "homens não são brasileiros, nem ao menos são verdadeiros homens: são viventes sem alma criadora e livre, como as feras, como os insetos, como as árvores". Para Bilac, o Brasil fracassara na exploração do potencial de sua gente por meio da educação. "O que se está fazendo para a definitiva constituição da nossa nacionalidade? Nada."

"O primeiro passo para a convalescença e para a cura" — suas opiniões mostravam a influência dos acontecimentos europeus — seria a implantação da lei que instituía o serviço militar obrigatório, que, embora aprovada em 1907, permanecia como letra morta.[26] "A caserna é um filtro admirável em que os homens se depuram e apuram: dela sairiam conscientes, dignos brasileiros esses infelizes sem consciência, sem dignidade, sem pátria, que constituem a massa amorfa e triste da nossa multidão." Apelou aos brios de seu jovem auditório: "Uni-vos a todos os moços e estudantes de todo o Brasil: num exército admirável, sereis os escoteiros da nossa fé!".

O chamado às armas de Bilac, mais deliberadamente militar do que o de Calmon, teve uma pronta resposta da elite, já que ele se lançou num ciclo de palestras por todo o país para promover o novo patriotismo.[27] Embora pouco diversa das lamentações sem conta do ano (ou do biênio) anterior, sua denúncia veio no momento oportuno. Por causa de sua importância, de sua tribuna e da rapidez com que os militares capitalizaram suas afirmações, Bilac recebeu o crédito de catalisador do descontentamento nacional. Coelho Neto, colega de Bilac na Academia Brasileira de Letras, elogiou sua iniciativa e disse que era uma aplicação das ideias de Alberto Torres.[28]

Os jovens advogados levaram a sério o desafio de Bilac e dedicaram-se a organizar — com grande ajuda dos militares — a Liga da Defesa Nacional. No começo de 1916, a Liga entrou em atividade sob a presidência de Rui Barbosa, que lutava incansavelmente pelo apoio brasileiro aos Aliados. A reação a uma palestra que ele proferiu em Buenos Aires em julho de 1916 dá mostras do acirramento do debate sobre a guerra. Como delegado oficial do Brasil às comemorações do centenário da independência argentina, ele aproveitou a ocasião para rejeitar a neutralidade: "Os tribunais, a opinião pública e a consciência não podem ser neutros entre a lei e o crime". Embora se abstivesse de defender uma declaração de guerra, as implicações estavam claras. Ele tentou deliberadamente induzir os governantes brasileiros à intervenção, para gáudio da França e decepção dos alemães. O discurso não tinha sido submetido ao ministro das Relações Exteriores, que ficou furioso e repudiou-o de imediato.[29] Instaurou-se um debate acalorado na imprensa brasileira. Os partidários da neutralidade desmereciam a oratória de Rui Barbosa, chamando-a de "produto da vaidade e da inconsistência, obra-prima de estilo e de eloquência, mas perigoso para o Brasil". Oliveira Lima publicou uma refutação e foi tachado de "mais germanófilo que os alemães".[30]

O debate sobre a guerra, que começara com a questão da neutralidade brasileira, logo despertou o sentimento nacionalista de outras proeminentes figuras literárias. Uma das mais notáveis foi Afonso Arinos de Mello Franco, escritor aristocrático que antes da guerra tinha começado a promover o interesse pela exploração do rico folclore e da cultura popular do Brasil. Em 1915, Arinos deu uma instigante palestra em Belo Horizonte sobre "A unidade da pátria". Para ele, era imperioso e urgente consolidar a unidade nacional, que, embora ainda não conquistada, felizmente *não* tinha sido prejudicada pela existência no país de "uma raça dominada, considerada inferior e por isso hostilizada, como a raça negra nos Estados Unidos". As "classes superiores" precisavam empreender uma "verdadeira campanha cívica para reerguimento do Brasil, taganteado pela imprensa do mundo como caloteiro e falido fraudulento". Em resumo, o Brasil tinha um território mas não era uma nação. E o tempo era criticamente exíguo. "A própria soberania nacional está em risco, e não poucos homens de responsabilidade contam certo com a tutela estrangeira, meta onde parará a nossa crise."[31]

A guerra começou a afetar outros escritores de forma similar. João do Rio, por exemplo, voltou a atenção para o Brasil (como fizera ao descrever a Exposição de 1908) — o abandonado, irreflexivo, desorganizado Brasil que Bilac havia caricaturado em seu discurso aos estudantes de direito em São Paulo. *Habitué* do burburinho sombreado da avenida Central, começou a viajar pelo Brasil, propagando seu próprio chamado às armas. Em Belo Horizonte, em 1917, disse: "A guerra é para nós o despertar, o reconhecimento do próprio valor. Há mil ideias germinadoras na atmosfera. Cada ideia exprime fé e corporifica-se numa realidade".[32] O abandono da terra era sua principal explicação para o atraso do Brasil. Suas invectivas foram comparáveis às melhores críticas que surgiriam mais tarde no pós-guerra: "Não vedes o povo do Brasil desligado do Brasil? Integralmente. O povo é parasitário, alfandegário". Sua opinião sobre a causa era "hostilidade aventureira ao trabalho do solo. Os professores pensam na Europa. Num país novo reina, aniquilando a mocidade, o espírito clássico da Europa. Num país novo, os homens pensam como os empregados públicos na França".[33]

Ele via a guerra também como uma ocasião para obrigar os brasileiros a repensar sua identidade nacional: "Certo nenhum outro povo, afastado da ação beligerante, sentiu tanto como o Brasil a guerra". Quando a guerra começou, a nação "estava desnacionalizada pela leitura, estrangeirada pelos costumes alheios".

Agora chegara a oportunidade: "Se quisermos simbolizar o Brasil no momento da conflagração, é preciso pensar nesses homens jovens, filhos de boas famílias, que vivem de empréstimos à espera da enorme herança futura". O vilão era o sistema de ensino: "Criamos ignorância, igual a bacharelismo, num oceano de ignorância, igual a analfabetismo".[34]

João do Rio repetiu sua acusação e seu chamado à ação em discursos e artigos durante todo o período de guerra. Era um literato *raffiné* incursionando pelo território virgem do nacionalismo brasileiro. Sua disposição para discutir os problemas mais difíceis — o sistema educacional, o abandono da agricultura no interior, o fracasso na criação de um estilo nacional autêntico na literatura e nas artes — fez dele um exemplo notável de formador de opinião em plena atividade.[35]

Calmon e Bilac, como vimos, propiciaram a abertura de que os frustrados oficiais do Exército brasileiro precisavam. Os mais ambiciosos entre eles desejavam de longa data um exército mais poderoso, mas os políticos civis nunca aprovaram os recursos e a maquinaria necessários para que entrasse em vigor a lei do serviço militar obrigatório aprovada em 1907.[36] Seja como for, o Brasil não tinha uma forte tradição militar. A guerra na Europa parecia dar uma oportunidade de remediar essa situação. O discurso de Bilac, principalmente, que ganhou muito mais notoriedade que o de Calmon, marcou o início de uma aliança importante entre intelectuais formadores de opinião e oficiais ambiciosos. Bilac foi elevado ao status de herói nacional e bem aproveitado como propagandista. Um parlamentar chegou a acusar o governo de subsidiar suas palestras pelo país. Os desmentidos de seus defensores não foram convincentes.[37]

Recebendo forte apoio do Exército, a Liga da Defesa Nacional conservou seu caráter semioficial. Os indícios de apoio do governo também eram óbvios. A quantidade de livros e folhetos de distribuição gratuita evidenciava fartos recursos propagandísticos. No entanto, é importante observar que a Liga era uma organização altamente respeitável, apesar da possibilidade de financiamento pelos cofres públicos. Embora "nacionalista", ela refletia fielmente o status quo político e econômico. Representava a tentativa da elite de tirar proveito do despertar nacionalista para seus próprios fins. Desde o início, a Liga entendeu patriotismo no sentido tacanho e tradicional de dever cívico. Seu tom moralista era um efeito do elemento de classe média (isto é, urbana, profissional) que havia na ideologia liberal. Mas a conotação militarista, onipresente por causa do papel central desempenhado pelos oficiais, negava o espírito do liberalismo clássico. O militarismo era mais incompatível ainda com o internacionalismo. Assim, os políticos e intelectuais estavam começando, inadvertidamente, a entrar em conflito com o compromisso internacional implícito em suas posições anteriores.

A Liga da Defesa Nacional não foi o único produto do novo espírito militarista. A Liga Nacionalista foi outra organização desse tipo. Fundada em julho de 1917, um ano e meio depois da primeira, ela tinha o apoio (livre uso de salas de aula, por exemplo) e o incentivo do governo do estado de São Paulo. Ao que parece, foi uma organização largamente integrada por civis, embora defendesse a implantação efetiva do serviço militar obrigatório. O "Conselho Deliberativo" da Liga Nacionalista era integrado por uma lista de sumidades paulistas: Júlio de Mesquita Filho, Nestor Rangel Pestana, Plínio Barreto, Antônio de Sampaio Dória e muitos outros. Entre eles havia médicos eminentes, como Luís Pereira Barreto, cientista positivista, e Arnaldo Vieira de Carvalho, fundador da Faculdade de Medicina de São Paulo. O presidente era Frederico Steidel, professor da Faculdade de Direito.[38]

A propaganda da Liga Nacionalista tinha um tom diferente de sua congênere carioca. Refletia o liberalismo jurídico bem característico da atmosfera intelectual de São Paulo. O discurso de fundação, pronunciado por Antônio Pereira Lima, soou de forma similar ao de Miguel Calmon dois anos antes. O Brasil, lamentava, "era um país imensamente pobre no meio de suas imensas riquezas, desarmado diante do estrangeiro armado, desarticulado e disperso pelos seus vastos sertões". E o pior de tudo era que o Brasil "sem confiança em si próprio" caminhava "em passo trôpego e hesitante de valetudinário que uma vida dissoluta tivesse aproximado da morte". Agora, porém, o país felizmente se deparava com uma inesperada encruzilhada: o "caminho pedregoso" em direção a uma "terra descampada e hostil" e a "vergonha suprema" de brasileiros que se reconhecem "indignos" do quinhão opulento com que tinham sido contemplados na divisão da Terra, ou o "outro caminho" que leva a uma "planície sólida, em que a nação surgiria una e coesa". E, ainda mais interessante, esse paraíso "seria a abrida para uma esplêndida civilização rural, doce e amorável pelos costumes sóbrios e simples do povo".[39]

O discurso de Lima continha diversos elementos comuns a ambas as ligas nacionalistas, mas a dos paulistas tinha na verdade uma ênfase diferente. Seus organizadores estavam entre os principais reformadores liberais de São Paulo — homens convencidos de que a maior necessidade do Brasil seria atendida com uma forte dose de liberalismo político. Assim, eles lutavam por reformas como a implantação do voto secreto e compulsório. Steidel falava amargamente da "tirania" dos caciques políticos locais, a quem "os eleitores não desejavam mais submeter-se". Sampaio Dória, um dos patronos da Liga Nacionalista, tornou-se um de seus principais divulgadores com a campanha de "purificação" do voto. A propaganda da Liga Nacionalista tinha um forte tom moralista que refletia a reação da classe dos profissionais urbanos — cujo bastião era a cidade de São Paulo — contra a manipulação de caciques rurais. Era o nacionalismo da classe média.[40]

Enquanto isso, os militares davam continuidade a sua própria propaganda direta. Num discurso no Clube Militar, no Rio de Janeiro, um capitão do Exército mencionou o contingente "irrisório" do Exército brasileiro (apenas 18 mil homens) que devia proteger um país que sentia apenas "indiferença" pelos militares e mergulhava em "serenidade confiante". Os brasileiros pensavam equivocadamente que poderiam permanecer como "simples espectadores da guerra europeia, donde unicamente adviriam benefícios para as [...] indústrias. Povo bom e pacífico, não tinha desejado a guerra e não podia acreditar, agora, que ela os viesse a despertar violentamente". Sua moral era social-darwinista: "A guerra europeia está mostrando-nos eloquentemente qual é o destino dos povos fracos".[41]

A MOBILIZAÇÃO E O NOVO NACIONALISMO

No Brasil, como nos Estados Unidos, os intervencionistas ganhavam força à medida que os submarinos alemães afundavam mais e mais navios. Em 5 de abril de 1917, no entanto, pouco antes que os Estados Unidos declarassem guerra, foi afundado um navio brasileiro, o *Paraná*. Esse fato levou à ruptura das relações diplomáticas com a Alemanha (com o apoio de Oliveira Lima, até então fervoroso defensor da neutralidade) e a nada mais.[42] Então, em 1º de junho, o Brasil revogou o decreto de neutralidade e autorizou a Marinha a utilizar navios alemães que tinham sido confiscados em portos brasileiros ao estourar a guerra. Outro navio brasileiro, o *Macau*, foi afundado em 23 de outubro, e o presidente Venceslau Brás pediu ao Congresso que "reconhecesse o estado de guerra que nos foi imposto pela Alemanha".[43] A Câmara e o Senado concordaram, e o decreto foi publicado em 26 de outubro. O Brasil se unira aos beligerantes.

O Brasil levou seis meses a mais que os Estados Unidos para entrar na guerra. Teve menos navios afundados, e os ataques começaram mais tarde; o interesse do país em participar do conflito não era tão óbvio. Quando terminaram as hostilidades, o Brasil era o único *grande* país da América Latina que havia declarado guerra. Os outros beligerantes do subcontinente eram pequenos países caribenhos ou centro-americanos sob influência direta dos Estados Unidos: Cuba, Costa Rica, Guatemala, Haiti, Honduras, Nicarágua e Panamá. Os outros países principais da América Latina nem sequer romperam relações diplomáticas com as Potências Centrais.[44]

Seguindo o exemplo dos Estados Unidos, o governo brasileiro cultivava a amizade com esse país, o que era parte da política diplomática de longo prazo implantada pelo barão do Rio Branco assim que assumira a pasta das Relações Exteriores, em 1902 — uma aposta de que o Brasil consolidaria sua posição no mundo por meio da aliança com o gigante do continente.[45] Havia intervencionistas que não faziam segredo da opinião segundo a qual os futuros interesses do Brasil seriam mais bem atendidos com uma aliança sólida com os Estados Unidos. O escritor Valente de Andrade disse francamente que os Estados Unidos sairiam da guerra muito mais fortes que a Europa; que o Brasil necessitava desesperadamente de investimento estrangeiro, assim como de mercados para seus produtos primários; e, ainda, que uma aliança estreita com seu maior consumidor e maior investidor-credor potencial seria extremamente vantajosa. Isso garantiria a paz na América Latina e proteção contra a Argentina — país que Valente de Andrade via como a principal ameaça externa ao Brasil.[46] Assis Brasil, reformador republicano e diplomata que serviu nos Estados Unidos, usou o estreitamento dos laços com os Estados Unidos como um dos temas centrais de seu discurso, pronunciado sob a égide da Liga da Defesa Nacional, em setembro de 1917. Citando um relatório diplomático redigido por ele em 1900, convocou o Brasil a cultivar sistematicamente a boa amizade destes Estados Unidos [...] um país novo, apresentando maior número de semelhanças com o nosso do que nenhum outro [...] e aprender as mil coisas necessárias ao nosso progresso. [...] O que a sabedoria e a dignidade aconselham é que utilizemos a proteção [da Doutrina Monroe], sem subserviência ao protetor.[47]

Essa mudança de posição em relação à questão de ajudar a "salvar" a civilização europeia — como a Liga pelos Aliados anunciara em sua propaganda inicial — em favor do contexto continental em que o Brasil se situaria no pós-guerra ficou clara nos discursos de Coelho Neto, que começou a tecer rasgados elogios aos Estados Unidos.[48] O novo pensamento foi também exposto pelo escritor e congressista Gilberto Amado, admirador confesso da cultura francesa, para quem a entrada do Brasil na guerra confirmaria que "somos antes de tudo uma potência americana [...] devendo seu progresso à Europa, mas ligada à América". Reafirmar "o cunho especial de solidariedade à grande nação do norte" nesse momento de ingresso na guerra era lógico e natural.[49]

A decisão final de declarar guerra foi tomada depois de uma mudança generalizada da opinião pública. Durante o ano de 1917, o ministro das Relações Exteriores, Lauro Müller, que havia muito era atacado pela imprensa pró-Aliados, foi alvo de uma série de acusações segundo as quais sua ancestralidade alemã (seus pais eram imigrantes alemães radicados em Santa Catarina) tornava-o potencialmente desleal.[50] Em janeiro de 1917, *A Razão* acusou-o de não defender os interesses brasileiros contra os beligerantes, e em fevereiro um colunista baiano acusou-o de ser um "agente a soldo" e "canalha".[51] Em 10 de março, o crítico literário Medeiros e Albuquerque acusou Lauro Müller de "comprometer os interesses do Brasil".[52] No começo de maio de 1917, Müller renunciou. A reviravolta da opinião pública ficou patente ainda em maio, quando o parlamentar gaúcho Pedro Moacir fez um discurso em que condenou a guerra submarina, apesar de oriundo de uma região de colonização alemã. "De norte a sul do país" o sentimento pró-Aliados aumentava, disse ele, chegando a "certas explosões desarrazoadas".[53] E eram efetivamente explosões: multidões destruindo lojas no Recife e hostilidades esporádicas contra descendentes de alemães em todo o país.[54] Foi assim que o Brasil entrou na guerra. Nenhuma força brasileira chegou a combater, embora tenham sido enviadas missões para treinamento conjunto com tropas francesas e americanas. Se a guerra tivesse durado mais um ano, soldados brasileiros talvez tivessem se juntado à guerra de trincheiras.[55]

Pouca gente acreditava que o país estivesse diretamente ameaçado pela guerra. Mesmo com navios torpedeados e o comércio internacional interrompido, a probabilidade de uma invasão do Brasil não era nem sequer remota.[56] Termos como "defesa" e "mobilização" permaneciam distantes do teatro de operações. Esses conceitos, de início estritamente militares e usados por oficiais ansiosos por aumentar o próprio poder, passaram a integrar o jargão empregado por intelectuais nas discussões relacionadas às iniciativas públicas em áreas essenciais como saúde, educação e outras.

Para os europeus, a ideia de mobilização não era nova. A Revolução Francesa foi provavelmente o primeiro exemplo de mobilização em grande escala, e Napoleão mostrou de que proezas um líder ambicioso é capaz quando apoiado num Estado nacional bem organizado. Mas os cem anos de relativa paz que transcorreram entre o Congresso de Viena e o assassinato do arquiduque em Sarajevo obscureceram a importância da mobilização para muitos observadores da civilização europeia. No Brasil, por exemplo, a ideia de mobilizar setores nacionais para enfrentar uma crise era praticamente desconhecida.

Publicidade governamental durante a Primeira Guerra, refletindo o momento de entusiasmo nacionalista.

A entrada do país na guerra, no entanto, incentivou a participação popular. Depois de colaborar com a Liga da Defesa Nacional, Olavo Bilac seguiu em frente exigindo iniciativas imediatas para chegar às "massas populares, desnutridas e carentes de educação e saúde". Embora o governo tenha respondido com vagar, em junho de 1918 criou-se finalmente o Comissariado da Alimentação Pública, com o objetivo de enfrentar a inflação galopante dos preços dos alimentos, causada em parte pelo aumento das exportações brasileiras de alimentos para ajudar os Aliados. Foi um primeiro passo em direção a uma iniciativa estatal para combater a fome e a desnutrição no Brasil.[57]

A educação era outra área crítica. Apesar do maior interesse pela ciência e pela tecnologia que marcou o Segundo Reinado, o Brasil continuou a formar muito mais advogados do que cientistas ou engenheiros. Entre 1889 e 1910, foram fundadas oito novas faculdades de direito — duas delas no Rio — e só três faculdades de engenharia.[58] Como disse um crítico: "Há milhares de sábios que conhecem profundamente o *jus scriptum* e o *jus scribendum* em relação à propriedade e ao mais, ao passo que raros são os capazes de explorar inteligentemente a terra ubérrima".[59] De fato, a descentralização política implantada pela República facilitou a continuidade da posição privilegiada desfrutada pelas profissões liberais, porque os estados, agora com autonomia educativa, simplesmente seguiram o exemplo do Império estabelecendo mais faculdades de direito do que instituições científicas ou escolas técnicas.

A mania dos brasileiros pelo direito já tinha sido denunciada anteriormente. Alberto Torres foi um dos críticos mais eloquentes dessa tendência. Às vésperas da guerra, dado o estado de mobilização em que se encontrava o Brasil, essa mania tornou-se alvo óbvio para o ataque. Em 1916, uma nova invectiva desse tipo, agora feita por Tobias Monteiro, jornalista e historiador que tinha muitos leitores, atribuiu o atraso do Brasil ao abandono da agricultura, da indústria e do comércio. A única solução seria reduzir o inflado exército de advogados, poetas, romancistas e oradores e aumentar o magro escalão produtivo. Recentemente, Minas Gerais e Goiás tinham fundado faculdades de direito em lugar de escolas de veterinária ou estações de saúde animal. Essa "superabundância de funcionários e doutores" era a consequência natural do "liberalismo das reformas, começadas em 1878 com o denominado 'ensino livre'".[60] Em São Paulo, disse Tobias Monteiro, "um dos maiores empórios agrícolas do mundo", apenas 178 engenheiros-agrônomos tinham sido formados pela Escola Agrícola de Piracicaba em doze anos, enquanto a faculdade de direito produzira 2 mil bacharéis no mesmo período. Além disso, o exemplo "das classes mais inteligentes" estava sendo seguido pela "gente inculta" que aspirava "a baixos lugares das repartições e dos escritórios" quando "deveriam dirigir-se para as artes, os ofícios e o pequeno comércio".[61] Em consequência disso, o Brasil era governado por homens destituídos de senso prático e de experiência. Dos 63 integrantes do Senado (havia três cadeiras vagas), apenas nove eram agricultores e dois eram proprietários de terras. Todos os demais vinham de profissões liberais — advogados, médicos, militares, engenheiros, jornalistas e servidores públicos. A Câmara dos Deputados era igualmente desequilibrada. Dos 202 membros, havia apenas oito agricultores, três industriais, dois proprietários de terras e um comerciante. Mais da metade deles eram advogados, e os demais eram médicos, engenheiros e jornalistas.[62] O que Tobias Monteiro achava mais estranho era a ausência de empreendedores.

A preocupação de Tobias Monteiro — comum entre os intelectuais que tinham assumido o discurso da mobilização — centrava-se na capacidade de o Brasil alcançar a regeneração social. "Não haverá transformação possível do caráter nacional se a nação continuar a ser uma nação de doutores e empregados públicos." Em vez disso, continuará "pelo mesmo caminho de fatalismo e resignação que a tornou uma nação de dependentes ao lado de colônias estrangeiras, prósperas e dominadoras".[63] Tobias Monteiro preocupava-se também com os brasileiros nativos, que mostravam uma "ausência completa de ambição" e uma "preguiça moral" com raízes no "fatalismo da raça". "Deus é brasileiro" significa na verdade "deixa estar, não te incomodes".[64]

Assis Brasil lançou uma campanha de mesmo tipo contra o sistema de ensino brasileiro, pouco prático e inadequado.[65] Ele também se preocupava com a adesão de seus compatriotas a um conjunto de valores perniciosos: o prestígio da cultura ornamental e das profissões não empreendedoras. Na verdade, o debate dos tempos de guerra estimulou uma reconsideração de longo alcance do sistema educacional voltado para o elitismo. Uma geração mais jovem de reformadores da educação surgiu para exigir uma abordagem mais prática e democrática, bem semelhante aos parâmetros que John Dewey vinha propondo nos Estados Unidos.[66] Com efeito, esses reformadores, assim como os propagandistas da saúde pública, partiam de pressupostos culturalistas. Assumiam implicitamente que os brasileiros nativos, fosse qual fosse sua origem racial, estavam sendo muito prejudicados pela ausência de instituições sociais que os preparassem para o mundo moderno.

Reavaliação do conceito de raça

A partir da nova oratória de mobilização, os brasileiros viram aumentar a preocupação com a identidade nacional, à medida que questionavam a doutrina racista que tinham herdado. O citado discurso de Miguel Calmon não instava apenas para a mobilização dos brasileiros; ele também falava especificamente de raça — tendo visto soldados negros das colônias lutando no Exército da França. "Como é reconfortante ouvir da boca dos franceses a narrativa dos gestos heroicos praticados por negros e mestiços. [...] Felizmente para nós, a guerra não foi necessária para abolir tais preconceitos, e sempre honramos o mérito onde quer que ele se achasse."[67] Embora a negação do preconceito enunciada por Calmon fosse claramente infundada, ele estava tateando em busca de uma explanação das origens do sistema multirracial do Brasil. Prosseguiu elogiando o "elemento nativo" que contribuiu com o "intransigente espírito de apego ao solo" que dava ao Brasil condições de "repelir invasões consecutivas" e "nos permitiu afrontar e transformar uma natureza tropical tão pouco clemente".[68]

Uma defesa similar dos brasileiros nativos foi feita por Gilberto Amado, que em dezembro de 1916 pronunciou um longo discurso parlamentar resenhando a história do Brasil e mostrando a necessidade de uma liderança prática e de mentalidade reformadora. Sintomaticamente, começou por rejeitar os "exageros dos Gobineau, dos Vacher de Lapouge, dos Chamberlain, para não falar de Agassiz e de Gustave Le Bon". Gilberto Amado, portanto, analisava a cultura legalista brasileira que levara a uma excessiva confiança em fórmulas constitucionais e na cópia de modelos estrangeiros.[69] No ano seguinte, ridicularizou o empenho obsessivo da elite brasileira em demonstrar sua "latinidade" e sugeriu: "Sejamos cafuzos e curibocas resignados, procurando honrar o nosso sangue pela dignidade do nosso estilo de homens e não pelo blasonar de hereditariedades que não são nossas".[70] Resumindo, esse jovem intelectual estava fazendo uma análise *histórica* dos problemas brasileiros de um ponto de vista antirracista semelhante ao de Alberto Torres e Manuel Bonfim.

Outro exemplo dessa mudança de mentalidade foi uma série de palestras ministradas por Basílio de Magalhães em 1915. Magalhães escrevia, de longa data, livros didáticos de história e geografia para uso em São Paulo, mas suas palestras foram extraordinariamente explícitas na rejeição tanto da raça quanto do clima como explicação para o fato de o Brasil ser "o grande doente da América do Sul". "Tem corrido como verdade inconcussa que a mestiçagem, qual a dominante no Brasil, carece tanto de energia física quanto de energia moral." Darwin, Agassiz, Spencer, Hellwald, Gustave Le Bon, "têm todos condenado o cruzamento de que resultou a maioria do povo brasileiro." Magalhães citou Comte como refutação suficiente dessa opinião.[71]

Da mesma forma que Calmon, ele buscava refutar a tese do

arianismo, assinalando as conquistas históricas dos mestiços. "Pois não foi essa raça que, quase sem auxílio algum do braço estrangeiro até fins do século XIX, desbravou as nossas terras vastíssimas e nos conservou íntegra esta grande pátria?"[72] Ele se consolava com o sofrimento da Europa: "Está a nossa pátria passando, agora, pela sua crise da puberdade, sobrevindo exatamente quando a Europa entrou na crise da menopausa". Levando adiante a metáfora médica, referiu-se à "crise trágica e demencial da involução senil da Europa conflagrada". O Brasil, por outro lado, poderia buscar coragem em seu passado, quando "sempre" demonstrara uma "prodigiosa capacidade de recuperação".[73] Além disso, Magalhães viu que a guerra poderia ter resultados positivos porque as crises "concomitantes" de puberdade no Brasil e senilidade na Europa "ajudariam a operar no organismo brasileiro a transformação a que o predestinam os antecedentes históricos". Embora nada chegado à "ianquemania" e ansioso por preservar "a feição própria da nossa nacionalidade, a consciência sagrada da nossa latinidade", ele estava certo de que o Brasil iria "fixar definitivamente a sua personalidade no concerto americano e universal".[74]

Como a maior parte da elite, Magalhães ainda aceitava a doutrina segundo a qual o Brasil era "essencialmente agrícola", mas criticava a falta de um programa importante de agricultura científica. Enquanto "esse Brasil paradoxal" importava milho dos Estados Unidos, leite condensado da Europa e "até palitos de Portugal", tinha "menos escolas agrícolas do que academias jurídicas".[75]

Qual era a solução proposta por Basílio de Magalhães? Educação. O desafio era "fortalecer física e moralmente essa raça por uma bem orientada e sistemática educação, tanto sensorial como cívica". Só isso poderia fazer com que o Brasil fosse "valorizado": "Todo o nosso futuro depende de amalgamarmos sabiamente os nossos heterogêneos elementos étnicos, desenvolvendo-lhes em tipos fixos e fortes, por meio da educação, as boas qualidades, e suprimindo-lhes, quando for possível, os defeitos e vícios originários".[76]

Basílio de Magalhães não era original o bastante para repudiar de alto a baixo as tentativas de contemporização com a teoria racista. Porta-voz menor da elite, ainda considerava necessário anunciar as seguintes convicções: (1) as diferenças raciais, embora importantes, não eram intrínsecas; (2) portanto, as teorias sobre a absoluta inferioridade ou superioridade em caráter permanente não tinham fundamento; e (3) a mestiçagem, quando efetuada da maneira adequada, melhoraria uma população e não produziria "degenerados". As conclusões que tirou da história, no entanto, mostravam que ele se encaminhava para uma nova mentalidade quanto ao passado racial do Brasil: (1) os povos latinos, longe de serem fracos, tinham dado uma contribuição salutar ao crescimento do Brasil; (2) o mestiço brasileiro também contribuíra decisivamente para desbravar e unificar o país; e (3) a guerra mostrara que a Europa estava velha, deixando portanto maiores oportunidades para países jovens como o Brasil. Em outras palavras, mesmo não querendo ainda descartar inteiramente a crença na regeneração racial, ele pretendia dar mais valor à população brasileira *contemporânea* do que a maior parte dos porta-vozes da elite. E expressou grande confiança na evolução étnica do Brasil, que tornaria possível que o país fosse alçado à categoria de grande nação — se *corretamente* administrado, o Brasil poderia tirar partido de seu passado e até de sua herança étnica.[77]

Revisão da ideia de nacionalidade

A preocupação cada vez maior com a questão da nacionalidade, da qual fazia parte o restabelecimento do ideal do branqueamento, encontrou um veículo importante em 1916. Em janeiro desse ano, foi fundada em São Paulo uma nova publicação mensal, a *Revista do Brasil*, ponto de encontro de escritores que pretendiam reexaminar a identidade nacional. Foi significativo que a revista surgisse em São Paulo — o centro científico e tecnológico do país. O editorial do primeiro número (janeiro de 1916) era um manifesto em favor de uma nova era na autoanálise do país:

> O que há por trás do título desta revista e dos nomes que a patrocinam é uma coisa simples e imensa: o desejo, a deliberação, a vontade firme de constituir um núcleo de propaganda nacionalista. Ainda não somos uma nação que se conheça, que se estime, que se baste, ou, com mais acerto, somos uma nação que ainda não teve o ânimo de romper sozinha para a frente, numa projeção vigorosa e fulgurante da sua personalidade.

Não se trata de uma "forma de hostilidade ao estrangeiro, mas de reunir numa só bandeira, numa aliança de amor e glória, os filhos de uma mesma terra nascidos sob a luz de um céu comum".[78]

A *Revista do Brasil* publicava matérias sobre todos os aspectos do "problema brasileiro". Ao lado de artigos sobre temas literários redigidos por membros da Academia Brasileira de Letras (José Veríssimo contribuiu com um artigo intitulado "O Modernismo" pouco antes de sua morte, em 1916), liam-se matérias que tratavam de assuntos como a aplicação das modernas técnicas americanas de gestão (taylorismo) às fábricas brasileiras e a necessidade de modernizar a agricultura. Travaram-se prolongados debates sobre como chegar ao equilíbrio ideal entre o nacionalismo e a adoção de métodos estrangeiros na reforma do ensino. Havia comentários frequentes sobre a imprensa do Rio e de São Paulo e despachos vindos do estrangeiro, sobretudo de Londres, Paris, Berlim e Nova York. A *Revista do Brasil* punha seus leitores em contato com os grandes centros da civilização do Atlântico Norte e com os recentes debates sobre a modernização do Brasil.

Monteiro Lobato na redação da Revista do Brasil, *c. 1918.*

O surgimento da revista mostrou claramente o rápido crescimento do número de escritores que se dispunham a analisar os problemas brasileiros. Crítica, debate, polêmica: um coro de vozes agora se erguia. Monteiro Lobato, cuja contribuição examinaremos no próximo capítulo, comprou a *Revista do Brasil* em 1918 e fez de si mesmo o centro de uma campanha de iniciação da elite nos problemas econômicos e sociais do país.[79]

À época da fundação da *Revista do Brasil*, surgiu também um manual de educação cívica chamado *Minha terra e minha gente*, de autoria de Afrânio Peixoto. Como diz o título, foi o primeiro livro didático a abordar ao mesmo tempo os problemas da raça e do clima. Afrânio Peixoto estava bem aparelhado para escrever o livro — sendo uma personalidade literária (seu romance *A esfinge*, publicado em 1911, justificou sua precoce eleição para a Academia Brasileira de Letras) e também médico que participou de campanhas em prol da adoção de métodos científicos modernos na medicina legal e na saúde pública. Como explica o prefácio de *Minha terra e minha gente*, "nem as lamúrias de uns, nem os lirismos de outros, produzem nada. Pareceu, pois, ao autor novidade útil escrever para as crianças de sua terra um livro sincero, sem reservas nem veemências, no qual procurasse, sobre os problemas essenciais da nossa nacionalidade, dizer-lhe verdades necessárias".[80]

O mito dos trópicos insalubres era fácil de refutar, como Afrânio Peixoto mostrara em seus escritos anteriores. "Essas doenças não existem. A febre amarela, o impaludismo, a ancilostomose (opilação) e outras não são peculiares a nenhum clima senão àquelas regiões cujos naturais não sabem ou não podem combatê-las." A questão da raça, no entanto, não foi tão fácil de tratar:

> A fusão lenta das misturas malfeitas ainda, a seleção reiterada da cultura, a disciplina forçada da vida social farão dessa massa um povo forte, são e feliz? O esboço de hoje dará um povo voluntarioso, sentimental, inteligente, digno da terra e do tempo em que viver?

Era a pergunta de Graça Aranha dirigida a crianças de colégio.[81] Afrânio Peixoto não arriscou uma resposta. O que fez foi exortar seus leitores a dar o melhor de si para "adquirir a soma de conhecimento próprio e conhecimento dos outros que nos permita preparar o nosso destino e não vivermos ao deus-dará, a cada dia o seu cuidado, como acontece até agora, à nossa incapacidade de prever: o Brasil é, por isso, uma imensa carta sem endereço: chegará assim, se chegar, aonde não quereria".[82]

Embora tenha permanecido ambíguo na questão racial, *Minha terra e minha gente* foi um passo na direção do realismo. João do Rio opinou que a mensagem do livro era: "É preciso [...] tornarmo-nos práticos, deixarmos de utopias, os desdéns vãos, a poesia, o parasitismo", e que sua função foi a de um "atestado d'alma de uma geração de energia e de glória, condensando todas as nossas aspirações nervosamente espalhadas".[83] Os problemas sociais, anteriormente relegados ao interesse de reformadores isolados ou de uns poucos políticos de visão (normalmente de São Paulo), ocupavam agora o centro do palco. O ensaísta pernambucano José Maria Bello deu um dos diagnósticos mais clarividentes:

> Alegamos questões de raça, de clima e de momento histórico para justificar a nossa fraqueza. Todas essas frases pomposas de uma filosofia mal assimilada passaram, felizmente, da moda. Nem a raça, nem o clima têm influência decisiva no desenvolvimento de um país. Em condições normais de saúde e de instrução, valemos tanto quanto qualquer outro povo.[84]

A GUERRA COMO ESTÍMULO AO NACIONALISMO

Ao avizinhar-se o fim da guerra, no final de 1918, os brasileiros começaram a digerir sua experiência bélica e a consolidar suas novas relações com a Europa e os Estados Unidos. A partir da década de 1880, a elite brasileira vinha se dedicando francamente à integração de seu país à economia e à cultura do Atlântico Norte. O Brasil exportaria os produtos agrícolas de que o mundo do Atlântico Norte precisava e ao mesmo tempo atrairia de lá imigrantes e investimentos. Os eventuais críticos nacionalistas eram neutralizados com o argumento de que o nacionalismo tinha se tornado obsoleto na era do internacionalismo.

A guerra, no entanto, foi um lembrete brutal de que o nacionalismo estava longe da obsolescência. O conflito interno da Europa contradizia a ideologia liberal, que previa para o Brasil um papel menor num mundo cada vez mais dominado pela Europa. Todas as grandes potências europeias eram acusadas de ganância territorial e econômica à medida que o debate sobre a "culpa da guerra" se tornava mais ácido. Com o aparecimento da propaganda sistemática moderna, caricaturas do tipo nacional de nações inimigas tornaram-se lugar-comum. No Brasil, o resultado disso foi dar nova relevância a discussões sobre nacionalidade e objetivos nacionais.[85]

A guerra destacou também a necessidade de uma nova espécie de esforço nacional: a mobilização. O último esforço de mobilização no Brasil tinha sido envidado em 1865-70 para a Guerra do Paraguai. O imperador d. Pedro II e seu primeiro-ministro, o visconde do Rio Branco, usaram a guerra para justificar reformas que havia muito se faziam necessárias. Alguns intelectuais e oficiais do Exército esperavam que a Primeira Guerra Mundial desse uma oportunidade similar. Viam as nações europeias dirigindo todos os seus recursos — homens, lavouras, fábricas — para o esforço de guerra. O Brasil nunca vivenciara esse nível de mobilização, mas reformadores das áreas de saúde pública, agricultura, educação e política industrial usavam desse discurso para aumentar os esforços em cada uma dessas áreas. Ainda mais curioso: muitas vezes eles conferiam um tom social-darwinista a suas palavras, dizendo que a guerra na Europa "provara" que o mundo ainda era uma selva na qual somente o mais forte sobreviveria. Conseguiria o Brasil pôr ordem em seus recursos e se tornar uma grande nação? Ou sucumbiria ao domínio de potências estrangeiras, que o conquistariam diretamente, por meio de invasão, ou indiretamente, pelo controle gradual de sua economia e sua cultura? Como proclamou Olavo Bilac em novembro de 1917: "Neste momento, a sorte do Brasil está sendo jogada. Viveremos ou morreremos?".[86] Essas advertências vinham sendo ouvidas desde a década de 1880, mas o banho de sangue na Europa conferiu-lhes uma aura de urgência.

Paradoxalmente, a preocupação social-darwinista foi reconfortante para alguns intelectuais, que pareciam quase felizes com a perspectiva de autodestruição da Europa. Tendo se sentido inferiorizados durante muito tempo e frequentemente ressentidos disso, esses brasileiros agora estavam ansiosos para crer que a Europa tinha entrado em decadência. Era como se estivessem retomando o sonho de que a civilização europeia renasceria na América, imune às antigas rivalidades e conflitos de classe que debilitavam o Velho Mundo. Para esses brasileiros, a agonia da Europa era uma catarse. Nessa análise, eram incentivados por intelectuais europeus como Oswald Spengler, que predizia em alto e bom som a morte da cultura europeia.

Esse nacionalismo intelectual foi acompanhado de um aumento do nacionalismo econômico, embora esse sentimento ainda fosse minoritário entre a elite e os governantes.[87] Até 1914, o Brasil importara muitos bens essenciais que poderiam ser produzidos internamente. Alimentos importados eram comuns nos armazéns mais caros das grandes cidades. O comércio internacional interrompeu-se durante a guerra por causa da turbulência na Europa e da guerra submarina no Atlântico. A economia brasileira foi assim devolvida a suas próprias forças. Isso fortaleceu a posição de economistas nacionalistas para quem o Brasil deveria custear o desenvolvimento de sua própria indústria. Na verdade, a industrialização foi freada por causa da interrupção na importação de bens de capital, embora fosse evidente a necessidade de maior "autossuficiência".[88]

Um último sintoma da crescente confiança nacional foi a intensificação da ideia de envolvimento do país na política internacional fora do continente — desdobramento lógico da satisfação com o enorme sucesso da diplomacia do barão do Rio Branco na demarcação de fronteiras. O Brasil fora o único dos grandes países latino-americanos a declarar guerra às Potências Centrais. Em decorrência dessa posição e da estreita aliança com os Estados Unidos (em ambos os casos, contrastando nitidamente com a neutralidade argentina), a elite brasileira começou a crer que seu país deveria assumir maiores responsabilidades internacionais. Como resultado direto da participação na guerra, o Brasil foi convidado para a Conferência de Paz de Versalhes. Mais do que nunca, os políticos brasileiros passaram a considerar seu país o principal integrante do bloco latino-americano.[89] Restava porém uma questão problemática: qual seria a futura identidade étnica desse aspirante ao protagonismo internacional?

6. O ideal do branqueamento depois do racismo científico

As décadas de 1920 e 1930 no Brasil assistiram à consolidação do ideal do branqueamento e sua aceitação implícita pelos formadores de opinião e críticos sociais. As dúvidas sobre a questão racial expressas pela elite em anos anteriores tinham perdido, nesse período, qualquer acento de convicção. Curiosamente, os escritores de modo geral não se dispuseram a declarar, de forma inequívoca, que a raça não fazia diferença e que daí em diante a questão deveria ser ignorada. O que disseram foi que o Brasil estava embranquecendo cada vez mais e, portanto, o problema estava sendo resolvido.

Essa é uma questão importante. Na época, alguns cientistas vinham aderindo à tese do culturalismo puro; certos escritores brasileiros começavam a dispensar tratamento favorável à herança africana; e foi nesse período que Gilberto Freyre ganhou fama por suas interpretações otimistas do caráter nacional, que se baseavam numa reinterpretação positiva da história da miscigenação no país. Ao mesmo tempo (no outro extremo do espectro), o nazismo alemão ressuscitava argumentos puramente hereditários para degradar judeus e negros. A elite brasileira colocava-se entre essas posições. As discussões políticas sobre imigração e crítica social se deram contra o pano de fundo da suposição generalizada de que os brasileiros estavam ficando mais brancos e continuariam nesse caminho.

OS ANOS 1920: CRISE POLÍTICA E FERMENTAÇÃO LITERÁRIA

Embora o governo de Venceslau Brás tenha obtido uma relativa estabilidade interna entre 1914 e 1918, os líderes do Partido Republicano nos principais estados não conseguiram encontrar um novo candidato para disputar as eleições de 1918. Apresentaram então a candidatura de Rodrigues Alves, antigo conselheiro do Império que já tinha sido presidente da República (1902-6). Rodrigues Alves ganhou a eleição, mas, como que para simbolizar a exaustão de uma geração de políticos, ficou doente demais para poder assumir o cargo no dia da posse, em 15 de novembro de 1918, e morreu em janeiro do ano seguinte. Uma nova eleição foi convocada no começo de 1919, na qual Rui Barbosa, na casa dos setenta anos, fez uma campanha essencialmente idêntica à cruzada que movera em 1910 contra Hermes da Fonseca, outro sintoma da falta de sangue novo.[1] Foi derrotado pelo candidato da situação, Epitácio Pessoa, que se tornou o primeiro nordestino a se eleger para o mais alto posto da República. Seu governo assistiu a um ressurgimento do sentimento nacionalista (normalmente dirigido contra os portugueses) e promoveu uma dura repressão contra os organizadores da classe operária.

A escolha do seu sucessor em 1922 precipitou um desafio à autoridade política exercida pela elite. Artur Bernardes, governador de Minas Gerais, foi o candidato indicado pelos caciques políticos. Seus opositores ficaram tão descontentes que racharam o partido para formar uma facção dissidente (a Reação Republicana), que indicou sua própria chapa. Entre os dissidentes havia líderes estaduais estreitamente vinculados ao Exército, e a chapa indicada por eles era encabeçada por Nilo Peçanha (outra sombra do passado, que, sendo vice-presidente, concluíra o mandato de Afonso Pena em 1909-10).

A campanha, a mais acirrada da história da República até então, culminou com uma série de cartas atribuídas a Artur Bernardes e publicadas por um grande jornal do Rio nas quais havia referências "ofensivas" aos militares. Bernardes ganhou a eleição, mas as cartas (que mais tarde se provaram falsas) e a campanha caluniosa que cercou sua publicação tiveram sucesso em suscitar sentimentos revoltosos que arruinaram seu governo (1922-6). No Rio, uma rebelião militar abortada em 1922 foi a primeira de uma série que incluiu uma rebelião de três semanas de duração em São Paulo, em 1924. O governo reagiu com medidas repressivas, entre elas a imposição da lei marcial e a instituição de campos de concentração.[2]

Embora as insubordinações militares em si tenham sido reprimidas com êxito, sua ocorrência aprofundou as divisões no seio da elite política e entre os que estavam no poder e a geração mais jovem. Facilitaram também o surgimento de uma elite alternativa que começou a questionar a legitimidade do sistema político vigente.[3] As críticas, anteriormente restritas a uns poucos personagens isolados, tornaram-se generalizadas, como exemplifica uma interessante obra coletiva publicada em 1924 e intitulada *À margem da história da República*.[4]

O livro propriamente dito teve pouco impacto, mas reunia um grupo de autores que em pouco tempo chegou ao topo da crítica social da década de 1920. Todos eles tinham nascido com a República, e a introdução do livro apresentava-os como discípulos — em maior ou menor grau — de Alberto Torres. No corpo do livro, sublinhavam posturas críticas que se tornariam verdadeiros dogmas em círculos progressistas no fim da década, época em que todos eles publicavam vastamente. Oliveira Vianna, por exemplo, contribuiu com um ensaio intitulado "O idealismo da Constituição", que resumia a essência de sua crítica, influente e muito divulgada, segundo a qual a República era nocivamente imitadora e que o Brasil só progrediria de fato implantando instituições feitas sob medida para as realidades *brasileiras*. Antônio Carneiro Leão, propagandista da reforma educacional, atacou o arcaico sistema de ensino. Como prova da falência da educação brasileira, citou o fato de que em eleições recentes o eleitorado brasileiro tinha sido menor que o da Argentina (ambos os países submetiam os eleitores a um teste de alfabetização), embora esse país tivesse um terço da população do Brasil. Gilberto Amado republicou seu discurso da época da guerra destacando a necessidade de "tornar a República brasileira". Os críticos literários Ronald de Carvalho, Tasso da Silveira e Tristão de Ataíde apresentaram análises da cultura brasileira que, se não chegaram à altura da revolução estética dos modernistas (discutida adiante), faziam eco a uma atitude bem mais nacionalista do que era habitual antes da guerra. Vicente Licínio Cardoso, um dos organizadores do livro, escreveu uma crítica do idealismo decadente que acompanhara a fundação da República, enquanto Pontes de Miranda apresentou um esboço de reforma constitucional radical.[5]

Ainda que essas críticas guardassem semelhanças com os descontentamentos de 1889-1910 a respeito do sistema político (analisado em detalhe no capítulo 3), cumpre notar que o contexto do debate mudara de forma bastante significativa. No período anterior, os críticos assumiam uma posição menos confiante, expressando uma profunda incerteza. Os críticos da década de 1920 sentiam-se livres para formular uma crítica *nacionalista* direta do sistema político republicano. Sua ideia de que o Brasil não deveria continuar copiando modelos estrangeiros de governo implicava uma nova fé em sua própria capacidade de propor um sistema político viável que refletisse a singularidade brasileira. Essa segurança, por sua vez, nasceu de uma nova confiança em que a variável racial não necessariamente atrapalharia o futuro do Brasil como grande nação. O antigo e persistente pressuposto de que a raça era a questão mais importante no desenvolvimento histórico já não era visto como incontestável.[6]

Um novo e robusto senso de confiança refletia-se também no sentimento dos brasileiros em relação a sua identidade literária, que por sua vez teve importante influência no pensamento sobre a questão racial. O novo sentimento expressou-se numa revolução cultural que mais tarde ficaria conhecida pelo nome de modernismo. Ironicamente, o movimento começou por iniciativa de jovens poetas que tentavam introduzir as últimas modas literárias europeias na cultura brasileira.[7]

Enquanto os parnasianos — poetas de uma escola literária que enfatizava sobretudo a boa forma — continuavam dominando a Academia Brasileira de Letras, movimentos estéticos revolucionários estavam em curso na Europa. Antes da guerra, o poeta e romancista italiano Marinetti participara, com um grupo de escritores, de um violento ataque contra os cânones tradicionais da gramática e dos estilos comumente observados, especialmente na França e na Itália. Para enfatizar sua ruptura com o passado, esses artistas rebeldes intitularam-se "futuristas". Louvavam o ritmo dinâmico da vida moderna e tentavam traduzir a velocidade e a fluência da tecnologia moderna em expressão artística.

Obviamente, esse movimento literário era diametralmente oposto à solene literatura formal dominante no Brasil.[8] Além disso, a maior parte do país permanecia imune às mudanças industriais urbanas geradoras da atmosfera que os futuristas europeus queriam glorificar. Uma importante exceção era a cidade de São

Paulo. Embora menos cosmopolita que o Rio de Janeiro, São Paulo era, não obstante, o centro econômico mais dinâmico do país. Os rendimentos proporcionados pela explosão da economia cafeeira contribuíram para custear uma modernização cada vez maior da agricultura comercial e o início de um parque industrial moderno. Não é de surpreender, portanto, que tenham sido jovens artistas de São Paulo os primeiros a tomar conhecimento da revolução estética europeia e a tentar divulgá-la no Brasil.[9]

Oswald de Andrade, por exemplo, voltou da Europa em 1912 convertido ao futurismo, e vários poetas brasileiros jovens passaram a escrever poesia futurista durante a guerra. Mas foi somente com a exposição da pintora Anita Malfatti em São Paulo, em 1917, que o antagonismo entre o velho e o novo estilo aprofundou-se. A pintura de Anita Malfatti, que mostrava clara influência futurista, foi objeto de uma crítica contundente de Monteiro Lobato. Os partidários de Anita, liderados por Oswald de Andrade, contra-atacaram e ganharam grande publicidade para a causa rebelde. Em 1921, Victor Brecheret, escultor paulista também fortemente influenciado por ideias europeias inovadoras, conquistou ainda mais prestígio para o novo movimento ao ganhar em Paris um importante prêmio internacional disputado por outros 4 mil concorrentes. No fim de 1921, os artistas rebeldes tinham se tornado revolucionários em seus ataques ao establishment cultural liderado por Olavo Bilac, Coelho Neto e Rui Barbosa. Declararam guerra total contra a fraseologia gramaticalmente impecável da literatura abençoada pela Academia Brasileira de Letras e apregoaram uma nova estética baseada no impulso e na contemporaneidade. Autores como Menotti del Picchia e Cândido Mota Filho lançaram manifestos de grande repercussão em que repudiavam as formas artísticas e o espírito estético vigentes, tendo como alvo predileto a literatura regionalista, tradicionalmente sentimental.

O movimento artístico chegou a seu ponto culminante na

Semana de Arte Moderna — uma série de três "festivais" (pintura e escultura, literatura e poesia, e música) apresentada no Teatro Municipal de São Paulo em fevereiro de 1922. Embora os festivais não tenham suscitado a violenta oposição que mais tarde seria apregoada por propagandistas do movimento, deram prestígio ao que começava a ser conhecido como modernismo, termo que nasceu do título dos festivais. Em 1922, os rebeldes representavam tendências muito mais amplas que o futurismo, que, diga-se de passagem, já estava esgotado como movimento organizado na Itália desde 1915. Graça Aranha, monstro sagrado que pouco produzira depois de *Canaã* (1902), tornou-se partidário ardoroso do modernismo. Em 1922, atacou publicamente a Academia Brasileira de Letras, onde ele próprio ocupava uma cadeira. Dois anos depois, insurgiu-se contra a Academia dentro da própria instituição, primeiro para denunciar o atraso dos acadêmicos e logo renunciando a sua cadeira, entre os vivas e hurras dos modernistas reunidos no saguão.[10]

A Semana de Arte Moderna marcou de fato a transição entre uma fase destrutiva e uma fase construtiva, à medida que os escritores tradicionalistas começaram a ser obscurecidos pela avalanche modernista. A geração mais jovem foi totalmente conquistada pelo movimento, cuja principal figura, para o que restava da década, foi o poeta e musicólogo Mário de Andrade.[11] Os modernistas pretendiam consolidar sua revolução estética incorporando temas brasileiros às formas artísticas inovadoras. Ironicamente, alguns deles voltaram a temas regionalistas, como é o caso de *Macunaíma* (1928), de Mário de Andrade, épico baseado numa mistura de temas folclóricos em variantes regionais do vernáculo brasileiro que contrastava com o pesado sentimentalismo literário da época precedente.[12]

A revolução cultural comandada pelos rebeldes de São Paulo (e seus aliados no Rio) não ficou restrita ao estado. Surgiram correntes inovadoras em todos os principais estados, ligados em graus diversos aos artistas paulistas e cariocas. O movimento regionalista do Nordeste, em que Gilberto Freyre desempenhou um papel de liderança, tinha fortes raízes próprias e dependia menos do eixo Rio—São Paulo.[13] No fim da década de 1920, a geração mais jovem de escritores já sentia que estava a caminho da criação de uma literatura autenticamente nacional, embora tenha exagerado o rompimento com a tradição literária.[14] Como não podia deixar de ser, perderam muito tempo atacando seus antecessores literários — líderes e símbolos de uma cultura anacrônica. Mas pelo menos começavam a saber o que não queriam ser. E na tentativa de aplicar as últimas modas artísticas europeias, acabaram à procura de uma temática brasileira original à qual aplicar suas técnicas literárias renovadas.[15] Como no caso da reação política, o que mais importava era o sentimento de confiança — confiança na capacidade de articular sua própria visão da identidade e do futuro do Brasil.[16]

O RESGATE DO CABOCLO

Vimos antes que os tempos de guerra mudaram o contexto do debate sobre o desenvolvimento do país, que passou de uma discussão sobre raças para uma discussão sobre mobilização nacional. Nesta última, os porta-vozes da elite atravessaram um período em que avaliavam seu progresso como nação pela capacidade do país de despertar e mobilizar um sentimento de objetivo coletivo (algo tão óbvio para os países beligerantes na Europa e na América do Norte). Não é de estranhar que pouquíssimos dos que clamavam pela mobilização tenham se sentido encorajados depois de examinar a população que teriam de mobilizar, sendo levados de volta a questionar o material racial com que teriam de trabalhar.

Encontravam, sobretudo no interior, pessoas paupérrimas, analfabetas, subnutridas e doentes. Nas palavras de Miguel Pereira, pioneiro do sanitarismo, o Brasil era "um imenso hospital".[17] Em 1914, a maior parte da elite teria dado, explícita ou implicitamente, uma explicação racista para esse fato. Monteiro Lobato oferece um bom exemplo disso.[18] Em 1903, quando ainda era estudante de direito, ele descreveu o Brasil como "filho de pais inferiores [...] dando como resultado um tipo imprestável, incapaz de continuar a se desenvolver sem o concurso vivificador do sangue dalguma raça original".[19] Em 1908, em carta a um amigo, ele foi ainda mais explícito ao falar de seu desgosto ao observar a população do Rio de Janeiro voltando para casa do trabalho:

> Num desfile, à tarde [...] perpassam todas as degenerescências, todas as formas e má-formas humanas — todas menos a normal [...]. Como consertar essa gente? Que problemas terríveis o pobre negro da África nos criou aqui, na sua inconsciente vingança! [...] Talvez a salvação venha de São Paulo e outras zonas que intensamente se injetam de sangue europeu. Os americanos salvaram-se da mestiçagem com a barreira do preconceito racial. Temos também aqui essa barreira, mas só em certas classes e certas zonas. No Rio, não existe.[20]

Em 1914, Monteiro Lobato começou a publicar artigos de jornal sobre o atraso da agricultura brasileira — em especial um artigo sobre a agricultura de subsistência no vale do Paraíba, no estado de São Paulo.[21] Ele conhecia muito bem a área, onde durante três anos possuiu e administrou uma fazenda de café.

Esse ensaio enfatizava a indolência e a ignorância do caboclo, o natural do interior do estado, provável portador de sangue indígena, a quem ele deu o nome fictício de Jeca Tatu.[22] Monteiro Lobato acusava a nova escola literária (que não nomeava) de vestir o caboclo com as antigas virtudes indígenas: orgulho, lealdade, coragem e virilidade heroica, quando na verdade ele "existe a vegetar a cócoras, incapaz de evolução, impenetrável ao progresso". Lobato retratava o caboclo letárgico, supersticioso e ignorante, para quem era inútil ("não paga a pena") construir uma casa decente, cultivar sua mandioca ou armazenar sua colheita. Eternamente de cócoras, ele vegetava e só se mexia para votar no candidato indicado pelo cacique local. Em meio aos desmandos luxuriantes da natureza (a descrição lírica de Monteiro Lobato era cheia de ironia), o caboclo não passava de um "sombrio urupê de pau pobre, a modorrar silencioso no recesso das grotas. Só ele não fala, não ri, não ama. Só ele, no meio de tanta vida, não vive".

Os pressupostos óbvios sobre o caráter intrínseco do caboclo ficaram sem resposta quando o artigo foi publicado pela primeira vez, em 1914. Quatro anos mais tarde, no entanto, ele foi reimpresso numa coletânea de ensaios e contos do autor intitulada *Urupês*. Dessa vez (1918) causou celeuma, evidenciando a mudança de atitude ocorrida durante a guerra. Alguns críticos acusaram-no de denegrir outros brasileiros ao generalizar um problema local (paulista?) como sendo de âmbito nacional. Um proeminente político do Ceará publicou um contraensaio em que descrevia o nordestino do interior (que ele apelidou de Mané Xique-Xique) como um agricultor modelar, intrépido criador, pescador habilidoso e eficiente seringueiro. Em resumo, ele seria o "motor anônimo" e o "sustentáculo obscuro da nação" que construíra um Brasil independente — exatamente o estereótipo que Monteiro Lobato tentava apagar dos registros.[23] Rui Barbosa, prócer do liberalismo que decidira concorrer à presidência da República mais uma vez em 1918, entrou na briga criticando o retrato pintado por Monteiro Lobato e dizendo que o Jeca Tatu não correspondia ao brasileiro típico, e aproveitou a oportunidade como pretexto para atacar o fracasso do governo em melhorar as péssimas condições sociais e econômicas do país.[24] A citação de Rui Barbosa deu grande publi-

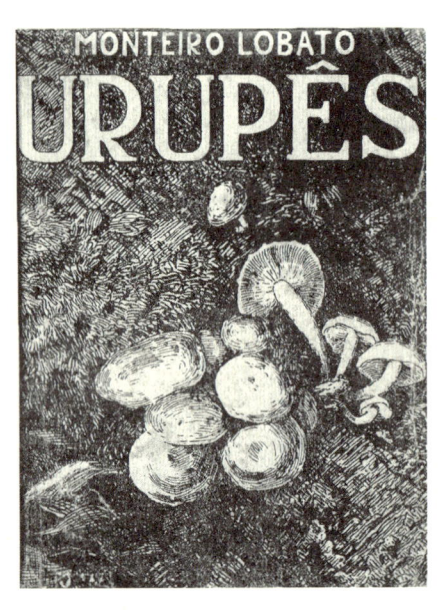

Primeira edição de Urupês.

cidade ao pouco conhecido Monteiro Lobato, que adorou o inesperado aumento nas vendas de seu livro: "O livro assanhou a taba — e agora, com o discurso do cacique-mor, vai subir que nem foguete".[25] Ele estava certo: Jeca Tatu (que já ia ganhando fama) tornou-se um nome corriqueiro para o público leitor.[26]

A republicação do retrato do Jeca Tatu traçado por Monteiro Lobato ocorreu num momento em que o Brasil estava mergulhado num debate sobre as verdadeiras causas do atraso no interior. Defensores de políticas de saúde pública e educação diziam que a explicação estava nas doenças e no analfabetismo, e não na origem racial ou no caráter inato (como no caso do caboclo).[27] E eles estavam sendo ouvidos.

Durante o Império, a saúde pública só fora uma preocupação real do governo nas grandes cidades. As iniciativas nessa área aumentaram já no início do período republicano, mas continuaram

EPIDEMIAS E ENDEMIAS

Ilustração original de Saneamento do Brasil, *livro de Belisário Pena (1918), membro ativo da Comissão Central Brasileira de Eugenia, da qual se originou a Liga Pró-Saneamento.*

restritas às principais cidades, especialmente as do litoral. O combate em grande escala à febre amarela, por exemplo, entrou na ordem do dia no Rio de Janeiro e no Nordeste para melhorar a imagem do país e atrair mais imigrantes, mas nunca foi ampliado a ponto de se tornar uma iniciativa de alcance nacional, apesar do esforço de Oswaldo Cruz, que organizou expedições científicas para pesquisar as condições sanitárias do interior.

À medida que a guerra avançava, o interesse pela saúde pública tornava-se muito mais amplo. Até certo ponto, ele foi estimulado pela publicação, em 1916, de um estudo encomendado por Oswaldo Cruz em 1912. Dois médicos, Belisário Pena e Artur Neiva, viajaram pelo interior da Bahia, Pernambuco, Piauí e Goiás, fazendo um inventário detalhado e ilustrado das condições sanitárias que encontravam. Suas conclusões constituíram uma refutação definitiva daqueles cidadãos que afirmavam que os principais problemas de saúde estavam restritos a umas poucas áreas localizadas (só conhecidas por Monteiro Lobato?). O homem esquecido do interior, o sertanejo de quem falava Euclides da Cunha, era um exemplar ambulante (ou acocorado) de todas as doenças possíveis. Quando escapava da malária, da varíola, do mal de Chagas e das doenças venéreas, era afligido por parasitas intestinais e enfraquecido pela desnutrição.

Embora publicado pela primeira vez numa revista científica em 1916, o relatório de Belisário Pena e Artur Neiva foi reeditado em 1918 (mesmo ano da publicação em livro de *Urupês*) com muita publicidade.[28] Políticos e editorialistas denunciaram os supostos "exageros" nas alarmantes estatísticas sanitárias, da mesma forma como reagiram ao retrato do Jeca Tatu, mas isso só serviu para aguçar o interesse pela questão da saúde.[29]

Antes disso, Belisário Pena tinha contribuído para ampliar o debate ao publicar uma série de artigos no *Correio da Manhã*, no fim de 1916 e início de 1917, sobre a necessidade urgente de saneamento do sertão. "Não há como estranhar", dizia ele, "a proverbial e descantada indolência do brasileiro em geral, nem a sua incapacidade para trabalhos que demandem vigor e saúde. [...] Não que ele seja assim por influência do clima e da raça. Ele é, sobretudo, uma vítima indefesa da doença, da ignorância e da deficiência ou do vício da alimentação."[30] O que o Brasil precisava era de uma campanha intensa para encerrar a batalha contra as doenças endêmicas e epidêmicas e educar a população sobre as formas de preservar a saúde. Essas campanhas podiam recorrer ao apoio de autoridades como Afrânio Peixoto, que assumira a cátedra de higiene na faculdade de medicina do Rio em 1916 e vinha lutando havia muito contra a teoria dos "trópicos insalubres".[31]

Congressistas reformistas assumiram a causa. O presidente Venceslau Brás respondeu às pressões criando o Serviço de Profilaxia Rural em 1918, mas os reformistas queriam um ministério de Estado e fundaram a Liga Pró-Saneamento do Brasil para levar adiante sua campanha. Foram empreendidos projetos de saúde pública também em capitais estaduais, como Recife e Porto Alegre.[32]

Por conta do importante papel desempenhado pelo personagem do Jeca Tatu no debate sobre as causas do atraso no interior do Brasil, tornou-se inevitável que Monteiro Lobato fosse contestado em sua presunção de que o Jeca era *a causa* da miséria em que vegetava, já que a opinião dos defensores da saúde pública era exatamente oposta. Monteiro Lobato não apenas tomou conhecimento da opinião deles como mudou de posição, no mesmo ano em que seu artigo foi republicado, e se engajou entusiasticamente na campanha de saúde pública.[33]

Em 1918 ele publicou uma série de artigos em que pedia um amplo combate às doenças e um esforço educativo indispensável para preservar a saúde do sertanejo uma vez curado.[34] Zombou dos ufanistas românticos, louvou profusamente Oswaldo Cruz e seus sucessores, como Belisário Pena e Artur Neiva, e repetiu as assustadoras estatísticas sobre a incidência de doenças debilitantes (10 milhões de vítimas da malária numa população de 25 milhões). Monteiro Lobato ridicularizou também os que se preocupavam com uma possível reação estrangeira ("Cretinos! A eterna mania da opinião europeia!") e avisou que havia pouco tempo ("Se tencionamos subsistir como povo soberano [...] o caminho é um só: sanear o Brasil"). A essência da conversão de Monteiro Lobato está contida

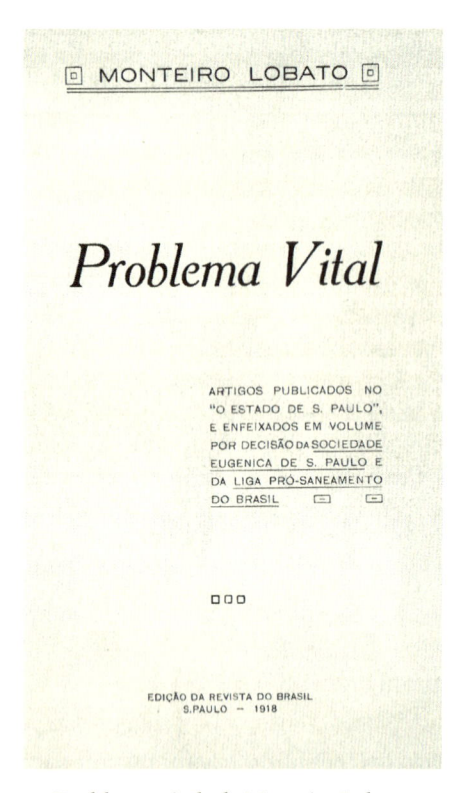

Problema vital, *de Monteiro Lobato.*

na frase: "Jeca não é assim: está assim". A ciência veio em seu apoio: "Respiramos hoje com mais desafogo. O laboratório dá-nos o argumento por que ansiávamos. Firmados nele, contrapomos à condenação sociológica de Le Bon a voz mais alta da biologia".

Monteiro Lobato, homem de raras opiniões moderadas, era agora um vociferante converso à causa da saúde pública. Seus artigos foram enfeixados num livro intitulado *Problema vital*, publicado em 1918 pela Sociedade Eugênica de São Paulo e pela Liga Pró-Saneamento do Brasil. Havia nele uma fábula intitulada "Jeca Tatu: a ressurreição", que contava a história do Jeca que, depois de curado por um médico itinerante, fez progredir sua lavoura com trabalho árduo, tornou-se feliz, saudável e viajou pelo mundo. Milhões de exemplares dessa fábula (conhecida popularmente como "Jeca Tatuzinho") foram distribuídos no interior, onde Monteiro Lobato advertia quem soubesse ler ou encontrasse alguém para lê-la: "Meninos! Nunca se esqueçam desta história; e quando crescerem, tratem de imitar o Jeca". Monteiro Lobato usou também sua própria editora em São Paulo (a primeira no Brasil a ter uma rede de distribuição nacional, mesmo que bastante limitada) para ajudar a imprimir e distribuir grandes quantidades de panfletos educativos e folhetos que explicavam princípios de higiene, nutrição e técnicas agrícolas.[35]

A HERANÇA AFRICANA

A campanha de saúde pública para resgatar o vilipendiado homem doente do interior não trouxe consigo uma revisão abrangente do debate do "problema étnico". Como já dissemos, o Jeca Tatu não tinha, pelo menos na concepção geral, uma só gota de sangue africano. Fosse qual fosse a realidade, ele era visto como um branco retrógrado, possivelmente com algum sangue indígena. Não obstante, o retrato pejorativo que se pintou dele, como em *Urupês*, dava-o como vítima irrecuperável de defeitos *intrínsecos*. Em suma, Jeca estava preso numa armadilha determinista que se descrevia em termos muito similares aos do determinismo racista da época anterior a 1914. Embora ele fosse visto como parcialmente indígena, a campanha revisionista atacava um elemento da teoria racista dominante: a ideia de que o indígena era inferior ao branco. Mas com isso ignorava totalmente a herança étnica africana.

Como já vimos, até 1930, poucos foram os escritores que, curiosos, dedicaram atenção à etnografia e à sociologia dos africanos e de seus descendentes brasileiros.[36] Sílvio Romero organizou uma impressionante coleção do folclore afro-brasileiro para sua história precursora da literatura brasileira (primeira edição em 1888), mas seu exemplo não foi seguido por nenhum outro historiador ou crítico literário.[37] Nina Rodrigues, médico e professor baiano de opiniões racistas, dera início a um ambicioso projeto de documentação de sobrevivências afro-brasileiras na Bahia; a morte, no entanto, interrompeu sua pesquisa em 1906.[38] No mesmo ano, o jornalista João do Rio editou um estudo sobre costumes religiosos afro-brasileiros no Rio de Janeiro.[39] Finalmente, o médico baiano Manuel Querino publicou uma série de estudos sobre costumes afro-brasileiros.[40] Sem contar esses pioneiros, todos eles relativamente isolados em seu trabalho e cujas descobertas tiveram pouca repercussão, não havia grande interesse em pesquisar ou analisar a presença africana ou afro-brasileira. Mesmo esses raros pesquisadores não tiveram sucessores com número significativo de trabalhos publicados até a década de 1930.

Uma outra exceção científica significativa a esse padrão foi o antropólogo Edgar Roquette-Pinto,[41] cuja obra contribuiu para a formulação da teoria da "cultura", que pela década de 1920, na Europa e na América do Norte, estava se tornando a pedra angular da ciência social culturalista.[42] Incansável pesquisador de campo, ele seguiu a tradição de seus predecessores do Museu Nacional, instituição que concentrava sua atenção no indígena.* Foi delegado

---

* Eram notáveis os esforços de cientistas como Roquette-Pinto, em vista das condições rudimentares da vida acadêmica da época (Fernando de Azevedo, *As ciências no Brasil*, pp. 368-77). Nem a antropologia nem a sociologia eram disciplinas autônomas no Brasil até 1930. Ainda que o fossem, não havia universidades para ministrá-las. As faculdades isoladas que tinham aparecido só começaram a se reunir em universidades organizadas a partir de 1934, com a constituição da Universidade de São Paulo. O principal vínculo institucional de Roquette-Pinto foi com o Museu Nacional, do qual ele foi diretor em 1926. Mas o museu recebia recursos muito limitados e concentrava seus maiores esforços no estudo antropológico do índio.

Edgar Roquette-Pinto (1884-1954), professor do Museu Nacional do Rio de Janeiro, notabilizou-se por suas análises culturais da sociedade brasileira, contrapondo-se ao determinismo racial ainda latente.

do Brasil no Congresso Universal das Raças realizado em Londres em 1911, no qual Batista de Lacerda fez seu polêmico discurso sobre miscigenação. Em 1912, acompanhou o general Rondon em sua famosa expedição ao interior de Mato Grosso, o que lhe rendeu um estudo etnográfico sobre a população indígena muito prestigiado e citado, tendo sido publicado em 1917.[43] Examinaremos aqui a trajetória de Roquette-Pinto em algum detalhe, já que ela pode ser vista como um contínuo diálogo com Euclides da Cunha, cuja obra ele admirava mais que a de qualquer outro escritor brasileiro, e que o influenciou profundamente desde o momento em que, ainda estudante, leu *Os sertões* e decidiu ser antropólogo.[44]

Como Euclides da Cunha, Roquette-Pinto preocupava-se, e muito, com as condições miseráveis do homem do interior. Diferentemente de Euclides, porém, não tardou em questionar as premissas racistas da antropogeografia (Ratzel et al.), o que o outro nunca fez. Embora nunca tenha deixado de admirar a coragem de

Euclides como etnógrafo amador pioneiro, que transformou seus conhecimentos numa obra literária de apelo universal, em 1914 ele já estava distanciado de suas posições a ponto de afirmar que, embora o negro vivesse, na maioria dos casos, "mergulhado na bruta ignorância dentro da qual um homem, no mundo moderno, é um bípede quase indefeso", acelerando assim seu desaparecimento,[45] nos Estados Unidos os negros (os mulatos estavam evidentemente excluídos dessa discussão), com educação adequada, tinham se mostrado capazes de grandes progressos. Esperava-se que isso pudesse ocorrer também no Brasil, mas Roquette-Pinto não arriscou uma previsão (sintomaticamente, ele ainda citava a pesquisa de Nina Rodrigues sem nenhum comentário crítico).

Em 1911, Roquette-Pinto tinha fornecido as estimativas sobre a população do Brasil (que mostravam quase 50% de brancos) que Batista de Lacerda usou para refutar aqueles que o acusavam de subestimar a branquidão relativa do país. No entanto, ele divergia bastante de Batista de Lacerda. Embora admitisse que a população negra continuaria a diminuir — o que levaria ao branqueamento automático de toda a população — e que o processo seria auxiliado por um provável branqueamento dos mulatos, sua proposta política era dar menos importância ao processo de depuração racial, pelo menos em textos dirigidos a um público brasileiro, e analisar e procurar melhorar a população brasileira *como ela era* em todo o país.[46] "O problema nacional não é transformar os mestiços do Brasil em gente branca. O [...] problema é a educação dos que aí se acham, claros ou escuros."[47]

Essa injunção tornou-se sua principal mensagem. Em escritos posteriores, Roquette-Pinto continuou enfatizando a importância do meio, mas também afirmava que a população brasileira já tinha mostrado grande vigor simplesmente pelo fato de ter se adaptado com sucesso a seu ambiente, como no caso do sertanejo. "A conquista da Rondônia [área do estado de Mato Grosso explorada pela missão Rondon em 1912] foi obra de sua abnegação, do seu talento e de sua resistência."[48]

Em 1917, ele apresentou uma refutação plenamente desenvolvida de três teorias racistas "errôneas" abraçadas por Euclides da Cunha: a degenerescência dos mestiços, a inevitabilidade de uma luta entre as raças e a opinião segundo a qual os indígenas só poderiam ser autóctones do hemisfério ocidental.[49] Observou que a opinião profundamente pessimista de Euclides sobre os mestiços (como se lê na primeira parte de Os sertões) vinha de Agassiz, que, embora nascido na Suíça, "era professor nos Estados Unidos, onde se linchava um negro com a mesma facilidade com que se mata um mosquito". Roquette-Pinto ridicularizava as opiniões de Agassiz (que já não era levado a sério) sobre o isolamento geológico e biológico do Brasil, que tinham servido de embasamento científico para sua teoria poligênica da degenerescência do mulato. Euclides fora "longe demais" na tentativa de aprender com esses cientistas estrangeiros. A doutrina neodarwinista do triunfo das "raças fortes", assim como a teoria da degenerescência dos mestiços, era produto de um "diletantismo científico" que tinha sido substituído por um entendimento de que as raças, embora distintas, nunca seriam "inferiores" nem "superiores". "Eis aí a grande ilusão de Euclides: considerou inferior gente que só era atrasada; incapazes, homens que só eram ignorantes."

Para maior ironia, observou Roquette-Pinto, Euclides falara da bravura dos defensores da miscigenação (na segunda parte de Os sertões) de um modo que contradiz sua própria adesão à teoria social-darwinista expressa na primeira parte do livro. A história posterior havia proporcionado outras evidências que refutavam o dogma racista. A mais recente tinha sido a corajosa e efetiva capacidade de luta mostrada por soldados negros que haviam combatido na Europa (terra da teoria racista) durante a Primeira Guerra Mundial: "O negro que, a toda hora, nos era lançado em rosto como atestado escandaloso da nossa inferioridade étnica, desmentiu no solo da Europa aqueles tristes vaticínios". Por fim, Roquette-Pinto tratava como uma falsa questão a preocupação de Euclides com o fato de que o Brasil nunca chegaria à "unidade racial", destacando que na verdade nação nenhuma alcançara isso, e que em todo caso a unidade nacional (como mostrara Alberto Torres) é de caráter sociológico e não racial.

Roquette-Pinto seguia diretamente os passos de Manuel Bonfim e Alberto Torres ao repudiar o quadro de referência racista e dar destaque à reação do homem ao meio como a variável fundamental.[50] Ele próprio era um ótimo exemplo do ideal que apregoava — um estudioso dedicado e objetivo das condições sociais do Brasil de seu tempo. Mas ao rejeitar sem rodeios a teoria da degenerescência dos mestiços, ele emprestava substantivas credenciais científicas à campanha cada vez maior de resgate do brasileiro nativo da armadilha determinista.* Como Sílvio Romero, ele achava que o Brasil precisava, antes de mais nada, de um sentimento realista de confian-

---

* O psiquiatra mulato Juliano Moreira, figura importante na implantação da psiquiatria no Brasil, também proporcionou provas científicas contra as diferenças raciais intrínsecas. Num trabalho apresentado em 1929 na Faculdade de Medicina da Universidade de Hamburgo, observou que a aplicação de testes psicológicos no Brasil (como o Binet-Simon e o Terman) mostrava que as diferenças entre as pessoas de distintas raças "dependem mais do nível de instrução e educação de cada indivíduo examinado do que do seu grupo étnico". Optou inequivocamente por uma explicação que privilegia o meio e concluiu que quando indivíduos de "grupos considerados inferiores" nasciam e eram educados em grandes cidades, apresentavam um "perfil psicológico melhor do que indivíduos de extração nórdica criados numa área atrasada do interior" (reproduzido em "Juliano Moreira e o problema do negro e do mestiço no Brasil", no capítulo escrito pela viúva do psiquiatra para a edição de *Novos estudos afro-brasileiros*, organizada por Gilberto Freyre, Rio de Janeiro, 1937, pp. 146-50). No *Jornal do Comércio* de 27 de julho de 1943, Antônio Austregésilo prestou um tributo ao trabalho de Juliano Moreira no sentido de dar autonomia à psiquiatria como disciplina. Devo essa referência ao professor Donald Cooper.

ça, evitando ao mesmo tempo o "cruel derrotismo que ameaçava minar a nação" e o "otimismo preguiçoso dos que escondem a cabeça no chão para afastar o perigo".

Suas lembranças autobiográficas valem como uma súmula adequada de como foi longe o pensamento de alguns brasileiros na época do fim da guerra:

> Venho dos últimos tempos da monarquia. Assisti aos cinco anos às primeiras festas da República. Penso que o país deve um grande serviço à minha geração: foi a que principiou a descrer das "fabulosas riquezas" do Brasil para começar a crer nas "decisivas possibilidades do trabalho". Havíamos recebido a noção de que um moço bem-nascido e criado não devia trabalhar. [...] Ouvíamos, também, que o nosso céu tem mais estrelas que os outros. [...] Minha geração começou a contar as estrelas. [...] E foi ver se era verdade que nos nossos bosques havia mais vida. [...] E começou a falar claro aos concidadãos. Com a minha geração, o Brasil começou a deixar de ser apenas tema de lirismo.[51]

Em 1928, Roquette-Pinto sentiu-se em condições de fazer ante os seletos membros da Academia Brasileira de Letras, que acabavam de elegê-lo como um de seus pares, uma confiante predição:

> O que o Brasil tem de mais interessante neste momento histórico é o esforço da sua gente para constituir-se de vez, plasmando-se no *sangue* e no *meio*, na derradeira arrancada para alcançar, ao mesmo tempo, a sua própria *formação* e a *conquista* final do seu território. Esse espetáculo [...] há de ser, no futuro [...], a surpresa e a maravilha do mundo.[52]

Como que para demonstrar que essa previsão não seria vã, na década de 1930 as atenções se voltaram de maneira mais franca para o africano. Um dos líderes da mudança foi o médico baiano Artur Ramos, que publicou uma série de livros e artigos influentes sobre a cultura afro-brasileira, baseado em materiais coletados por Nina Rodrigues, cujo trabalho pioneiro Artur Ramos muito admirava. Ele uniu sua capacidade de organização à pesquisa e ao ensino, e teve papel decisivo na fundação da Sociedade Brasileira de Antropologia e Etnologia em 1941.[53] Participou também dos Congressos Afro-Brasileiros realizados no Recife, em 1934, e em Salvador, em 1937. Nesses grandes encontros acadêmicos foram apresentadas teses sobre os aspectos mais diversos da cultura afro-brasileira: culinária, música, folclore, linguística, religião, teatro e história da presença africana no país, especialmente sob a escravatura e nos quilombos.[54]

Outro autor que deu uma contribuição relevante ao estudo da cultura afro-brasileira foi Gilberto Freyre, que se tornou uma das figuras principais na redefinição da identidade racial brasileira. Foi um dos organizadores do primeiro Congresso Afro-Brasileiro, realizado em 1934 no Recife, sua cidade natal, onde ele se firmou como líder de um diversificado movimento intelectual regionalista. O grande impacto Gilberto Freyre veio com a publicação de *Casa-grande & senzala*, em 1933[55] — história social do mundo da agricultura escravista no Nordeste nos séculos XVI e XVII, quando a economia açucareira representava a base da sociedade multirracial do Brasil. O retrato traçado por Gilberto Freyre, quase sempre impressionista e singular, tanto em sua estrutura quanto na documentação, constitui uma descrição penetrante das relações entre as famílias dos fazendeiros e seus escravos. Com esse retrato detalhado de um éthos intensamente patriarcal, Freyre atenta para os diversos meios pelos quais o africano e o mulato influenciaram o estilo de vida da aristocracia agrícola no que se refere à alimentação, ao vestuário e aos costumes sexuais. Seu primeiro livro foi seguido de *Sobrados e mucambos*, em 1936 — uma análise da confluência urbano-rural do século XVIII e início do XIX, produzido com a mesma metodologia e o mesmo estilo.[56]

Casa-grande & senzala virou de pernas para o ar a afirmação de que várias gerações de miscigenação haviam causado um dano irreparável ao país.[57] O *pot-pourri* étnico do Brasil, diz o autor, é um patrimônio inestimável. Gilberto Freyre demonstrou como as pesquisas nas áreas da nutrição, antropologia, medicina, psicologia, sociologia e agronomia tinham relegado as teorias raciais à obsolescência e revelado novos vilões — alimentação deficiente, roupas inadequadas e doenças (principalmente sífilis), quase sempre não diagnosticadas e não tratadas. Citou estudos de cientistas brasileiros — resultado de uma nova e profunda preocupação por parte dos intelectuais com os problemas sociais de seu país, durante tanto tempo ignorados —[58] para demonstrar que o indígena e o negro tinham dado importantes contribuições para uma alimentação mais saudável e um estilo de vestuário mais prático. Assim, Freyre apresentou para o grande público o novo conhecimento do país sobre as dimensões raciais de seu passado.[59]

Igualmente importante para o sucesso popular do livro foi a detalhada narrativa da história social da sociedade patriarcal. Embora essa abordagem tenha suscitado críticas de alguns acadêmicos estrangeiros, falava de perto aos brasileiros porque ajudava a explicar a origem de sua personalidade.[60] Ao mesmo tempo, os leitores recebiam a primeira análise acadêmica do caráter nacional portadora de uma mensagem abertamente otimista: os brasileiros podiam se orgulhar de sua civilização tropical única e etnicamente misturada, cujos vícios sociais — que Gilberto Freyre não minimizava — poderiam ser atribuídos sobretudo ao ambiente da monocultura escravista que dominou o país até a segunda metade do século XIX. As consequências indesejáveis da miscigenação não se radicavam na mistura de raças propriamente dita, mas na relação doentia entre senhor e escravo em cujo âmbito ocorria a miscigenação.[61]

A obra de Gilberto Freyre também contribuiu para chamar a atenção para o valor intrínseco do africano como representante de uma alta civilização criada por seus próprios méritos. Assim, proporcionou aos brasileiros que a desejassem uma explicação racional para a sociedade multirracial em que as "raças" que a constituíam — europeia, africana, indígena — poderiam ser tidas como de *igual* valor. O efeito prático desse trabalho, porém, não foi promover o igualitarismo racial. Ao contrário, reforçou o ideal do branqueamento, pois mostrava vividamente que a elite (basicamente branca) ganhara valiosos traços culturais decorrentes do contato íntimo com o africano (e, em menor medida, com o índio).

Na década de 1930, outros acadêmicos contribuíram para a análise da influência africana e afro-brasileira. Mário de Andrade, reconhecido líder do movimento modernista, estudou o samba em São Paulo e as festas populares no Recife.[62] Édison Carneiro publicou muitos trabalhos sobre a influência das religiões africanas no Brasil.[63] Embora o interesse pelo folclore tenha sido, provavelmente, o que atraiu muitos dos leitores a essas obras, elas revelaram um afastamento das concepções racistas que consideravam o africano como um bárbaro de linhagem inferior destinado a desaparecer no "cadinho de raças" da evolução étnica (para usar a frase de 1914 de Caio de Menezes).[64]

A POLÍTICA DE IMIGRAÇÃO

As campanhas em prol da saúde pública, as declarações dos antirracistas que se valiam de argumentos científicos e, mais tarde, as pesquisas de entusiastas da cultura afro-brasileira deram uma nova dimensão ao debate sobre o futuro étnico do Brasil, mas o ideal do branqueamento permanecia enraizado no pensamento da elite. Isso se vê claramente nas preocupações com a imigração. Em 1921, o estado de Mato Grosso ofereceu concessões de terras a desbravadores. Segundo o que se publicou na imprensa, esses pioneiros estariam ligados a empreendedores que, nos Estados Unidos, recrutavam americanos negros dispostos a emigrar para o Brasil. O governador de Mato Grosso e arcebispo de Cuiabá, d. Francisco de Aquino Correia, cancelou imediatamente as concessões e prestou informações ao Ministério das Relações Exteriores sobre o assunto, mas a imprensa continuou divulgando o alerta. Como escreveu o eminente sanitarista Artur Neiva: "Por que irá o Brasil, que resolveu tão bem seu problema de raça, implantar em seu seio uma questão que não entra nas nossas cogitações? Daqui a um século, a nação será branca".[65]

Dois deputados federais, Andrade Bezerra (Pernambuco) e Cincinato Braga (São Paulo), acharam que era o caso de tomar uma medida drástica e apresentaram um projeto de lei proibindo a entrada no país de "indivíduos humanos das raças de cor preta". Essa proposta provocou um aceso debate na Câmara dos Deputados.[66] Muitos parlamentares tacharam-na de inconstitucional, o que inviabilizaria sua discussão. O mais eloquente deles, Joaquim Osório, disse que essa lei levaria a outras leis de segregação, as quais, felizmente, nunca tinham existido no país. Andrade Bezerra, que apresentou o projeto e arcou com o fardo de defendê-lo por ocasião de sua primeira leitura, retrucou que era tempo de abandonar "essa atitude puramente sentimental que sempre se adotava na discussão de questões vitais do país". Mas tal sentimentalismo manifestou-se sem demora. João Cabral observou que, se a lei fosse aprovada, os negros poderiam entrar no Reino dos Céus, mas não no Brasil. Emocionado, Álvaro Batista arguiu que tinham sido os negros "os protetores de todos nós na nossa infância, a raça cujas mulheres tinham servido de amas de leite para a maior parte dos honrados representantes da nação". Andrade Bezerra lembrou seus colegas da recente imigração para os Estados Unidos, Canadá e Austrália "especialmente de gente de ascendência asiática" e clamou por uma "política que resguardasse os interesses nacionais". Tendo sua validade legal questionada, o projeto foi submetido a uma votação preliminar de inconstitucionalidade. Por 94 votos a dezenove, a Câmara dos Deputados decidiu admitir o projeto para debate e enviou-o à comissão específica.

O caso morreu por aí, mas não a ideia. Em 1923, Fidélis Reis, deputado federal por Minas Gerais, apresentou uma versão ligeiramente modificada do projeto.[67] A barreira da cor agora estava incluída num propósito mais amplo de expandir o serviço de colonização, instituído pela lei de imigração de 1907 mas nunca efetivamente implantado. O artigo 5º da lei proibia a entrada de qualquer colono "da raça negra" e limitava a entrada de orientais ("a raça amarela") a uma taxa anual que não excedesse 3% dos orientais já residentes no Brasil. (A Lei de Origens Nacionais aprovada nos Estados Unidos em 1921 estabelecia cotas para a imigração.) Fidélis Reis referiu-se à lei americana, mas observou que o Brasil tinha ainda maior necessidade de mão de obra europeia do que o poderoso vizinho do norte. (É curioso notar que mesmo alguém que condenava a imigração negra relutava em aplicar no Brasil a política étnica americana implicitamente discriminatória para imigrantes europeus.)

Fidélis Reis defendia a expansão sistemática do recrutamento e do assentamento de imigrantes para atender ao "clamor incessante da lavoura contra a falta de braços". A Argentina tinha se empenhado muito mais em atrair europeus, com grande benefício para seu crescimento — aqui ele reiterava os argumentos imigracionistas tão conhecidos até 1914. Sintomaticamente, ele achou necessário ao mesmo tempo refutar a crítica nacionalista que "se arreceava do estrangeiro pela preponderância que ele pudesse vir a ter em nossa terra. [...] Só ele pode concorrer para que se realizem os nossos grandes destinos no continente".

Que tipos de imigrantes deveriam ser admitidos? Aqueles que não apresentassem risco para o "tipo da raça em caldeamento", introduzindo "massas de elementos étnicos inassimiláveis". O africano? Ele "trabalhou, sofreu e com a sua dedicação ajudou-nos a criar o Brasil que aí está. Todavia, preferível fora que o não tivéssemos tido". O oriental era uma ameaça quase tão grande quanto o africano, já que sua suposta incapacidade de assimilação faria com que o elemento "amarelo" permanecesse "enquistado no organismo nacional". Isso poderia representar um perigo tão grande para o Brasil quanto a concentração de orientais na Califórnia.

Fidélis Reis foi atacado por outros deputados em razão de seu racismo, como ocorrera anteriormente com Andrade Bezerra e Cincinato Braga. Mas os comentários de seus críticos mostraram o quanto todos eles se assemelhavam no desejo básico de ver a população embranquecer. Alguns justificavam o suposto estado de debilidade da população do interior dizendo que ela não tinha assistência médica, deixando clara a influência das campanhas sanitaristas em seu pensamento. Mas mesmo os apologistas dos brasileiros nativos aceitavam a ideia de que o problema étnico brasileiro estava sendo resolvido. Eurico Vale, que se opunha à lei, observou que "o mestiço é um tipo intermediário que tem de desaparecer, por força". Carvalho Neto, outro opositor, disse que "o negro, no Brasil, desaparecerá dentro de setenta anos. Nos Estados Unidos constitui perigo permanente". Mesmo os defensores da mão de obra nativa (Napoleão Gomes: "O que garanto é que o mestiço sertanejo é o tipo de maior energia do Brasil") nunca contestaram as premissas do ideal de branqueamento. Pelo contrário, a única forma pela qual os oponentes da lei divergiam de fato de Fidélis Reis era na suposição de que o processo estava indo bem, enquanto ele achava que o caminho inevitável para o branqueamento não estava de modo algum garantido (o que se evidencia por sua referência ao negro como um "perigo iminente a pesar sobre os nossos destinos"). Ele via o mestiço como instrumento pouco confiável de melhora racial e citava como prova a famosa passagem de Euclides da Cunha sobre a instabilidade do sangue misturado. Quando outros deputados expressaram sua fé no mestiço como intermediário no processo de branqueamento, ele citou Agassiz e Le Bon como autoridades contrárias.

Além de seus discursos no Congresso, Fidélis Reis tentou granjear apoio entre os intelectuais e obteve alguns resultados interessantes. O jurista Clóvis Bevilácqua, da Escola do Recife, manifestou-se contrário à lei, alegando que Batista de Lacerda, em seu estudo de 1911, tinha demonstrado a grande contribuição do mestiço. Ainda mais relevante foi sua afirmação: "Como observa Oliveira Lima, não é de recear que venham esses imigrantes de cor em massa tão grande que dificilmente possam ser assimilados ou que perturbem a evolução normal do nosso tipo étnico". (Em outras palavras, os imigrantes negros só não representavam uma ameaça porque provavelmente seriam poucos.)[68] O médico, romancista e professor Afrânio Peixoto, cujas obras foram citadas anteriormente, deu uma resposta digna de nota. A miscigenação, para ele, fora uma história "infeliz". "Trezentos anos, talvez, levaremos para mudar de alma e alvejar a pele, e se não brancos, ao menos disfarçados, perdermos o caráter mestiço." A lentidão do processo fez com que ele temesse uma imigração em massa de negros. "É neste momento que a América [os Estados Unidos] pretende desembaraçar-se do seu núcleo de 15 milhões de negros no Brasil. Quantos séculos serão precisos para depurar-se todo esse mascavo humano? Teremos albumina bastante para refinar toda essa escória? [...] Deus nos acuda, se é brasileiro!"[69]

A força da ideologia do branqueamento mostrou-se mais uma vez nas respostas a uma pesquisa sobre imigração feita em

1926 pela Sociedade Nacional de Agricultura,[70] com a participação de 166 eminentes brasileiros de todas as principais regiões do país. Como era de esperar, muitos deles eram proprietários de terras ou estavam de alguma forma ligados à agricultura. À pergunta "É a favor da continuidade da imigração?", todos eles (com exceção de cinco) responderam positivamente. Mas em resposta à pergunta "É a favor da imigração negra?", 124 entrevistados responderam "não", enquanto apenas trinta disseram "sim" (sete deles não opinaram). A minoria favorável à imigração negra achava que o negro poderia fazer um bom trabalho no campo, mas a grande maioria contrária preocupava-se com a chegada de mais negros como elemento de atraso ou retrocesso no processo de branqueamento. Suas respostas evidenciavam um modelo conhecido de pensamento racial. O africano tinha contribuído muito para a formação do Brasil, mas era um elemento de etnia inferior. Em seus comentários por escrito, muitos dos entrevistados expressaram sua fé em que a população emergente conseguisse superar as deficiências das linhagens divergentes. O negro, como explicava um médico do Rio Grande do Sul, "está sendo absorvido pela raça branca". Por que atrapalhar o processo? Um juiz de São Paulo escreveu: "Nestes dias em que todo mundo se empenha em purificar a raça [...] não é aconselhável admitir mais negros no nosso país".

As opiniões ficaram muito mais divididas nas respostas à pergunta "É a favor da imigração de orientais?". A essa indagação, 79 responderam "não", e 75 "sim" (outros sete não opinaram). Foram feitas críticas racistas aos orientais (na prática, japoneses) por alguns entrevistados, mas com menor frequência do que em relação ao negro. Muitos dos que admitiam a inferioridade dos japoneses achavam-nos etnicamente superiores aos negros. Ao contrário do que ocorria com a imigração negra, a de japoneses era uma realidade. Desde 1908, cerca de 30 mil japoneses já tinham chegado ao Brasil, onde, em muitos círculos, eram tidos em alta conta por sua eficiência como trabalhadores rurais.[71] Essa pesquisa mostrou que havia uma forte corrente de opinião favorável à continuidade da imigração japonesa, o que Fidélis Reis reconheceu ao admitir em sua lei a entrada de uma pequena cota de orientais.

Uma divisão de opiniões mais ou menos semelhante ocorreu entre os delegados ao I Congresso Brasileiro de Eugenia, em 1929. Azevedo Amaral, destacado editor de jornais e defensor da posição racista agora cada vez mais anacrônica do ponto de vista científico, apresentou um programa de dez pontos que incluía a proposta de impedir a entrada no país de qualquer imigrante que não fosse branco. O congresso comportou diversas votações, derrotando primeiro (por vinte votos a dezessete) a proposta de proibir a imigração de não europeus, e depois derrubando (por 25 votos a dezessete) a proposta de impedir a entrada de imigrantes negros. A oposição a Azevedo Amaral foi liderada por Roquette-Pinto.[72]

O que significavam esses debates sobre a imigração? Em primeiro lugar, que ainda era possível que respeitados políticos e intelectuais defendessem a imposição de barreiras de cor à imigração. Essa interdição tinha sido, afinal de contas, incluída no decreto de imigração de 1891, embora não apareça na lei de 1907. Por outro lado, essas leis não foram aprovadas, em parte talvez porque a perspectiva de imigração de negros, vindos de onde viessem (inclusive dos Estados Unidos), parecia pouco realista. O mais importante é que a maioria dos deputados, assim como a maior parte dos membros da elite, evitava atitudes tão abertamente racistas como seria o caso de uma barreira de cor. Eles acreditavam num Brasil mais branco e achavam que estavam chegando lá por um processo natural, quiçá miraculoso. Uma barreira de cor explícita lembrava os Estados Unidos, que continuavam sendo um permanente lembrete daquilo que quase todos os brasileiros consideravam uma solução desumana (e quase sempre contraproducente) para o problema étnico.[73] Raramente se procurava explicar por que a miscigenação iria funcionar tão bem no Brasil e não nos Estados Unidos (os brasileiros muitas vezes pareciam desconhecer a existência de uma intensa mistura de raças neste país).

Em 1934, foi eleita uma Assembleia Constituinte para dar forma a uma nova Constituição. Depois da Revolução de 1930, o Governo Provisório de Getulio Vargas aposentou a Constituição de 1891 e passou a governar por decreto. O Governo Provisório prometera convocar uma Assembleia Constituinte, que finalmente se reuniu e esboçou o que viria a ser a Constituição de 1934. O artigo 121, parágrafo 6º, previa o princípio das cotas nacionais que tinham sido propostas por Andrade Bezerra e Cincinato Braga na década de 1920. O dispositivo constitucional dizia:

> A entrada de imigrantes no território nacional sofrerá as restrições necessárias à garantia da integração étnica e capacidade física e civil do imigrante, não podendo, porém, a corrente imigratória de cada país exceder, anualmente, o limite de 2% sobre o número total dos respectivos nacionais fixados no Brasil durante os últimos cinquenta anos.[74]

Ao debater esse artigo, que foi aprovado e incluído na Carta de 1934, os constituintes falaram muito sobre a necessidade de evitar que fosse ameaçado o processo de assimilação de todos os residentes numa sociedade unificada. De fato, a restrição estava dirigida aos japoneses, cujo espírito de clã e uma suposta resistência à assimilação foi objeto de uma campanha que durou mais de uma década.[75]

O deputado paulista Teotônio Monteiro de Barros falou demoradamente a favor da cota. Negou a existência de preconceito racial, mas chamou a atenção para a necessidade de orientar a evolução étnica do Brasil. Citou Euclides da Cunha, Licínio Cardoso e Oliveira Vianna (cujas opiniões sobre a questão racial serão discutidas adiante) sobre a dificuldade de se chegar a um tipo étnico autenticamente brasileiro. Foi interrompido por outros deputados com a sugestão de consultar também Gilberto Freyre e Roquette-Pinto. Quando um deputado objetou que, a despeito dessa suposta contribuição dos imigrantes europeus mais recentes, fora o africano quem fizera "todo o progresso material do país", Monteiro de Barros respondeu: "Graças a Deus, o problema negro perdeu a gravidade que poderia ter" devido à "facilidade de absorção e de assimilação que o nosso meio físico encerra em si". Acrescentou a comparação com os Estados Unidos, que os brasileiros achavam irresistível: "Nesse ponto, senhores, fomos nós que andamos certos. Errados andaram os Estados Unidos. Enquanto, dentro da nação americana, o negro cresce em número e em poderio, dentro da nação brasileira o negro desaparece, absorvido pela maior capacidade de fixação e de assimilação da raça branca". Embora anteriormente o papel do negro na evolução étnica tenha sido motivo de preocupação, agora "o desaparecimento dessa mancha negra no sangue branco já está nitidamente desenhado e caminha francamente para um resultado favorável". Por mais que os críticos de Monteiro de Barros tenham contestado sua preocupação com os perigos da não assimilação de imigrantes japoneses em São Paulo, nenhum deles achou que valia a pena debater sua fé no processo de branqueamento. Ele apenas reafirmara a visão da elite sobre o futuro racial do Brasil.[76]

As mesmas cotas nacionais para imigrantes foram especificadas na Constituição autoritária de 1937 (artigo 151) que Getulio Vargas outorgou após seu golpe em novembro daquele ano. Pouco antes da deposição de Getulio Vargas pelos militares, em outubro de 1945, seu governo emitiu um importante decreto-lei (número

7967, de 18 de setembro de 1945) estipulando que os imigrantes deveriam ser admitidos de acordo com "a necessidade de preservar e desenvolver, na composição étnica da população, as características mais convenientes da sua ascendência europeia". Os autores do texto da Constituição de 1946, que buscavam a redemocratização do país, evitaram propositadamente incluir no artigo 162 questões específicas sobre imigração, dizendo apenas que ela seria regulada por lei. Como nenhuma legislação sobre imigração foi aprovada desde então, o Brasil continuou subordinado às normas estabelecidas antes de 1946, com todas as suas implicações racistas.⁷⁷

O IDEAL DO BRANQUEAMENTO

Durante a década de 1920, a tese do branqueamento foi formulada de maneira sistemática por Oliveira Vianna, especialista em história do direito que se tornou um dos mais lidos intérpretes da realidade brasileira no período entreguerras. Formado na tradição jurídica acadêmica no Rio de Janeiro, logo tornou-se um dos mais veementes críticos da cultura de imitação em que tinha sido educado. Nascido em Saquarema, no estado do Rio, seus contemporâneos o descreviam como mulato — o que de certa forma explica seu interesse pela questão étnica. Foi um dos principais membros do círculo formado em torno de Alberto Torres e escreveu artigos de jornal em que elogiava a campanha de Torres por uma maior consciência nacional. A partir de 1910, Oliveira Vianna publicou grande número de artigos e livros, conquistando assim muito prestígio. Em 1916 tornou-se professor da Faculdade de Direito do Estado do Rio de Janeiro (atual Faculdade de Direito da Universidade Federal Fluminense), em Niterói, então capital do estado.⁷⁸

À primeira vista, as ideias de Oliveira Vianna sobre a questão racial podem parecer um retrocesso. Ele não dissimulava a admiração por expoentes do pensamento racista europeu. Exaltava "o grande Ratzel" e se referia a Gobineau, Lapouge e Ammon como "gênios possantes".[79] Em 1920, publicou o primeiro volume de um estudo histórico-psicológico sobre as populações do sul do Brasil (*Populações meridionais do Brasil*) no qual pretendia aplicar as doutrinas antropogeográficas e antropossociológicas. Pouco tempo depois, escreveu um longo capítulo (mais tarde publicado separadamente sob o título *Evolução do povo brasileiro*) para o volume introdutório do censo oficial de 1920, em que ofereceu evidências empíricas dos progressos do Brasil no caminho do branqueamento, que ele chamava pelo nome anacrônico de "arianização".[80]

Embora apreciasse pensadores europeus racistas e com frequência se referisse a raças "inferiores" e "superiores", não considerava essas diferenças como absolutas. Essa era, de fato, a concessão que os brasileiros tinham feito para conciliar a teoria racista com a realidade multirracial do país. De uma forma que deve ter parecido inconsistente aos racistas dogmáticos da Europa e dos Estados Unidos, ele fez das *gradações* da inferioridade o conceito central de sua interpretação sobre a evolução racial do Brasil.

A proporção de índios e negros na população declinaria inexoravelmente, segundo Oliveira Vianna. Citava diversos relatos de viajantes (do fim do século XVIII e começo do XIX, como W. L. von Eschwege, em Minas Gerais) sobre a suposta baixa fecundidade dos africanos. Suas tabelas mostravam amplas variações percentuais nas taxas de fertilidade e mortalidade, segundo as quais as populações de negros e índios apresentavam uma taxa de crescimento muito mais baixa que as de brancos e mulatos. (Uma dessas tabelas mostra um crescimento negativo da população negra.)

Como prova definitiva, Oliveira Vianna comparou as proporções raciais obtidas pelos censos de 1872 e 1890. Naquele período, a proporção de brancos aumentara de 38% para 44%; a de negros caíra de aproximadamente 20% para menos de 15%, e a de mestiços, de 38% para 32% (a população indígena subiu de 4% para 9%).[81] Os números apresentados por Oliveira Vianna tornam-se ainda mais interessantes diante dos resultados do censo de 1920 (para cujo relatório ele escreveu a introdução), que não incluía nenhum desdobramento por raças — omissão justificada oficialmente porque "as respostas [sobre categorias raciais] nem sempre refletiam a verdade", mas que pode ter decorrido do desejo (obviamente partilhado por Oliveira Vianna) de dissimular o quanto o Brasil ainda não era de todo branco.[82] E o censo trazia uma conclusão tranquilizadora para a elite. A imigração estava *de fato* desempenhando o papel esperado por Joaquim Nabuco. "Esse admirável movimento migratório não concorre apenas para aumentar rapidamente, em nosso país, o coeficiente da massa ariana pura: mas também, cruzando-se e recruzando-se com a população mestiça, contribui para elevar, com igual rapidez, o teor ariano do nosso sangue."[83]

Oliveira Vianna tinha feito uma exposição bastante otimista do ideal do branqueamento, ainda mais significativa pelo fato de ter sido desenvolvida na introdução ao relatório oficial do censo de 1920. Mesmo sem nenhum endosso do governo, sua exposição teórica resumia a opinião da elite expressa no permanente debate público sobre o futuro étnico do Brasil.

A posição de Oliveira Vianna como teórico do branqueamento — um dos principais elementos da filosofia racial da elite — acabou sendo apagada das interpretações históricas por culpa da ênfase exclusiva dada por ele a expressões oriundas das teorias obsoletas do racismo científico — "ariano", "superior", "inferior", "raças primitivas" e as medidas cranianas comparativas não eram expressões usadas pelos brasileiros esclarecidos na década de 1920. Ainda assim, Oliveira Vianna usou esse léxico para chegar a uma conclusão incompatível com as premissas do racismo científico: que o Brasil estava chegando à pureza étnica por meio da miscigenação. O impacto público favorável das ideias de Oliveira Vianna se deu principalmente entre brasileiros que prestaram mais atenção a suas conclusões e não se incomodaram com a terminologia arcaica, ou preferiram acreditar que ela não prejudicava a validade da conclusão.[84] Em certo sentido, a contradição entre premissas e conclusões era extremamente tranquilizadora: se um acadêmico erudito que conhecia e esposava as prestigiadas teorias do racismo científico da Europa e da América do Norte concluía que o futuro étnico do Brasil estava assegurado, os brasileiros podiam se sentir realmente confiantes.[85]

Alguns leitores se indignaram com a afirmação de Oliveira Vianna de que "as duas raças primitivas só se tornaram agentes civilizatórios [isto é, contribuíram eugenicamente para a formação de raças superiores] quando perderam sua pureza e cruzaram com a branca".[86] Uma negação tão arrogante do papel cultural dos índios e africanos puros-sangues (ou pelo menos sem sangue europeu) bateu de frente com o movimento pró-africano e pró-indígena, que na época desenvolvia uma teoria de sincretismo cultural que dava muito peso aos ingredientes não brancos. Gilberto Freyre, líder daquele movimento, tornou-se um dos mais insistentes críticos de Oliveira Vianna, atacando sua terminologia de racismo científico.[87]

Como essa terminologia em breve perderia toda credibilidade, a história estava do lado de Gilberto Freyre.[88] No entanto, isso não deve obscurecer o fato de Oliveira Vianna ter sido uma importante figura de transição — fazendo uma ponte entre o racismo científico que prevaleceu até 1914 e a filosofia social culturalista dominante depois de 1930. Em ambos os períodos, o branqueamento foi, realmente, o objetivo racial da elite. Foi a explicação de Oliveira Vianna sobre as origens históricas do processo que tornou seu trabalho tão compreensível para seus leitores.

Outra afirmação amplamente discutida da tese do branqueamento surgiu em 1928, quando o aristocrata paulista Paulo Prado publicou *Retrato do Brasil: Ensaio sobre a tristeza brasileira*.[89] Embora o objetivo dessa obra fosse a análise do caráter do brasileiro em termos de seus três vícios (luxúria, cobiça e melancolia), e ainda que os contemporâneos de Paulo Prado tenham lido e comentado a obra nesses termos, ela continha um pós-escrito que consistia, de fato, numa declaração breve de como o Brasil se achava na época em relação à questão racial, principalmente sobre "o papel do negro na [...] formação social [...] o problema mais angustioso dessa evolução".[90] "Todas as raças parecem essencialmente iguais em capacidade mental e adaptação à civilização", disse ele, citando "um sociólogo americano" não identificado, no sentido de que o meio importa muito mais do que a origem racial. Portanto, a questão da desigualdade racial — "que foi cavalo de batalha de Gobineau e ainda é hoje a tese favorita de Madison Grant" — estava sendo refutada pela "ciência".[91]

Isso parecia um indício interessante de que um membro culto da elite tinha assimilado a mensagem antirracista antecipada por brasileiros como Roquette-Pinto. Mas no pensamento de Paulo Prado, as questões não estavam tão claras:

> O que se chama a arianização do habitante do Brasil é um fato de observação diária. Já com 1/8 de sangue negro, a aparência africana se apaga por completo; é o fenômeno do *passing* dos Estados Unidos. E assim, na cruza contínua de nossa vida, desde a época colonial, o negro desaparece aos poucos, dissolvendo-se até a falsa aparência de ariano puro.[92]

Como não existiam diferenças intrínsecas entre as raças, é interessante que Paulo Prado tenha tido de acrescentar que (por via das dúvidas) a população brasileira estava embranquecendo. Na verdade, ele estava tentando minimizar o problema da raça. A desigualdade racial tinha sido cientificamente refutada e a miscigenação (principalmente quando envolvia o negro) tinha resultados imprevisíveis, mas, fosse como fosse, o processo era irreversível. Ele via o Brasil como um país muito diferente dos Estados Unidos, que, no entendimento dos brasileiros, tinham um problema insolúvel por causa do ódio racial, da segregação e da capacidade da população negra americana de aumentar (ao contrário do negro brasileiro, que se supunha em vias de desaparecimento por um declínio natural). O futuro étnico do Brasil estava fora de seu alcance. Para Paulo Prado, os libidinosos colonizadores portugueses tinham decidido o futuro do Brasil e só o tempo haveria de mostrar qual seria ele.

Paulo Prado repetiu a ladainha costumeira sobre o fracasso do Brasil no aproveitamento de seus enormes recursos naturais (mesmo citando a cáustica observação de Bryce, depois de sua viagem pela América do Sul em 1910, segundo a qual se os anglo-saxões controlassem o Brasil poderiam fazer algo do país). Enumerou as áreas essenciais que se achavam no abandono — saneamento básico, transportes, educação, praticamente todas as esferas do governo — enquanto a economia definhava. Comentou também sobre o vício da imitação: "Nesta terra, em que quase tudo dá, importamos tudo — das modas de Paris, ideias e vestidos, ao cabo de vassoura e ao palito".[93] Parecia Alberto Torres.

Na verdade, Paulo Prado empenhou-se em produzir um estudo sobre o caráter nacional — um perfil psicológico que terminava com um chamado à ação drástica: "cirúrgica", em suas próprias palavras.[94] Mas ao pintar o retrato, ele rebaixou a questão étnica ao declarar que os brasileiros estavam naturalmente se tornando mais brancos, não tinham controle sobre a miscigenação futura e ainda assim deviam se concentrar em reorganizar o país. Ele achava que a salvação do Brasil viria de dentro — de uma transformação do caráter nacional. Embora alguns leitores tenham denunciado essa ideia como uma nova espécie de determinismo, a crença de Paulo Prado no branqueamento se combinava a um apelo otimista e fundamentalmente nacionalista pela construção de uma "nova ordem".[95]

Outro eminente brasileiro, o político e historiador João Pandiá Calógeras, descreveu o fenômeno do branqueamento numa série de palestras que deu em 1930 num curso de verão para estrangeiros (sobretudo americanos) no Rio de Janeiro. Depois de falar da importante contribuição do africano na formação do Brasil, concluiu que

> a mancha negra tende a desaparecer num tempo relativamente curto em virtude do influxo da imigração branca em que a herança de Cam se dissolve. Roosevelt tinha observado com exatidão que o futuro nos reserva uma grande alegria: a feliz solução de um problema inçado de tremendos, mortais perigos — os problemas de um possível conflito entre as duas raças.[96]

A REAÇÃO DO BRASIL AO NAZISMO: UMA DIGRESSÃO

A década de 1930 trouxe notícias de uma nova fonte de pensamento racista — a Alemanha hitlerista — da qual se poderia esperar que mostrasse aos brasileiros que as ideias racistas não estavam tão sepultadas quanto as tendências intelectuais em seu país poderiam indicar. Na verdade, o Brasil tinha seu próprio movimento político direitista que guardava perturbadoras afinidades com os partidos fascistas europeus. Fundado em 1932, o partido dos integralistas (Ação Integralista Brasileira) tornou-se a força política brasileira que mais rapidamente crescia.[97] Embora seus documentos oficiais nunca tenham apontado o racismo como um tema principal, o proeminente integralista Gustavo

Barroso defendeu, em numerosos livros e artigos,[98] uma linha violentamente antissemita, e a imprensa integralista reproduzia textos de propaganda nazista contra os judeus. As autoridades temiam que as minorias alemãs e italianas pudessem ser receptivas à propaganda a elas dirigida pelos regimes de Hitler e Mussolini. Em 1938, o governo Getulio Vargas proibiu atividades nazistas no país, que tinham sido intensas nos estados do Sul, onde a colônia alemã tinha peso.[99] No entanto, a grande maioria de brasileiros nascidos no exterior e seus filhos mantinham-se leais ao país de adoção. Embora alguns alemães tivessem interesse no movimento nazista, não havia um número significativo disposto a aplicar a política racista no Brasil.[100]

Em outubro de 1935, um grupo de doze conhecidos intelectuais, entre os quais Roquette-Pinto, Artur Ramos e Gilberto Freyre, estava preocupado a ponto de lançar o "Manifesto contra o preconceito racial", que advertia sobre os perigos da "transplantação de ideias racistas e, sobretudo, dos seus corolários políticos e sociais" num país como o Brasil, "cuja formação étnica é acentuadamente heterogênea". Anunciavam que essas "perversões de ideias científicas" baseadas em "fantasias e mitos pseudocientíficos" criariam no Brasil "perigos imprevisíveis, comprometendo a coesão nacional e ameaçando o futuro da nossa pátria". Convocavam os intelectuais brasileiros a resistir "à ação corrosiva dessas correntes que tendem a dissolver a unidade da família brasileira".[101]

Um manifesto ainda mais incisivo foi lançado pela Sociedade Brasileira de Antropologia e Etnologia em 1942.[102] A instituição abraçava explicitamente o culturalismo (o manifesto de 1935 fora mais cauteloso nesse aspecto), afirmando que "a antropologia não fornece nenhuma base científica para as tarefas de discriminação contra qualquer povo à base de uma pretensa inferioridade racial". O documento citava também outros manifestos antirracistas recentes, como o dos biólogos da VII Conferência Internacional de

Genética, realizada em Edimburgo em 1939, e o da Associação Americana de Antropologia, em 1938. Afirmava ainda que o Brasil tivera bastante sucesso no campo das relações raciais:

> O Brasil é uma nação formada dos elementos étnicos mais heterogêneos. Aqui se misturam povos de procedências étnicas indígena, europeia e africana, num tal ambiente de liberalismo e ausência de restrições legais à miscigenação que o Brasil se tornou a terra ideal para a vida em comum dos povos das procedências étnicas mais diversas. Esse grande "laboratório de civilização", como já foi chamada a nossa terra, apresentou a solução mais científica e mais humana para o problema, tão agudo entre outros povos, da mistura de raças e de culturas. [...] Essa filosofia brasileira no tratamento das raças é a melhor arma que podemos oferecer contra a monstruosa filosofia nazista que, em nome da raça, trucida e saqueia.

Como mostraram os acontecimentos das décadas de 1930 e 1940, o racismo científico no Brasil estava morto e enterrado. A perseguição de judeus pelo governo alemão só serviu para desacreditar ainda mais qualquer resquício do prestígio que essas teorias pudessem ter até então em meio à elite brasileira. A repulsa à política racista alemã mostrou também a rejeição da discriminação racial como instituição. A despeito da preocupação dos antropólogos brasileiros, o racismo científico ou político já oferecia pouco perigo de mudar os padrões de pensamento e comportamento estabelecidos em 1930.

BRANQUEAMENTO: UM IDEAL RACIAL ANACRÔNICO?

Examinamos as diversas formas pelas quais membros articulados da elite explicavam suas expectativas raciais em termos das teorias raciais dominantes. Quando o racismo científico chegou ao Brasil, os intelectuais reagiram com a tentativa de produzir um fundamento para seu sistema social dentro do marco do pensamento científico racista. Mesmo quando essas teorias caíram em descrédito científico, a elite manteve a fé explícita no processo de branqueamento. Como essa crença já não podia ser propagada em termos de superioridade ou inferioridade racial, era descrita como um processo de "integração étnica" que miraculosamente (como tinha sido desde a década de 1890) vinha resolvendo os problemas raciais do Brasil. Como permanecia a esperança de branqueamento, crescia a confiança em sua inevitabilidade.[103]

Uma expressão típica dessa fé pode ser encontrada em textos de Fernando de Azevedo, respeitado reformador da educação que ocupou a cátedra de sociologia educacional na Universidade de São Paulo depois de ter sido diretor geral da instrução pública do estado. Azevedo foi convidado a preparar uma introdução ao censo de 1940, e escreveu *A cultura brasileira* (publicado em 1943), que teve imediata aceitação como modelo de interpretação da civilização brasileira. O primeiro capítulo, sobre o papel da terra e da raça no Brasil, termina com as seguintes palavras sobre o futuro:

> A admitir-se que continuem negros e índios a desaparecer, tanto nas diluições sucessivas de sangue branco como pelo processo constante de seleção biológica e social e desde que não seja estancada a imigração, sobretudo de origem mediterrânea, o homem branco não só terá, no Brasil, o seu maior campo de experiência e de cultura nos trópicos, mas poderá recolher à velha Europa — cidadela da raça branca —, antes que passe a outras mãos, o facho da civilização ocidental a que os brasileiros emprestarão uma luz nova e intensa — a da atmosfera de sua própria civilização.[104]

Foi significativo que Fernando de Azevedo discutisse o futuro racial do Brasil por ocasião de um censo nacional. Oliveira Vianna fez a primeira exposição sistemática de sua teoria da arianização num capítulo que acompanhou o relatório do censo de 1920, embora o documento chamasse a atenção por não incluir dados sobre categorias raciais. O censo de 1940, que continha informações sobre as diferentes raças, deu provas imediatas de que a população brasileira estava se tornando mais branca, apoiando assim o consenso da elite segundo o qual seus componentes indígenas e africanos declinariam inexoravelmente.[105]

Embora ainda acreditando que ser branco era melhor e que o Brasil estava embranquecendo, os porta-vozes da elite ganharam mais satisfação e confiança a partir de 1930, com o novo consenso científico de que o negro não era intrinsecamente pior e que, portanto, a ideia racista de que a miscigenação pode resultar em degenerescência não fazia sentido. A partir de 1930 e durante aproximadamente duas décadas, essa satisfação com o descrédito do racismo científico levou à afirmação de que a suposta ausência de discriminação entre os brasileiros fazia deles cidadãos moralmente superiores aos de países tecnologicamente mais avançados, onde ainda se praticava repressão sistemática contra minorias raciais. Os Estados Unidos eram o exemplo por excelência; a Alemanha nazista tornou-se outro. As comparações com os Estados Unidos eram frequentes nos textos brasileiros sobre raça, mas começaram a ser mais chocantes depois de 1930, quando o "sistema Jim Crow" perdeu a sanção cultural que a teoria racista lhe proporcionara no passado. Os brasileiros, que sempre tinham estado na defensiva ao discutir seu passado e seu futuro raciais, passaram à ofensiva. Não que as relações raciais no Brasil tivessem mudado; o que mudou foram as premissas sobre as quais se assentava a discussão.

Essa atitude chegou ao clímax em 1951, quando o governo

brasileiro publicou um folheto em que se exaltavam as virtudes das relações raciais no Brasil em comparação com o sistema racista dos Estados Unidos.[106] A publicação saiu em inglês, pelo Ministério das Relações Exteriores, e trazia um prefácio de Gilberto Freyre, o que não deixava dúvidas sobre seu propósito de promover uma imagem favorável do Brasil no exterior. No entanto, o folheto já era uma voz do passado. O começo da década de 1950 representou o fim de uma era em que os formadores de opinião podiam usar o ideal do branqueamento tanto para garantir a si mesmos o futuro racial do país quanto para reivindicar uma solução superior, do ponto de vista moral, para o problema racial.

O que a elite brasileira não compreendia era a estreita ligação entre sua autoimagem étnica e os acontecimentos internacionais. Na década de 1930, os brasileiros tinham reagido energicamente às teorias racistas do nazismo, que representaram uma regressão a uma versão extrema do racismo científico anterior a 1920. Ao mesmo tempo, os Estados Unidos continuavam praticando a segregação racial. Por razões óbvias, ambos os casos eram tranquilizadores para os brasileiros, que continuavam preferindo sua realidade racial às situações extremistas do mundo industrializado — "extremistas" no sentido que os cientistas sociais e os defensores de direitos iguais para as minorias raciais davam à palavra.

Esses pontos de referência externos permaneceram sem alteração até o fim da Segunda Guerra Mundial. Em 1942, o Brasil entrou no conflito ao lado dos Aliados, como fizera em 1917. Lutar contra o regime racista de Hitler não parece ter levado a elite brasileira a repensar de imediato suas ideias raciais. Isso não era surpreendente, uma vez que até os Estados Unidos, poderoso aliado do Brasil e autoproclamado "arsenal da democracia", fizeram a guerra toda com suas Forças Armadas oficialmente segregadas.

Terminada a guerra, porém, o contexto externo mudou drasticamente. As doutrinas racistas e os campos de concentração do governo de Hitler foram banidos com a derrota militar de 1945. Em poucos anos, os Estados Unidos, depois de décadas de brutal repressão dirigida contra negros livres, começaram a se mover no sentido de um repúdio oficial das barreiras de cor. Em 1948, o presidente Truman extinguiu, por decreto, a segregação nas Forças Armadas e no serviço público federal. Em 1952, foi levado à Suprema Corte um processo que, dois anos depois, concluiria com a decisão de terminar com a segregação nas escolas públicas. No fim da década de 1950, os negros dos Estados Unidos lançaram uma campanha de "desobediência civil", manifestações e marchas de protesto. A realidade jurídica das relações de raça no país estava mudando profundamente, apesar da feroz resistência.

Essa mudança foi fatal para o Brasil, já que os brasileiros sempre definiram suas relações de raça e sua identidade racial destacando suas *diferenças* com os Estados Unidos. Agora a segregação legal — a última expressão institucional formal da discriminação racial — acabara na América do Norte. E era essa estrutura institucional que os brasileiros sempre tinham visto como a antítese de seu sistema mais "humano" de relações raciais.

Além disso, os Estados Unidos estavam enveredando por novos caminhos, de forma que, de uma hora para outra, as comparações tornaram-se descabidas. Mesmo antes da decisão da Suprema Corte em 1954, o presidente Truman propusera que fossem instituídas legalmente práticas trabalhistas mais justas, destinadas a coibir a discriminação racial no trabalho. Em 1957, o Congresso dos Estados Unidos aprovou sua primeira lei de direitos civis desde 1875. Leis posteriores instituíram mecanismos de denúncia e investigação de atos de discriminação racial; o governo federal foi autorizado a punir cidadãos que negassem serviços ou produtos por motivo de raça, credo ou cor da pele. No fim da década de 1960 e início da seguinte, o governo federal passou a pressionar os empregadores a contratar e promover funcionários pertencentes a minorias. Em duas décadas e meia desde o fim da guerra, os Estados Unidos viraram o sistema de segregação racial de pernas para o ar. Anteriormente, a lei tinha sido usada para impor a separação das raças; agora tornara-se instrumento de integração forçada. Na prática, isso significou que empregadores, locadores e instituições públicas (como as universidades) foram chamados a demonstrar sua boa-fé procurando ativamente funcionários, inquilinos, alunos e clientes negros.

O traço mais recente da mudança nas relações raciais nos Estados Unidos foi o surgimento do movimento Black is Beautiful. Essa reafirmação da negritude foi uma consequência lógica da antiga concepção estritamente birracial imposta pela comunidade branca americana: branco *ou* negro. Qualquer mulato que não fosse claro o bastante para "ser aprovado" estaria sempre sujeito às mesmas restrições legais e ameaças físicas que seu irmão mais escuro. A "saída de emergência mulata" existente no Brasil nunca funcionou nos Estados Unidos.[107] Ironicamente, a afirmação da negritude pode até ter ajudado a ascensão dos mulatos americanos, que passaram a se beneficiar do sistema de cotas *de facto* criado pelas pressões oficiais.

O contraste com o Brasil foi chocante. Os brasileiros já não podiam denunciar a odiosa instituição da segregação ou os horrores do linchamento nos Estados Unidos. Estavam testemunhando um processo de integração obrigatória. O Brasil deu um passo que à primeira vista poderia comparar-se a isso. Em 1951, o mesmo ano em que o ministro das Relações Exteriores publicou seu folheto elogiando as relações raciais no Brasil na comparação com os Estados Unidos, o Congresso brasileiro achou-se na situação inusitada de votar e aprovar uma lei que proibia a discriminação racial em estabelecimentos de hospedagem (Lei Afonso Arinos).

Sintomaticamente, isso ocorreu depois que um hotel de São Paulo recusou-se a hospedar a bailarina negra americana Katherine Dunham, que se achava em turnê. Mas a lei tornou-se um gesto simbólico, pois não havia nenhuma iniciativa oficial para investigar possíveis casos de discriminação nos hotéis. Embora os observadores mais experientes afirmem que o Brasil do pós-guerra teve poucos casos de discriminação explícita como os que foram proibidos pela Lei Afonso Arinos, os políticos brasileiros mostravam uma notável falta de interesse em promover ativamente a ascensão social e econômica de não brancos. A maior parte da elite continuou a acreditar que o fato de os brasileiros de pele escura não ascenderem na escala socioeconômica podia ser atribuído a barreiras de classe e não de raça. Como essas barreiras ainda existem para milhões de brasileiros "brancos", os governantes podiam facilmente rejeitar a ideia (embora a questão praticamente nunca fosse abordada) de oferecer ajuda especial a uma minoria racial.

As implicações desse contraste continuam sendo assimiladas pelos brasileiros. Os Estados Unidos permaneceram como uma sociedade birracial, mas derrubaram as barreiras legais que impediam a participação de não brancos na estrutura de poder e forçaram a entrada de não brancos naquela estrutura, ainda que em número simbólico. Os brasileiros, enquanto isso, continuam com sua crença hereditária no branqueamento. Hoje, como no passado, para um brasileiro de herança africana, o meio mais garantido de ascender socialmente é ter uma pele mais clara que a de seus pais. Os americanos se lançaram a um experimento que os brasileiros nunca levaram em conta: a promoção ativa da igualdade de oportunidades, com leis e recursos oficiais materiais e humanos. E tudo isso em nome da justiça social — uma área em que os brasileiros, como vimos em numerosos textos e discursos, consideram-se superiores. Não se pretende com isso negar que os brasileiros ainda podem indicar grandes vantagens de seu país sobre os Estados Unidos — como a inexistência de conflitos urbanos recorrentes, com seus violentos confrontos raciais, e da negrofobia que distorceu o pensamento dos brancos americanos.

A abordagem americana tem por base que sua sociedade compõe-se de dois grupos étnicos facilmente identificáveis. Todo o aparato da legislação de direitos civis e a "ação afirmativa" se fundamentam nessa premissa. Enquanto anteriormente o fato de não ser branco submetia um americano a desvantagens legais, agora virou motivo para ganhar ajuda oficial na conquista de emprego, moradia e educação.* O Brasil, por sua vez, continua acreditando oficialmente que seus cidadãos são inteiramente iguais, em termos raciais, no que diz respeito ao acesso aos canais que proporcionam ascensão social. Nenhuma providência especial foi tomada ou mesmo cogitada no sentido de proporcionar a não brancos o benefício de programas de "ação afirmativa" que exijam dos empregadores provas de que eles tenham realmente tentado localizar e avaliar candidatos não brancos a empregos. E não há dúvida que a maioria esmagadora dos formadores de opinião qualificaria essa ideia de "racista" e mesmo indigna de consideração. Além disso, a variedade com que os rótulos raciais são aplicados no Brasil inviabilizaria um programa desse tipo. A questão racial, portanto, está imersa numa questão mais ampla de justiça social para milhões de brasileiros pobres que se encontram no extremo inferior da escala de distribuição de renda extremamente desigual do Brasil.

---

* O êxito parcial dos não brancos como um todo na conquista de melhores condições de educação, moradia, renda e emprego é outro problema. Um estudo oficial publicado pelo governo dos Estados Unidos em 1972 revela o abismo (recentemente aumentado, segundo alguns indicadores) que persiste entre brancos e não brancos em áreas como educação, status profissional e renda. Os dados foram obtidos no censo de 1970 e numa pesquisa posterior com famílias, e é analisado em *The Social and Economic Status of the Black Population in the United States*, Washington, 1972.

Um outro desdobramento internacional alterou o contexto do pensamento racial da elite brasileira: a descolonização da Ásia e da África que se seguiu à Segunda Guerra Mundial. O Terceiro Mundo emergente se compõe em grande parte de nações "de cor" que frequentemente afirmaram sua identidade não branca, sobretudo na África. O nacionalismo negro africano foi acompanhado de poderosos movimentos nacionalistas (quase nunca conduzidos em termos raciais) no Sudeste Asiático, onde rebeldes não brancos depuseram governos europeus em quase todos os países. A onda de libertação política da Ásia e da África no pós-guerra foi um resultado tardio da anterior derrota das doutrinas racistas usadas para justificar o controle europeu entre 1870 e 1920. Em meados da década de 1950, a ideia de branqueamento já não era um objetivo respeitável a ser proclamado por um país do Terceiro Mundo como o Brasil, quando mais não fosse para não criar constrangimento nas relações com governos nacionalistas não brancos da África e da Ásia. Na década de 1960, isso se tornaria motivo de constrangimento até ante os Estados Unidos, onde a negritude se transformava em nova fonte de orgulho para muitos não brancos.

Em resumo, a independência política da Ásia e da África e a revolução nos direitos civis nos Estados Unidos sublinharam com vigor a perda de prestígio da arcaica cultura eurocêntrica cujas premissas racistas tinham levado os brasileiros a formular suas concepções de branqueamento. Essa visão de futuro racial foi adotada pelos brasileiros porque, aparentemente, conciliava a realidade de sua sociedade multirracial com o modelo de desenvolvimento europeu-americano que pretendiam imitar. Depois que a Europa e os Estados Unidos repudiaram o racismo, política e cientificamente, e depois que não ser branco tornou-se fonte de orgulho cultural e poder político, tanto na Ásia e na África quanto nos Estados Unidos, os brasileiros ficaram com um ideal gravemente anacrônico quanto a seu futuro racial.

Diga-se, a bem da verdade, que as discussões explícitas sobre o futuro étnico já tinham caído em desuso desde 1950, pelo menos como explicação para as perspectivas de desenvolvimento de uma nação. Isso resultou em boa medida do descrédito em que caíra o racismo científico. Onde no passado a raça fora um fator essencial na discussão sobre o futuro nacional (sobretudo entre 1870 e 1920), essa questão foi prontamente substituída por explicações que davam ênfase a fatores econômicos, especialmente o determinismo dos marxistas. Para os que ainda desejavam privilegiar o fator humano, o caráter nacional tornou-se o alvo preferido — uma decorrência natural da preocupação anterior com a raça.[108] Mas o método de análise do futuro que enfatiza o caráter nacional também caiu em desgraça no fim da década de 1950. A última grande tentativa nesse sentido foi com *Bandeirantes e pioneiros* (1955), de Vianna Moog.[109] Trata-se de uma análise comparativa do desenvolvimento do Brasil e dos Estados Unidos, na qual o autor procura explicar por que os Estados Unidos sobrepujaram tanto o Brasil em matéria de crescimento econômico, apesar das semelhanças entre os dois países quanto ao tamanho e aos recursos naturais. Vianna Moog rejeita as explicações do determinismo histórico baseadas em fatores unilaterais, como raça e religião, ainda que no fim tenha se voltado para a personalidade nacional recebida por herança em cada um dos dois países como explicação (suspeitamente determinista) para os diferentes graus de desenvolvimento. Depois desse livro, houve poucas tentativas de usar o caráter nacional para esboçar uma visão do futuro do povo brasileiro.

Os novos conhecimentos sobre a realidade das relações raciais no Brasil determinaram uma mudança no pensamento dos porta-vozes da elite a respeito da identidade étnica do país. Como já vimos, fez-se relativamente pouca pesquisa sobre esse tema antes de 1930, e só uns poucos pioneiros estavam em atividade antes de 1945. Nessa época, eles ainda não tinham produzido nenhum impacto significativo no entendimento, por parte da elite, da dinâmica racial do Brasil. Depois da Segunda Guerra Mundial, entretanto, o interesse cada vez maior de cientistas sociais brasileiros pelo assunto foi reforçado pela grande preocupação que despertava entre acadêmicos estrangeiros. Em 1950, uma parceria entre a Universidade Columbia e o estado da Bahia pôs em marcha um projeto de pesquisa sobre as mudanças sociais no estado. Naquele mesmo ano, depois que a UNESCO ofereceu verbas para pesquisas específicas sobre relações raciais, o programa inicial foi ampliado. Tornou-se parte de um estudo em grande escala sobre relações raciais no Brasil referendado pela UNESCO, na suposição de que a experiência brasileira poderia dar ao resto do mundo uma lição singular de relações "harmoniosas" entre as raças.[110] Entre os intelectuais estrangeiros que empreenderam abrangentes pesquisas de campo no Brasil estavam Charles Wagley (de Columbia) e Roger Bastide (da École Pratique des Hautes Études, Paris). Na Bahia, Wagley e seus alunos trabalharam em estreita colaboração com Thales de Azevedo (Universidade Federal da Bahia), enquanto Bastide, em São Paulo, trabalhava com Florestan Fernandes, também com verbas da UNESCO. Outra pesquisa patrocinada pela UNESCO foi realizada no Recife por René Ribeiro (Instituto Joaquim Nabuco) e no Rio de Janeiro por Luís Costa Pinto (Universidade do Brasil). Mais adiante, Florestan Fernandes fundou uma influente escola de pesquisa na Universidade de São Paulo, acompanhado de seus alunos e companheiros de pesquisa Fernando Henrique Cardoso e Octavio Ianni.[111] Convém notar que essa expansão da pesquisa ocorreu no início da década de 1950, bem quando a segregação racial oficial passava a ser combatida nos Estados Unidos.

No início da década de 1960, o novo quadro das relações raciais no Brasil não correspondia exatamente às expectativas de seus patrocinadores da UNESCO.[112] Cientistas sociais do Brasil e do exterior empregaram as mais modernas técnicas de pesquisa para traçar uma complexa rede de correlações entre cor e posição social. Embora os dados não fossem muito abrangentes, e ainda que existissem algumas variações regionais significativas e as opiniões dos pesquisadores divergissem a respeito de como a cor influenciaria a mobilidade social no futuro, tornava-se evidente que quanto mais escura fosse a pele de um brasileiro, mais probabilidades ele teria de estar no limite inferior da escala socioeconômica, e isso de acordo com todos os indicadores — renda, ocupação, educação. Os jornalistas não tardaram em aderir, dando provas circunstanciais de um modelo de discriminação sutil mas indisfarçável nas relações sociais.[113] Já não era possível afirmar que o Brasil escapara da discriminação racial, embora ela nunca tenha sido oficializada, desde o período colonial. O peso cada vez maior das evidências demonstrava justamente o contrário, mesmo sendo um tipo de discriminação muito mais complexo do que o existente na sociedade birracial americana.

As novas conclusões levaram alguns cientistas sociais a atacar a "mitologia" que predominava na elite brasileira a respeito das relações raciais em sua sociedade. Florestan Fernandes acusava seus compatriotas de "ter o preconceito de não ter preconceito" e de se aferrar ao "mito da democracia racial". Ao acreditar que a cor da pele nunca fora barreira para a ascensão social e econômica, dizia Florestan Fernandes, a elite nem sequer considerava a possibilidade de que a condição socioeconômica dos não brancos pudesse ser atribuída a qualquer outra coisa além do relativo subdesenvolvimento da sociedade ou da falta de iniciativa individual.[114]

O ataque ao "mito da democracia racial" no Brasil moderno foi acompanhado de um ataque à antiga opinião segundo a qual as relações raciais mais humanas decorriam de um sistema escravista mais humano. Como vimos, muitos comentaristas brasileiros supunham que os escravos de seu país tinham recebido um tratamento melhor do que os dos Estados Unidos. Até alguns historiadores americanos concordaram com isso, embora sem mencionar uma pesquisa que referendasse suas conclusões.[115] O acadêmico revisionista Marvin Harris, um dos alunos de Wagley no projeto Columbia-Bahia, chamou o fenômeno de "mito do senhor bondoso". Dessa vez, a documentação exibida mostrava que o tratamento dispensado aos escravos no Brasil equivalia em desumanidade ao de qualquer outro lugar.[116] Na verdade, a comparação dos sistemas escravistas em termos de sua relativa "brandura" ou "dureza" mostrou-se uma falsa indicação para a compreensão da dinâmica da mudança social. Os fatos documentados pelos estudiosos a respeito do sistema escravagista brasileiro serviram para demolir a crença da elite na singularidade de sua história escravista.

Ou seja, a década de 1950 assistiu a uma série de fatos notáveis que, juntos, fizeram com que a elite brasileira ficasse mais cautelosa ao discutir as relações raciais em sua sociedade, e, principalmente, seu futuro étnico. Havia o conjunto cada vez maior de evidências produzidas pela pesquisa sociológica e pela investigação histórica, além da perda do importante ponto de referência que era a segregação nos Estados Unidos. Diante da integração obrigatória e do movimento Black is Beautiful naquele país, e do advento do nacionalismo na Ásia e na África, o branqueamento já não era um objetivo que se pudesse proclamar. Além disso, a imigração branca, fonte provável de purificação étnica, foi diminuindo aos poucos. A grande onda migratória oriunda da Europa estava encerrada, e qualquer que fosse o número de futuros imigrantes, seria fatalmente menor do que a população nativa, em rápida expansão.

O que os brasileiros poderiam afirmar sobre sua identidade étnica a partir do início da década de 1950? Por um lado, havia uma tendência a acreditar que nenhum "problema" existia. No censo nacional de 1970, por exemplo, não foram colhidos dados sobre raça. A principal razão que se deu para isso foi a notória inconfiabilidade dos dados coligidos anteriormente, já que a definição de categoria racial (e ainda mais sua aplicação a casos individuais) não era uniforme.[117] Fosse isso verdade ou não, o resultado é que os pesquisadores (e consequentemente o público e os políticos) foram privados de conhecer os números nacionais que indicariam o que estava acontecendo aos não brancos em relação à saúde, educação, renda e emprego. Com efeito, o governo federal declarara que a cor da pele não era uma categoria significativa no Brasil, pelo menos para propósitos estatísticos. Essa atitude foi acompanhada de uma relativa ausência de discussão pública sobre raças (apesar do trabalho dos cientistas sociais), se comparada ao período situado entre 1870 e 1930.

Por outro lado, de vez em quando, uma sensação de desconforto vem à tona. O dramaturgo negro Abdias do Nascimento, por exemplo, queixou-se com amargor que o culto brasileiro ao branqueamento sufocou todas as tentativas de articulação de uma consciência negra.[118] Mesmo essas discussões costumam terminar com a acusação de que qualquer tentativa de elevar a consciência racial seria "racista".[119] Na verdade, os formadores de opinião no Brasil ainda convivem com o legado intelectual da contemporização que seus pais e avós opuseram à teoria racista. Eles ainda são implicitamente defensores de um Brasil mais branco, embora já não seja conveniente afirmar uma coisa dessas. Herdaram uma sociedade multirracial rica e complexa, mas ainda não encontraram novos conceitos com que descrever ou justificar o futuro dessa sociedade.

Nota sobre fontes e metodologia

A taxa de analfabetismo no Brasil manteve-se bem cima de 50% durante todo o período coberto por este livro.[1] Por isso mesmo, concentrei-me em examinar as opiniões sobre raça manifestadas pelos porta-vozes da elite brasileira — quase todos eles membros da minúscula minoria que desfrutava do privilégio da educação superior nessa sociedade em grande parte analfabeta.[2] Foram considerados porta-vozes da elite os intelectuais (definidos adiante), os políticos e os relações-públicas dos governos. Não analisei de modo sistemático as obras de ficcionistas ou trabalhos técnicos de cientistas.

Minha seleção de autores baseia-se numa leitura inicial das principais obras secundárias que tratam do pensamento social brasileiro no período.[3] Foram da maior utilidade Gilberto Freyre, *Ordem e progresso*, 2 vols. (Rio de Janeiro, 1959); Dante Moreira Leite, *O caráter nacional brasileiro: história de uma ideologia*, 2ª edição (São Paulo, 1969); Brito Broca, *A vida literária no Brasil: 1900*, 2ª edição (Rio de Janeiro, 1960); Fernando de Azevedo, *Brazilian Culture* (Nova York, 1950); João Cruz Costa, *A History of*

Ideas in Brazil (Berkeley, Califórnia, 1964); e Roque Spencer Maciel de Barros, *A ilustração brasileira e a ideia de universidade* (São Paulo, 1959). Também considerei úteis as opiniões expostas por organizadores de antologias como Djacir Menezes (org.), *O Brasil no pensamento brasileiro* (Rio de Janeiro, 1957) e Luís Washington Vita (org.), *Antologia do pensamento social e político no Brasil* (São Paulo, 1968).

Entre os melhores guias para as tendências históricas estão as histórias da literatura. Considerei utilíssimas as de Lúcia Miguel-Pereira, *Prosa de ficção de 1870 a 1920*, em Álvaro Lins (org.), *História da literatura brasileira*, vol. XII (Rio de Janeiro, 1957); Afrânio Coutinho, *An Introduction to Literature in Brazil* (Nova York, 1969), que é uma tradução das introduções escritas pelo organizador para os volumes de *A literatura no Brasil*, 4 vols. (Rio de Janeiro, 1955-9); Alfredo Bosi, *História concisa da literatura brasileira* (São Paulo, 1970); e Nelson Werneck Sodré, *História da literatura brasileira*, 3ª edição (Rio de Janeiro, 1960). Os volumes especializados publicados pela Editora Cultrix também foram úteis: João Pacheco, *O realismo, 1870-1900* (São Paulo, 1963); Massaud Moisés, *O simbolismo: 1893-1902* (São Paulo, 1966); Alfredo Bosi, *O pré-modernismo* (São Paulo, 1966); e Wilson Martins, *O modernismo: 1916-1945* (São Paulo, 1965). As seções introdutórias em Antonio Candido e José Aderaldo Castelo, *Presença da literatura brasileira: história e antologia*, 3 vols. (São Paulo, 1964), encerram muitas informações valiosas. Depois de leituras preliminares de publicações da época, dei maior ênfase a autores (como Batista de Lacerda e Roquette-Pinto) que me pareceram mais importantes para os contemporâneos do que indicavam os estudos secundários.

Para testar minha premissa de que a elite que controlava o Brasil nessa época era relativamente bem integrada, estudei primeiro os intelectuais e, a seguir, submeti a exame o consenso que encontrei em suas ideias, procurando opiniões de políticos sobre o tema da raça, em debates na Câmara dos Deputados em diversos períodos: (1) debates abolicionistas selecionados do século XIX; (2) debates sobre diplomacia e problemas sociais (saúde, educação etc.) durante a Primeira Guerra Mundial; e (3) debates sobre legislação a respeito de imigração nas décadas de 1920 e 1930.

Li também os catálogos relativos às exposições internacionais realizadas entre 1867 e 1904, preparados pelo governo federal, bem como as publicações oficiais para as exposições de 1900, 1908 e 1922 no Brasil. Verifiquei várias outras publicações oficiais referentes a recenseamentos, propaganda no exterior e educação. Tomadas em conjunto, essas publicações me ajudaram a montar um quadro geral bem documentado sobre o consenso da elite no tocante ao futuro racial do Brasil.*

Para meus propósitos, o emaranhado debate entre sociólogos sobre o que é um intelectual não teve grande utilidade.[4] Incluí todos aqueles que escreveram ou falaram, para todo o país, sobre a questão racial. No Brasil, assim como em outras sociedades em desenvolvimento, os porta-vozes da elite não se enquadravam nas categorias de especialização familiares às sociedades industrializadas.[5] O país apenas começava a abandonar a condição de sociedade absolutamente agrária, que dispensava a complexa rede de profissões intelectuais especializadas existentes nos países desenvolvidos, pois nem sequer poderia sustentá-la. Não sendo herdeiros, os intelectuais só conseguiam auferir uma renda condigna somando ao que ganhavam no exercício de profissões como advo-

---

* Mostrou-se justificada minha premissa de que acabaria surgindo uma atitude predominante. Mas isso também parte do pressuposto de que os pensadores importantes eram publicados por editoras de jornais, revistas e livros que atraíam atenção nacional. Cumpre notar que essa abordagem exclui os pensadores estritamente provincianos cujos textos não saíam nos órgãos dos grandes centros — e que por isso não influenciavam o público leitor nacional.

cacia ou medicina seus ganhos nas mal remuneradas áreas do magistério (inclusive no ensino médio) e do jornalismo e, em certos casos, num emprego público (de preferência, uma sinecura). Além disso, nessa época o Brasil ainda era uma cultura latina, que prezava mais o "homem universal" que o especialista. O prestígio verdadeiro ficava reservado ao erudito, que se aproximava do tipo cultural ideal — o que se elevava acima da especialização profissional e conservava os dotes do beletrismo.[6]

O jornalismo era o centro da atividade da maioria dos intelectuais que se interessavam por questões sociais e ditava o formato do que publicavam. Produziam-se ensaios breves porque o canal mais acessível (e o mais lido) era o jornal diário, que raramente podia publicar um artigo com mais de 2 mil palavras. Algumas revistas publicavam textos mais longos. O mercado de livros era limitadíssimo, e um sistema de distribuição nacional em grande escala só surgiu com as iniciativas pioneiras de Monteiro Lobato no começo da década de 1920.[7]

Em vista das limitações dos jornais, a argumentação tinha de ser exposta de forma sucinta. Embora os artigos pudessem ser ampliados e mais elaborados se reunidos e publicados na forma de livros ou panfletos, isso raramente acontecia. O resultado era um estilo predominantemente jornalístico que, muitas vezes, refletia uma escrita apressada ou, antes da republicação, a falta de consulta a fontes ou uma revisão detida que levasse a uma exposição sistemática e coerente de assuntos complexos. Alberto Torres é um bom exemplo disso. Seus dois livros principais — que exerceram forte influência sobre intelectuais — são coletâneas de artigos de jornais, muitas vezes não editados, que em forma de livro parecem repetitivos e mal organizados.

Antes de julgarmos esses autores com excessiva severidade, lembremos que tinham de escrever em intervalos de vidas sobrecarregadas. Recordemos ainda que haviam sido educados e viviam num país em que as escolas e as instituições de pesquisa de nível superior — principalmente nos campos da antropologia, sociologia e genética, relevantes para as teorias raciais — eram relativamente pouco desenvolvidas antes de 1930. Eles tinham de ser autodidatas em disciplinas cujos tratados científicos elementares não existiam em português, e os livros estrangeiros eram caros e de difícil obtenção.

Aqueles que tinham de ganhar a vida como jornalistas viam-se obrigados a produzir grandes quantidades de texto. Cronistas como Coelho Neto e João do Rio com frequência recorriam a trivialidades a fim de manter sua produção.[8] Outros escritores conseguiam preservar sua dedicação a estudos sérios, apesar de uma pesada produção para a imprensa diária. Entre os exemplos mais eminentes estão Gilberto Amado e José Veríssimo. Os escritores brasileiros tinham uma aguda consciência da incompatibilidade entre seu compromisso com o estudo sério e a necessidade que muitos deles tinham de ganhar o máximo possível com seu labor jornalístico. Em 1908, João do Rio publicou os resultados de um questionário em que perguntava às principais figuras literárias se em sua opinião o jornalismo tinha uma influência benéfica ou maléfica sobre a literatura brasileira. As respostas cautelosas — curiosamente variadas nas avaliações finais — revelavam uma consciência dolorosa do problema.[9]

Na busca de indícios quanto à opinião da elite brasileira sobre a questão da raça, fiz uma ampla pesquisa nos textos de ensaístas — principalmente em bibliotecas públicas, mas também, às vezes, particulares —, já que o ensaio era o principal veículo de expressão a respeito de questões sociais.[10] Os interesses desses autores iam da literatura à ciência natural. Embora fosse mais fácil localizar suas opiniões quando o autor era obrigado a falar de raça, achei declarações importantes ao ler textos nos quais não havia qualquer motivo óbvio para tratar de questões raciais.

Em minha pesquisa a respeito das principais correntes do pensamento racial, consultei toda a coleção do jornal carioca *Correio da Manhã* do período 1902-18, de revistas do Rio de Janeiro como *Kosmos* (1904-9) e *Renascença* (1904-8), e as compilações, em livros, de críticas literárias de Sílvio Romero, José Maria Bello, Sousa Bandeira, Araripe Júnior, José Veríssimo, Alceu Amoroso Lima e Agripino Grieco. No caso de figuras que os brasileiros de seu tempo consideravam de máxima importância, como Sílvio Romero, Euclides da Cunha, Alberto Torres e Oliveira Vianna, li não apenas suas obras publicadas, como também avaliações de contemporâneos seus.

Por fim, tive a sorte de descobrir uma magnífica coleção de recortes de jornais e revistas reunidos pelo diplomata e historiador Manuel Oliveira Lima (1865-1928) e por sua mulher durante a carreira dele, que cobriu o período do fim da década de 1880 até sua morte em 1928. Os mais de trinta álbuns mostraram-se preciosos porque Oliveira Lima, que escrevia regularmente para a imprensa brasileira, manteve vasta correspondência com a maioria das principais figuras literárias da época. Apesar de suas viagens constantes e dos períodos de residência no exterior, ele atualizava seu arquivo doméstico com artigos e críticas literárias publicados em jornais brasileiros, europeus e americanos.

Ao fim de minha pesquisa, tive a certeza de ter feito uma amostragem bem variada de uma faixa da opinião da elite, capaz de mostrar suas ideias principais sobre raça. Cumpre observar, no entanto, que isso foi feito segundo o método antiquado do historiador de ideias — a leitura ampla de escritores e publicações que considerei representativos. As oportunidades de pesquisa continuam abertas para historiadores que queiram empregar técnicas mais novas, como a análise de conteúdo, ao estudo do pensamento brasileiro, seja da elite, seja dos milhões de outros brasileiros que só aparecem nestas páginas como objeto de debate para os poucos que gozavam do direito de utilizar a palavra impressa. A última década produziu várias obras secundárias de grande utilidade sobre áreas específicas do pensamento, mas muita pesquisa ainda está por ser feita em áreas como a medicina e a antropologia.[11] Muito resta a ser escrito, também, sobre a história de instituições culturais e educacionais — as faculdades, os institutos, as academias.[12] Uma análise cuidadosa da história social de tais instituições contribuirá para inserir a história das ideias no Brasil no contexto mais vasto da história social e econômica que foi só abordada de passagem neste estudo.[13]

Notas

INTRODUÇÃO [PP. 29-32]

1. Não abordei os muitos paralelos entre o pensamento racial no Brasil e no resto da América Latina. De modo geral, a história das ideias tem recebido mais atenção na América espanhola (principalmente Argentina e México) do que no Brasil. Martin Stabb inclui a raça como um dos temas centrais de sua excelente análise dos textos de ensaístas hispano-americanos que fizeram o diagnóstico do "continente doente" no fim do século XIX e começo do século XX. Martin S. Stabb, *In Quest of Identity: Patterns in the Spanish American Essay of Ideas, 1890-1960* (Chapel Hill, Carolina do Norte, 1967). Para uma discussão da atitude dos intelectuais mexicanos quanto à questão racial antes da Revolução de 1910, ver T. G. Powell, "Mexican Intellectuals and the Indian Question, 1876--1911", *Hispanic American Historical Review*, vol. 48 (fevereiro de 1968), nº 1, pp. 19-36; e William D. Raat, "Los intelectuales, el positivismo y la questión indígena", *Historia Mexicana*, vol. 20 (janeiro-março de 1971), pp. 412-27. Para os casos da Argentina e do Chile, há muitas informações valiosas a respeito das atitudes da elite em relação à raça em Carl Solberg, *Immigration and Nationalism: Argentina and Chile, 1890-1914* (Austin, Texas, 1970).

2. O manifesto foi reproduzido em Osvaldo Melo Braga, *Bibliografia de Joaquim Nabuco*. Instituto Nacional do Livro, Coleção B 1; Bibliografia, VIII (Rio de Janeiro, 1952). A citação está na p. 17.

CAPÍTULO 1 [PP. 37-79]

1. São poucas as fontes para a história da Igreja brasileira. A fonte secundária mais confiável para o período é George C. A. Boehrer, "The Church in the Second Reign, 1840-1889", em Henry H. Keith e S. F. Edwards (orgs.), *Conflict and Continuity in Brazilian Society* (Columbia, Carolina do Sul, 1969), pp. 113--40. Uma grande quantidade de informações pode ser encontrada em Nilo Pereira, *Conflitos entre a Igreja e o Estado no Brasil* (Recife, 1970). Infelizmente, a morte do professor Boehrer nos privou de um estudo mais amplo da Igreja brasileira no século XIX, que ele havia começado. Um tratamento em geral útil pode ser encontrado no capítulo XII de J. Lloyd Mecham, *Church and State in Latin America*, ed. rev. (Chapel Hill, Carolina do Norte, 1966).

2. Minha análise do pensamento brasileiro no século XIX deve muito a Roque Spencer Maciel de Barros, *A ilustração brasileira e a ideia da universidade* (São Paulo, 1959), a principal exposição e crítica do liberalismo brasileiro. Um estudo importante é João Cruz Costa, *A History of Ideas in Brazil* (Berkeley, Califórnia, 1964). A influência de ideias inglesas no liberalismo brasileiro é bem examinada em Richard Graham, *Britain and the Onset of Modernization in Brazil, 1850-1914* (Cambridge, 1968).

3. Cruz Costa, *A History of Ideas in Brazil*, pp. 53-7. Uma excelente análise do ecletismo no Brasil pode ser encontrada em Antônio Paim, *História das ideias filosóficas no Brasil* (São Paulo, 1967), capítulo 2.

4. Sílvio Romero ressaltou, com sarcasmo, a falta de originalidade no pensamento brasileiro do século XIX ao se referir a seus compatriotas como "contrabandistas de ideias". Sílvio Romero, *A literatura brasileira e a crítica moderna* (Rio de Janeiro, 1880), p. 6.

5. Antônio Paim, *História das ideias*, p. 104.

6. As plataformas dos partidos podem ser encontradas em Américo Brasiliense, *Os programas dos partidos e o Segundo Império* (São Paulo, 1878). Partidos políticos e pensamento político durante o Império são examinados em Nélson Nogueira Saldanha, *História das ideias políticas no Brasil* (Recife, 1968), pp. 127--216. Para uma análise confiável da derrocada do sistema político imperial, ver Sérgio Buarque de Holanda (org.), *História geral da civilização brasileira*; tomo II: *O Brasil monárquico*, vol. V (São Paulo, 1972). Todo o volume foi escrito pelo editor-geral, Sérgio Buarque de Holanda.

7. Gilberto Freyre descreveu os aspectos psicológicos desse sistema social. Ver sobretudo *Casa-grande & senzala* (Rio de Janeiro, 1933). Um autor chegou a interpretar o movimento antimonárquico do fim do Império como um impulso

parricida da geração mais jovem: Luís Martins, *O patriarca e o bacharel* (São Paulo, 1953).

8. A biografia clássica do imperador é a de Heitor Lira, *História de dom Pedro II*, 3 vols. (São Paulo, 1938-40), muito favorável ao biografado, como também é Mary Wilhemine Williams, *Dom Pedro, the Magnanimous* (Chapel Hill, Carolina do Norte, 1937).

9. Essas obras são examinadas com minúcias em João Camilo de Oliveira Torres, *A democracia coroada: teoria política do Império do Brasil* (2ª ed., Petrópolis, 1964). Em seu estudo ambicioso, João Camilo faz uma exposição favorável do sistema monárquico.

10. O romantismo brasileiro produziu uma grande quantidade de crítica literária e história da literatura. A obra mais importante é Antonio Candido [de Mello e Souza], *Formação da literatura brasileira*, 2ª ed., 2 vols. (São Paulo, 1964), vol. II, capítulo 5. Ver também Afrânio Coutinho, *An Introduction to Literature in Brazil* [*Introdução à literatura brasileira*] (Nova York, 1969), pp. 119-51. Essas páginas são uma tradução da introdução de Afrânio Coutinho à seção sobre o romantismo na coleção que organizou: *A literatura no Brasil*, 4 vols. (Rio de Janeiro, 1955-8).

11. David Miller Driver, *The Indian in Brazilian Literature* (Nova York, 1942), pp. 41-2.

12. Idem, ibidem, pp. 106-7.

13. Ibidem, passim; Raymond S. Sayers, *O negro na literatura brasileira* (Rio de Janeiro, 1958), pp. 205-21. Para uma excelente análise dos estereótipos de negros e escravos em obras relacionadas ao abolicionismo, ver David T. Haberly, "Abolitionism in Brazil: Anti-Slavery and Anti-Slave", *Luso-Brazilian Review*, vol. 9 (dezembro de 1972), nº 2, pp. 30-46.

14. Antonio Candido, *O método crítico de Sílvio Romero*, 2ª ed. (São Paulo, 1963), pp. 134-5.

15. Em 1907, Euclides da Cunha chamou a década de 1860 de "a mais decisiva para os nossos destinos". Euclides da Cunha, "Castro Alves e seu tempo", em *Obra completa*, 2 vols. (Rio de Janeiro, 1966), vol. I, p. 428.

16. Os escravos que serviam no Exército foram alforriados pelo decreto 3725, de 6 de novembro de 1866.

17. Richard Graham, *Britain and the Onset of Modernization in Brazil, 1850-1914*, pp. 28-9. O Ministério do visconde do Rio Branco (1871-5) realizou várias reformas cuja necessidade tinha sido demonstrada pela Guerra do Paraguai. Para uma curta e encomiástica biografia do primeiro-ministro, ver visconde de Taunay (Alfredo d'Escragnolle Taunay), *O visconde do Rio Branco* (São Paulo, [1930?]).

18. Sérgio Buarque de Holanda (org.), *História geral da civilização brasileira*; tomo II, *O Brasil monárquico*, vol. 3 (São Paulo, 1967), pp. 85-112. A história mais bem documentada do Partido Republicano durante o Império é a de George C. A. Boehrer, *Da monarquia à República: história do Partido Republicano do Brasil, 1870-1889* (Rio de Janeiro, 1954).

19. Minha análise da história das ideias no fim do Império deve muito a Maciel de Barros, *A Ilustração brasileira*.

20. A melhor fonte secundária sobre a Escola do Recife é Antônio Paim, *A filosofia da Escola do Recife* (Rio de Janeiro, 1966). Mais tarde, Sílvio Romero, o mais famoso produto da Escola, afirmaria, com muito alarde, que ela teve um enorme impacto nacional. Ver, por exemplo, seu prefácio ("Explicações indispensáveis") a Tobias Barreto, *Vários escritos* (Rio de Janeiro, 1900). Para maiores detalhes sobre a Escola do Recife, inclusive correspondência antes inédita, ver Vamireh Chacon, *Da Escola do Recife ao Código Civil: Artur Orlando e sua geração* (Rio de Janeiro, 1969).

21. A biografia clássica é a de Hermes Lima, *Tobias Barreto*, 2ª ed. (São Paulo, 1957). Ver também Paulo Mercadante e Antônio Paim, *Tobias Barreto na cultura brasileira: uma reavaliação* (São Paulo, 1972).

22. Os ataques de Sílvio Romero ocorreram numa série de artigos publicados em 1879 e citados em sua *História da literatura brasileira*, 2ª ed., vol. II (Rio de Janeiro, 1903), p. 465.

23. José Ramos Tinhorão, *A província e o naturalismo* (Rio de Janeiro, 1966).

24. Os primeiros estudos clássicos do positivismo brasileiro tenderam a concentrar-se nos positivistas "ortodoxos": João Camilo de Oliveira Torres, *O positivismo no Brasil*, 2ª ed. (Petrópolis, 1957), e João Cruz Costa, *O positivismo na República* (São Paulo, 1956). Estudos posteriores, como Ivan Lins, *História do positivismo no Brasil* (São Paulo, 1964), e Tocary Assis Bastos, *O positivismo e a realidade brasileira* (Belo Horizonte, 1965), alargaram o foco, embora a influência, maior, do positivismo não ortodoxo espere ainda uma análise profunda. O melhor estudo realizado na época é de Clóvis Bevilácqua, *Esboços e fragmentos* (Rio de Janeiro, 1899), pp. 70-137.

25. A biografia positivista "oficial" é Raimundo Teixeira Mendes, *Benjamim Constant*, 2ª ed. (Rio de Janeiro, 1913).

26. Fernando de Azevedo, *Brazilian Culture* [*A cultura brasileira*] (Nova York, 1950), pp. 413-4.

27. Um exame da origem e do crescimento do positivismo brasileiro ocorre em João Cruz Costa, *A History of Ideas in Brazil*, capítulo 5.

28. O Apostolado Positivista começou a publicar suas circulares, panfletos

e livros em 1881, e continua a fazê-lo. Essas publicações são uma fonte valiosa para o estudo das ideias positivistas ortodoxas.

29. Luís Pereira Barreto, *As três filosofias* (Rio de Janeiro, 1874). Para detalhes do pensamento e da vida desse importante positivista, ver Roque Spencer Maciel de Barros, *A evolução do pensamento de Pereira Barreto* (São Paulo, 1967). Maciel de Barros está organizando também a reedição das obras filosóficas de Pereira Barreto, cujo primeiro volume inclui *As três filosofias*: Luís Pereira Barreto, *Obras filosóficas*, vol. I (São Paulo, 1967).

30. Bevilácqua, *Esboços*, p. 96.

31. No Brasil, o ensino da engenharia começou como parte do ensino militar e só se separou da Escola Militar em 1874, quando foi criada uma Escola Politécnica como instituição independente. Ambas permaneceram no Rio. Fernando de Azevedo, *Brazilian Culture*, p. 175; Umberto Peregrino, *História e projeção das instituições culturais do Exército* (Rio de Janeiro, 1967), pp. 11-3.

32. Estou em dívida com Joseph Love e John Wirth por suas ideias nessa questão.

33. *A Província de São Paulo*, 26 de julho de 1878, apud Maciel de Barros, *A evolução do pensamento*, p. 132. Pereira Barreto nasceu em 1840 e José Bonifácio, o Moço, em 1827.

34. Os estudos mais abrangentes do movimento abolicionista são Robert Conrad, *The Destruction of Brazilian Slavery, 1850-1888* (Berkeley, Califórnia, 1972) e Robert Brent Toplin, *The Abolition of Slavery in Brazil* (Nova York, 1972), que se basearam amplamente em jornais da época, sobretudo abolicionistas. Uma excelente análise da decadência da escravatura e da introdução da mão de obra livre é Emília Viotti da Costa, *Da senzala à colônia* (São Paulo, 1966), que proporciona grande quantidade de informações sobre a estrutura econômica e o pensamento abolicionista. A estreita ligação entre a Abolição e a questão da propriedade da terra é ressaltada em Nilo Odália, "A abolição da escravatura", *Anais do Museu Paulista*, vol. 18 (São Paulo, 1964), pp. 121-45.

35. Seu manifesto abolicionista é reproduzido em Edgard de Cerqueira Falcão (org.), *Obras científicas, políticas e sociais de José Bonifácio de Andrada e Silva*, 3 vols. (São Paulo, 1965), vol. II, pp. 115-218.

36. Para um estudo detalhado e bem documentado, ver Leslie Bethell, *The Abolition of the Brazilian Slave Trade* (Cambridge, Inglaterra, 1970).

37. A carta está reproduzida na *Revista do Instituto Histórico e Geográfico Brasileiro*, "Contribuições para a biografia de d. Pedro II", tomo especial, parte I (Rio de Janeiro, 1925), p. 419. Uma tradução condensada foi publicada por Thomas E. Skidmore, "The Death of Brazilian Slavery, 1866-68", em Frederick Pike (org.), *Select Problems in Latin American History* (Nova York, 1968), pp. 143-4.

38. Edmar Morel, *Vendaval da liberdade* (Rio de Janeiro, 1967), p. 89.

39. A posição ambígua dos republicanos com relação à Abolição causou muita tensão entre os líderes do partido e membros de convicções abolicionistas em São Paulo. A questão é abordada com sutileza em José Maria dos Santos, *Os republicanos paulistas e a Abolição* (São Paulo, 1942). O manifesto de 1870 é reproduzido em Américo Brasiliense, *Os programas*. Há uma análise muito útil do manifesto republicano e da propaganda do partido em Evaristo de Moraes, *Da monarquia para a República, 1870-1889* (Rio de Janeiro, s/d).

40. *Anais do Parlamento Brasileiro: Câmara dos Deputados*, Primeiro Ano da Décima Sétima Legislatura, Sessão de 1878 (Rio de Janeiro, 1879), vol. III, pp. 194-6.

41. A biografia clássica é a de Luís Viana Filho, *A vida de Joaquim Nabuco* (São Paulo, 1952).

42. Nos dois anos que precederam a Abolição houve uma significativa mobilização em São Paulo contra o sistema escravista — inclusive fugas em massa, revoltas e infiltração abolicionista em fazendas. Robert Brent Toplin, "Upheaval, Violence, and the Abolition of Slavery in Brazil: The Case of São Paulo", *Hispanic American Historical Review*, vol. 49 (novembro de 1969), nº 4, pp. 639-55; Toplin, *The Abolition of Slavery*, pp. 194-224; e Conrad, *The Destruction of Brazilian Slavery*, pp. 239-56.

43. Richard Graham, "Landowners and the Overthrow of the Empire", *Luso-Brazilian Review*, vol. 7 (dezembro de 1970), nº 2, pp. 44-56; Toplin, *The Abolition of Slavery*, pp. 225-46; e Conrad, *The Destruction of Brazilian Slavery*, pp. 257-73.

44. André Rebouças, *Diário e notas autobiográficas*, Ana Flora e Inácio José Veríssimo (orgs.) (Rio de Janeiro, 1938), p. 135. Joaquim Nabuco, *Minha formação* (Rio de Janeiro, 1957), capítulo 2. Sobre José do Patrocínio, ver Osvaldo Orico, *O Tigre da Abolição* (São Paulo, 1931) e Ciro Vieira da Cunha, *No tempo de Patrocínio*, 2 vols. (São Paulo, 1960).

45. Sud Mennucci, *O precursor do abolicionismo no Brasil* (São Paulo, 1938).

46. Carolina Nabuco, *The Life of Joaquim Nabuco* (Stanford, Califórnia, 1950), p. 109.

47. Joaquim Nabuco, *Minha formação*, pp. 196-8.

48. O manifesto está reproduzido em Osvaldo Melo Braga, *Bibliografia de Joaquim Nabuco* [Instituto Nacional do Livro: Coleção B 1: Bibliografia, VIII] (Rio de Janeiro, 1952), pp. 14-22.

49. Joaquim Nabuco, *O abolicionismo* (Londres, 1883), pp. 114-5 e 252-3.

50. Odival Cassiano Gomes, *Manuel Vitorino Pereira: médico e cirurgião* (Rio de Janeiro, 1953), p. 161.

51. Sociedade Brasileira Contra a Escravidão, *Banquete oferecido ao Exmo Sr. ministro americano Henry Washington Hilliard* (Rio de Janeiro, 1880).

52. Osório Duque Estrada, *A Abolição: esboço histórico, 1831-1888* (Rio de Janeiro, 1918), pp. 119-20. José do Patrocínio conseguiu uma declaração de Victor Hugo, usada como propaganda abolicionista, ao que parece devido à presunção de que o grande prestígio de Hugo junto à elite ajudaria a causa. Para detalhes sobre a admiração por Hugo, ver Antônio Carneiro Leão, *Victor Hugo no Brasil* (Rio de Janeiro, 1960). Joaquim Nabuco demonstrou a mesma ânsia de intervenção estrangeira que ajudasse os abolicionistas quando fez um apelo pessoal ao papa Leão XIII em fevereiro de 1888, pedindo "a Vossa Santidade que fale em tempo para que sua mensagem chegue ao Brasil antes da reabertura do Parlamento" (Carolina Nabuco, *The Life of Joaquim Nabuco*, pp. 160-1).

53. *Anais do Parlamento Brasileiro: Câmara dos Deputados*, Terceiro Ano da Décima Quarta Legislatura, Sessão de 1871 (Rio de Janeiro, 1871), vol. I, pp. 134-5.

54. [Antônio Coelho Rodrigues], *Manual do súdito fiel ou cartas de um lavrador a Sua Majestade o Imperador sobre a questão do elemento servil* (Rio de Janeiro, 1884), p. 73.

55. Carolina Nabuco, *Life of Joaquim Nabuco*, p. 76; Sociedade Brasileira Contra a Escravidão, *Banquete*.

56. Joaquim Nabuco, *Obras completas*, vol. XI: *Discursos parlamentares, 1879-1889* (São Paulo, 1949), pp. 66-7.

57. Braga, *Bibliografia de Joaquim Nabuco*, p. 17.

58. *Anais do Parlamento Brasileiro: Câmara dos Deputados*, Terceiro Ano da Décima Quarta Legislatura, Sessão de 1871 (Rio de Janeiro, 1871), pp. 295-6.

59. Joaquim Nabuco, *O abolicionismo*, pp. 22-3.

60. Idem, ibidem, p. 252.

61. *Gazeta da Tarde*, 5 de maio de 1887. Reproduzida em Afonso Celso Júnior, *Oito anos de Parlamento* (São Paulo, s/d), pp. 131-2.

62. Citado em José Fernando Carneiro, "Interpretação da política imigratória brasileira", *Digesto Econômico*, nº 46 (setembro de 1948), p. 123.

63. João Cardoso Menezes e Sousa, barão de Paranapiacaba, *Teses sobre a colonização do Brasil; projeto de solução das questões sociais que se prendem a este difícil problema; relatório apresentado ao Ministério da Agricultura, Comércio e Obras Públicas em 1873* (Rio de Janeiro, 1875), pp. 419-20.

64. O grupo publicou, em 1877, um manifesto, assinado por Antônio Martins Lage, Roberto Clinton Wright, Manuel José da Costa Lima Viana, João Antônio de Miranda e Silva e Jorge Nathan: *Demonstração das conveniências e*

vantagens à lavoura no Brasil pela introdução dos trabalhadores asiáticos (da China) (Rio de Janeiro, 1877).

65. O memorando é reproduzido em José Afonso Mendonça Azevedo, *Vida e obra de Salvador de Mendonça* (Rio de Janeiro, 1971), pp. 361-79. A versão posterior do memorando, muito ampliada, saiu em Salvador de Mendonça, *Trabalhadores asiáticos* (Nova York, 1879).

66. Süssekind de Mendonça, *Salvador de Mendonça*, p. 118.

67. Joaquim Nabuco, *O abolicionismo*, p. 252.

68. Idem, *Obras completas*, vol. XI: *Discursos parlamentares, 1879-1889*, p. 24.

69. Idem, ibidem, p. 63.

70. Idem, ibidem, p. 60.

71. Idem, ibidem, pp. 22-3. Para um debate semelhante no Legislativo da província do Rio de Janeiro, ver Nilo Odália, *A Abolição*, pp. 129-32.

72. José Fernando Carneiro, *Interpretação*, p. 124; Toplin, *The Abolition of Slavery*, pp. 157-60; e Conrad, *The Destruction of Brazilian Slavery*, pp. 33-4.

73. A melhor análise da estrutura social no fim do Império é Graham, *Britain and the Onset of Modernization in Brasil*, pp. 1-49. Devido ao alto índice de analfabetismo, a elite educada era muito exígua no Brasil do século XIX. Em 1867, só 10% das crianças em idade escolar estavam matriculadas em escolas. Apesar dos esforços de "modernização" do fim do Império, a taxa subira para apenas 14% em 1889 (Fernando de Azevedo, *A cultura brasileira*, 4ª ed., 1963), pp. 554-603.

74. Há um levantamento sucinto da ascensão do pensamento racista em Michael Banton, *Race Relations* (Londres, 1967), pp. 28-54. Ver também Marvin Harris, *The Rise of Anthropological Theory* (Nova York, 1968), pp. 80-141. George W. Stocking Jr., *Race, Culture and Evolution: Essays in the History of Anthropology* (Nova York, 1968), analisa com muita sutileza a história complexa das mudanças no pensamento científico quanto à raça. A influência do pensamento racista é examinada com mais detalhes no capítulo 2, adiante.

75. Henry Thomas Buckle, *History of Civilization in England*, 2 vols. (Londres, 1857-61).

76. As citações são da edição de 1872: Henry Thomas Buckle, *History of Civilization in England*, 2 vols. (Londres, 1872), vol. I, pp. 104-6. Típico da longa influência de Buckle sobre os brasileiros foi o ensaio autobiográfico de um ensaísta e político de Pernambuco (nascido em 1885), que concluiu assim sua descrição dos paupérrimos trabalhadores rurais da região de sua fazenda de açúcar no Nordeste: "Mais do que Canaã, será o campo do Brasil o país de Buckle, onde a imponência brutal da natureza diminui e esmaga o homem, desarmado para a luta formidável contra os elementos adversos". José Maria Bello, *Ensaios políticos*

e literários (Rio de Janeiro, 1918), p. 78. Em outro trecho do livro, José Maria Bello revelou maior otimismo em relação à capacidade do brasileiro para controlar seu ambiente.

77. Georges Raeders, *Le Comte de Gobineau au Brésil* (Paris, 1934). Gobineau manteve extensa correspondência durante sua estada de quinze meses no Brasil. Para várias cartas reveladoras, bem como para uma relação de outras cartas publicadas da estada de Gobineau no Brasil, ver Jean Gaulmier, "Au Brésil, Il y a un siècle [...] quelques images d'Arthur Gobineau", *Bulletin de la Faculté de Lettres de Strasbourg* (maio-junho de 1964), pp. 483-98.

78. Carta a Keller, citada em Ludwig Schemann, *Gobineau: Eine Biographie* (Estrasburgo, 1916), vol. II, p. 127.

79. Raeders, *Gobineau au Brésil*, p. 73.

80. Joseph-Arthur, conde de Gobineau, "L'Émigration au Brésil", *Le Correspondant*, vol. 96 [Nouvelle Serie, vol. 60] (julho-setembro de 1874), p. 369; Gaulmier, "Au Brésil, Il y a un siècle", p. 497.

81. Gaulmier, op. cit., p. 493.

82. Uma carta a Keller citada em Schemann, *Gobineau*, vol. II, p. 127.

83. Raeders, *Gobineau au Brésil*, pp. 100-3.

84. Para uma breve análise das teses de Ingenieros, ver Martin S. Stabb, *In Quest of Identity: Patterns in the Spanish American Essay of Ideas, 1890-1960* (Chapel Hill, Carolina do Norte, 1967), pp. 30-1.

85. Louis Couty, *Ébauches Sociologiques: le Brésil en 1884* (Rio de Janeiro, 1884), p. iv. Sentimentos semelhantes foram expressos pelo jornalista francês Max Leclerc, que escreveu no começo da década de 1890: "O português, antepassado do brasileiro, nunca teve aversão às raças de cor, nem repugnância pela união com mulher preta. No Brasil, a promiscuidade de raças [...] de há muito é completa, por isso a instituição da escravidão e o contato com ela foram tanto mais perniciosos [...] para a pureza da raça". Max Leclerc, *Cartas do Brasil* (São Paulo, 1942), pp. 157-8.

86. Louis J. R. Agassiz e Elizabeth Cary Agassiz, *A Journey in Brazil* (Boston, 1868), p. 293.

87. A edição francesa saiu em Paris em 1869. O tradutor foi Félix Vogeli, professor na Escola Militar do Rio e membro da expedição Agassiz à Amazônia.

88. Agassiz, *A Journey in Brazil*, p. 517.

89. A melhor biografia de Sílvio Romero é a de Sílvio Rabelo, *Itinerário de Sílvio Romero* (Rio de Janeiro, 1944). Houve reimpressões, mas sem mudanças no texto da edição original. Aprendi muito com a análise sagaz de Antonio Candido em seu livro *O método crítico de Sílvio Romero*. Para as fontes do pensamento de Sílvio Romero, ver Carlos Süssekind de Mendonça, *Sílvio Romero: sua for-*

mação intelectual (São Paulo, 1938). O mesmo autor escreveu uma inestimável obra de referência que inclui uma lista de todas as obras de Sílvio Romero por ordem de publicação: *Sílvio Romero de corpo inteiro* (Rio de Janeiro, 1963). Para uma análise perspicaz das premissas historiográficas em Sílvio Romero, ver Elaine Eleanor Derso, "The Historical Method of Sílvio Romero", em Andrew W. Cordier (org.), *Columbia Essays in International Affairs*, vol. 4: *The Dean's Papers*, 1968 (Nova York, 1969), pp. 49-81. O capítulo sobre Sílvio Romero em Nelson Werneck Sodré, *A ideologia do colonialismo: seus reflexos no pensamento brasileiro* (Rio de Janeiro, 1961), é essencialmente favorável, como o título indica: "Sílvio Romero: um guerrilheiro desarmado".

90. Sílvio Romero, *História da literatura brasileira*, 2 vols. (Rio de Janeiro, 1888). A segunda edição foi publicada em 1902, com revisões e alterações. Todas as citações subsequentes nesta seção são da primeira edição.

91. Idem, *História da literatura brasileira*, v. I, p. 26.

92. No fim da sua carreira, Sílvio Romero publicou um volume desafiador, ridicularizando seus críticos e pedindo ao público que "perdoe a impetuosidade da linguagem, desabafo justíssimo dum homem sempre molestado pelas molecagens de zoilos perversos ou impertinentes". Sílvio Romero, *Minhas contradições* (Bahia, 1914), p. 7.

93. Idem, "A poesia popular no Brasil", *Revista Brasileira* (2ª fase), vol. 1 (1879), p. 343.

94. Idem, "A poesia popular no Brasil", *Revista Brasileira* (2ª fase), vols. 1-7 (1879-80); *História da literatura brasileira*, v. I, capítulo 3.

95. Idem, *História da literatura*, p. 26.

96. Idem, ibidem, p. 38.

97. Idem, ibidem, pp. 44-8.

98. Idem, ibidem, p. 48.

99. Idem, *A literatura brasileira e a crítica moderna* (Rio de Janeiro, 1880), p. 171.

100. Idem, *História da literatura*, capítulo 4.

101. Idem, ibidem, p. 64.

102. Idem, ibidem, p. 130.

103. Idem, *A literatura brasileira e a crítica moderna*, p. 98.

104. Idem, "A questão do dia: a emancipação dos escravos", *Revista Brasileira* (2ª fase), vol. 7 (1881), pp. 191-203.

105. Idem, *História da literatura*, pp. 65 e 92.

106. Idem, ibidem, p. 100.

107. Idem, ibidem, p. 67.

108. Idem, ibidem, p. 108.

109. Idem, "A poesia popular no Brasil", *Revista Brasileira* (2ª fase), vol. 7 (1881), p. 30.
110. Idem, *A literatura brasileira e a crítica moderna*, p. 72.
111. Idem, ibidem, p. 155.
112. Idem, ibidem, p. 53.
113. Idem, *História da literatura*, p. 67.
114. Idem, ibidem.
115. Idem, *A literatura brasileira e a crítica moderna*, p. 168.
116. Idem, "A poesia popular no Brasil", *Revista Brasileira* (2ª fase), vol. 7 (1881), p. 31.
117. Idem, *História da literatura*, p. 66.

CAPÍTULO 2 [PP. 80-127]

1. Parte da análise apresentada aqui foi incluída em meu artigo "Toward a Comparative Analysis of Race Relations Since Abolition in Brazil and the United States", *Journal of Latin American Studies*, vol. 4 (maio de 1972), nº 1, pp. 1-28. A pesquisa pioneira de Florestan Fernandes sobre as relações raciais no Brasil inclui muitos materiais históricos. Ver principalmente seu estudo, em colaboração com Roger Bastide, *Relações raciais entre negros e brancos em São Paulo* (São Paulo, 1955). Dois alunos de Florestan escreveram importantes monografias históricas: Fernando Henrique Cardoso, *Capitalismo e escravidão no Brasil meridional* (São Paulo, 1962), e Octavio Ianni, *As metamorfoses do escravo* (São Paulo, 1962). O estudo conjunto de Fernando Henrique Cardoso e Octavio Ianni inclui também uma seção histórica: *Cor e mobilidade social em Florianópolis* (São Paulo, 1960). Há muitas ideias interessantes e referências bibliográficas em José Honório Rodrigues, *Brasil and Africa* (Berkeley, Califórnia, 1965), capítulo 4.
2. Roger Bastide, "The Development of Race Relations in Brasil", em Guy Hunter (org.), *Industrialization and Race Relations* (Londres, 1965), pp. 9-29.
3. A discussão trata das relações raciais quanto ao africano e ao europeu — e à mistura dos dois. O índio não é levado em conta aqui. Um exame de algumas atitudes contemporâneas com relação ao índio — refletidas na política governamental — é encontrado em Darcy Ribeiro, *A política indigenista brasileira* (Rio de Janeiro, 1962).
4. Uma das melhores discussões gerais sobre relações raciais comparadas é Pierre L. van den Berghe, *Race and Racism: A Comparative Perspective* (Nova York, 1967). Recorri também a H. Hoetink, *The Two Variants in Caribbean Race Relations* (Nova York, 1967), e a Michael Banton, *Race Relations* (Londres, 1967).

Os três trabalhos analisam o Brasil num contexto comparativo. A comparação mais abrangente das relações raciais no Brasil e nos Estados Unidos é Carl Degler, *Neither Black Nor White* (Nova York, 1971), capítulos 3 e 4.

5. Marvin Harris, *Patterns of Race in the Americas* (Nova York, 1964). O contraste é descrito como "preconceito racial de sinal distintivo" *versus* "preconceito racial de origem" em Oracy Nogueira, "Skin Color and Social Class", em *Plantation Systems of the New World* [União Pan-Americana: Social Science Monographs, 7] (Washington, D. C., 1959), pp. 164-79.

6. Ver, por exemplo, a descrição em Florestan Fernandes, *The Negro in Brazilian Society* (Nova York, 1969), pp. 360-79. Degler considera que a diferença essencial entre as duas sociedades é a "saída de emergência do mulato", uma caracterização vívida do birracial *versus* o multirracial. *Neither Black Nor White*, pp. 223-5.

7. As dificuldades práticas de descrever o sistema na sua forma moderna são discutidas em Marvin Harris e Conrad Kotak, "The Structural Significance of Brazilian Racial Categories", *Sociologia*, vol. 25 (setembro de 1963), nº 3, pp. 203--8. Há uma excelente análise da atual sociedade multirracial (e uma crítica de algumas interpretações errôneas feitas sobre ela) em John Saunders, "Class, Color, and Prejudice: A Brazilian Counterpoint", em Ernest Q. Campbell (org.), *Racial Tensions and National Identity* (Nashville, Tennesse, 1972), pp. 141-65.

8. As neuroses do mulato no século XIX foram descritas poeticamente em Gilberto Freyre, *Sobrados e mucambos* (Rio de Janeiro, 1936). O intenso desejo de ser branco podia levar negros sensíveis a desprezar a própria cor. Foi esse o caso de Cruz e Sousa (1861-98), poeta simbolista que ganhou fama póstuma, cujo desejo de ser ariano transparece dramaticamente em seus versos. Roger Bastide, *A poesia afro-brasileira* (São Paulo, 1943), pp. 87-95. Para uma análise da forma como muitos escritores mulatos e negros abraçaram um ideal de "branqueamento" no século XIX, ver Richard A. Preto-Rodas, *Negritude as a Theme in the Poetry of the Portuguese-Speaking World* [Universidade da Flórida, Humanities Monograph, 31] (Gainesville, Flórida, 1970), pp. 14-22. A persistência desse ideal pode ser percebida nas autoimagens que surgiam na imprensa negra de São Paulo no século XX. Roger Bastide, "A imprensa negra do estado de São Paulo", reproduzido em Bastide, *Estudos afro-brasileiros* (São Paulo, 1973), pp. 129-56.

9. O rápido crescimento da população de libertos de cor no Brasil não foi ainda explicado adequadamente, nem mesmo documentado, e constitui um desafio aos historiadores sociais. Um esforço pioneiro foi feito por Herbert S. Klein, "The Colored Freedom in Brazilian Slave Society", *Journal of Social History*, vol. 3 (outono de 1969), nº 1, pp. 30-52. O éthos socioeconômico com que todos os libertos se confrontavam antes de 1888 na área cafeeira é cuidadosamente exami-

nado em Maria Sílvia de Carvalho Franco, *Homens livres na ordem escravocrata* (São Paulo, 1969). Para uma discussão arguta dos fatores históricos capazes de explicar o surgimento de uma "saída de emergência do mulato" no Brasil e não nos Estados Unidos, ver Degler, *Neither Black Nor White*, capítulo 5, que dá destaque a três fatores: o número relativo de africanos presentes nos primeiros anos da colonização; a proporção de homens e mulheres na população europeia quando os africanos chegaram em grande número; e a posição relativamente inferior das mulheres brancas (que afetava sua capacidade de impedir o reconhecimento, pelo marido, dos filhos mulatos).

10. Comprovações dessa ascensão social antes de 1850 podem ser encontradas em Jeanne Berrance de Castro, "O negro na Guarda Nacional brasileira", *Anais do Museu Paulista*, vol. 23 (1969), pp. 151-72. O elevado grau de autoconsciência que os mulatos tinham alcançado refletia-se em sua ativa imprensa: Castro, "A imprensa mulata", *O Estado de S. Paulo*, Suplemento Literário, 2 de novembro de 1968.

11. Como foi discutido em Harris, *Patterns of Race*.

12. Reconhecidamente, a questão é crivada de dificuldades, pois os cálculos da fertilidade diferencial das raças podem ser facilmente distorcidos por variações na classificação da prole impossíveis de detectar. No entanto, as conclusões aparentes são fortes o suficiente para justificar um exame.

13. Kenneth M. Stampp, *The Peculiar Institution* (Nova York, 1956), p. 320.

14. Embora um escritor brasileiro afirmasse que houve um excesso de mortes em relação a nascimentos entre os escravos depois de 1850, Toplin demonstrou que, entre 1873 e 1885 (anos em que a legislação abolicionista produzira dados estatísticos), ocorreu um substancial aumento natural da população escrava remanescente. Maurício Goulart, *Escravidão africana no Brasil* (São Paulo, 1949), pp. 155-7; Toplin, *The Abolition of Slavery*, pp. 19-21.

15. Segundo Philip Curtin, "como tendência geral, quanto mais elevada a proporção de africanos natos em qualquer população escrava, mais baixa é a sua taxa de incremento natural — ou, como mais frequentemente foi o caso, maior é sua taxa de decréscimo natural". Assim, a grande massa de escravos brasileiros começou a diminuir rapidamente quando o tráfico foi abolido. Philip D. Curtin, *The Atlantic Slave Trade: A Census* (Madison, Wisconsin, 1969), p. 28.

16. Comprovações desses pontos podem ser encontradas em Curtin, *The Atlantic Slave Trade*, p. 41; Curtin, "Epidemiology and the Slave Trade", *Political Science Quarterly*, vol. 83 (junho de 1968), nº 2, pp. 190-216; e Stanley J. Stein, *Vassouras: A Brazilian Coffee County, 1850-1900* (Cambridge, Massachusetts, 1957), pp. 76-7.

17. T. Lynn Smith, *Brazil, People and Institutions* (Baton Rouge, Louisiana,

1963), pp. 101-6; J. V. D. Saunders, *Differential Fertility in Brazil* (Gainesville, Flórida, 1958), p. 51; Klein, "The Colored Freedmen".

18. Saunders, *Differential Fertility*, pp. 59-62.

19. René Ribeiro, *Religião e relações sociais* (Rio de Janeiro, s/d), p. 159.

20. Klein, "The Colored Freedmen".

21. Hoetink, *The Two Variants*, pp. 120-6.

22. Uma versão anterior dessa análise foi apresentada em Thomas E. Skidmore, "Brazilian Intellectuals and the Problem of Race, 1870-1930", Occasional Paper nº 6: Graduate Center for Latin American Studies, Universidade Vanderbilt (março de 1969). O fenômeno do "branqueamento" e a fé brasileira em sua inexorabilidade foram apontados por vários acadêmicos (com longa experiência de pesquisa de campo no Brasil) a cujas análises recorri: T. Lynn Smith, *Brazil: People and Institutions*, pp. 73-4; Donald Pierson, *Negroes in Brazil*, 2ª ed. (Chicago, 1967), pp. 125 e 218; e Charles Wagley (org.), *Race and Class in Rural Brazil* (Paris, 1952), p. 153. É mencionado também em Degler, *Neither Black Nor White*, pp. 191-5.

23. No censo de 1940, a classificação racial foi feita pelo recenseador, enquanto em 1950 pedia-se ao entrevistado que declarasse sua própria categoria racial. Saunders, *Differential Fertility*, p. 42.

24. Saunders, *Differential Fertility*, p. 51; Smith, *Brazil: People and Institutions*, pp. 101-6; Florestan Fernandes, *The Negro in Brazilian Society*, pp. 57-71.

25. Smith, *Brazil*, pp. 73-4; Saunders, *Differential Fertility*, pp. 58-62.

26. Anor Butler Maciel, *Expulsão de estrangeiros* (Rio de Janeiro, 1953), pp. 30-2. Foram relativamente poucos os estudos sistemáticos do destino dos ex-escravos, inclusive dos alforriados antes de 1888. Um ponto de partida útil é Toplin, *The Abolition of Slavery*, pp. 256-66. Ver também Peter L. Eisenberg, "Abolishing Slavery: The Process on Pernambuco's Sugar Plantations", *Hispanic American Historical Review*, vol. 52 (novembro de 1972), nº 4, pp. 580-97, e Florestan Fernandes, *The Negro in Brazilian Society* (Nova York, 1969), capítulo 1.

27. *Correio da Manhã*, 9 de agosto de 1904; 4 de fevereiro de 1906.

28. *Correio da Manhã*, 8 de fevereiro de 1907.

29. *Correio da Manhã*, 8 de maio de 1907.

30. *Correio da Manhã*, 27 de junho de 1905.

31. George Frederickson, *The Black Image in the White Mind: The Debate on Afro-American Character and Destiny, 1817-1914* (Nova York, 1971), p. xi.

32. Uma das análises mais claras do nascimento da teoria racista é Harris, *The Rise of Anthropological Theory*, pp. 80-141. Harris assim define o racismo científico: "Segundo a doutrina do racismo científico, as diferenças e semelhanças socioculturais significativas entre as populações humanas são as variáveis

dependentes de compulsões e atitudes hereditárias restritas ao grupo" (p. 81). Minha análise da teoria racista baseia-se em Frederickson, *The Black Image in the White Mind*; Philip Curtin, *The Image of Africa* (Madison, Wisconsin, 1964); Harris, *The Rise of Anthropological Theory*; e Thomas F. Gosset, *Race: The History of an Idea in America* (Dallas, 1963).

33. Análises detalhadas do pensamento racial científico nos Estados Unidos durante o século XIX podem ser encontradas em William Stanton, *The Leopard's Spots: Scientific Attitudes Toward Race in America* (Chicago, 1960), e em John S. Haller Jr., *Outcasts from Evolution: Scientific Attitudes of Racial Inferiority, 1859-1900* (Urbana, Illinois, 1971).

34. Frederickson, *The Black Image*, capítulo 3.

35. Idem, ibidem, p. 232.

36. Gilberto Freyre, *Ordem e progresso*, vol. I, pp. clx-clxi. Para um exemplo de um ensaísta brasileiro que expôs as teorias racistas de Gobineau e Lapouge sem acrescentar qualquer comentário crítico, ver Artur Orlando, *Brasil: a terra e o homem* (Recife, 1913), p. 12.

37. O desafio germânico aos latinos em declínio foi apresentado, por exemplo, em Cândido Jucá, "O crepúsculo dos povos: as conferências de Ferrero", *Correio da Manhã*, 2 de novembro de 1907.

38. Em 1908, por exemplo, um colunista anônimo de jornal explicou em minúcias que os anglo-saxões eram industriosos e disciplinados, enquanto os latinos, sobretudo os brasileiros, eram sentimentais e indisciplinados (Diógenes, "Outros fatores", *Correio da Manhã*, 6 de março de 1908). Era comum a alegação de que os primeiros colonizadores portugueses eram criminosos degredados, o que explicava a fraqueza da descendência europeia do Brasil. Frota Pessoa, *Crítica e polêmica* (Rio de Janeiro, 1902), p. 5.

39. Lapouge, discípulo francês de Gobineau e muito lido no Brasil, declarava que "a simples operação das leis da hereditariedade basta, assim, para produzir a decadência dos povos mestiçados". Citando a experiência de especialistas em horticultura e zoologia, nas quais é necessária uma seleção rigorosa para o sucesso dos cruzamentos, Lapouge conclui que a falta dessa seleção nas sociedades humanas com raças misturadas "eliminaria a raça dos conquistadores e, logo, mesmo os mestiços". Não havia maneira de fugir à lei de Gresham da biologia: "No conflito das classes e das raças, a inferior expulsa a outra". Como prova, apontava para o Caribe: "As Antilhas, onde o elemento branco quase desapareceu, o Haiti, onde os próprios mulatos sucumbiram, deixando lugar à barbárie africana, são exemplos conhecidos" (George Vacher de Lapouge, *Les Sélections sociales: cours libre de science politique* (Paris, 1896), pp. 66-7. Em outro local, as repúblicas latino-americanas são descritas como "tendo vindo ao mundo tarde

demais, e a raça em si é muito inferior. O México, onde o elemento índio levou a melhor, definitivamente, e o Brasil, imenso país negro que retorna à barbárie, são as duas únicas nações de importância numérica apreciável" (Lapouge, L'Aryen: son rôle social (Paris, 1899, p. 500).

40. Robert Conrad, "The Negro in Brazilian Thought in Colony, Empire and Republic" (dissertação de mestrado, Universidade Columbia, 1964), constitui uma revisão muito útil do pensamento racial no começo da República. Conrad argumenta que, "antes da emancipação legal dos negros no Brasil, o racismo era em geral estranho à mente brasileira". Embora os primeiros anos da República tenham assistido a um ressurgimento do pensamento racista, isso parece um exagero, em vista das atitudes pré-abolicionistas dos reformadores liberais como Joaquim Nabuco e Tavares Bastos. Conrad, "The Negro in Brazilian Thought", p. 127.

41. A origem desse padrão foi explorada minuciosamente em Winthrop D. Jordan, *White Over Black: American Attitudes Toward the Negro, 1550-1812* (Chapel Hill, Carolina do Norte, 1968).

42. Idem, ibidem.

43. A origem da palavra "mulato" ilustra a preocupação com a possível esterilidade. "Mulato" vem de "mulo", animal híbrido incapaz de procriar (exceto a fêmea, raramente).

44. Curtin, *The Image of Africa*, p. 368; Frederickson, *The Black Image*, pp. 233-5.

45. Sílvio Romero, *Passe recibo: réplica a Teófilo Braga* (Belo Horizonte, 1904), pp. 54-5.

46. Idem, *A América Latina* (Porto, 1906), pp. 229 e 262-347.

47. Idem, "Carlos Frederico F. de Martius e suas ideias acerca da história do Brasil", *Revista da Academia Brasileira de Letras*, vol. 3 (1912), nº 8, pp. 245, 264-5 e 269-71.

48. Fernando de Azevedo (org.), *As ciências no Brasil*, 2 vols. (São Paulo, 1955,) vol. II, pp. 365-9. Para um levantamento muito crítico das opiniões de sociólogos e antropólogos brasileiros desse período, ver Guerreiro Ramos, *Introdução crítica à sociologia brasileira* (Rio de Janeiro, 1957).

49. Fernando de Azevedo, *A cultura brasileira*, p. 402. Von Ihering também defendeu abertamente a imigração europeia e mostrou-se pessimista quanto à possibilidade de sobrevivência dos índios no Brasil. Ver, por exemplo, seu artigo "Extermínio dos indígenas ou dos sertanejos?", *Jornal do Comércio*, 5 de dezembro de 1908.

50. Afrânio Peixoto, "Prefácio" a Raimundo Nina Rodrigues, *As raças humanas e a responsabilidade penal no Brasil*, 3ª ed. (São Paulo, 1938), pp. 11-26. Não há nenhum estudo crítico moderno sobre Nina Rodrigues. Para dados

biográficos e bibliográficos, ver Augusto Lins e Silva, *Atualidade de Nina Rodrigues* (Rio de Janeiro, 1945); Henrique L. Alves, *Nina Rodrigues e o negro do Brasil* (São Paulo, 1962); Fernando de Azevedo, *A cultura brasileira*, pp. 404-5; Antônio Caldas Coni, *A escola tropicalista baiana* (Salvador, 1952), pp. 62-75; e Édison Carneiro, *Ladinos e crioulos* (Rio de Janeiro, 1964), pp. 209-17. Provas da sua influência e prestígio podem ser encontradas, por exemplo, no banquete realizado em sua homenagem em 1903 (que contou com a presença de importantes homens públicos) como descrito em *O Estado de S. Paulo*, 25 de outubro de 1903; e o necrológio cheio de tributos à sua liderança científica, em *Brasil Médico*, vol. 20 (22 de julho de 1906), nº 28, pp. 285-7. Nina Rodrigues foi alvo de uma virulenta caricatura no romance *Tenda dos milagres* (Rio de Janeiro, 1969), de Jorge Amado. Títulos de obras de Nina Rodrigues aparecem no romance como obras de autoria do personagem Nilo Argolo de Araújo, mas Jorge Amado exerce com toda liberdade o direito do romancista de criar passagens para essas publicações em tons muito mais racistas do que qualquer coisa que Nina Rodrigues tenha escrito.

51. Raimundo Nina Rodrigues, *Os africanos no Brasil*, 3ª ed. (São Paulo, 1945), p. 19.

52. Como um dos seus mais destacados discípulos explicaria mais tarde (1939), "o pretenso mal da mestiçagem é um mal de condições higiênicas deficitárias, em geral". Reconhecendo as opiniões errôneas e radicais do mestre, Artur Ramos observou que "se, nos trabalhos de Nina Rodrigues, substituirmos os termos 'raça' por 'cultura' e 'mestiçamento' por 'aculturação', por exemplo, as suas concepções adquirem completa e perfeita atualidade". Tal fórmula não existia, infelizmente, no seu tempo. Artur Ramos, "Prefácio" a Raimundo Nina Rodrigues, *As coletividades anormais* (Rio de Janeiro, 1939), pp. 12-3. Em outro lugar, Artur Ramos fez ver que Nina Rodrigues era muito influenciado "pelos falsos ângulos de visão da ciência da época, toda impregnada de Gobineau, de Lapouge, dos teóricos das teses das desigualdades raciais". Artur Ramos, *O negro brasileiro*, 2ª ed. (São Paulo, 1940), pp. 19-20. As ideias racistas do padre Ignace Etienne Brazil, mais idiossincráticas e extremadas, tiveram aparentemente pouco impacto quando ele publicou seus artigos na *Revista do Instituto Histórico e Geográfico Brasileiro* em 1909 e 1911. São discutidas em Conrad, "The Negro in Brazilian Thought", pp. 145-7.

53. Nina Rodrigues, *As raças humanas*, p. 44.

54. Idem, *Os africanos no Brasil*, pp. 414-7.

55. Idem, ibidem, p. 25.

56. Idem, *As raças humanas*, pp. 161, 169 e 215-7.

57. Idem, ibidem, p. 219.

58. Idem, *Os africanos no Brasil*, p. 28.
59. Idem, *As raças humanas*, p. 126.
60. Idem, *Os africanos no Brasil*, pp. 29-30.
61. Idem, ibidem, p. 28.
62. Idem, *As raças humanas*, pp. 203-4.
63. "Introdução ao relatório apresentado ao sr. presidente da República pelo ministro da Indústria, Viação e Obras Públicas, dr. Joaquim Murtinho, 1897", reproduzido em *Revista do Instituto Histórico e Geográfico Brasileiro*, vol. 219 (abril-junho de 1953), p. 243.
64. Hermann Byron de Araújo Soares, *O caráter nacional* (Porto, 1916), pp. xxix e 10.
65. João Grave, artigo em *O Estado de S. Paulo*, 9 de agosto de 1914.
66. Alcides Bezerra, *Ensaios de crítica e filosofia* (Paraíba, 1919), pp. 243 e 245.
67. Hermann Soares, *O caráter nacional*, pp. 21-2.
68. Idem, ibidem, p. 22-7.
69. Idem, ibidem, pp. xlii-xliii.
70. Para uma resenha útil das opiniões dos principais escritores brasileiros sobre o tema da miscigenação, ver Artur Ramos, *Le Métissage au Brésil* (Paris, 1952), capítulo 9. Praticamente o mesmo material é encontrado em Artur Ramos, *Introdução à antropologia brasileira*, 3ª ed., 3 vols. (Rio de Janeiro, 1962), vol. III, passim.
71. João Batista de Lacerda, "The *métis*, or Half-Breeds, of Brazil", em G. Spiller (org.), *Papers on Inter-Racial Problems Communicated to the First Universal Races Congress Held at the University of London*, 26-29 de julho de 1911 (Londres, 1911), pp. 377-82. Para uma análise do congresso, ver Michael Biddiss, "The Universal Races Congress of 1911", em *Race*, vol. 13 (julho de 1971), nº 1, pp. 37-46. Gilberto Freyre afirma, sem comprovar, que a memória de João Batista de Lacerda teve considerável influência internacional: Gilberto Freyre, "Euclides da Cunha: revelador da realidade brasileira", em Euclides da Cunha, *Obra completa*, 2 vols. (Rio de Janeiro, 1966), vol. I, p. 30. João Batista de Lacerda tinha sido também pesquisador de beribéri e um dos muitos cientistas a buscar, sem sucesso, a causa da febre amarela.
72. Martim Francisco Ribeiro de Andrade, *Viajando*, 2 vols. (São Paulo, 1929-30), vol. I, p. 12. Para Clóvis Bevilácqua, conhecido jurista e ensaísta, até os remanescentes psicológicos dos elementos não brancos estavam desaparecendo rapidamente. Clóvis Bevilácqua, *Esboços e fragmentos* (Rio de Janeiro, 1899), p. 288.
73. João Batista de Lacerda, *O Congresso Universal das Raças reunido em*

Londres (1911): *apreciação e comentários pelo dr. J. B. de Lacerda, delegado do Brasil nesse congresso* (Rio de Janeiro, 1912), pp. 85-101.

74. Pierre Denis, *Le Brésil au XXe siècle* (Paris, 1909), pp. 259-66.

75. Tobias Monteiro, artigo no *Jornal do Comércio*, 29 de março de 1909. Antes, outro jornal carioca tinha criticado Tobias Monteiro, acusando-o de ter conseguido a exclusão de marinheiros brasileiros de pele escura de um contingente naval enviado ao navio do general Roca durante a visita do ex-presidente argentino ao Rio de Janeiro (*Correio da Manhã*, 8 de maio de 1907).

76. Theodore Roosevelt, "Brazil and the Negro", *Outlook*, vol. 106, 21 de fevereiro de 1914, p. 410. Uma tradução do artigo saiu no *Correio da Manhã* em 7 de abril de 1914.

77. Sílvio Romero, "Prefácio" a Tito Lívio de Castro, *Questões e problemas* (São Paulo, 1913), pp. xxiii-xxvii.

78. Idem, ibidem.

79. E. Franklin Frazier, *The Negro in the United States*, ed. rev. (Nova York, 1957), p. 186.

80. Batista de Lacerda, *O Congresso*, pp. 98-100. A opinião dos intelectuais sobre os Estados Unidos pode ser aquilatada por uma referência feita pelo poeta Olavo Bilac: "Todos os dias linchamentos na América do Norte". Olavo Bilac, *Crítica e fantasia* (Lisboa, 1904), p. 145.

81. Manuel de Oliveira Lima, *Nos Estados Unidos: impressões políticas e sociais* (Leipzig, 1899), pp. 21-2. Joaquim Nabuco afirmou em 1895 que o preconceito de raça era menos generalizado no Brasil porque a monarquia havia lutado contra ele, enquanto os regimes republicanos, como o dos Estados Unidos, tendiam a reforçá-lo. Joaquim Nabuco, *O dever dos monarquistas: carta ao almirante Jaceguai* (Rio de Janeiro, 1895), pp. 7-9.

82. Oliveira Lima, *Nos Estados Unidos*, pp. 52-3.

83. Idem, ibidem.

84. José Veríssimo, artigo no *Jornal do Comércio*, 4 de dezembro de 1899.

85. Medeiros e Albuquerque, *A Tribuna do Rio*, 11 de dezembro de 1899.

86. Afrânio Peixoto, *Romances completos* (Rio de Janeiro, 1962), pp. 209-10. Afrânio Peixoto era também conhecido médico e divulgador de doutrinas de saúde pública, examinadas no capítulo 4.

87. Clayton Sedgwick Cooper, *The Brazilians and Their Country* (Nova York, 1917), pp. 23-5.

88. Theodore Roosevelt, "Brazil and the Negro", pp. 410-1.

89. Um cronista do Rio de Janeiro relatou, por exemplo, que a população da cidade tinha ficado "inexoravelmente" branca entre 1880 e 1900. Luís Edmundo, *O Rio de Janeiro do meu tempo*, 5 vols. (Rio de Janeiro, 1957), vol. I, pp. 45-6.

O processo de "branqueamento" do Rio de Janeiro tinha começado em meados do século XIX, quando muitos escravos foram transferidos da cidade para fazendas de café, produto em rápida expansão. Mary Catherine Karasch, "Slave Life in Rio de Janeiro, 1808-1850" (tese de doutorado, Universidade de Wisconsin, 1972), p. 555.

CAPÍTULO 3 [PP. 128-84]

1. A mais satisfatória história política da República Velha (1889-1930) é o excelente estudo de Edgard Carone, *A República Velha: evolução política* (São Paulo, 1971). O diplomata e historiador Oliveira Lima foi um bom exemplo da preocupação dos intelectuais com o efeito da instabilidade política sobre o futuro do país. Ver, por exemplo, Manuel de Oliveira Lima, *Sept ans de République au Brésil: 1889-1896* (Paris, 1896), p. 38.

2. O caso do Rio Grande do Sul foi estudado cuidadosamente em Joseph L. Love, *Rio Grande do Sul and Brazilian Regionalism, 1882-1930* (Stanford, Califórnia, 1971).

3. O trabalho pioneiro sobre as realidades do sistema eleitoral nas províncias é de Victor Nunes Leal, *Coronelismo, enxada e voto* (Rio de Janeiro, 1948). Muitas observações relevantes sobre o sistema no Ceará podem ser encontradas em Ralph della Cava, *Miracle at Joazeiro* (Nova York, 1970). Um estudo de caso na Bahia, em período posterior, mostra que o sistema era o mesmo: Eul-soo Pang, "The Revolt of the Bahian *Coronéis* and the Federal Intervention of 1920", *Luso-Brazilian Review*, vol. 8 (dezembro de 1971), nº 2, pp. 3-35.

4. O modo como a oligarquia paulista arrebatou o governo da República das mãos dos militares está bem exposto em June E. Hahner, *Civilian-Military Relations in Brazil, 1889-1898* (Columbia, Carolina do Sul, 1969).

5. Muitos relatos da época sobre o acontecimento aparecem em Honorato Caldas, *O marechal de ouro* (Rio de Janeiro, 1898).

6. A manipulação do mercado do café, iniciada em 1906, é analisada com cuidado em Thomas Halsey Holloway, "The Brazilian Coffee Industry and the First Valorization Scheme of 1906-1907" (dissertação de mestrado, Universidade de Wisconsin, 1971). Um conjunto extremamente valioso de dados e análises da história econômica da República Velha pode ser encontrado em Aníbal Vilanova Villela e Wilson Suzigan, *Política do governo e crescimento da economia brasileira, 1889-1945* (Rio de Janeiro, 1973).

7. Paulo Cavalcanti, *Eça de Queiroz, agitador no Brasil*, 2ª ed. (São Paulo, 1966).

8. Os jacobinos têm sido pouco estudados. Sou grato à professora June E. Hahner por me ter permitido consultar seu ensaio, ainda inédito, "Portuguese and Radicals in Rio de Janeiro".

9. Citado em João Pinheiro Chagas, *De Bond: alguns aspectos da civilização brasileira* (Lisboa, 1897), pp. 149-51. Infelizmente, não tive como consultar uma coleção de *O Jacobino*.

10. Citado em Barbosa Lima Sobrinho, *Desde quando somos nacionalistas?* (Rio de Janeiro, 1963), p. 43.

11. Luís Edmundo, *O Rio de Janeiro do meu tempo*, 5 vols. (Rio de Janeiro, 1957), vol. v, p. 1000.

12. Barbosa Lima Sobrinho, *Desde quando*, p. 44.

13. Everardo Backheuser, *O professor* (Rio de Janeiro, 1947), pp. 185-6.

14. Raul Pompeia, "Introdução" a Rodrigo Otávio, *Festas nacionais* (Rio de Janeiro, 1893), pp. i-xxiii.

15. Luís Edmundo, *O Rio de Janeiro do meu tempo*, vol. v, pp. 1002-4; Delgado de Carvalho, *História diplomática do Brasil* (São Paulo, 1959), pp. 178-9.

16. O surgimento de uma consciência nacionalista na crítica literária foi narrado por Afrânio Coutinho, *A tradição afortunada* (Rio de Janeiro, 1968), e Ronald Dennis, "Brazilian Literary Nationalism Among the Critics, 1870-1900" (tese de doutorado, Universidade de Wisconsin, 1972). Convincentemente e refutando Afrânio Coutinho, Dennis argumenta que o interesse dos críticos mais importantes pelo nacionalismo literário *per se* declinou continuamente de meados da década de 1870 até 1900. Para uma interessante análise das tensões entre a tendência local e a cosmopolita na literatura brasileira, ver Antonio Candido, *Literatura e sociedade* (São Paulo, 1965).

17. Machado de Assis, "Notícias da atual literatura brasileira: instinto de nacionalidade", em Machado de Assis, *Obra completa*, 3 vols. (Rio de Janeiro, 1962), vol. III, pp. 801-9.

18. O manifesto, publicado com a assinatura de Sílvio Romero, foi reproduzido em *Novos estudos de literatura contemporânea* (Paris, [1898]), pp. 259-66. O estilo, assim como o fato de ter sido reproduzido nessa coletânea, leva a crer que tenha sido escrito pelo próprio Romero. Carlos Süssekind de Mendonça, *Sílvio Romero de corpo inteiro*, p. 142.

19. Academia Brasileira de Letras, *Discursos acadêmicos: 1897-1906* (Rio de Janeiro, 1934), pp. 20-1.

20. Joaquim Nabuco, *Minha formação* (Rio de Janeiro, 1957), pp. 46-7. Até os dois críticos literários, José Veríssimo e Araripe Júnior, que tinham feito campanha por uma literatura mais "nacional" na década de 1870, haviam perdido seu entusiasmo por volta de 1890. Araripe Júnior simplesmente não dis-

cutia mais a questão, e Veríssimo declarou, em 1908, que tinha abandonado sua primitiva posição "nacionalista". Dennis, "Brazilian Literary Nationalism", p. 213.

21. Graça Aranha, "A literatura atual no Brasil", *Revista Brasileira*, vol. 13, (janeiro-março de 1898), p. 198.

22. *Gazeta de Notícias* (8 de setembro de 1907). O vezo imitativo da cultura brasileira nessa época é destacado em João Cruz Costa, *Panorama da história da filosofia no Brasil* (São Paulo, 1960), pp. 67-8. Um jovem jornalista reagiu com fúria à atmosfera e escreveu, em 1910: "De um lado, o Brasil supercivilizado que pensa e veste com Paris, tem ânsias intelectuais e neuroses literárias, lê Anatole [France], discute as ideias mais finas e detesta o trópico; do outro, o Brasil hirsuto da mata, há quatrocentos anos separado do outro, vítima de todas as invasões e tropelias, fetichista e nu". Gilberto Amado, *O País*, 11 de setembro de 1910.

23. *O País*, 26 de dezembro de 1910.

24. Monteiro Lobato, *A barca de Gleyre: quarenta anos de correspondência literária entre Monteiro Lobato e Godofredo Rangel* (São Paulo, 1944), p. 268.

25. Brito Broca, *A vida literária no Brasil: 1900*, 2ª ed. (Rio de Janeiro, 1960), pp. 143-9. A obsessão brasileira com as modas europeias foi descrita pelo crítico literário Sousa Bandeira como um exemplo do que o crítico francês (!) Jules Gaultier chamou "bovarismo" — viver na ilusão da própria imagem romantizada, como a protagonista de *Madame Bovary*, de Gustave Flaubert. João Carneiro de Sousa Bandeira, *Páginas literárias* (Rio de Janeiro, 1917), p. 63.

26. A falta de originalidade literária nesse período (e até 1920) é destacada em Lúcia Miguel-Pereira, "Prosa de ficção de 1870 a 1920", em Álvaro Lins (org.), *História da literatura brasileira*, vol. XII (Rio de Janeiro, 1957). Ver também Alfredo Bosi, *O pré-modernismo* [*A literatura brasileira*, vol. V] (São Paulo, 1966). Um eminente crítico literário da época lamentou a falta de originalidade em sua resenha da cena literária brasileira em 1913. José Veríssimo, *Letras e literatos* (Rio de Janeiro, 1936), pp. 7-17. Mas Veríssimo acreditava que o problema se devia ao fato de o Brasil não acompanhar as mais recentes e estimulantes correntes europeias!

27. Ver, por exemplo, o conjunto de textos em Coelho Neto, *Cenas e perfis* (Rio de Janeiro, 1910).

28. Luís Edmundo, *O Rio de Janeiro do meu tempo*, vol. V, pp. 924-5.

29. Mais tarde Afrânio Peixoto explicou o contexto em que fizera sua famosa afirmação. Homero Sena, *República das letras: vinte entrevistas com escritores* (Rio de Janeiro, 1957), pp. 83-102.

30. Citado em José Lopes Pereira de Carvalho, *Os membros da Academia Brasileira de Letras em 1915* (Rio de Janeiro, s/d), p. 386.

31. Medeiros e Albuquerque, *Em voz alta: conferências literárias* (Rio de Janeiro, 1909), p. 131.
32. Luís Edmundo, *O Rio de Janeiro do meu tempo*, vol. IV, p. 76.
33. Elísio de Carvalho, *Five O'Clock* (Rio de Janeiro, 1929), pp. 28-31.
34. Idem, ibidem, página de dedicatória.
35. Idem, *As modernas correntes estéticas na literatura brasileira* (Rio de Janeiro, 1907), p. 123.
36. Luís Edmundo, *O Rio de Janeiro do meu tempo*, vol. III, pp. 584-5.
37. João do Rio, *Cinematógrafo* (Porto, 1909), pp. 215, 278 e 312.
38. João do Rio (org.), *O momento literário* (Rio de Janeiro, [1908?]), pp. 7, 69, 204, 225 e 319.
39. Coelho Neto, *Cenas e perfis*, p. 215.
40. João do Rio, *O momento literário*, pp. 3, 9, 71, 79 e 285.
41. Idem, ibidem, p. 75.
42. Idem, ibidem, pp. 264-5. Elísio de Carvalho, *As modernas correntes estéticas*, pp. 206-7. A arrogância de Elísio de Carvalho enfureceu Sousa Bandeira, que o classificou como um dos "filisteus, canastrões e mediocridades inanes que também inspiram asco e dor, sobretudo dor" (Sousa Bandeira, *Páginas literárias*), p. 44.
43. Em 1903, no 14º aniversário da República, o poeta Olavo Bilac escreveu que "a República teve uma puberdade triste e apagada. [...] O certo é que ninguém está satisfeito". *Crítica e fantasia* (Lisboa, 1904), p. 248. Colhi muitas ideias para este capítulo na sensível análise de Gilberto Freyre, *Ordem e progresso*. As reações à sensação de inadequação são discutidas sobretudo na p. clxii.
44. João Carneiro de Sousa Bandeira, *Estudos e ensaios* (Rio de Janeiro, 1904), pp. 2, 3 e 7.
45. Idem, ibidem, p. 7.
46. Sousa Bandeira, *Páginas literárias* (Rio de Janeiro, 1917), pp. 146-7.
47. Afonso Celso, *Por que me ufano do meu país* (Rio de Janeiro, 1901).
48. Idem, ibidem, p. 3.
49. Idem, ibidem, p. 199.
50. Magalhães de Azeredo, *Homens e livros* (Rio de Janeiro, 1902), p. 279. Para outro livro escolar patriótico (impresso na Europa!) com um tratamento igualmente laudatório dos recursos naturais "fabulosos" do Brasil, ver Virgílio Cardoso de Oliveira, *A pátria brasileira* (Bruxelas, 1930). Dois exemplos de livros escolares publicados em 1861 e 1873, que descreviam com entusiasmo os recursos naturais, o clima e o imenso território do Brasil, são citados em Erasmo d'Almeida Magalhães, "Notas aos estudos sobre o português falado no Brasil",

Revista do Instituto de Estudos Brasileiros, nº 4 (1968), p. 53. O conde de Afonso Celso se baseava, em parte, nessa tradição romântica do pensamento brasileiro.

51. *Comércio de São Paulo*, 2 de novembro de 1901. Gilberto Freyre descreveu Afonso Celso como um integrante da escola da "literatura apologética", que surgira "como uma espécie de corretivo ao desalento que havia algum tempo vinha caracterizando a atitude de alguns nacionais com relação à situação e aos antecedentes, quer étnicos, quer históricos e sociais, da gente luso-americana". Gilberto Freyre, *Ordem e progresso*, vol. I, p. clxvii.

52. Luís Edmundo, *O Rio de Janeiro do meu tempo*, vol. II, p. 279; João do Rio, *A alma encantadora das ruas* (Rio de Janeiro, 1908), pp. 277-8.

53. *O Estado de S. Paulo*, 11 de setembro de 1903.

54. Os artigos saíram em *O Estado de S. Paulo* de 12 de setembro de 1903 e números seguintes.

55. Olavo Bilac, *Crítica e fantasia* (Lisboa, 1904), p. 195.

56. Nilo Peçanha, *Impressões da Europa* (Nice, [1912?]), pp. 277-88.

57. Rodrigo Otávio, *Le Brésil: sa culture, son libéralisme* ([1912?]), p. 23.

58. Idem, ibidem, p. 8.

59. João Capistrano de Abreu, *Caminhos antigos e povoamento do Brasil* (Rio de Janeiro, 1889). Para detalhes sobre esse importante historiador, ver Hélio Vianna, *Capistrano de Abreu: ensaio bibliográfico* (Rio de Janeiro, 1955), e José Honório Rodrigues, "Capistrano de Abreu e a historiografia brasileira", em E. Bradford Burns (org.), *Perspectives on Brazilian History* (Nova York, 1967), pp. 156-80.

60. João Capistrano de Abreu, *Capítulos de história colonial* (Rio de Janeiro, 1907); José Honório Rodrigues, "Capistrano de Abreu", p. 175.

61. José Honório Rodrigues (org.), *Correspondência de Capistrano de Abreu*, 3 vols. (Rio de Janeiro, 1954-6), vol. I, p. 226; vol. II, p. 21.

62. A biografia mais satisfatória é a de Sílvio Rabelo, *Euclides da Cunha*, 2ª ed. (Rio de Janeiro, 1966). Outra biografia muito conhecida é Elói Pontes, *A vida dramática de Euclides da Cunha* (Rio de Janeiro, 1938). Salvo indicação em contrário, todas as citações de Euclides são da *Obra completa*, 2 vols., organizada por Afrânio Coutinho (Rio de Janeiro: José Aguilar, 1966), que inclui a extensa bibliografia de Euclides (com acréscimos) publicada na *Revista do Livro* (Rio de Janeiro), nº 155 (setembro de 1959). As análises mais sistemáticas do pensamento de Euclides foram escritas por marxistas: Nelson Werneck Sodré, "Euclides da Cunha: a intuição e a superstição", capítulo de *Ideologia do colonialismo: seus reflexos no pensamento brasileiro* (Rio de Janeiro, 1961), pp. 103-66; Clóvis Moura, *Introdução ao pensamento de Euclides da Cunha* (Rio de Janeiro, 1964).

63. Euclides da Cunha, *Obra completa*, vol. I, pp. 543-66. Durante o Impé-

rio, o jornal tinha o título *A Província de S. Paulo*. Depois da proclamação da República, passou a chamar-se *O Estado de S. Paulo*, refletindo a mudança da linguagem constitucional.

64. Cruz Costa, "Euclides da Cunha e os filósofos", *Revista Brasiliense*, nº 25 (setembro-outubro de 1959), pp. 110-20.

65. Euclides da Cunha, *Obra completa*, vol. I, pp. 580-1.

66. Idem, ibidem, p. 625.

67. Reproduzido em Euclides da Cunha, *Obra completa*, vol. I, pp. 575-82.

68. *Os sertões* tornou-se uma das obras mais exaustivamente estudadas da literatura brasileira. Olímpio de Sousa Andrade, *História e interpretação de Os sertões* (Rio de Janeiro: Edart, 1960), baseado num detido estudo das fontes existentes, oferece uma análise meticulosa de suas origens. Há uma excelente tradução para o inglês, de Samuel Putnam: *Rebellion in the Backlands* (Chicago, 1944).

69. A mudança na atitude de Euclides pode ser vista no diário que manteve enquanto cobria a rebelião. Foi publicado postumamente e está reproduzido em *Obra completa*, vol. II, pp. 491-572.

70. Um dos poucos contemporâneos que se deram conta imediatamente das implicações mais amplas de Canudos foi Afonso Arinos, um sagaz escritor monarquista que tinha um incomum e profundo conhecimento do sertão. Logo após a derrota dos rebeldes, em 1897, ele escreveu: "Essa luta deveria merecer a atenção dos publicistas, para ser estudada [...] em suas origens profundas, como um fenômeno social importantíssimo para a investigação psicológica e o conhecimento de caráter brasileiro". Afonso Arinos, *Notas do dia* (São Paulo: Andrade Melo, 1900), p. 133. Ralph della Cava, "Brazilian Messianism and National Intitutions; A Reappraisal of Canudos and Joazeiro", *Hispanic American Historical Review*, vol. 48 (agosto de 1968), nº 3, pp. 402-20, é uma nova e importante interpretação de Canudos.

71. Viriato Correia, "Euclides da Cunha", *A Ilustração Brasileira*, 15 de agosto de 1909, reproduzido em Euclides da Cunha, *Obra completa*, vol. I, p. 474. Francisco Venâncio Filho, *A glória de Euclides da Cunha* (São Paulo, 1940), pp. 60-8, dá detalhes da história da edição.

72. Uma coletânea utilíssima das primeiras críticas do livro foi publicada pelos editores de Euclides da Cunha: *Os sertões: juízos críticos* (Rio de Janeiro: Laemmert, 1904).

73. Um crítico contemporâneo definiu-o como um "estilo desenfreado, estilo cataclismal e, talvez, o mais apropriado para descrever os acontecimentos anormais, as revoluções sociais e os desastres dos caracteres" (Araripe Júnior, "Dois grandes estilos", reproduzido em Euclides, *Obra completa*, vol. I, p. 98).

Sessenta anos mais tarde, Manuel Bandeira, o grande poeta modernista, aludiu à prosa viril, um tanto bárbara, de Euclides, idem, ibidem, p. 629.

74. As opiniões de Euclides sobre raça são apresentadas, em pormenores, na parte "O homem" de *Os sertões* (*Obra completa*, vol. II, pp. 137-236). Segundo Nelson Werneck Sodré, só depois de cuidadosas consultas às melhores fontes de ideologia colonialista foi que Euclides expôs ideias de inferioridade racial. Para comprovar isso, Sodré mostra que a interpretação racista, clara em *Os sertões*, não figurava no relato anterior de Euclides, *Diário de uma expedição* (Sodré, *A ideologia do colonialismo*, pp. 137-9). As ideias de Euclides sobre raça e etnografia são examinadas em Clóvis Moura, *Introdução ao pensamento de Euclides da Cunha*, pp. 74-101. Gilberto Freyre foi um dos primeiros a reconhecer o quanto Euclides fora influenciado pelas premissas racistas da sua época: Freyre, *Atualidade de Euclides da Cunha* (Rio de Janeiro, 1943), pp. 13-9. Um crítico argumentou que as teses de Euclides não são da rígida variedade mecanicista das de Buckle e Ratzel, já que a aplicação integral das ideias desses autores teria excluído o caráter trágico, tão patente em *Os sertões*. Antonio Candido, "Euclides da Cunha, sociólogo" (*O Estado de S. Paulo*, 13 de dezembro de 1952), citado em Sousa Andrade, *História e interpretação*, p. 208.

75. Euclides da Cunha, *Rebellion in the Backlands*, pp. 84-5.

76. Euclides da Cunha, *Obra completa*, vol. II, pp. 193-214. Euclides pode ter sido influenciado nessa interpretação por Nina Rodrigues, "A loucura epidêmica de Canudos", *Revista Brasileira*, vol. III, tomo XII (1º de novembro de 1897), pp. 129-44.

77. *Os sertões: juízos críticos*. Ao escrever sobre diferentes "raças", por exemplo, Euclides referiu, com frequência, a "nossa raça". Um livro posterior de Euclides, *Contrastes e confrontos* (Porto, 1907), levou um crítico a expressar muito ceticismo quanto às teorias sociológicas racistas que ainda chegavam da Europa. Sousa Bandeira, *Páginas literárias*, pp. 22-8. Contudo, outros escritores brasileiros continuaram a citar, como fidedigno, o "parêntese irritante" de Euclides, que repetia a teoria da degenerescência dos mestiços. Ver, por exemplo, Alcides Bezerra, *Ensaios de crítica e filosofia* (Paraíba, 1919), pp. 251-3.

78. A análise mais equilibrada e detalhada de *Canaã* é a longa introdução de Antonio Alatorre para a tradução em espanhol publicada no México: Graça Aranha, *Canaan* (México, 1954), pp. vii-liii. O texto de Alatorre inclui extensas referências às críticas anteriores do romance, tanto no Brasil quanto no exterior. Augusto Emílio Estelita Lins, *Graça Aranha e o Canaã* (Rio de Janeiro, 1967), é uma longa e desordenada tentativa de relacionar *Canaã* ao restante da obra de Graça Aranha e de fornecer detalhes sobre os locais, no Espírito Santo, em que episódios verídicos evidentemente inspiraram a história de Graça Aranha.

79. Não existe uma biografia acadêmica de Graça Aranha. As citações de suas obras foram tiradas de José Pereira da Graça Aranha, *Obra completa* (Rio de Janeiro, 1969), que inclui um ensaio de Gilberto Freyre, bem como uma bibliografia pormenorizada de obras sobre Graça Aranha. A controvérsia a respeito do seu papel na eclosão do movimento modernista brasileiro contribuiu, sem dúvida, para um certo desinteresse por sua carreira anterior.

80. A longa recensão publicada no *Jornal do Comércio* em 1902 e assinada por Félix Pacheco era típica dele. Elogiava Graça Aranha como "estilista de primeira água" e "pensador profundo", e comparava *Canaã* ao *Travail*, de Émile Zola. O texto citava longos excertos do diálogo entre Milkau e Lentz, e o crítico dava a entender que Milkau levava nítida vantagem. A crítica foi mais tarde reproduzida em livro (Félix Pacheco, *A Canaã de Graça Aranha* [Rio de Janeiro, 1931]). O romance foi elogiado por José Veríssimo, importante crítico literário e confrade na Academia Brasileira de Letras: José Veríssimo, *Estudos de literatura brasileira*; 5ª série (Rio de Janeiro, 1905), pp. 15-35. Outro crítico, Nestor Vítor, louvou o romance mas expressou muitas dúvidas sobre o seu mérito como obra literária original: *Obra crítica de Nestor Vítor* (Rio de Janeiro, 1969), pp. 293-302. A influência da obra de Graça Aranha sobre a geração mais nova é comentada por Orris Soares, "Graça Aranha: o romance-tese e *Canaã*", em Aurélio Buarque de Holanda Ferreira (org.), *O romance brasileiro* (Rio de Janeiro, 1952), pp. 203--21. O romance de Graça Aranha foi elogiado no exterior, o que, sem dúvida, aumentou seu prestígio no Brasil. Veja-se, por exemplo, a crítica favorável da tradução francesa (Guglielmo Ferrero, *Le Figaro*, 31 de outubro de 1910). Ferrero, a quem o barão do Rio Branco, ministro das Relações Exteriores, cumulara de atenções, referiu-se a *Canaã* como "o romance da América contemporânea".

81. Um crítico da época escreveu um texto em que comparou especificamente Euclides da Cunha e Graça Aranha e a maneira como abordaram a questão da adaptação do brasileiro (Sousa Bandeira, *Páginas literárias*, pp. 5-12).

82. Entre outras afirmações antirracistas, a mais intransigente foi a de Álvaro Bomilcar, *O preconceito de raça no Brasil* (Rio de Janeiro, 1916). Num pós-escrito, Bomilcar explicou que o livro fora escrito em 1911 mas tivera sua publicação postergada. Outro escritor que condenou a "pérfida teoria" da inferioridade racial foi o crítico literário Alencar Araripe Júnior, em sua "Introdução" a Clóvis Bevilácqua, *Esboços e fragmentos* (Rio de Janeiro, 1899), p. l.

83. Este ponto é abordado claramente em Dante Moreira Leite, *O caráter nacional brasileiro: história de uma ideologia*, 2ª ed. (São Paulo, 1969), pp. 258-9.

84. Manuel Bonfim, *A América Latina: males de origem* (Rio de Janeiro, [1903?]).

85. Idem, ibidem, p. 3.

86. Idem, ibidem, p. 287.
87. Idem, ibidem, p. 306.
88. Idem, ibidem, p. 284.
89. Idem, ibidem, pp. 287-8.
90. Idem, ibidem, pp. 299-300.
91. Idem, ibidem, pp. 280-1. Sílvio Romero dedicou um livro inteiro a refutar *A América Latina*, de Manuel Bonfim, o qual chamou de "um acervo de erros, sofismas e contradições palmares". Tachou as opiniões de Manuel Bonfim sobre etnografia de "uma verdadeira comédia", e rejeitou sua crença na igualdade racial como "ilusão". As bases das teorias correntes da diferenciação racial, afirmava, "são investigações sinceras, objetivas, meramente científicas. Sílvio Romero, *A América Latina* (Porto, 1906), pp. 11, 203-4 e 212.
92. Manuel Bonfim, *A América Latina*, p. 398.
93. Idem, ibidem, pp. 180-1.
94. Idem, ibidem, p. 342.
95. Idem, ibidem, p. 189.
96. Idem, ibidem, p. 378.
97. Idem, ibidem, pp. 263-399. Mais tarde, Manuel Bonfim publicou uma série de volumes em que dava sua versão revisionista da história do Brasil, à qual aplicava a interpretação que expusera em *A América Latina*. Continuou a atacar as teorias racistas ainda correntes no Brasil, e que eram muitas vezes baseadas num "mendelismo mal assimilado". Seu tom agressivo era ainda mais evidente: "Sem receio de desmentido valioso, pode-se admitir que o cruzamento, nos casos da população brasileira, em vez de ser um mal, é uma vantagem". Manuel Bonfim, *O Brasil na América: caracterização da formação brasileira* (Rio de Janeiro, 1929), pp. 176-7. Atacou as "classes dirigentes" por terem "inumanamente, antipatrioticamente e asnaticamente" olhado o caboclo e o negro como "inferiores". Manuel Bonfim, *O Brasil nação: realidade da soberania brasileira* (Rio de Janeiro, 1931), vol. II, p. 243. Outro volume da sua história revisionista foi *O Brasil na história: deturpação das tradições: degradação política* (Rio de Janeiro, 1931). Manuel Bonfim foi homenageado com a inclusão do seu texto num volume da famosa coleção "Brasiliana", começada na década de 1930: Manuel Bonfim, *O Brasil* (São Paulo, 1935), com uma curta "nota explanatória" de Carlos Maul.
98. O estudo mais completo sobre Alberto Torres é o de Barbosa Lima Sobrinho, *Presença de Alberto Torres: sua vida e pensamento* (Rio de Janeiro, 1968). Estudos mais antigos feitos por admiradores de Alberto Torres — como A. Saboia Lima, *Alberto Torres e sua obra* (Rio de Janeiro, 1918), e Cândido Mota Filho, *Alberto Torres e o tema da nossa geração* (São Paulo, 1931) —, embora valiosos como sinais de sua influência, consistem basicamente em resumos, sem crítica, de seus textos.

Para uma análise cética da coerência do pensamento de Alberto Torres, ver W. Douglas McLain Jr., "Alberto Torres, nacionalista *ad-hoc*", *Luso-Brazilian Review*, vol. 4 (dezembro de 1967), nº 2, pp. 17-34. Alcides Gentil, *As ideias de Alberto Torres* (São Paulo, 1932), apresenta, em forma de concordância, um índice dos principais temas na obra de Alberto Torres (inclusive artigos de jornal). Embora Alberto Torres tenha publicado muitos artigos na imprensa, só uns poucos foram incorporados aos seus dois livros mais importantes: *O problema nacional* (Rio de Janeiro, 1914) e *A organização nacional* (Rio de Janeiro, 1914). As citações que se seguem serão sempre dos livros. Minha leitura atenta dos artigos não revelou divergências básicas de ideias expressas em livro ou acréscimos a elas.

99. Alberto Torres, *O problema nacional*, pp. 45-9; idem, *Le problème mondial* (Rio de Janeiro, 1913), p. 138.

100. Idem, *O problema nacional*, pp. 12 e 137; idem, *A organização nacional*, pp. 11, 84 e 196.

101. Idem, *O problema nacional*, pp. xx-xxi, 65 e 76-82.

102. Idem, *A organização nacional*, pp. 155, 182 e 208; idem, *O problema nacional*, pp. xvii e 133.

103. Idem, *A organização nacional*, p. 194; idem, *O problema nacional*, p. 121; idem, *As fontes da vida no Brasil* (Rio de Janeiro, 1915), p. 44.

104. Idem, *A organização nacional*, pp. xxxix e 155; idem, *O problema nacional*, pp. 122 e 150.

105. Idem, *A organização nacional*, pp. xl e 44; idem, *O problema nacional*, pp. 14, 32, 34, 39, 55, 84 e 109; idem, *As fontes da vida no Brasil*, pp. 30 e 41.

106. Idem, *O problema nacional*, pp. 24-5.

107. Idem, *A organização nacional*, p. 197; idem, *O problema nacional*, pp. 41 e 116.

108. Idem, *As fontes da vida no Brasil*, p. 19; idem, *O problema nacional*, pp. xxi-xxiii.

109. Idem, *A organização nacional*, pp. xxvi, 125, 212, 241 e 248; idem, *O problema nacional*, pp. xxiii e 5.

110. Idem, *O problema nacional*, pp. xv, 13, 38, 43 e 106; idem, *A organização nacional*, pp. xxvi, 167, 185 e 189. Barbosa Lima Sobrinho tentou, de forma pouco convincente, minimizar o agrarianismo de Alberto Torres, talvez por ser um completo anacronismo ao lado do seu nacionalismo econômico (Barbosa Lima Sobrinho, *Presença de Alberto Torres*, pp. 347-8).

111. Alberto Torres, *A organização nacional*, pp. 145, 158-9, 173, 204. As revisões constitucionais são explicadas, com detalhes, nas páginas 219-311.

112. Barbosa Lima Sobrinho, *Presença de Alberto Torres*, pp. 457-520, faz um exame minucioso da influência de Alberto Torres no posterior pensamento brasileiro.

CAPÍTULO 4 [PP. 185-209]

1. Afonso d'Escragnolle Taunay, *A missão artística francesa* (Rio de Janeiro, 1956); a melhor fonte geral sobre essas instituições é Fernando de Azevedo, *A cultura brasileira*.

2. Quando pressionado por seus ministros, porém, ele apoiava plenamente o chamado de estrangeiros que contribuíssem para a construção de instituições essenciais ao desenvolvimento material do Brasil — como o convite à missão francesa chefiada por Henri Gorceix em 1874, que ajudou a fundar a Escola de Minas de Ouro Preto (Fernando de Azevedo, *A cultura brasileira*, pp. 388, 395-6, 398-405 e 579-80).

3. A contribuição britânica é analisada com clareza em Graham, *Britain and the Onset of Modernization*, principalmente os capítulos 2 e 5. Para uma exposição anterior e mais impressionista, ver Gilberto Freyre, *Ingleses no Brasil* (Rio de Janeiro, 1948).

4. O barão do Rio Branco escreveu e publicou em Paris uma biografia laudatória do imperador d. Pedro II sob o pseudônimo "B. Mossé": *D. Pedro II, Empereur du Brésil* (Paris, 1889). Descreve suas iniciativas de propaganda em suas cartas ao imperador: Miguel do Rio Branco (org.), *D. Pedro II e o barão do Rio Branco* (São Paulo, 1957), pp. 25, 51 e 62-3.

5. Caio Prado Jr., "A imigração brasileira no passado e no futuro", em *Evolução política do Brasil e outros estudos*, 2ª ed. (São Paulo, 1957), pp. 243-61.

6. Para um exemplo, ver José Ricardo Pires de Almeida, *L'Agriculture et les industries au Brésil* (Rio de Janeiro, 1889). Para exemplos anteriores da mesma espécie de literatura, ver S. Dutot, *France et Brésil* (Paris, 1857); Hippolyte Carvalho, *Études sur le Brésil: au point de vue de l'émigration et du commerce français* (Paris, 1858); e V. L. Baril (conde de la Hure), *L'Empire du Brésil: monographie complète de l'empire sud-américain* (Paris, 1862). Essa última obra foi subsidiada por subscrições, sem dúvida de brasileiros.

7. Luís Viana Filho, *A vida do barão do Rio Branco* (Rio de Janeiro, 1959), p. 146.

8. Afrânio Peixoto, *Ramo de louro: novos ensaios de crítica e de história*, 2ª ed. (São Paulo, 1942), pp. 241-4.

9. Heitor Lira, *História de d. Pedro II*, 3 vols. (São Paulo, 1938-40), vol. II, p. 312; Georges Raeders, *D. Pedro II e o conde de Gobineau* (São Paulo, 1938), p. 52.

10. Papéis de Salvador de Mendonça, Biblioteca Nacional, seção de manuscritos, I, pp. 4, 22, 13.

11. Fernando Bastos de Ávila, *L'Immigration au Brésil* (Rio de Janeiro, 1956); T. Lynn Smith, *Brazil: People and Institutions* (ed. rev., Baton Rouge, Loui-

siana, 1963), capítulo 8. Para exemplos do pensamento liberal brasileiro com relação à necessidade de atrair imigrantes brancos na década de 1860, ver David Gueiros Vieira, "Protestantism and the Religious Question in Brazil, 1850-1875" (tese de doutorado, American University, 1972), pp. 599-611.

12. As iniciativas no sentido de promover a imigração no fim do Império estão documentadas e analisadas em Michael M. Hall, "The Origins of Mass Immigration in Brazil, 1871-1914" (tese de doutorado, Universidade Columbia, 1969).

13. *O Império do Brasil na Exposição Universal de 1867 em Paris* (Rio de Janeiro, 1867), p. 3.

14. Júlio Constâncio de Villeneuve (org.), *Relatório sobre a Exposição Universal de 1867* (Paris, 1868), vol. I, p. cxxiii.

15. *L'Empire du Brésil à L'Exposition de Vienne en 1873* (Rio de Janeiro, 1873), pp. 19-20 e 165.

16. *O Império do Brasil na Exposição Universal de 1876 em Filadélfia* (Rio de Janeiro, 1875), "Introdução".

17. Frederico José de Santana Néri (org.), *Le Brésil en 1889* (Paris, 1889), pp. i-iii. Talvez os brasileiros achassem mais fácil participar de uma exposição, agora que já não tinham de explicar a existência da escravatura em seu país.

18. Idem, ibidem, pp. x-xi.

19. Luís Joaquim de Oliveira Castro, *Le Brésil vivant*, 3ª ed. (Paris, 1891), vol. IX, pp. 3 e 5.

20. "Heureusement, il n'y a pas au Brésil des préjugés de race, et l'on voit se marier de hommes de couleur avec des femmes blanches et vice versa, de manière que la population noire diminuera extraordinairement. Dans une cinquantaine d'années elle sera devenue très rare au Brésil." Domingos José Nogueira de Jaguaribe Filho, *Influence de l'esclavage et de la liberté* (Bruxelas, 1893), pp. 113, 117 e 145.

21. Afrânio Peixoto, *Clima e doenças do Brasil* (Rio de Janeiro, 1907). Para tentativas semelhantes, de acadêmicos e jornalistas brasileiros, de defender seu país da acusação de ser perigosamente insalubre, ver Eurico Gonçalves Bastos, *Contribuição à climatologia brasileira* [tese apresentada à Faculdade de Medicina do Rio de Janeiro em 26 de março de 1897] (Rio de Janeiro, 1897); Joaquim A. de Oliveira Botelho, *Apuntes sobre el clima del Brasil* (Santiago, Chile, 1901); e Artur Orlando, *Clima brasileiro* [III Congresso de Geografia] (Rio de Janeiro, 1911). Detalhes adicionais sobre textos análogos podem ser encontrados numa tese inédita do professor Donald B. Cooper (da Universidade Estadual de Ohio): "Brazil's Long Fight Against Epidemic Disease: 1849-1917 (with Special Emphasis on Yellow Fever)". Curiosamente, o Brasil parecia livre de doenças epidêmicas

até 1850 e era considerado, até então, um dos países mais seguros para os imigrantes brancos. Sou grato ao professor Cooper por ter me permitido consultar esse ensaio. A rigor, a febre amarela não foi eliminada totalmente do Rio de Janeiro. Em 1907, houve ainda 39 mortes por febre amarela no Rio, e uma epidemia fraca ocorreu em 1928 (73 mortos). A febre amarela foi virtualmente eliminada em sua forma epidêmica, mas a febre amarela silvestre persiste até hoje, ainda que causando poucas mortes.

22. *Correio da Manhã*, 4 de novembro, 27 e 29 de dezembro de 1904. Gil Vidal dedicou muitas colunas a instar por uma política mais agressiva de promoção da imigração (*Correio da Manhã*, 12 de março, 18 de junho, 11 de agosto, 15 de outubro e 9 de novembro de 1903; 1º de março e 18 de junho de 1904; 1º de janeiro e 30 de novembro de 1905; 9 de maio de 1911; 5 de junho de 1912; 7 de abril de 1914). A preocupação com a imagem do país no exterior manifestou-se em editoriais do *Correio da Manhã* de 17 de outubro e 12 de dezembro de 1908, e de 23 de maio de 1913.

23. José Fernando Carneiro, *Imigração e colonização no Brasil* (Rio de Janeiro, 1950), p. 32.

24. *Correio da Manhã*, 18 de dezembro de 1910; *Correio da Manhã*, 21 de janeiro de 1911.

25. Caio de Menezes, *A raça alemã* (Porto Alegre, 1914), p. 61.

26. Idem, ibidem, p. 57.

27. Comissão: Exposição da Compra da Louisiana, 1904. *Relatório apresentado ao Ex.*^{mo} *Sr. Lauro Severiano Müller* [...] *pelo general F. M. de Souza Aguiar* (Rio de Janeiro, 1905). Prova das condições miseráveis de vida dos pobres no Rio de Janeiro pode ser encontrada, por exemplo, em dois artigos de Everardo Backheuser, "Onde moram os pobres", *Renascença*, nº 13 (março de 1905) e nº 15 (maio de 1905).

28. *Gazeta de Notícias*, 29 de julho de 1907. A viagem do crítico literário Medeiros e Albuquerque em 1910 foi bastante típica dos esforços para promover a imagem do Brasil na Europa. Ver a coluna de "Joe" (João do Rio) na *Gazeta*, 11 de setembro de 1910.

29. Artur Orlando, *O pan-americanismo* (Rio de Janeiro, 1906), p. 44. A opinião predominante foi sintetizada pelo jornalista (que no futuro se tornaria um magnata da imprensa nacional) Assis Chateaubriand, que escreveu, em 1918: "Até hoje temos vivido da fé em nossa regeneração graças à transfusão de novo sangue europeu na mestiçagem nacional". "A superstição colonizadora", *Correio da Manhã*, 1º de fevereiro de 1918.

30. João de Barro (pseudônimo de Rodrigo Otávio), "Crônica", *Renascença*, nº 3 (maio de 1904).

31. Luís Edmundo, *O Rio de Janeiro do meu tempo*, vol. III, p. 613; vol. IV, pp. 773-4. O mesmo autor observa que o cheiro de estrume figurava com tal destaque entre as tradições do Rio que um eminente dândi, o poeta Guerra Duval, "não se sentindo em ambiente propício, entrou para a diplomacia e foi logo despachado para servir na legação no Paraguai". Idem, ibidem, pp. 512-3.

32. Afrânio Peixoto, *Poeira da estrada*, 2ª ed. (São Paulo, 1921), p. 86.

33. Diretoria Geral de Estatística, *Boletim Comemorativo da Exposição Nacional de 1908* (Rio de Janeiro, 1908), pp. v-vii.

34. João do Rio, *Cinematógrafo*, pp. 277 e 281.

35. Idem, ibidem, pp. 286-9.

36. Gilberto Freyre dedicou muita atenção, em *Ordem e progresso*, aos esforços do barão do Rio Branco para dourar a imagem do Brasil, e o mesmo fez Brito Broca em *Vida literária no Brasil, 1900*, capítulo 16. Alguns contemporâneos viam com ceticismo os esforços do barão. João do Rio achava que o ministro do Exterior estava sendo tapeado por jornalistas europeus, que pouco podiam fazer em troca dos estipêndios do governo brasileiro (João do Rio, *Cinematógrafo*, pp. 223-30).

37. Luís Edmundo, *O Rio de Janeiro do meu tempo*, vol. IV, pp. 896-900; Otto Prazeres, "Aspectos do Rio Branco", *Revista do Instituto Histórico e Geográfico Brasileiro*, vol. 244 (julho-setembro de 1959), pp. 343-5.

38. Brito Broca, *Vida literária*, p. 155. Há muitas futricas espirituosas a respeito da promoção da "imagem" do Brasil pelo Ministério das Relações Exteriores em Manuel de Oliveira Lima, *Memórias* (Rio de Janeiro, 1937). Aprendi muito sobre o período entre o fim do Império (fim da década de 1880) e os primeiros anos do século XX nos detalhados álbuns de recortes de jornais e revistas que Oliveira Lima e sua mulher montaram ao longo dos anos — até a morte dele, em 1928. Os álbuns estão conservados, com a correspondência e a biblioteca pessoal de Oliveira Lima na Oliveira Lima Library, da Universidade Católica da América, em Washington. Para detalhes sobre a carreira dessa interessante figura, ver Manuel de Oliveira Lima, *Obra seleta* (Rio de Janeiro, 1971), organizada por Barbosa Lima Sobrinho, responsável também por uma longa introdução biográfica.

39. Joaquim Nabuco tinha sido a primeira escolha de Rio Branco para chefiar a delegação brasileira. Para os antecedentes da conferência, ver E. Bradford Burns, *The Unwritten Alliance: Rio Branco and Brazilian—American Relations* (Nova York, 1966), pp. 116-26. Típico da reação da imprensa brasileira é o seguinte relato: "O papel que Rui Barbosa tem representado na conferência contribui mais para o renome e para a elevação dos créditos do Brasil do que todas as propagandas que temos feito e pago nestes últimos vinte anos" (*Gazeta de Notí-*

cias, 7 de agosto de 1907). Os brasileiros se orgulhavam da forma como Rui Barbosa teria impressionado os europeus. Ver, por exemplo, as palavras atribuídas ao parlamentar francês Léon Bourgeois: "Eu nunca supus que [...] fora de alguns centros europeus houvesse um ambiente capaz de permitir a criação de um homem da cultura do sr. Barbosa. Ele faria honra à elite intelectual de não importa que nacionalidade". *Renascença*, nº 47 (janeiro de 1908), p. 6. Rui Barbosa é considerado, desde então, um herói nacional por seu papel na Conferência de Haia, como ocorre na biografia clássica: Luís Viana Filho, *A vida de Rui Barbosa* (São Paulo, 1949), pp. 331-53. Essa interpretação foi posta em dúvida rudemente numa biografia revisionista: R. Magalhães Júnior, *Rui, o homem e o mito*, 2ª ed. (Rio de Janeiro, 1965), pp. 281-305. A acusação de Magalhães Júnior de que parte dessa extática cobertura da imprensa fora comprada a peso de outro pelo governo brasileiro provocou réplicas indignadas, como a de Salomão Jorge, *Um piolho na asa da Águia* (São Paulo, 1965), pp. 263-76.

40. Thomas E. Skidmore e Thomas Holloway, "New Light on Euclides da Cunha: Letters to Oliveira Lima, 1903-1909", *Luso-Brazilian Review*, vol. 8 (verão de 1971), nº 1, pp. 30-55; Luís Viana Filho, *Vida do barão do Rio Branco*, p. 35. Detalhes sobre o trabalho de Euclides no Ministério das Relações Exteriores podem ser encontrados em Francisco Venâncio Filho, *Rio Branco e Euclides da Cunha* (Rio de Janeiro, 1946). O relatório oficial de Euclides sobre a viagem ao Purus figura em *Obra completa*, vol. I, pp. 681-734. Ele planejara escrever um livro sobre a Amazônia, mas só completara uns poucos capítulos quando morreu. Foram incluídos no volume póstumo *À margem da história* (Porto, 1909) e estão reproduzidos em *Obra completa*, vol. I, pp. 223-77. Para um estudo detalhado dessa fase da carreira de Euclides, ver Leandro Tocantins, *Euclides da Cunha e o paraíso perdido* (Rio de Janeiro, 1968).

41. Burns, *The Unwritten Alliance*, faz uma análise minuciosa da política do barão do Rio Branco em relação aos Estados Unidos. O discurso de Rio Branco ao receber os delegados incluiu uma orgulhosa lista das recentes realizações do Brasil, como a remodelação do Rio de Janeiro. Barão do Rio Branco, *Obras*, vol. IX: *Discursos* (Rio de Janeiro, 1948), pp. 95-8.

42. Rodrigo Otávio em *Renascença*, nº 31 (setembro de 1906). A edição inteira foi dedicada à conferência. Como exemplo da publicidade favorável que a política de Rio Branco recebia no Brasil, ver Alcides Gentil, *O Brasil e o internacionalismo: à margem das ideias e dos atos do barão do Rio Branco* (Rio de Janeiro, 1913). Os encômios são tamanhos que se fica a imaginar quem pode ter financiado o livro.

43. Depois de um jantar no Itamaraty em homenagem a Ferrero, Graça Aranha deu parabéns a Rio Branco: "Tive a deliciosa ilusão de que Cícero era recebido por Péricles. Jantamos em Atenas". Sobre o papel de Rio Branco: "Como

atenienses, nós poderíamos dizer ao historiador da Antiguidade que o juramento de Rio Branco na mocidade foi o mesmo da juventude grega no altar da Deusa: 'Não deixarei diminuir minha pátria, mas a engrandecerei'". Luís Viana Filho, *A vida do barão do Rio Branco*, p. 379. Infelizmente para Rio Branco, a mulher de Ferrero, pouco depois de ter acompanhado o marido na visita ao Brasil, publicou um livro em que descrevia os brasileiros como insolentes e indignos de confiança. Foi um exemplo desconcertante de como esforços de promoção podem sair pela culatra. Gina Lombroso Ferrero, *Nell' America Meridionale (Brasile—Uruguay—Argentina)* (Milão, 1908), citado em Brito Broca, *Vida literária*, pp. 162-3.

44. Francisco de Assis Barbosa, "Flutuações do pan-americanismo", *Revista do Instituto Histórico e Geográfico Brasileiro*, vol. 263 (abril-junho de 1964), p. 112.

45. Lucy Maffei Hutter, *Imigração italiana em São Paulo, 1880-1889: os primeiros contatos do imigrante com o Brasil* (tese de doutorado, Departamento de História da Faculdade de Filosofia, Letras e Ciências Humanas da Universidade de São Paulo, 1971), pp. 127-48.

46. Não existe um estudo amplo e minucioso da política imigratória brasileira no período de 1870 a 1930. As teses de Michael Hall e Lucy Maffei Hutter proporcionam informações valiosas sobre a fase final do Império. Um ponto de partida para o estudo de todo o Império e da República é José Fernando Carneiro, *Imigração e colonização no Brasil*. Até mesmo séries de estatísticas confiáveis não são fáceis de levantar. Dados publicados pelo governo do estado de São Paulo (que mantinha os melhores arquivos) variam muitas vezes em relação aos publicados pelo governo federal. A história legal está narrada em Péricles de Melo Carvalho, "A legislação imigratória do Brasil e sua evolução", *Revista de Imigração e Colonização*, vol. 1 (outubro de 1940), nº 4, pp. 719-36.

47. Decreto nº 528, de 28 de junho de 1890.

48. José Fernando Carneiro, *Imigração e colonização no Brasil*, p. 31.

49. Paula Beiguelman, *A formação do povo no complexo cafeeiro: aspectos políticos* (São Paulo, 1968), pp. 128-9.

50. Um estudo bem documentado desse programa pode ser encontrado em Lucy Maffei Hutter, *Imigração italiana em São Paulo, 1880-1889*.

51. "Relatório apresentado por Martinho Prado Jr. à diretoria da Sociedade Promotora de Imigração em 18 de novembro de 1887", reproduzido em *In Memoriam: Martinho Prado Júnior* (São Paulo, 1944), pp. 351-8.

52. Dados sobre as despesas e o número de imigrantes admitidos podem ser encontrados em publicações do governo do estado de São Paulo: *Boletim do Departamento do Trabalho Agrícola*, nºs 73-4 (1932), pp. 67-8; *Boletim da Diretoria de Terras, Colonização e Imigração*, nº 1 (outubro de 1937).

53. Após um entusiasmo inicial, a Sociedade Central tinha se oposto ao

programa paulista de imigração subvencionada. A Sociedade foi dissolvida em 1891. Hall, *The Origins of Mass Immigration in Brazil*, p. 80.

54. Havia preocupações persistentes com o enorme desequilíbrio regional na distribuição de imigrantes. Um dos primeiros a insistir na necessidade de atrair imigrantes para as áreas negligenciadas, especialmente Norte e Nordeste, foi Sílvio Romero, *A imigração e o futuro da raça portuguesa no Brasil* (Rio de Janeiro, 1891), reproduzido em Romero, *Discursos* (Porto, 1904), pp. 309-16. Mais tarde, ele se alarmou com a concentração de imigrantes de língua alemã nas províncias do Sul (Rio Grande do Sul, Santa Catarina e Paraná), para as quais temia que o governo alemão tivesse desígnios sinistros. Sílvio Romero, *O alemanismo no Sul do Brasil* (Rio de Janeiro, 1906), reproduzido em Romero, *Provocações e debates* (Porto, 1910), pp. 115-69. Para uma vigorosa resposta em defesa dos imigrantes alemães no Paraná, ver Alcides Munhoz, *O sr. Sílvio Romero e o alemanismo no Sul do Brasil* (Curitiba, 1907).

55. Em 1904, por exemplo, depois que uma diretriz do Ministério do Exterior da Itália proibiu, em 1902, a imigração subvencionada, dois escritores brasileiros manifestaram alarme quanto ao aumento do fluxo de imigrantes italianos para os Estados Unidos, onde "de certo número de anos procura embaraçar a corrente imigratória, repelindo os pobres e valetudinários e só permitindo o desembarque daqueles que apresentam quinhentos francos pelo menos de pecúlio. Não obstante, os italianos para lá se arremessam em massa, cheios de entusiasmo, cheios de confiança no futuro. Que contraste com a sorte da República brasileira! Oferecemos as afinidades de raça, as facilidades da língua, do costume, do clima, passagem gratuita, tudo em vão. Viram-nos as costas, e vão fundir-se na raça anglo-saxônica". (Proposta de L. P. Barreto e Santos Werneck à Sociedade Paulista de Agricultura, citado em Beiguelman, *A formação do povo no complexo cafeeiro*, pp. 112-3.) Uma preocupação semelhante quanto à posição competitiva do Brasil em relação à Argentina e aos Estados Unidos pode ser encontrada em Alcides Bezerra, *Ensaios de crítica*, p. 258; e no editorial "O Brasil na Europa", *Correio da Manhã*, 9 de maio de 1907. Deve ter dado grande prazer aos brasileiros ler a manchete "Clemenceau afirma a superioridade do Brasil sobre a Argentina" numa matéria que comentava entrevistas dadas por aquele estadista após sua viagem pela América do Sul em 1910 (*Correio da Manhã*, 27 de outubro de 1910).

CAPÍTULO 5 [PP. 210-43]

1. É impossível fazer estimativas precisas da renda, mas comparações grosseiras em meados da década de 1890 mostravam que a Argentina tinha uma

renda *per capita* aproximadamente igual à da Alemanha e à da Holanda, e maior que as da Áustria, Espanha e Itália. Michael G. Mulhall, *Industries and Wealth of Nations* (Londres, 1896), p. 391. O Brasil, como os demais países da América Latina, nem sequer figurava no levantamento de Mulhall — indicação do estado relativamente desorganizado do sistema brasileiro de coleta de dados estatísticos. Celso Furtado estimou a renda *per capita* anual do Brasil, em 1900, em 45$106, mas, infelizmente, não explicou como chegou a essa conclusão. Celso Furtado, *Formação econômica do Brasil* (Rio de Janeiro: Fundo de Cultura, 1959).

2. Em seu estilo hiperbólico, Sílvio Romero usa o tema de Euclides da Cunha — a luta para alcançar uma nacionalidade autêntica — para fazer sua própria denúncia da classe política brasileira, "embevecida no desfrutar das pingues posições", "estupidificada pela dupla miragem dos capitais e dos braços estrangeiros, como se estes tivessem sido criados para estarem à nossa disposição e nos serem ofertados de mão beijada". Sílvio Romero fez uma descrição exagerada do controle econômico estrangeiro e advertiu que "a nação chegou ao século xx, o século em que se vai resolver o seu destino, inteiramente desapercebida para a luta". O discurso está reproduzido em Sílvio Romero, *Provocações e debates*, pp. 335-400. O presidente da República, Afonso Pena, estava na plateia, o que deixou seus colegas da Academia tão constrangidos que decidiram censurar todos os discursos do acadêmico no futuro. Brito Broca, *A vida literária*, pp. 66-7. Sílvio Romero referiu-se a uma frase de Euclides, num artigo de 1900: "Condenávamo-nos à civilização; ou progredir, ou desaparecer". Euclides da Cunha, *Obra completa*, vol. I, p. 342.

3. Para uma análise dessa crise, ver o excelente levantamento da história política do Brasil entre 1889 e 1930 em Edgar Carone, *A República Velha: evolução política*. Uma nova e importante análise do grupo político chamado "jardim da infância" é feita em Alberto Venâncio Filho, "Carlos Peixoto e o *Jardim da Infância*", *Digesto Econômico*, nº 226 (julho-agosto de 1972), pp. 109-29.

4. Os discursos e documentos da campanha de Rui Barbosa podem ser encontrados em Rui Barbosa, *Contra o militarismo: campanha eleitoral de 1909 a 1910*, 1ª série (Rio de Janeiro, s/d); *Contra o militarismo: discursos em São Paulo, Santos e Campinas: campanha eleitoral de 1909 a 1910*; 2ª série (Rio de Janeiro, s/d); *Contra o militarismo (discurso financeiro): campanha eleitoral de 1909 a 1910*, 2ª série (Rio de Janeiro, s/d); *Excursão eleitoral aos estados da Bahia e Minas Gerais: manifestos à nação* (São Paulo, 1910).

5. Rui Barbosa, *Excursão eleitoral*, pp. 233-339.

6. Uma descrição vívida do efeito da revolta sobre a opinião da elite é dada por Gilberto Amado em *O País*, 27 de novembro de 1910, reproduzida na única

outra obra sobre a revolta: Edmar Morel, *A Revolta da Chibata*, 2ª ed. (Rio de Janeiro, 1963), pp. 17-21.

7. James Bryce, *South America: Observations and Impressions*, pp. 419-21. As dúvidas e questões de Bryce tiveram publicidade adicional — praticamente sem nenhum comentário crítico — na recensão de Oliveira Lima em *O Estado de S. Paulo*, 29 de dezembro de 1912. As assustadoras reflexões de Bryce sobre o futuro do Brasil foram citadas frequentemente por escritores brasileiros posteriores, como antes acontecia com as de Agassiz e Buckle. Quarenta anos mais tarde, num artigo de 1952, Gilberto Amado estava ainda indignado com o livro de Bryce: "Bryce era um jurista liberal inglês cheio de preconceitos vitorianos e incapaz, na sua mediocridade, de ver e sentir a grandeza do Brasil e de fazer justiça ao povo brasileiro, que não é inferior a nenhum outro — muito pelo contrário". Gilberto Amado, *Sabor do Brasil* (Rio de Janeiro, 1953), p. 46.

8. Para detalhes de como se alinhavam os simpatizantes brasileiros dos Aliados e das Potências Centrais, ver Brito Broca, *A vida literária*, pp. 265-71. Brito Broca observa que a mentalidade literária no Brasil pouco mudou durante os primeiros dois anos da guerra europeia.

9. Artigo de Joaquim Eulálio, *O Estado de S. Paulo*, 23 de outubro de 1914, reproduzido de *O Jornal do Comércio*, 22 de outubro de 1914. Para uma declaração típica de um propagandista da causa dos Aliados, ver o capítulo "Le Brésil et la guerre européenne", de Medeiros e Albuquerque, em Santiago Arguello et al., *L'Amérique Latine et la guerre européenne*, Parte I (Paris, 1916), pp. 35-48.

10. A peça está reproduzida em Afrânio Peixoto, *Parábolas* (Rio de Janeiro, 1920), pp. 140-80.

11. Artigo de Joaquim de Sampaio Ferraz no *Jornal do Comércio*, 17 de outubro de 1915.

12. Estêvão Leitão de Carvalho, *Memórias de um soldado legalista* (Rio de Janeiro, 1961), vol. I, p. 208.

13. O discurso foi feito em 26 de novembro de 1914. *Anais da Câmara dos Deputados*, 1914, vol. VI, pp. 575-602. Dunshee de Abranches foi o mais prolífico escritor anti-intervencionista. Sua principal obra é *A ilusão brasileira* (Rio de Janeiro, 1917).

14. Em 1917, Capistrano de Abreu considerava que a guerra tinha se tornado "absolutamente comercial; os mascates franceses e ingleses não disfarçam mais seu propósito: monopolizar a América do Sul". Capistrano de Abreu, *Correspondência*, José Honório Rodrigues (org.), 3 vols. (Rio de Janeiro, 1954-6), vol. III, pp. 39-40.

15. Artigo de Oliveira Lima em *O Estado de S. Paulo*, 28 de setembro de 1914.

16. Arbivohn [pseudônimo de Raimundo Bandeira], *O perigo prussiano no Brasil* (Rio de Janeiro, 1914).

17. Caio de Menezes, *A raça alemã*.

18. *Diário Alemão: suplemento português de "Deutsche Zeitung de São Paulo"*, 9 de maio de 1915.

19. *O País*, 12 de novembro de 1914.

20. *O País*, 28 de junho de 1915.

21. José Maria Bello, *Ensaios políticos e literários* (Rio de Janeiro, 1918), p. 222.

22. Capistrano de Abreu, *Correspondência*, vol. I, p. 41.

23. Miguel Calmon [du Pin e Almeida], *Tendências nacionais e influências estrangeiras* (Bahia, 1922), p. 60.

24. *In Memoriam: Miguel Calmon, sua vida e sua obra* (Rio de Janeiro, 1936), pp. 54-6.

25. O discurso foi feito em 9 de outubro de 1915, e está reproduzido em Olavo Bilac, *A defesa nacional: discursos* (Rio de Janeiro, 1965), pp. 23-8. Houve muitas edições anteriores, a primeira delas publicada pela Liga da Defesa Nacional em 1917.

26. A lei (nº 1860) tinha data de 4 de janeiro de 1908. Foi aprovada pelo Congresso em 11 de dezembro de 1907. Os debates sobre o projeto estão em *Anais da Câmara dos Deputados*, 1907, vol. VI, parte I, p. 213.

27. Alguns de seus discursos estão reunidos em Olavo Bilac, *Últimas conferências e discursos* (Rio de Janeiro, 1924). Bilac desfrutava de ampla cobertura da imprensa. Para um exemplo do noticiário de um jornal do Rio sobre a entusiasmada recepção que Bilac teve em Belo Horizonte por ocasião de uma de suas apresentações como orador nessa cidade, ver *A Tribuna*, 26 de agosto de 1916.

28. Coelho Neto, *Falando* (Rio de Janeiro, 1919), pp. 115-28.

29. Luís Viana Filho, *A vida de Rui Barbosa* (São Paulo, 1949), pp. 390-2. Para uma bibliografia de fontes sobre esse incidente famoso, ver Regina Monteiro Real, *Rui Barbosa em Buenos Aires* (Rio de Janeiro, 1969).

30. Abraão Ribeiro, artigo em *O Estado de S. Paulo*, 4 de agosto de 1916; Oliveira Lima, artigos em *Diário de São Paulo*, 27 de julho de 1916; *Jornal do Comércio*, 29 de julho de 1916; e *A Noite*, 28 de julho de 1916.

31. Afonso Arinos, "A unidade da pátria", reproduzido em Arinos, *Obra completa* (Rio de Janeiro, 1969), pp. 885-95, em que a data da conferência é dada, incorretamente, como 1917, data de sua publicação como folheto. Olavo Bilac disse em 1917 que a conferência de Arinos, em 1915, fora "o primeiro grito de alarme e o primeiro gesto fecundo da campanha de regeneração em que estamos empenhados". "Prefácio" de Bilac para Afonso Arinos, *Lendas e tradições brasilei-*

ras (São Paulo, 1917), p. iii. O último volume é uma coletânea de conferências lidas por Arinos em São Paulo em 1915 sobre cultura popular brasileira. Arinos tornou claro o objetivo dessa mostra: "Durante um século estivemos a olhar para fora, para o estrangeiro: olhemos agora para nós mesmos" (idem, ibidem, p. 30). O principal estudo crítico de Arinos ainda é Tristão de Ataíde [Alceu Amoroso Lima], *Afonso Arinos* (Rio de Janeiro, 1922), reproduzido em Alceu Amoroso Lima, *Estudos literários*, vol. I, pp. 533-621. Muitas informações importantes são encontradas na série em três partes "Afonso Arinos: centenário", publicada em *Minas Gerais: Suplemento Literário*, nº 87 (27 de abril de 1968), nº 88 (4 de maio de 1968) e nº 89 (11 de maio de 1968).

32. João do Rio, *Adiante!* (Lisboa, 1919), p. 79. Sentimentos semelhantes ficam patentes numa conferência feita no Rio de Janeiro: "Patriotismo", em João do Rio, *Sésamo* (Rio de Janeiro, 1917), pp. 173-96.

33. Idem, *Adiante!*, p. 85.

34. Idem, ibidem, pp. 74 e 85.

35. Para outro exemplo de um crítico da *belle époque* que se tornou mais nacionalista no decorrer da guerra, ver o contraste entre os primeiros artigos e artigos posteriores de Mateus de Albuquerque, *Da arte e do patriotismo* (Rio de Janeiro, 1919). O contraste foi percebido claramente por Alceu Amoroso Lima em sua recensão de 1919 do livro de Mateus de Albuquerque, reproduzida em Alceu Amoroso Lima, *Estudos literários* (Rio de Janeiro, 1966), vol. I, pp. 160-4.

36. Um apelo para o uso do Exército como veículo para a educação e a mobilização foi feito logo depois da aprovação da lei: capitão Liberato Bittencourt, *Pelo Exército* (Rio de Janeiro, 1907), discurso feito na Associação dos Empregados no Comércio do Rio de Janeiro.

37. O deputado era Maurício de Lacerda, que se referiu às aparições de Bilac em comícios como "palhaçada", *Anais da Câmara dos Deputados*, 1916, vol. XII, pp. 288-9 e 357-63.

38. Há uma lista dos integrantes da Liga em *Discursos proferidos na sessão solene de posse do Conselho Deliberativo da Liga Nacionalista de São Paulo, no Instituto Histórico no dia 26 de julho de 1917* (São Paulo, 1917). Sobre as atividades posteriores da Liga Nacionalista, ver José Carlos de Macedo Soares, *Justiça* (Paris, 1925), pp. 58-71.

39. Idem, ibidem, pp. 7-12.

40. Para um exemplo desses textos, ver A. de Sampaio Dória, *O que o cidadão deve saber: manual de instrução cívica* (São Paulo, 1919).

41. Álvaro Otávio de Alencastre, *O problema nacional* (Rio de Janeiro, 1917), pp. 8, 13, 18, 23 e 25.

42. Artigo de Oliveira Lima em *Diário de Pernambuco*, 22 de abril de 1917.

O Estado de S. Paulo, vigorosamente intervencionista, ainda achava a mudança de posição de Oliveira Lima muito ambígua (*O Estado de S. Paulo*, 24 de abril de 1917).

43. Brazilian Ministry for Foreign Affairs, *The Brazilian Green Books: Consisting of Diplomatic Documents Relating to Brazil's Attitude with Regard to the European War, 1914-1917*, Andrew Boyle (org.) (Londres, 1918), p. 87.

44. J. Lloyd Mecham, *A Survey of United States—Latin American Relations* (Boston, 1965), pp. 100-2.

45. O presidente Venceslau Brás descreveu os Estados Unidos como um beligerante ao qual "estamos ligados por tradicional amizade e por semelhanças de opinião política em defesa dos vitais interesses da América e dos princípios aceitos pelo direito internacional" (*Brazilian Green Books*, p. 40; Mecham, *Survey of United States—Latin American Relations*, p. 447). Para uma análise detalhada da política brasileira para com os Estados Unidos entre 1902 e 1912, ver E. Bradford Burns, *The Unwritten Alliance: Rio Branco and Brazilian—American Relations* (Nova York, 1966).

46. Valente de Andrade, *A aliança necessária entre o Brasil e a América do Norte: o Brasil e o pan-americanismo* (São Paulo, 1917). Esse folheto reproduz um artigo publicado no *Jornal do Comércio* (edição paulistana), 8 de abril de 1917.

47. Joaquim Francisco de Assis Brasil, *Ideia de pátria* (São Paulo, 1918), pp. 54-5.

48. Coelho Neto, *Falando*, pp. 138, 255-7.

49. *Anais da Câmara dos Deputados*, 1917, vol. I, pp. 659-62.

50. Delgado de Carvalho, *História diplomática*, p. 378.

51. *A Razão*, 1º de janeiro de 1917; *Diário de Notícias da Bahia*, 9 de fevereiro de 1917.

52. *A Noite*, 10 de março de 1917.

53. *Anais da Câmara dos Deputados*, 1917, vol. I, pp. 686-7.

54. Notícias de primeira página, com fotografias das lojas saqueadas, saíram no *Jornal do Recife*, 8 e 9 de novembro de 1917. A relativa moderação dos ataques brasileiros a alemães e germano-brasileiros é acentuada em Gerhard Bruun, *Deutschland und Brasilien, 1889-1914* (Colônia, 1971), pp. 274-82.

55. Percy Alvin Martin, *Latin America and the War* (Baltimore, 1925), pp. 30-106.

56. Entretanto, houve uma pequena campanha propagandística no Brasil para aumentar o temor de uma invasão argentina do Brasil (com os argentinos recebendo, talvez, auxílio alemão). Ver, por exemplo, Sargento Albuquerque [pseudônimo?], *Em caminho da guerra: a cilada argentina contra o Brasil* (Rio de Janeiro, 1917); e *Revista da Semana*, vol. 18 (11 de agosto de 1917), nº 27, em que

é mencionado um folheto, *Nuestra guerra*, apontado como um plano argentino de invasão e conquista do Brasil.

57. Olavo Bilac, *Últimas conferências e discursos*, p. 44; *O governo Venceslau, 1914-1918* (s. l., 1918), pp. 109-10; Augusto de Bulhões, *Leopoldo de Bulhões: um financista de princípios, 1856-1928* (Rio de Janeiro, s/d), pp. 511-30.

58. Fernando de Azevedo, *Brazilian Culture*, pp. 421 e 443.

59. Basílio de Magalhães, *O grande doente da América do Sul* (Rio de Janeiro, 1916), p. 42.

60. Tobias Monteiro, *Funcionários e doutores* (Rio de Janeiro, 1917), pp. 5, 10, 13 e 15. Uma condenação muito parecida da cultura ornamental que ainda prejudicava o Brasil é feita em "Dos homens chamados 'práticos' e da sua influência no Brasil", ensaio de Gilberto Amado, publicado em 1918 e reproduzido em Gilberto Amado, *Grão de areia e outros estudos* (Rio de Janeiro, 1948), pp. 126-50.

61. Tobias Monteiro, *Funcionários e doutores*, pp. 21-2.

62. Idem, ibidem, pp. 25-6.

63. Idem, ibidem, p. 26.

64. Idem, ibidem, pp. 22 e 38-9.

65. Assis Brasil, *Ideia de pátria*, pp. 26-8.

66. Um dos líderes do movimento foi Antônio Carneiro Leão, cujo livro *O Brasil e a educação popular* (Rio de Janeiro, 1917) inclui várias conferências de 1915 e 1916. Para outras informações sobre esse movimento reformista, ver Antônio Leão Veloso, "Educação brasileira", *Correio da Manhã*, 18 de junho de 1917.

67. Miguel Calmon, *Tendências*, p. 59. Evidências da continuada discriminação contra os mulatos no Brasil são encontradas nas obras do romancista mulato Lima Barreto, sobretudo em seus romances *Recordações do escrivão Isaías Caminha* (Lisboa, 1909) e *Clara dos Anjos* (Rio de Janeiro, 1922-3), reproduzidos em Afonso Henriques de Lima Barreto, *Obras completas* (São Paulo, 1956), vols. I e V. Para uma esplêndida biografia crítica desse autor, ver Francisco de Assis Barbosa, *A vida de Lima Barreto*, 5ª ed. (Rio de Janeiro, 1975).

68. Miguel Calmon, *Tendências*, pp. 10-1.

69. O discurso de Gilberto Amado foi pronunciado em 11 de dezembro de 1916. *Anais da Câmara dos Deputados*, 1916, vol. XIV, pp. 707-33. Praticamente o mesmo texto foi publicado mais tarde com o título "As instituições políticas e o meio social no Brasil", em Gilberto Amado, *Grão de areia* (Rio de Janeiro, 1919). Para pormenores da interessante carreira do embaixador Gilberto Amado, ver Homero Sena, *Gilberto Amado e o Brasil* (Rio de Janeiro, 1968).

70. A afirmação figura numa carta de 1917, publicada pela primeira vez em *Grão de areia*. Utilizei uma edição posterior: Gilberto Amado, *Grão de areia e*

outros estudos (Rio de Janeiro, 1948). A citação está na p. 53. É interessante que ambos os termos empregados por Gilberto Amado (cafuzo e curiboca) envolvem mistura com índio; e é também interessante que ele não mencione o mulato — termo que indica, sem ambiguidade, mistura de branco com negro. Por outro lado, cafuzo era um termo extremamente pejorativo. Mais tarde, Gilberto Amado se orgulharia muito dessa declaração que reconhecia ser o Brasil uma "república mestiça". Ver, por exemplo, Gilberto Amado, *Sabor do Brasil* (Rio de Janeiro, 1953), pp. 45-6. Num artigo do começo de 1914 ele já afirmava: "Das três raças que contribuíram para a formação da nossa nacionalidade nenhuma preponderou a ponto de comunicar a sua fisionomia à da nossa raça" (*O País*, 24 de janeiro de 1914).

71. Basílio de Magalhães, *O grande doente da América do Sul* (Rio de Janeiro, 1916), pp. 14-5.

72. Idem, ibidem, p. 17.

73. Idem, ibidem, pp. 6-7 e 56.

74. Idem, ibidem, p. 56.

75. Idem, ibidem, pp. 42 e 54.

76. Idem, ibidem, pp. 17 e 40.

77. A fé no "branqueamento" continuava a ser uma premissa corrente da elite, como se vê na "Introdução" (de Bulhões de Carvalho) do *Anuário Estatístico do Brasil, ano 1, 1908-1912* (Rio de Janeiro, 1916), publicado pelo Ministério da Agricultura, Indústria e Comércio. Bulhões de Carvalho observava que o Brasil marchava para "um grandioso futuro, quando se constituir definitivamente o tipo da sua nacionalidade pela assimilação completa dos vários fatores étnicos e subsequente apuro da raça pelo cruzamento com os elementos estranhos de diferentes origens".

78. *Revista do Brasil*, nº 1 (1916), pp. 1-5.

79. Ver Edgard Cavalheiro, "Monteiro Lobato e a *Revista do Brasil*", *Revista Brasiliense*, nº 1 (setembro-outubro de 1955), pp. 5-14; Edgard Cavalheiro, *Monteiro Lobato: vida e obra*, 3ª ed., 2 vols. (São Paulo, 1962), vol. I, pp. 149-92; e Lannoy Dorin, "A Revista do Brasil", *Revista Brasiliense*, nº 45 (janeiro-fevereiro de 1963), p. 52-67.

80. Afrânio Peixoto, *Minha terra e minha gente* (Rio de Janeiro, 1916), p. 5. Ironicamente, o livro foi publicado em Lisboa. O contraste estabelecido por Afrânio Peixoto entre o otimismo raso e o pessimismo debilitante mereceu uma interessante análise em José Antônio Nogueira, "Narcisos e Jeremias", *Revista do Brasil*, vol. 2 (junho de 1916), nº 6, pp. 111-21.

81. Afrânio Peixoto, *Minha terra e minha gente*, pp. 206 e 222. Afrânio Pei-

xoto estava plenamente consciente das dúvidas de Bryce quanto à capacidade da elite brasileira. Ele cita Bryce numa nota de rodapé na p. 225.

82. Idem, ibidem, pp. 228-9.

83. João do Rio, *No tempo de Venceslau* (Rio de Janeiro, 1917), pp. 60-1.

84. José Maria Bello, *Ensaios políticos e literários*, pp. 176-7. Esse capítulo não tem data, mas foi escrito, provavelmente, perto do fim da guerra.

85. Isso foi apontado por Alceu Amoroso Lima em sua coluna literária pouco depois da guerra. Ver, por exemplo, suas críticas de junho de 1919, reproduzidas em Alceu Amoroso Lima, *Estudos literários*, vol. I, pp. 84-90. Um dos escritores mais explícitos sobre o estímulo que a guerra dava ao nacionalismo é José Maria Bello, *Ensaios políticos e literários*, pp. 136-43.

86. Olavo Bilac, *Últimas conferências*, p. 46. Declarações semelhantes estão dispersas nos discursos de Bilac durante a guerra, nesse volume. O que mais o preocupava era a possibilidade de o Brasil desmembrar-se em unidades territoriais menores (idem, ibidem, pp. 133-4).

87. Para um exemplo de intelectual e literato que fora apologista declarado da cultura imitativa no Rio de Janeiro no pré-guerra e se tornara, agora, propagandista do nacionalismo econômico, ver Elísio de Carvalho, *Brasil, potência mundial: inquérito sobre a indústria siderúrgica no Brasil* (Rio de Janeiro, 1919). Elísio de Carvalho advogava a criação de uma indústria nacional do aço, observando que "a guerra europeia revelou-nos a situação profundamente perigosa que resulta da estreita dependência em que se encontra o nosso país da matéria-prima estrangeira necessária para o funcionamento de suas indústrias" (idem, ibidem, p. 9). Para uma análise de debates sobre industrialização, ver Nícia Vilela Luz, *A luta pela industrialização do Brasil* (São Paulo, 1961).

88. O efeito da Primeira Guerra Mundial sobre a industrialização brasileira tem sido reinterpretado em pesquisas recentes em história econômica. Antes era corrente que a guerra havia acelerado a industrialização, como em Roberto Simonsen, *Brazil's Industrial Evolution* (São Paulo, 1939). Provas que contradizem essa aceleração são dadas em Nathaniel Leff, "Long-Term Brazilian Economic Development", *Journal of Economic History*, vol. 29 (setembro de 1969), nº 3, pp. 473-93; Warren Dean, *The Industrialization of São Paulo, 1880-1945* (Austin, Texas, 1969), capítulo 6; e Werner Baer e Aníbal V. Vilela, "Industrial Growth and Industrialization: Revisions in the Stages of Brazil's Economic Development", *The Journal of Developing Areas*, vol. 7 (janeiro de 1973), nº 2, pp. 217-34.

89. Delgado de Carvalho, *História diplomática*, pp. 385-9. O espírito de confiança fica mais que evidente nos artigos enviados a *O País* por João do Rio, correspondente em Versalhes, e reproduzidos em João do Rio, *Na conferência da paz, I: do armistício de Foch à paz de guerra* (Rio de Janeiro, 1919); e em Alcides

Bezerra, "A paz e seus problemas", em Alcides Bezerra, *Ensaios de crítica*, pp. 261--3. O tempestuoso mandato do Brasil na Sociedade das Nações culminou com a retirada formal em 1926, quando se frustraram as aspirações do país a um lugar permanente no conselho, em parte pela falta de apoio das outras delegações latino-americanas. Para uma defesa da posição brasileira, ver João Pandiá Calógeras, *O Brasil e a Sociedade das Nações* (São Paulo, 1926), reimpressão de um artigo publicado em *O Comentário* (nº 6, 30 de junho de 1926).

CAPÍTULO 6 [PP. 244-98]

1. Documentos da campanha podem ser encontrados em Rui Barbosa, *Campanha presidencial: 1919* (Bahia, 1919).

2. Uma boa descrição dessas revoltas e da crise política que se avizinhava é dada em Edgard Carone, *A República Velha*, pp. 319-92. O volume gêmeo, Edgard Carone, *A República Velha: instituições e classes sociais* (São Paulo, 1970), proporciona informações socioeconômicas e institucionais muito úteis para a compreensão da insatisfação da geração mais jovem.

3. Um dos autores indignados deu à sua polêmica um título que invertia a retórica chauvinista comum antes de 1914: Francisco Lagreca, *Por que não me ufano do meu país* (São Paulo, 1919).

4. A. Carneiro Leão et al., *À margem da história da República* (Rio de Janeiro, 1924).

5. Outro colaborador foi José Antônio Nogueira, cujo capítulo foi aproveitado de uma versão anterior, em livro, que oferecia a mesma espécie de mensagem nacionalista: José Antônio Nogueira, *Sonho de gigante* (São Paulo, 1922).

6. Hermes Lima, eminente jurista nascido em 1902, observou: "Minha geração, que começou a pensar politicamente depois da grande guerra de 1914, foi muito trabalhada pela tendência de julgar a organização constitucional do Brasil monárquico e do regime de carta de 1891 como servil imitação de modelos estrangeiros, sem nenhuma correspondência com a realidade brasileira". Hermes Lima, *Notas à vida brasileira* (São Paulo, 1945), p. 5. A mudança podia ser percebida no discurso do orador da turma de formandos da Faculdade de Ciências Jurídicas e Sociais do Rio de Janeiro em dezembro de 1919. Tentando dar resposta à velha pergunta — por que o Brasil tinha progredido mais devagar do que os Estados Unidos —, ele rejeitou de forma taxativa o determinismo racista de Lapouge e Le Bon, citando Alberto Torres por "haver para sempre demonstrado a falsidade dessas pretensiosas doutrinas arrogantes". Generoso Ponce Filho, *Por que estamos atrasados?* (Rio de Janeiro, 1920). Um dos intelectuais nacionalistas

mais articulados era Vicente Licínio Cardoso, que atacava sem quartel os escritores brasileiros que ainda estavam na "situação bizarra e esdrúxula de bastardos intelectuais dos europeus". Vicente Licínio Cardoso, *Vultos e ideias* (Rio de Janeiro, 1924), p. 257. Para um estudo simpático ao pensamento do autor, ver Lourenço Filho, "Vicente Licínio Cardoso e os estudos sociais", *Educação e Ciências Sociais*, vol. 8 (setembro de 1960), nº 15, pp. 9-32. A melhor fonte secundária para o estudo do pensamento nacionalista na década de 1920 é o excelente levantamento do primeiro volume de Jorge Nagle, *Educação e sociedade no Brasil, 1920-1929* (tese de concurso de docência geral da Faculdade de Filosofia, Ciências e Letras de Araraquara; Araraquara, 1966), 2 vols. Para um estudo que avança pela década de 1930, ver Ludwig Lauerhass Jr., "Getúlio Vargas and the Triumph of Brazilian Nationalism: A Study of the Rise of the Nationalist Generation of 1930" (tese de doutorado, Universidade da Califórnia, Los Angeles, 1972).

7. Minha breve análise do modernismo brasileiro baseia-se em Wilson Martins, *The Modernist Idea* (tradução de Jack E. Tomlins; Nova York, 1970), que verteu para o inglês a terceira edição do original brasileiro; John Nist, *The Modernist Movement in Brazil* (Austin, Texas, 1967); Mário da Silva Brito, *História do modernismo brasileiro*, vol. I: *Antecedentes da Semana de Arte Moderna*, 2ª ed. (Rio de Janeiro, 1964); e Afrânio Coutinho, *An Introduction to Literature in Brazil* (Nova York, 1969), pp. 210-54.

8. O pintor modernista Di Cavalcanti descreveu a atmosfera cultural que ele e seus colegas rebeldes enfrentaram em São Paulo como dominada pelo "academismo idiota das críticas literárias e artísticas dos grandes jornais, a empáfia dos subliteratos, ocos e palavrosos, instalados no mundanismo e na política, e a presença morta de medalhões nacionais e estrangeiros". Emiliano Di Cavalcanti, *Viagem da minha vida* (Rio de Janeiro, 1955), p. 108.

9. São Paulo produzira também um grupo de reformadores articulados, que viam seu estado como modelo para o desenvolvimento nacional. Um deles escreveu: "O estado de São Paulo é o farol luminoso que indica ao Brasil inteiro o caminho a trilhar, seguro na prossecução dos novos ideais. A sua robustez atual é já consequência da organização escolar que lhe deram os fundadores da República". Mário Pinto Serva, *Pátria nova* (São Paulo, 1922). Esse regionalismo paulista datava do fim do Império, quando a economia do café, em rápida expansão, deu confiança aos paulistas. Pinto Serva escreveu muito sobre a necessidade de uma reforma do ensino, na mesma linha de reformadores do tipo de Carneiro Leão, que dera início à campanha, durante a guerra. Embora fosse nordestino de origem (Pernambuco), Carneiro Leão juntava-se com entusiasmo aos que apresentavam São Paulo como modelo para a nação. Antônio Carneiro Leão, *São Paulo em 1920* (Rio de Janeiro, 1920). A ênfase na educação baseava-se, obviamente,

em premissas culturalistas. Para os antecedentes de São Paulo nessa época, ver Richard M. Morse, *From Comunity to Metropolis: A Biography of São Paulo, Brazil* (Gainesville, Flórida, 1958), pp. 200-90.

10. As interpretações divergentes do papel de Graça Aranha são discutidas em Afrânio Coutinho, *Introdução à literatura brasileira*, pp. 221-2. Os comentários autobiográficos de [João] Peregrino Júnior, *O movimento modernista* (Rio de Janeiro, 1954), e em sua entrevista a Brito Broca em *Letras e Artes* (3 de fevereiro de 1955), mostram Graça Aranha como um homem solitário e quase esquecido que viu no movimento modernista a oportunidade de satisfazer sua "natureza combativa e seu temperamento exuberante".

11. O mais penetrante estudo dessa figura complexa e fascinante é o de Telê Porto Ancona Lopez, *Mário de Andrade: ramais e caminho* (São Paulo, 1972).

12. *Macunaíma* foi reproduzido em Mário de Andrade, *Obras completas* (São Paulo, 1944), vol. IV. Essa difícil obra de Mário de Andrade ganhou uma explicação favorável e clara em Manuel Cavalcante Proença, *Roteiro de Macunaíma* (São Paulo, 1955).

13. Os movimentos nos outros estados são resumidos em Afrânio Coutinho, *An Introduction to Literature in Brazil*, pp. 225-7. Pormenores sobre o movimento no Nordeste, com ênfase no papel de Gilberto Freyre, são dados em José Aderaldo Castelo, *José Lins do Rego: modernismo e regionalismo* (São Paulo, 1961), pp. 27-67. As pretensas distorções da história do regionalismo no Recife por Gilberto Freyre são atacadas com fúria em Joaquim Inojosa, *O movimento modernista em Pernambuco*, 3 vols. (Rio de Janeiro, 1968-9), sobretudo no vol. I. Para Minas Gerais, ver Fernando Correia Dias, *O movimento modernista em Minas* (Belo Horizonte, 1971).

14. Os antecedentes do modernismo são resumidos satisfatoriamente em Afrânio Coutinho, *An Introduction to Literature in Brazil*, pp. 211-9. As ligações do modernismo com o passado são ressaltadas também por Brito Broca, "À margem do modernismo", *Letras e Artes*, 17 de fevereiro de 1952, e "Quando teria começado o modernismo?", *Letras e Artes*, 20 de julho de 1952.

15. Para um ensaio instigante sobre o desenvolvimento dos temas nativistas na literatura brasileira, com especial ênfase no modernismo, ver José Guilherme Merquior, "Poesia y sociedad en la literatura brasileña", *Aportes*, n⁰ 8 (abril de 1968), pp. 20-38. Analisando em retrospecto o movimento modernista, Mário de Andrade concluía, em 1940, que ele tinha "formulado um nacionalismo descritivista que, se fez bem ruim poesia, sistematizou o estudo científico do povo nacional", em sociologia, folclore e geografia. Mário de Andrade, "Modernismo", reproduzido em *Obras completas*, vol. XX: *O empalhador de passarinho* (São Paulo, 1955), pp. 185-9.

16. O aumento de confiança gerado pela revolução literária do modernismo pode ser visto claramente em textos autobiográficos de escritores brasileiros em coletâneas dos primeiros anos da década de 1940, como as de Mário Neme, *Plataforma da nova geração* (Porto Alegre, 1945); Silveira Peixoto, *Falam os escritores*: 2ª série (Curitiba, 1941); e Edgard Cavalheiro (org.), *Testamento de uma geração* (Porto Alegre, 1944). Apesar das críticas à superficialidade dos modernistas, quase todos concordaram, implícita ou explicitamente, que o modernismo criara condições para um novo sentido de identidade cultural.

17. Citado por Licurgo Santos Filho, *Pequena história da medicina brasileira* (São Paulo, 1966), p. 118. Não pude localizar a fonte original dessa citação tão repetida. A frase já é citada por Antônio Leão Veloso em artigos de jornal sobre a necessidade de medidas de saúde pública: *Correio da Manhã*, 1º de outubro de 1916 e 9 de dezembro de 1917.

18. A biografia clássica é a de Edgard Cavalheiro, *Monteiro Lobato: vida e obra*, 2 vols., 3ª ed. (São Paulo, 1962).

19. A citação é de uma recensão em duas partes, publicada no jornal literário de estudantes, *O Minarete*, em 30 de julho e 6 de agosto de 1903, e reproduzida em [José Bento] Monteiro Lobato, *Obras completas* (São Paulo, 1961), vol. XIV, pp. 109-13.

20. Monteiro Lobato, *A barca de Gleyre* (São Paulo, 1944), p. 133. Essas passagens extremamente racistas da carta de 3 de fevereiro de 1908 foram eliminadas na versão da correspondência de Monteiro Lobato publicada em *Obras completas*, vol. XI, p. 207.

21. O artigo original, "Urupês", foi publicado em *O Estado de S. Paulo*, 23 de dezembro de 1914, e está reproduzido em Monteiro Lobato, *Obras completas*, vol. I, pp. 277-92.

22. Para uma discussão do conceito popular de *caboclo*, ver Antonio Candido, *Os parceiros do Rio Bonito* (Rio de Janeiro, 1964), p. 60. As definições de caboclo em Artur Ramos, *Le Métissage au Brésil*, p. 55, acentuam as conotações índias e branco-índias.

23. Ildefonso Albano, *Jeca Tatu e Mané Xique-Xique* (Rio de Janeiro, s/d). Um crítico propôs que, em vez de escolher entre os dois retratos (o de Monteiro Lobato e o de Ildefonso Albano), seria preferível "para os altos dirigentes do país [...] aceitar a realidade do 'Jeca Tatu' para convertê-lo depois [...] num 'Mané Xique-Xique', invencível e impertérrito". José Maria Bello, *À margem dos livros* (Rio de Janeiro, 1923), p. 169.

24. O discurso foi feito em 20 de março de 1919, e está reproduzido em Rui Barbosa, *Campanha presidencial: 1919* (Bahia, 1919), pp. 107-69. O discurso de Rui Barbosa abria com uma citação do retrato do Jeca Tatu por Monteiro Lobato,

o que era excelente propaganda para o autor, já que os discursos de Rui Barbosa contavam com ampla cobertura da imprensa. Como observou um amigo de Monteiro Lobato: "Isso foi o elogio máximo. Rui jamais cita autor vivo; abriu uma exceção para você". Edgard Cavalheiro, *Monteiro Lobato*, vol. I, p. 183. Monteiro Lobato havia mandado um exemplar de *Urupês* para Rui Barbosa com a dedicatória: "A Rui Barbosa, o primeiro, homenagem de Monteiro Lobato, o último". Brito Broca, "A literatura na biblioteca de Rui Barbosa", *Jornal de Letras* (novembro de 1949).

25. A frase apareceu numa carta a Alberto Rangel, de 20 de abril de 1919. Monteiro Lobato, *A barca de Gleyre*, p. 391.

26. O ponto é destacado por Leo Vaz, *Páginas vadias* (Rio de Janeiro, 1957), pp. 71-2. Jeca Tatu tornou-se também um símbolo da literatura regionalista que os modernistas queriam rejeitar. Brito Broca, *História do modernismo brasileiro*, vol. I, pp. 201-2.

27. Premissas racistas ainda apareciam na retórica de alguns propugnadores da saúde pública. Gouveia de Barros, por exemplo, que dirigira o Serviço Sanitário de Pernambuco, atribuía o estado miserável da população aos "fatores antropológicos e etnológicos que contribuíram para a formação do homem brasileiro" e ao "abandono completo em que esse homem, originalmente fraco, se encontra em meio hostil". *Anais da Câmara dos Deputados: sessões de 18 a 31 de outubro de 1916*, vol. XI (1921), p. 478.

28. Belisário Pena e Artur Neiva, *Viagem científica pelo norte da Bahia, sudoeste de Pernambuco, sul do Piauí e norte de Goiás* (Rio de Janeiro, 1918). A obra tinha saído originariamente em *Memórias do Instituto Osvaldo Cruz*, vol. VIII (1916), nº 3.

29. Um editorial de 25 de agosto de 1918 (o nome do jornal não foi mencionado), citado por Azevedo Sodré em discurso parlamentar, *Anais da Câmara dos Deputados: sessões de 20 a 31 de agosto de 1918*, vol. VII (1919), p. 606.

30. Belisário Pena, *Saneamento do Brasil*, 2ª ed. (Rio de Janeiro, 1923), p. 34. Um estudo útil sobre Belisário Pena é Alberto Dinis, *O dinamismo patrioticamente construtivo de Belisário Pena* (Rio de Janeiro, 1948). Fernando de Azevedo, *A cultura brasileira*, p. 301.

31. Ver o capítulo 4. Excertos da conferência de Afrânio Peixoto ao assumir a cátedra, em 1916, estão reproduzidos em Leonídio Ribeiro, *Afrânio Peixoto* (Rio de Janeiro, 1950), pp. 62-4. A mensagem de Afrânio Peixoto em defesa do clima do Brasil foi distribuída a gerações de estudantes de medicina no Rio. Está resumida em Afrânio Peixoto, *Clima e saúde* (São Paulo, 1938).

32. Antônio Leão Veloso, "Ministério da Saúde Pública", *Correio da Manhã*, 26 de agosto de 1918; Francisco Saturnino Rodrigues de Brito, *Saneamento do*

Rio Grande (Porto Alegre, 1918); e idem, *Saneamento do Recife* (Recife, 1917). Para exemplos do apoio dos jornais à campanha, ver *Correio da Manhã*, 23 de outubro de 1916; 2 de fevereiro, 4 de junho e 28 de dezembro de 1917; 23 de janeiro, 4 de fevereiro e 10, 13 e 28 de maio de 1918.

33. Na quarta edição de *Urupês*, ele publicou um mea-culpa formal: "Cumpre-me [...] implorar perdão ao pobre Jeca. Eu ignorava que eras assim, meu caro Tatu, por motivo de doenças tremendas. Está provado que tens no sangue e nas tripas um jardim zoológico da pior espécie. É essa bicharia cruel que te faz papudo, feio, molengo, inerte. Tens culpa disso? Claro que não". Monteiro Lobato, "Explicação desnecessária", em *Urupês*, 4ª ed. (São Paulo, 1919). A mudança de posição de Monteiro Lobato foi devidamente notada pelo crítico literário Agripino Grieco, seu contemporâneo, numa crítica de *Urupês*, escrita em 1925-6 e reproduzida em Agripino Grieco, *Gente nova do Brasil: veteranos, alguns mortos* (Rio de Janeiro, 1935), pp. 358-60.

34. Os artigos estão incluídos em *Problema vital* (título do livro em que foram publicados mais tarde), reproduzido em *Obras completas*, 1ª série (São Paulo, 1961), vol. VIII, pp. 220-340. As citações no texto são da última edição.

35. Um amigo de Monteiro Lobato desmentiu, mais tarde, que o criador do Jeca Tatu tivesse revisto sua posição, lembrando que ele recusara, em conversa, aceitar o argumento de que o Jeca era o resultado, e não a causa. Leo Vaz, *Páginas vadias* (Rio de Janeiro, 1957), pp. 89-90. E esse não foi o único amigo a ouvir as contínuas dúvidas de Monteiro Lobato sobre a saúde racial do Brasil. Em 9 de abril de 1919, ele escreveu a Alberto Rangel uma carta desesperada sobre a situação do Brasil: "O mundo é a favor daqueles que podem, e os brasileiros — descendentes do português, do negro e de não sei que mais — não podem" (Papéis de Alberto Rangel, Arquivo Nacional, Rio de Janeiro). Devo essa referência ao professor Stanley Hilton. Visitando os Estados Unidos em 1928, Monteiro Lobato escreveu a Oliveira Vianna: "Sabe o que achei neste país? Um infinito desespero — a certeza do que eu suspeitava, de que a raça é tudo e que nós não temos raça [...] Gobineau, Gobineau [...]" (Carta de 22 de dezembro de 1928, Arquivo Oliveira Vianna, Niterói). Devo esta referência a James Lauer. Fossem quais fossem as dúvidas que Monteiro Lobato ainda exprimia privadamente, a reviravolta em sua atitude pública era inconfundível.

36. Para meu breve levantamento de estudos sobre o africano e o afro-brasileiro, usei como ponto de partida Artur Ramos, *O negro na civilização brasileira* (Rio de Janeiro, 1956), capítulo 14 ("Os estudos científicos sobre o negro no Brasil"); e José Honório Rodrigues, *Brazil and Africa* (Berkeley, Califórnia, 1965), principalmente pp. 36-52. Um inestimável guia bibliográfico é fornecido por Donald Pierson, *Survey of the Literature on Brazil of Sociological Significance*

Published up to 1940 (Cambridge, Massachusetts, 1945), que também está em Rubens Borba de Morais e William Berrien (orgs.), *Manual bibliográfico de estudos brasileiros* (Rio de Janeiro, 1949), pp. 789-857. A sessão sobre folclore dessa obra também é um importante levantamento bibliográfico (idem, ibidem, pp. 285-317).

37. Sílvio Romero, *História da literatura brasileira*, 2 vols. (Rio de Janeiro, 1888).

38. O trabalho mais abrangente é Raimundo Nina Rodrigues, *Os africanos no Brasil* (São Paulo, 1932), edição póstuma de ensaios, organizada por Homero Pires.

39. João do Rio [João Paulo Coelho Barreto], *As religiões no Rio* (Rio de Janeiro, 1906).

40. Uma coletânea de estudos foi publicada por Manuel Querino, *Costumes africanos no Brasil* (Rio de Janeiro, 1938). Informações sobre esse escritor (relativamente desconhecido) que tratou dos africanos no Brasil figuram em Gonçalo de Ataíde Pereira, *Prof. Manuel Querino, sua vida e suas obras* (Bahia, 1932). Querino constituiu o modelo para o personagem Pedro Arcanjo, herói de *Tenda dos milagres*, romance de Jorge Amado. Um artigo do professor Bradford Burns, "Black on Black: Manuel Querino's Interpretation of the African Contribution to Brazil", *Journal of Negro History*, 59, nº 1 (de 1974), pp. 78-86.

41. Não existe um estudo detalhado sobre Roquette-Pinto. Baseei-me em Álvaro Lins, *Ensaio sobre Roquette-Pinto e a ciência como literatura* (Rio de Janeiro, 1967); Pedro Gouveia Filho, *E. Roquette-Pinto: o antropólogo e educador* (Rio de Janeiro: Ministério da Educação e Cultura: Instituto Nacional de Cinema Educativo, 1955); e no obituário feito por Fernando de Azevedo na *Revista de Antropologia*, vol. 2 (dezembro de 1954), nº 2, pp. 97-101.

42. A mudança do pensamento científico dos antropólogos a respeito da raça é exposta em George Stocking, *Race, Culture and Evolution*. Detalhes sobre o pensamento dominante nos Estados Unidos podem ser encontrados também em I. A. Newby, *Jim Crow's Defense: Anti-Negro Thought in America, 1900-1930* (Baton Rouge, Louisiana, 1965).

43. Edgar Roquette-Pinto, *Rondônia: antropologia, etnografia* (Rio de Janeiro, 1917). A primeira edição foi publicada como parte dos *Arquivos do Museu Nacional* (Rio de Janeiro), vol. XX (1917). O texto foi ampliado em edições posteriores, das quais a quarta foi publicada na coleção Brasiliana (São Paulo, 1938).

44. Ver, por exemplo, seu elogio a Euclides da Cunha em Roquette-Pinto, *Ensaios brasileiros* (São Paulo, 1941), pp. 132-8.

45. As citações que se seguem foram tiradas do seu ensaio "O Brasil e a antropogeografia", reproduzido em Edgar Roquette-Pinto, *Seixos rolados* (Rio de

Janeiro, 1927), pp. 45-79, descrito como uma conferência proferida em 1912, embora um biógrafo lhe dê como data setembro de 1914. Gouveia Filho, *Roquette-Pinto*, p. 14.

46. Roquette-Pinto demonstrou uma inusitada compreensão da importância dos meios de informação para a integração nacional. Fundou a Rádio Sociedade do Rio de Janeiro, em 1923, e o Instituto Nacional do Cinema Educativo, em 1936.

47. Roquette-Pinto, *Seixos rolados*, pp. 59-62. Não obstante, Roquette-Pinto dava ênfase ao branqueamento para o público externo. Num volume luxuoso, destinado a investidores estrangeiros, observou que "num país em que não existe preconceito racial, o negro, em vez de preservar sua identidade pela seleção e segregação, é absorvido nas massas brancas, cujo número cresce de ano para ano. Antes de muito tempo, desaparecerá por inteiro". Roquette-Pinto, "Arqueologia e etnografia", em *Twentieth Century Impressions of Brazil* (Londres, 1913), pp. 55.

48. Idem, *Rondônia*, 1ª ed., p. 201.

49. As citações neste parágrafo e no seguinte vêm de "Euclides da Cunha, naturalista", reproduzido em Roquette-Pinto, *Seixos rolados*, pp. 263-301. Álvaro Lins dá a esse ensaio duas datas diferentes: 1917 e 1920. Ver Álvaro Lins, *Ensaio sobre Roquette-Pinto*, pp. 31-63.

50. Roquette-Pinto elogiou tanto Manuel Bonfim quanto Alberto Torres pelos seus ataques pioneiros ao pensamento racista: Roquette-Pinto, *Ensaios brasileiros*, pp. 63-5 e 91-4.

51. Citado em Álvaro Lins, *Ensaio sobre Roquette-Pinto*, p. 94.

52. Roquette-Pinto, "Discurso de posse", Academia Brasileira de Letras, *Discursos acadêmicos*, vol. VII (1927-32) (Rio de Janeiro, 1937), pp. 85-6.

53. Entre as muitas obras publicadas de Artur Ramos estão *As culturas negras no mundo novo* (Rio de Janeiro, 1937) e *O folclore negro do Brasil* (Rio de Janeiro, 1935).

54. Os documentos do primeiro congresso (1934) foram publicados em dois volumes: *Estudos afro-brasileiros* (Rio de Janeiro, 1935) e Gilberto Freyre et al., *Novos estudos afro-brasileiros* (Rio de Janeiro, 1937). Os documentos do segundo congresso estão reproduzidos em Édison Carneiro e Aidano do Couto Ferraz (orgs.), *O negro no Brasil* (Rio de Janeiro, 1940).

55. Gilberto Freyre, *The Masters and the Slaves*, tradução de Samuel Putnam, 2ª ed., em inglês (Nova York, 1956). A primeira edição americana de *Casa-grande & senzala* foi publicada em 1946; a primeira edição brasileira é de 1933 (Rio de Janeiro).

56. *Sobrados e mucambos* foi publicado primeiramente em São Paulo em

1936. Uma segunda edição muito revista saiu em 1951, e uma terceira, em 1961. A primeira edição tinha como subtítulo "Decadência do patriarcado rural no Brasil", a que se acrescentou, na segunda, "e desenvolvimento do urbano". A edição americana, *The Mansions and the Shanties*, foi traduzida e editada por Harriet de Onis (Nova York, 1963). Há indícios de que Gilberto Freyre planejou originalmente um único volume sobre a "formação da família brasileira sob o regime da economia patriarcal", como vem expresso no subtítulo da primeira edição de *Casa-grande & senzala*. O estudo ampliou-se e é hoje um trabalho projetado para sete volumes sob o título geral de *Introdução à história da sociedade patriarcal no Brasil*. Ver o prefácio da segunda edição em inglês, *The Masters and the Slaves*. A evolução dos subtítulos leva a crer que Gilberto Freyre começou tentando interpretar a história da família do ponto de vista do sistema social e acabou por interpretar a história social do Brasil do ponto de vista da família.

57. O próprio Gilberto Freyre explicou como ele próprio teve de se libertar de um complexo de inferioridade étnica sobre o Brasil. Descrevendo seus estudos de graduação na Universidade Columbia no começo da década de 1920, escreveu: "Vi, uma vez, depois de mais de três anos maciços de ausência do Brasil, um bando de marinheiros nacionais, mulatos e cafuzos — não me lembro se do *São Paulo* ou do *Minas* —, descendo pela neve mole do Brooklyn. Deram-me a impressão de caricaturas de homens. E veio-me à lembrança a frase de um livro de viajante inglês ou americano que acabara de ler sobre o Brasil: '*the fearfully mongrel aspect of the population*'. A miscigenação resultava naquilo. Faltou-me quem me dissesse, então, como em 1929 Roquette-Pinto havia dito aos arianistas do Congresso Brasileiro de Eugenia, que não eram simplesmente mulatos ou cafuzos os indivíduos que eu julgava representarem o Brasil, mas cafuzos e mulatos doentes. Foi o estudo de antropologia sob a orientação do professor Boas que primeiro me revelou o negro e o mulato no seu justo valor — separados dos traços de raça os efeitos dos ambientes ou da experiência cultural". *The Masters and the Slaves*, pp. xxvi-xxvii.

58. João Cruz Costa, *Contribuição à história das ideias no Brasil* (Rio de Janeiro, 1956), p. 440. A influência extraordinária de *Casa-grande & senzala* teria sido impossível se Gilberto Freyre não tivesse podido citar essa evidência. Seu livro, portanto, teve de se basear em parte na obra de outros pesquisadores brasileiros que abordaram antes dele as mesmas questões. Sua façanha consistiu em transmudar a evidência científica numa nova abordagem da história do Brasil. Algumas avaliações recentes da influência de Gilberto Freyre tendem a minimizar a importância do movimento intelectual a que ele pôde recorrer. Ver, por exemplo, a introdução de Frank Tannenbaum a *The Mansions and the Shanties* e seu livro *Ten Keys to Latin America* (Nova York, 1962), pp. 123-5.

59. O 25º aniversário de publicação de *Casa-grande & senzala* deu ensejo a um volume comemorativo com 64 ensaios escritos num tributo à "influência da obra sobre a moderna cultura do Brasil". *Gilberto Freyre: sua ciência, sua filosofia, sua arte. Ensaios sobre o autor de* Casa-grande & senzala *e sua influência na moderna cultura do Brasil. Comemorativos do 25º aniversário de publicação desse seu livro* (Rio de Janeiro, 1962). Mesmo descontando os esforços de alguns dos mais fervorosos admiradores para canonizar Gilberto Freyre, esses ensaios dão impressionante prova da enorme influência que *Casa-grande & senzala* teve sobre a elite cultural do Brasil. Nas palavras de Emílio Willems, "o sucesso de Gilberto Freyre foi o de um autêntico herói cultural". Crítica da oitava edição de *Casa-grande & senzala*, Hispanic American Historical Review, vol. 25 (agosto de 1955), p. 411. Para avaliações anteriores, ver Diogo de Melo Meneses, *Gilberto Freyre* (Rio de Janeiro, 1944); Fernand Braudel, "A travers un continent d'histoire", *Annales d'Histoire Sociale* (1943), pp. 3-20; e Lewis Hanke, "Gilberto Freyre: Brazilian Social Historian", *Quarterly Journal of Inter-American Relations*, vol. 1 (julho de 1939), pp. 24-44.

60. Gilberto Freyre provocou também uma certa oposição destemperada no Brasil. Em 1939, a imprensa católica de direita chamou-o "o pornógrafo do Recife". Ver Samuel Putnam, "Brazilian Literature", *Handbook of Latin American Studies*, vol. 5 (1939), p. 357.

61. Mais adiante, a interpretação da herança multirracial brasileira de Gilberto Freyre se tornaria ainda mais polêmica. O terceiro volume da sua história da sociedade patriarcal do Brasil (publicado no Brasil em 1959) cobria os anos entre a fundação da República em 1889 e o fim da Primeira Guerra Mundial, e analisava a agonia da elite brasileira, obrigada a confrontar-se com a realidade de uma sociedade que não se enquadrava nas categorias do pensamento racial científico que em pouco tempo se tornariam arcaicas. Gilberto Freyre, *Ordem e progresso*. Para uma visão crítica, ver Thomas E. Skidmore, "Gilberto Freyre and the Early Brazilian Republic: Some Notes on Methodology", *Comparative Studies in Society and History*, vol. 6 (julho de 1964), nº 4, pp. 490-505. Antes mesmo da Segunda Guerra Mundial, Gilberto Freyre tinha desenvolvido sua teoria do "luso-tropicalismo", que presumia um dom especial dos portugueses para compor sociedades multirraciais supostamente harmoniosas. Ver Gilberto Freyre, *O mundo que o português criou* (Rio de Janeiro, 1940). Para a reação muito negativa de um intelectual paulista da época à extrema admiração de Gilberto Freyre pelos portugueses, ver a carta de Paulo Duarte de 17 de agosto de 1941, em Paulo Duarte (org.), *Mário de Andrade por ele mesmo* (São Paulo, 1971), pp. 203-13. A exagerada concepção que tem Gilberto Freyre da ausência de preconceito racial no português levou, mais tarde, a uma crítica muito mais vasta, principalmente

no contexto de sua defesa da política portuguesa para com as suas "províncias" africanas na década de 1960.

62. Mário de Andrade, "O samba rural paulista", *Revista do Arquivo Municipal*, vol. 41 (novembro de 1937), pp. 37-116; e o capítulo de Mário de Andrade em *Estudos afro-brasileiros* (Rio de Janeiro, 1935).

63. Édison Carneiro, *Religiões negras* (Rio de Janeiro, 1936).

64. É importante compreender que o nacionalismo negro não teve grande importância social ou intelectual no Brasil depois de 1870 (a influência anterior dos quilombos é outra questão). Nas décadas de 1920 e 1930 houve um breve movimento no sentido de unir os negros, mas teve relativamente pouco efeito, quer no comportamento, quer na ideologia racial predominante. Quando Getulio Vargas suprimiu a Frente Negra Brasileira (fundada em 1931), com todos os outros grupos políticos independentes, pouco depois do advento do Estado Novo autoritário (1937-45), o movimento de solidariedade negra sofreu um golpe mortal. Florestan Fernandes, *A integração do negro à sociedade de classes* (Rio de Janeiro, 1964), capítulo 4. Os pesquisadores devem atentar para o fato de que as valiosas referências bibliográficas sobre esse assunto na edição brasileira do livro de Florestan Fernandes foram suprimidas na edição americana, *The Negro in Brazilian Society*, pp. 187-233.

65. Artur Neiva citou Batista de Lacerda como a autoridade em sua previsão de que, passado um século, "seremos brancos para o mundo inteiro, menos para os Estados Unidos que [...] até hoje consideram o povo português não perfeitamente branco em consequência da transfusão de sangue mouro". O artigo de Artur Neiva saiu em 1921 e é reproduzido em Artur Neiva, *Daqui e de longe: crônicas nacionais e de viagem* (São Paulo, [1927?]), pp. 111-8.

66. O debate pode ser encontrado em *Anais da Câmara dos Deputados*, 1921, vol. VI (Rio de Janeiro, 1923), pp. 623-37. O debate ocorreu em 29 de julho de 1921.

67. *Anais da Câmara dos Deputados*, 1923, vol. X (Rio de Janeiro, 1928), pp. 140-9. O debate ocorreu em 22 de outubro de 1923.

68. A resposta de Clóvis Bevilácqua está reproduzida em Bruno Lobo, *Japoneses no Japão: no Brasil* (Rio de Janeiro, 1926), pp. 140-2.

69. A carta de Afrânio Peixoto a Fidélis Reis está em Bruno Lobo, *Japoneses no Japão: no Brasil*, pp. 143-4.

70. Robert M. Levine, "Some Views on Race and Immigration During the Old Republic", *The Americas*, vol. 27 (abril de 1971), pp. 373-80. As citações que se seguem vêm desse artigo.

71. Hiroshi Saito, *O japonês no Brasil* (São Paulo, 1961), p. 47.

72. Edgar Roquette-Pinto, *Ensaios de antropologia brasileira* (São Paulo,

1933), pp. 69-75; Azevedo Amaral, *O Comentário*, 4 de julho de 1929; e *I Congresso Brasileiro de Eugenia* (Rio de Janeiro, 1929). Devo essas referências a James Lauer.

73. Como disse um reformador paulista da educação: "Daqui a um século, os Estados Unidos estarão com 20 a 30 milhões de pretos fortes e vigorosos, em regime de completa segregação social e, portanto, com o mais grave problema étnico dentro do país. No Brasil, não. Nós estaremos daqui a um século com 100 a 150 milhões de habitantes, na quase totalidade de brancos, mas tendo realizado pacificamente a absorção dos outros elementos". Mário Pinto Serva, *O enigma brasileiro* (São Paulo, s/d), p. 21. O livro foi publicado no fim da década de 1920.

74. Fernando H. Mendes de Almeida, *Constituições do Brasil* (São Paulo, 1963), pp. 301-2.

75. O debate é reproduzido numa coletânea de discursos da delegação de São Paulo: *A ação da bancada paulista "Por São Paulo Unido" na Assembleia Constituinte* (São Paulo, 1935), pp. 364-413.

76. Idem, ibidem, pp. 367-85. Sentimentos semelhantes podem ser encontrados num compêndio de antropogeografia, publicado oficialmente pelo Departamento Nacional de Publicidade e Estatística em 1935: "A doutrina de Gobineau, de um racismo exagerado, é, sem dúvida, errada. Mas a consciência do papel que as etnias têm perante as nacionalidades, o zelo pela preservação da unidade racial, devem ser vital preocupação nos países sul-americanos". Ovídio da Cunha, *Diretrizes da antropogeografia brasileira* (Rio de Janeiro, 1935), p. 215.

77. As provisões constitucionais estão em Mendes de Almeida, *Constituições*, pp. 470 e 664. Para uma discussão dos antecedentes dessa legislação, ver Manuel Diegues Júnior, *Imigração, urbanização e industrialização* (Rio de Janeiro, 1964), pp. 334-55.

78. Uma análise crítica das teorias raciais de Oliveira Vianna é encontrada em Nelson Werneck Sodré, *A ideologia do colonialismo: seus reflexos no pensamento brasileiro* (Rio de Janeiro, 1961), pp. 169-267. Foi-me utilíssima a leitura do original de uma tese de doutorado de James Lauer sobre Oliveira Vianna (como um de três estudos de caso na história das ideias no Brasil durante as décadas de 1920 e 1930).

79. Oliveira Vianna, *Populações meridionais do Brasil*, 5ª ed. (São Paulo, 1952), vol. I, p. 13. Como Oliveira Vianna não fez revisões nas reedições de suas obras principais, citei as últimas, que são mais acessíveis.

80. Francisco José de Oliveira Vianna, "O povo brasileiro e sua evolução", em Ministério da Agricultura, Indústria e Comércio: Diretoria Geral de Estatística, *Recenseamento do Brasil, realizado em 1º de setembro de 1920*; vol. I: *Introdução* (Rio de Janeiro, 1922), pp. 279-400. Foi publicado mais tarde, em separata, como

Evolução do povo brasileiro. Utilizei a quarta impressão, que os brasileiros, habitualmente, chamam "edição" (Rio de Janeiro, 1956), que não difere da original.
81. Idem, ibidem, pp. 178-82 e 188-90.
82. A explicação oficial para o abandono do quesito raça é dada em "Histórico e instruções para execução do recenseamento de 1920", *Recenseamento do Brasil, realizado em 1º de setembro de 1920*, pp. 488-9. A questão é discutida também em Artur Ramos, *O negro brasileiro*, 2ª ed. (São Paulo, 1940), pp. 17-8. Roquette-Pinto dá as seguintes estimativas da composição racial da população brasileira em 1922: brancos, 51%; mulatos, 22%; caboclos, 11%; negros, 14%; índios, 2%. Edgar Roquette-Pinto, "Nota sobre os tipos antropológicos do Brasil", *Arquivos do Museu Nacional*, vol. xxx (1928), p. 309. Curiosamente, esses números mostram que os brancos estavam 1% acima dos 50% que o próprio Roquette-Pinto tinha estimado nos cálculos que fizera para Batista de Lacerda em 1912 (ver acima, capítulo 2).
83. Oliveira Vianna, *Evolução do povo brasileiro*, pp. 175 e 182-5. Em *Raça e assimilação* (Rio de Janeiro, 1932), o autor apresentou sua mais completa argumentação de que só pela assimilação os não brancos poderiam contribuir para a civilização moderna.
84. Críticas muito favoráveis ao primeiro volume de *Populações meridionais do Brasil* partiram de críticos literários jovens e influentes, de modo geral identificados com a reação contra as premissas intelectuais da geração mais velha. Alceu Amoroso Lima elogiou o livro em 27 de dezembro de 1920, sem praticamente aludir ao arianismo de Oliveira Vianna. Amoroso Lima, *Estudos literários*, vol. I, pp. 292-6. Agripino Grieco chamou a obra de "a coluna vertebral da sociologia brasileira", embora julgasse necessário (e de modo algum contraditório) acrescentar: "Só é de lamentar que o sr. Oliveira Vianna dê muita importância [...] a certos fatores antropossociológicos. É ele dos que ainda creem em arianos, dos que ainda creem em craniometria, em indícios cefálicos e em outras complicações dos livros de Vacher de Lapouge. Ora, tudo isso caiu no terreno do romance". Agripino Grieco, *O Jornal*, 8 de julho de 1923, reproduzido em *Revista do Brasil*, vol. 25 (setembro de 1923), nº 93, pp. 77-81. Até Nelson Werneck Sodré, que publicaria mais tarde um ataque tão radical contra o racismo de Oliveira Vianna (1961, citado acima), nada achou de fundamental para criticar quando escreveu em 1942 um longo artigo sobre o livro. Nelson Werneck Sodré, *Orientações do pensamento brasileiro* (Rio de Janeiro, 1942), pp. 59-75.
85. Mesmo quando alguns críticos julgavam ter refutado as premissas racistas de Oliveira Vianna, mostravam estar bem próximos de seu conceito de "arianização". Almáquio Diniz, por exemplo, citava longamente Manuel Bonfim para provar que Oliveira Vianna estava errado, e, no entanto, tinha dificuldade

em provar as diferenças entre a conclusão de Oliveira Vianna e a sua própria convicção de que a miscigenação produzia, paulatinamente, um mestiço mais branco. Para ele, a mistura racial estava produzindo "um tipo novo, variando segundo as condições climatéricas. [...] Isto se vai fazendo lentamente, não porque diluindo-se o ariano nas populações brasileiras pelo seu cruzamento com outros elementos puros, ou com mestiços, se dê a arianização do brasileiro [...] mas porque, tendo preponderado em número o elemento branco, ele venceu os demais elementos na adaptação ao meio, que não favorece a perpetuação dos tipos indígenas [...] nem dos tipos negros". Almáquio Diniz, *História racial do Brasil* (São Paulo, 1934), pp. 336, 371-3. Um folheto oficial, publicado na década de 1920, refere-se ao "processo de intensa arianização" em andamento. Costa Miranda, *Sinopse da atualidade brasileira* (Rio de Janeiro: Ministério da Agricultura, Indústria e Comércio: Serviço de Informações, 1928), p. 5.

86. Oliveira Vianna, *Evolução do povo brasileiro*, p. 158.

87. Gilberto Freyre descreveu Oliveira Vianna como "o maior místico do arianismo que ainda surgiu entre nós". Gilberto Freyre, *The Masters and the Slaves*, p. 306. Um crítico contemporâneo achou que a obra-prima de Gilberto Freyre ("esse soberbo volume") remontava diretamente à influência de Oliveira Vianna e de Alberto Torres. Agripino Grieco, *Gente nova*, pp. 217-8.

88. Na verdade, Oliveira Vianna pode ter percebido a tendência. Depois de 1938 (ano da terceira edição de *Raça e assimilação*), ele não publicou mais nenhum livro especificamente sobre raça. Em 1932, anunciou que tinha em preparação dois volumes a respeito do assunto: *O ariano no Brasil* e *Antropologia social* (esses títulos provisórios foram mudados para *Raça e seleções étnicas* e *Raça e seleções telúricas*), mas não tinham sido publicados até a data da sua morte, em 1951.

89. Paulo Prado, *Retrato do Brasil: Ensaio sobre a tristeza brasileira*, 6ª ed. (Rio de Janeiro, 1962) [10ª edição revista e ampliada. São Paulo: Companhia das Letras, 2012]. O texto original permaneceu intocado ao longo de muitas reimpressões. O maior estudioso da literatura sobre o caráter nacional brasileiro descreveu o livro de Paulo Prado como a "primeira interpretação rigorosamente psicológica da nossa história e do caráter nacional". Dante Moreira Leite, *O caráter nacional brasileiro*, p. 262.

90. Paulo Prado, *Retrato do Brasil*, p. 155.

91. Idem, ibidem, pp. 158-9.

92. Idem, ibidem, pp. 158-60.

93. Idem, ibidem, pp. 174 e 182.

94. Idem, ibidem, p. 179.

95. Para um exemplo de ataques da época ao determinismo de Paulo Prado, ver Agripino Grieco, *Gente nova*, pp. 267-70. O retrato de Paulo Prado provo-

cou um debate sobre o caráter nacional brasileiro que duraria uma década e meia. Entre as primeiras respostas está Eduardo Frieiro, *O brasileiro não é triste* (Belo Horizonte, 1931).

96. João Pandiá Calógeras, *A History of Brazil* (Nova York, 1963), p. 30. Trata-se de uma reimpressão da tradução em inglês publicada pela primeira vez em 1939. A edição brasileira original tinha como título *Formação histórica do Brasil* e saiu em 1930. Calógeras já tinha sido ministro da Guerra, da Fazenda e da Agricultura. Uma confiante descrição do processo de branqueamento fora dada antes, na mesma década, por Elísio de Carvalho, *Os bastiões da nacionalidade* (Rio de Janeiro, 1922), p. 190; e em Ronald de Carvalho e Elísio de Carvalho, *Afirmações, um ágape de intelectuais* (Rio de Janeiro, 1921), p. 40. Como vimos, a falta de originalidade e de entusiasmo de Elísio de Carvalho fazia dele um indicador confiável das tendências culturais dominantes. Para um entusiástico endosso estrangeiro do processo de branqueamento no Brasil, ver Rüdiger Bilden, "Brazil, Laboratory of Civilization", *The Nation*, vol. 128, nº 3315 (16 de janeiro de 1929), pp. 71-4.

97. Para um estudo que põe o movimento integralista no contexto da radicalização política da década de 1930, ver Robert M. Levine, *The Vargas Regime: The Critical Years, 1934-1938* (Nova York, 1970). Hélio Henrique Casses Trindade, "L'Action intégraliste brésilienne: un mouvement de type fasciste des années 30" (tese, Fondation Nationale des Sciences Politiques, Paris, 1971), proporciona grande quantidade de informações novas.

98. Por exemplo, em Gustavo Barroso, *O que o integralista deve saber* (Rio de Janeiro, 1935), pp. 119-33.

99. Uma descrição sucinta dessas medidas está em Karl Loewenstein, *Brazil Under Vargas* (Nova York, 1942), pp. 205-11.

100. Pormenores dos desígnios nazistas no Sul do Brasil podem ser encontrados em Jürgen Hell, "Das 'südbrasilianische Neudeutschland': der annexionistische Grundzug der wilhelminischen und nazistischen Brasilienpolitik, 1895--1938", em *Der deutsche Faschismus in Lateinamerika, 1933-1943* (Berlim, 1966), pp. 103-24. As implicações diplomáticas da campanha brasileira para acelerar a assimilação dos brasileiros de língua alemã são analisadas em Käte Harms-Baltzer, *Die Nationalisierung der deutschen Einwanderer und ihrer Nachkommen in Brasilien als Problem der deutschbrasilianischen Beziehungen, 1930-1938* (Berlim, 1970). Há muita informação sobre a atitude dos brasileiros de ascendência alemã em Loewenstein, *Brazil Under Vargas*, pp. 155-204.

101. O manifesto está reproduzido em Artur Ramos, *Guerra e relações de raça* (Rio de Janeiro, 1943), pp. 171-4. Para outra tentativa sociológica de refutar as teorias racistas, tanto por sua falta de respeitabilidade científica como por

constituírem o boi de piranha para o "pangermanismo místico", ver [João] Rodrigues de Mereje, *O problema da raça* (São Paulo, [1934]).

102. Reproduzido em Artur Ramos, *Guerra e relações de raça*, pp. 177-80.

103. As atitudes básicas de comportamento nas relações raciais brasileiras têm sido constantes, provavelmente, desde 1870, independentemente das justificações teóricas que lhes foram dadas (a documentação sobre essa questão é sabidamente muito incompleta). Parece haver um paralelo com a relação entre teorias raciais e comportamento racial nos Estados Unidos. Um especialista, que estudou as atitudes científicas de inferioridade racial nos Estados Unidos entre 1859 e 1900, concluiu que "a questão da inferioridade racial estava além do alcance da crítica no fim do século XIX. Tendo aceitado a ciência e seus incensados doutrinadores, a sociedade americana não traiu qualquer sentimento, popular ou de outra natureza, que visasse a uma remodelação dos seus hábitos sociais ou políticos em matéria de raça. [...] Diferenças de opinião quanto ao caráter da evolução tinham pouca influência sobre o conceito de inferioridade racial e muito menos ainda sobre as ideias racistas daí decorrentes". John S. Haller Jr., *Outcasts from Evolution* (p. 210). No Brasil, por outro lado, uma fé *de facto* na miscigenação (isto é, no branqueamento) estava além do alcance até mesmo da teoria racista científica.

104. Fernando de Azevedo, *Brazilian Culture: An Introduction to the Study of Culture in Brazil*, tradução de William Rex Crawford (Nova York, 1950), pp. 40-1. A primeira edição brasileira teve o caráter de publicação oficial: Instituto Brasileiro de Geografia e Estatística: Comissão Censitária Nacional: *Recenseamento Geral do Brasil*: Série Nacional, vol. I; "Introdução", tomo I: Fernando de Azevedo, *A cultura brasileira* (Rio de Janeiro, 1943). Fernando de Azevedo fora convidado pelo presidente Vargas para chefiar a Comissão Censitária Nacional, mas recusara. Fernando de Azevedo, *História de minha vida* (Rio de Janeiro, 1971), p. 191. Ele explica as circunstâncias em que se viu levado a escrever a introdução ao censo no prefácio da 3ª edição brasileira de *A cultura brasileira* (São Paulo, 1958).

105. Depois do censo de 1940, muitas pessoas passaram a expressar confiança na manutenção do processo de branqueamento, como se vê em Pierre Deffontaines, "A população branca no Brasil", *Boletim Geográfico*, ano 3, nº 32 (novembro de 1945), e em Ângelo Bittencourt, "A nossa gente de cor", *Boletim Geográfico*, ano 4, nº 45 (dezembro de 1946).

106. Eugene Gordon, *An Essay on Race Amalgamation* [Ministério das Relações Exteriores: Divisão Cultural] (Rio de Janeiro, 1951). O autor era um estudante da Universidade da Califórnia. Em seu prefácio, Gilberto Freyre observou

que a solução racial brasileira "era a cada dia de maior importância como experiência e, talvez, como exemplo a seguir".

107. Em sua análise comparativa das relações raciais no Brasil e nos Estados Unidos, Carl Degler argumentou convincentemente que a "saída de emergência do mulato" é a chave para a compreensão de como o Brasil construiu uma sociedade multirracial em vez de um sistema birracial como o dos Estados Unidos. Degler, *Neither Black Nor White*.

108. Para uma excelente análise da historiografia dos estudos do caráter nacional no Brasil, ver Dante Moreira Leite, *O caráter nacional brasileiro* (São Paulo, 1969).

109. Vianna Moog, *Bandeirantes e pioneiros* (Rio de Janeiro, 1955), mais tarde traduzido e publicado nos Estados Unidos com o título de *Bandeirantes and Pioneers* (Nova York, 1964).

110. Patrocinada pela UNESCO (Organização das Nações Unidas para a Educação, a Ciência e a Cultura), a pesquisa nasceu do esforço de um comitê desse órgão para chegar a uma definição cientificamente aceitável de "raça". O professor Métraux, conhecido antropólogo francês e diretor dos estudos de relações raciais da UNESCO, deu seu apoio entusiástico ao projeto brasileiro. Para uma explicação do plano de pesquisas e uma síntese das conclusões a que levaram os estudos, ver Roger Bastide, "Race Relations in Brazil", *Unesco International Social Science Bulletin*, vol. 9 (1957), nº 4, pp. 495-512. Um relatório preliminar, vazado em linguagem acessível, foi publicado pelos principais pesquisadores em *Courier* (UNESCO), vol. 5 (agosto-setembro de 1952), nºs 8-9, pp. 6-15. Para uma apreciação cética dessa pesquisa, ver o artigo publicado por Édison Carneiro em 1953 e reproduzido em seu *Ladinos e crioulos* (Rio de Janeiro, 1964), pp. 102-18. Édison Carneiro foi um dos pioneiros nos estudos das religiões afro-brasileiras e de outros aspectos da influência africana no Brasil.

111. As obras mais importantes feitas com patrocínio da UNESCO foram Charles Wagley (org.), *Race and Class in Rural Brazil* (Paris, 1952), e Roger Bastide e Florestan Fernandes, *Relações raciais entre negros e brancos em São Paulo* (São Paulo, 1955). Detalhes dos antecedentes da pesquisa são encontrados nos prefácios de ambos os livros. Para uma coleção dos artigos posteriores de Florestan Fernandes, ver *O negro no mundo dos brancos* (São Paulo, 1972).

112. Lançando um olhar retrospectivo sobre a pesquisa que ajudou a dirigir, Charles Wagley observou: "É curioso que, embora esses estudos da UNESCO tivessem sido motivados pelo desejo de mostrar uma visão positiva das relações raciais numa parte do mundo [i.e., no Brasil], de que se esperava pudesse o resto do mundo aprender alguma coisa, acabaram por modificar a opinião que o mundo tinha até então das relações raciais no Brasil". Comunicação pessoal de

Charles Wagley, 21 de setembro de 1973. O quadro atual está bem resumido em Degler, *Neither Black Nor White* (capítulo 3), e formulado em seis proposições sobre as relações raciais no Brasil em John Saunders, "Class, Color, and Prejudice: A Brazilian Counterpoint", em Ernest Q. Campbell (org.), *Racial Tensions and National Identity* (Nashville, Tennesse, 1972), pp. 141-65. Tanto Degler quanto Saunders fazem minuciosas citações de obras relevantes de pesquisa. Octavio Ianni, discípulo de Florestan Fernandes, faz uma descrição dos antecedentes dessa nova pesquisa em *Raças e classes sociais no Brasil* (Rio de Janeiro, 1966), pp. 3-40.

113. Essa situação foi bem mostrada em "Existe preconceito de cor no Brasil", *Realidade*, outubro de 1967. Citações de outras matérias jornalísticas podem ser encontradas em Abdias do Nascimento, *O negro revoltado* (Rio de Janeiro, 1968), pp. 23-30. Para citações de matérias de jornais em 1946, ver Rodrigues Alves, *A ecologia do grupo afro-brasileiro* (Rio de Janeiro, 1966), pp. 30-6. Ver, também, *Ebony*, números de julho e setembro de 1965.

114. Florestan Fernandes, *The Negro in Brazilian Society* (Nova York, 1969), pp. xv e 137-9 — essa é a tradução e condensação da obra original, mais longa: *A integração do negro à sociedade de classes*, 2 vols. (Rio de Janeiro, 1964). Um dos críticos mais contundentes da anterior visão que tinha a elite sobre raça e relações raciais foi Guerreiro Ramos, cujos textos, do começo da década de 1950, estão reunidos em Guerreiro Ramos, *Introdução crítica à sociologia brasileira* (Rio de Janeiro, 1957).

115. Um dos primeiros exemplos foi Mary W. Williams, "The Treatment of Negro Slaves in the Brazilian Empire", *Journal of Negro History*, ano 15, nº 3 (julho de 1930). A obra mais importante nessa linha é Frank Tannenbaum, *Slave and Citizen* (Nova York, 1946), que teve forte influência sobre o livro, muito lido, de Stanley Elkins, *Slavery: A Problem in American Institutional and Intellectual Life* (Chicago, 1959). Foi-me utilíssima a análise geral das interpretações americana e brasileira da escravidão e das relações raciais no Brasil dada em Leslie B. Rout Jr., "Sleight of Hand: Brazilian and American Authors Manipulate the Brazilian Racial Situation, 1910-1951", *The Americas*, ano 29, nº 4 (abril de 1973), pp. 471-88.

116. Marvin Harris, *Patterns of Race in the Americas* (Nova York, 1964). Perceptível desde o começo da década de 1950, a forte tendência revisionista nas obras de intelectuais brasileiros dedicadas à escravidão foi analisada em excelente levantamento historiográfico por Richard Graham, "Brazilian Slavery Re--examined: A Review Article", *Journal of Social History*, ano 3, nº 1 (outono de 1969), pp. 30-52.

117. A questão foi debatida à exaustão em sessão pública da Comissão Censitária Nacional em 9 de setembro de 1969, quando vários sociólogos apre-

sentaram seus pontos de vista. Ao fim do encontro, a Comissão decidiu, por maioria ínfima, excluir tanto a cor quanto a religião do questionário censitário de 1970. Instituto Brasileiro de Geografia e Estatística: Comissão Censitária Nacional, "Ata dos trabalhos: 6ª sessão ordinária, 9 de setembro de 1969" (versão datilografada). A decisão provocou a irada crítica de Édison Carneiro e Afonso Arinos, que alegaram que, apesar da reconhecida variabilidade de aplicação das categorias de cor, era preciso prosseguir na coleta de dados. *Correio da Manhã*, 30 de janeiro de 1970. Um editorial que elogiava a decisão e insistia no caráter pouco fidedigno das respostas a esses quesitos foi publicado no *Diário de Notícias*, 15 de fevereiro de 1970.

118. Édison Carneiro et al., *Oitenta anos de Abolição: o negro brasileiro* (Rio de Janeiro, 1968), pp. 63 e 67. Fontes sobre a tentativa natimorta de ressuscitar um nacionalismo negro a partir de 1945 são fornecidas por Abdias do Nascimento, *O negro revoltado* (Rio de Janeiro, 1968). Outras informações sobre as tentativas literárias de dar ênfase à negritude podem ser obtidas em Preto-Rodas, *Negritude as a Theme in the Poetry of the Portuguese-Speaking World*, capítulo 2. O fracasso do nacionalismo negro no Brasil foi o resultado lógico da predominância do "ideal de branqueamento" sobre *toda* a sociedade brasileira. A relativa falta de interesse pelo negro brasileiro, *per se*, entre os "intelectuais de cor" na Bahia, durante a década de 1930, foi notada pelo sociólogo americano Donald Pierson, *Negroes in Brazil*, 2ª ed., p. 220.

119. Édison Carneiro, por exemplo, acusou os organizadores do I Congresso do Negro Brasileiro (1950), entre os quais estava Abdias do Nascimento, de tentarem "enunciar declarações racistas" (Édison Carneiro, *Ladinos e crioulos*, p. 16).

NOTA SOBRE FONTES E METODOLOGIA [PP. 299-305]

1. Em 1872, o índice de analfabetismo era de 66,4%; em 1890, de 67,2%; em 1900, de 58,8%; e em 1920, de 60,1%. Fernando de Azevedo, *A cultura brasileira*, p. 631. Ainda em 1940, dados oficiais revelavam que menos de metade das crianças na faixa de sete a onze anos estava matriculada em escolas primárias. Robert J. Havighurst e João Roberto Moreira, *Society and Education in Brazil* (Pittsburgh, 1965), p. 85.

2. Houve algumas exceções dignas de nota à regra de que todos os intelectuais tinham grau superior. Machado de Assis, o mais famoso romancista do Brasil e presidente da Academia Brasileira de Letras, não tinha sequer educação secundária, enquanto Capistrano de Abreu, o mais original historiador de seu

tempo, não era formado. No entanto, tais exceções eram raras entre os porta-vozes intelectuais da elite analisados neste estudo.

3. Para uma análise dos autores mais citados em doze obras secundárias sobre o pensamento sociopolítico, ver Wanderley Guilherme dos Santos, "A imaginação político-social brasileira", *Dados*, nᵒˢ 2/3 (1967), pp. 182-93. Para um exemplo da espécie de fonte secundária que pode ser de grande utilidade para os historiadores das ideias, ver Fernando Sales, "Livros novos de 1920", *Revista do Livro*, nº 44 (1970), pp. 37-53, que é uma breve resenha dos 58 principais autores cujas obras apareceram em 1920.

4. Referências à vasta literatura sobre o papel dos intelectuais em sociedades muito diversas podem ser encontradas em duas edições de *Daedalus*, devotadas a "Intellectuals and Tradition" (*Daedalus*, primavera de 1972) e "Intellectuals and Change" (*Daedalus*, verão de 1972).

5. Para debates sobre o papel dos intelectuais em sociedades em desenvolvimento, ver Edward Shils, "The Intellectuals in the Political Development of the New States", *World Politics*, ano 12 (abril de 1960), nº 3, pp. 329-68; e John Friedmann, "Intellectuals in Developing Societies", *Kyklos*, ano 13 (1960), pp. 514-43.

6. A discussão mais penetrante do éthos cultural é a de Brito Broca, *A vida literária no Brasil: 1900*, 2ª ed. (Rio de Janeiro, 1960). Uma prova clara do prestígio literário no mundo intelectual pode ser inferida pelo papel exercido pela Academia Brasileira de Letras. Desde sua fundação, em 1897, a instituição teve entre seus membros figuras proeminentes que não tinham realizações literárias de mérito, definidas como obras de poesia, teatro, ficção ou crítica literária. Cientistas como Oswaldo Cruz e Roquette-Pinto, juristas como Pedro Lessa e Clóvis Bevilácqua, e políticos como Lauro Müller e Rui Barbosa foram membros da Academia. A competição para vencer as eleições para uma vaga aberta com a morte de um dos quarenta membros provoca, com frequência, intensa rivalidade entre os intelectuais. É costumeiro que os candidatos anunciem sua candidatura e solicitem os votos aos membros. O estilo dessas autopromoções pode ser visto no caso de Euclides da Cunha, que fez uma campanha bem-sucedida para sua eleição. Thomas E. Skidmore e Thomas H. Holloway, "New Light on Euclides da Cunha: Letters to Oliveira Lima, 1903-1909", *Luso-Brazilian Review*, ano 8 (junho de 1971), nº 1, pp. 30-55. Muitas informações sobre a Academia nesse período podem ser encontradas em José Lopes Pereira de Carvalho, *Os membros da Academia Brasileira em 1915* (Rio de Janeiro, s/d), que é uma antologia de excertos de obras dos membros, acompanhados de resumos biobibliográficos.

7. Para uma estimativa do mercado de livros na época, ver *Revista do Brasil*, nº 63 (março de 1921), pp. 278-80. Dados sobre a circulação de periódicos no fim da década de 1920 figuram em Departamento Nacional de Estatística, *Estatística*

da imprensa periódica no Brasil: 1929-1930 (Rio de Janeiro, 1931). Para pormenores sobre os esforços de Monteiro Lobato para expandir a publicação e distribuição de livros, ver Edgard Cavalheiro, Monteiro Lobato: vida e obra, 3ª ed., 2 vols. (São Paulo, 1962), vol. I, pp. 193-212.

8. Como Capistrano de Abreu disse de Coelho Neto: "Tinha a desvantagem de escrever para viver". Capistrano de Abreu, Correspondência, vol. II, p. 98. Para uma grande quantidade de informações, embora meio desorganizadas, sobre o papel da imprensa, ver Nelson Werneck Sodré, História da imprensa no Brasil (Rio de Janeiro, 1966).

9. João do Rio, O momento literário (Rio de Janeiro, [1908?]).

10. Para o crítico literário Antonio Candido, o ensaio literário é "o traço mais característico e original do nosso pensamento". Antonio Candido, Literatura e sociedade, p. 157. O ensaio tem sido visto por estudiosos da literatura hispano-americana como uma importante forma de expressão literária. Para um exemplo de como essa abordagem pode dar uma contribuição valiosa para a história das ideias, ver Martin S. Stabb, In Quest of Identity: Patterns in the Spanish American Essay of Ideas, 1890-1960 (Chapel Hill, Carolina do Norte, 1967).

11. Entre essas obras estão Antônio Paim, História das ideias filosóficas no Brasil (São Paulo, 1967); João Camilo de Oliveira Torres, História das ideias religiosas no Brasil (São Paulo, 1968); Nelson Saldanha, História das ideias políticas no Brasil (Recife, 1968); Vamireh Chacon, História das ideias socialistas no Brasil (Rio de Janeiro, 1965); e José Antônio Tobias, História das ideias estéticas no Brasil (São Paulo, 1967).

12. Estudos de compêndios escolares e métodos de ensino podem revelar muito sobre o modo como a elite esperava socializar as futuras gerações de brasileiros. Para obras nesse campo, ver Leonardo Arroio, Literatura infantil brasileira (São Paulo, 1968), e Miriam Moreira Leite, O ensino da história no primário e no ginásio (São Paulo, 1969).

13. Para um exemplo disso em outros países da América Latina, ver Juan F. Marsal, El intelectual latino-americano: un simposio sobre sociología de los intelectuales (Buenos Aires, 1970).

Cronologia das obras citadas

1855
- Joseph Arthur de Gobineau. *Essai sur l'inégalité des races humaines.*

1857
- Thomas Buckle. *History of Civilization in England.*

1868
- Louis J. R. Agassiz. *Journey in Brazil.*

1871
- Eça de Queiroz & Ramalho Ortigão. *As farpas.*

1878
- Américo Brasiliense. *Os programas dos partidos e o Segundo Império.*

1880
- Sílvio Romero. *A literatura brasileira e a crítica moderna.*

1883
- Joaquim Nabuco. *Abolicionismo.*

1884
- Louis Couty. *Ébauches sociologiques.*

1888
- Sílvio Romero. *História de literatura brasileira.*

1889
- Capistrano de Abreu. *Caminhos antigos e povoamento do Brasil.*

1899
- Clóvis Bevilácqua. *Esboços e fragmentos.*
- Joaquim Nabuco. *Minha formação.*
- Manuel de Oliveira Lima. *Nos Estados Unidos: impressões políticas e sociais.*

1901
- Afonso Celso. *Por que me ufano do meu país.*

1902
- Euclides da Cunha. *Os sertões.*
- Graça Aranha. *Canaã.*

1903
- Manuel Bonfim. *A América Latina: males de origem.*

1907
- Capistrano de Abreu. *Capítulos de história colonial.*
- Delgado de Carvalho. *As modernas correntes estéticas na literatura brasileira.*

1908
- João do Rio. *O momento literário.*

1909
- João do Rio. *Cinematógrafo.*

1910
- Henrique M. Coelho Neto. *Cenas e perfis.*
- Rui Barbosa. *Excursão eleitoral aos estados da Bahia e Minas Gerais: manifestos à nação.*
- Sílvio Romero. *Provocações e debates.*

1911
- Afrânio Peixoto. *A esfinge.*
- João Batista de Lacerda. *Os métis ou mestiços do Brasil.*

1914
- Alberto Torres. *A organização nacional.*
- Alberto Torres. *O problema nacional.*
- Caio de Menezes. *A raça alemã.*
- Theodore Roosevelt. "Brazil and the Negro".

1915
- Alberto Torres. *As fontes da vida no Brasil.*

1916
- Afrânio Peixoto. *Minha terra e minha gente.*
- Hermann Byron de Araújo Soares. *O caráter nacional.*

1917
- Edgar Roquette-Pinto. *Rondônia: antropologia, etnografia.*
- João Carneiro de Sousa Bandeira. *Páginas literárias.*
- Tobias Monteiro. *Funcionários e doutores.*

1918
- Joaquim Francisco de Assis Brasil. *Ideia de pátria.*
- José Maria Bello. *Ensaios políticos e literários.*
- Monteiro Lobato. *Urupês.*

1919
- Alcides Bezerra. *Ensaios de crítica e filosofia.*
- Henrique M. Coelho Neto. *Falando.*
- João do Rio. *Adiante!*

1920
- Oliveira Vianna. *Populações meridionais do Brasil.*

1922
- Miguel Calmon. *Tendências nacionais e influências estrangeiras.*

1924
- A. Carneiro Leão et al. *À margem da história da República.*
- Olavo Bilac. *Últimas conferências.*

1926
- Bruno Lobo. *Japoneses no Japão: no Brasil.*

1927
- Edgar Roquette-Pinto. *Seixos rolados.*

1928
- Mário de Andrade. *Macunaíma.*
- Paulo Prado. *Retrato do Brasil: ensaio sobre a tristeza brasileira.*

1932
- Francisco José de Oliveira Vianna. *Raça e assimilação.*

1933
- Gilberto Freyre. *Casa-grande & senzala.*

1934
- Georges Raeders. *Le Comte de Gobineau au Brésil.*

1935
- Agripino Grieco. *Gente nova do Brasil: veteranos, alguns mortos.*

1936
- Gilberto Freyre. *Sobrados e mucambos.*

1938
- Raimundo Nina Rodrigues. *As raças humanas e a responsabilidade penal no Brasil.*

1941
- Edgar Roquette-Pinto. *Ensaios brasileiros.*

1943
- Artur Ramos. *Guerra e relações de raça.*
- Fernando de Azevedo. *A cultura brasileira.*

1944
- Monteiro Lobato. *A barca de Gleyre.*

1945
- Raimundo Nina Rodrigues. *Os africanos no Brasil.*

1948
- José Fernando Carneiro. "Interpretação da política imigratória brasileira".

1950
- José Fernando Carneiro. *Imigração e colonização no Brasil.*

1952
- Osvaldo Melo Braga. *Bibliografia de Joaquim Nabuco.*
- Artur Ramos. *Le Métissage au Brésil.*

1955
- Vianna Moog. *Bandeirantes e pioneiros.*

1957
- Gilberto Freyre. *Ordem e progresso.*
- Luís Edmundo. *O Rio de Janeiro do meu tempo.*

Bibliografia

ADORNO, Sérgio. *Os aprendizes do poder: o bacharelismo liberal na política brasileira.* Rio de Janeiro: Paz e Terra, 1988.
ALVES FILHO, Aluísio. *Pensamento político no Brasil: Manuel Bonfim, um ensaísta esquecido.* Rio de Janeiro: Achiamé, 1979.
ANDREWS, George Reid. *Blacks and Whites in São Paulo, Brazil: 1888-1988.* Madison: University of Wisconsin Press, 1991.
ARQUIVO NACIONAL. *Guia brasileiro de fontes para a história da África, da escravidão negra e do negro na sociedade atual.* 2 vols. Rio de Janeiro: Departamento de Imprensa Nacional, 1988.
AZEVEDO, Célia Maria Marinho de. *Onda negra, medo branco: o negro no imaginário das elites, século XIX.* Rio de Janeiro: Paz e Terra, 1987.
AZEVEDO, Thales de. *Democracia racial: ideologia e realidade.* Petrópolis: Vozes, 1975.
BARCELOS, Luiz Cláudio et al. *Escravidão e relações raciais no Brasil: cadastro da produção intelectual (1970-1990).* Rio de Janeiro: Centro de Estudos Afro--Asiáticos, 1991.
BASTOS, Elide Rugai. "Gilberto [Freyre] e a questão nacional". In MORAIS, Reginaldo et al. (orgs.). *Inteligência brasileira.* São Paulo: Brasiliense, 1986.
BROOKSHAW, David. *Raça e cor na literatura brasileira.* Porto Alegre: Mercado Aberto, 1983.
Cadernos Negros 14. São Paulo: Quilombhoje, 1991.

CAMARGO, Osvaldo de. *A razão da chama: antologia de poetas negros brasileiros*. São Paulo: GRD, 1986.

CARVALHO, José Murilo de. "A utopia de Oliveira Vianna". *Estudos Históricos*, 7 (1991), pp. 82-99.

CHALHOUB, Sidney. *Trabalho, lar e botequim*. São Paulo: Brasiliense, 1986.

―――. *Visões da liberdade*. São Paulo: Companhia das Letras, 1990.

CNBB (Conferência Nacional dos Bispos do Brasil). *Ouvi o clamor deste povo: manual*. Brasília: Centro de Pastoral Popular, 1988.

COLINA, Paulo. *Axé: antologia contemporânea da poesia negra brasileira*. São Paulo: Global, 1982.

CORRÊA, Mariza. *História da antropologia no Brasil (1930-1960)*. São Paulo: Vértice, 1987.

COSTA, Haroldo. *Fala, crioulo*. Rio de Janeiro: Record, 1982.

DAMATTA, Roberto. "A originalidade de Gilberto Freyre". *Boletim Informativo e Bibliográfico de Ciências Sociais*, 24 (1987), pp. 3-10.

DIACON, Todd A. *Millenarian Vision, Capitalist Reality: Brazil's Contested Rebellion, 1912-1916*. Durham: Duke University Press, 1991.

DIMAS, Antônio. *Tempos eufóricos: análise da revista Kosmos, 1904-1909*. São Paulo: Ática, 1983.

FAORO, Raimundo. *Machado de Assis: a pirâmide e o trapézio*. São Paulo: Nacional, 1974.

FERNANDES, Florestan. *Significado do protesto negro*. São Paulo: Cortez, 1989.

FONSECA, Edson Néri da. *Um livro completa meio século*. Recife: Massangana, 1983.

FONTAINE, Pierre-Michel (org.). *Race, Class and Power in Brazil*. Los Angeles: Center for Afro-American Studies, Universidade da Califórnia, Los Angeles, 1985.

GALVÃO, Walnice Nogueira. *Saco de gatos*. São Paulo: Duas Cidades, 1976.

―――. *No calor da hora*. São Paulo: Ática, 1974.

――― (org.). *Os sertões: edição crítica*. São Paulo: Brasiliense, 1985.

GLEDSON, John. *The Deceptive Realism of Machado de Assis*. Liverpool: Francis Cairns, 1984.

―――. *Machado de Assis: ficção e história*. Rio de Janeiro: Paz e Terra, 1986.

GOMES, Ângela de Castro & FERREIRA, Marieta de Morais. "Primeira República: um balanço historiográfico". *Estudos Históricos*, 4 (1989), pp. 244-80.

GOMES, Heloísa Toller. *O negro e o romantismo brasileiro*. São Paulo: Atual, 1988.

HABERLY, David T. *Three Sad Races: Racial Identity and National Consciousness in Brazilian Literature*. Cambridge: Cambridge University Press, 1983.

HALL, Michael et al. "Imigrantes". *Trabalhadores: Publicação Mensal do Fundo de Assistência à Cultura* 3. Campinas: Prefeitura Municipal de Campinas: Secretaria de Cultura, Esportes e Turismo, 1989.

HALLEWELL, Laurence. *Books in Brazil: A History of the Publishing Trade*. Metuchen, Nova Jersey: Scarecrow, 1982.

HASENBALG, Carlos Alfredo. *Discriminação e desigualdades raciais no Brasil*. Rio de Janeiro: Graal, 1979.

HASENBALG, Carlos & SILVA, Nélson do Vale. *Estrutura social, mobilidade e raça*. São Paulo: Vértice, 1988.

——. "Raça e oportunidades educacionais no Brasil". *Estudos Afro-Asiáticos*, 28 (1990), pp. 73-91.

HELWIG, David J. *African-American Reflections on Brazil's Racial Paradise*. Filadélfia: Temple University Press, 1992.

HOLLOWAY, Thomas H. *Immigrants on the Land: Coffee and Society in São Paulo, 1886-1934*. Chapel Hill: University of North Carolina Press, 1980.

——. "'A Healthy Terror': Police Repression of Capoeiras in Nineteenth-Century Brazil". *Hispanic American Historical Review*, 69 (4), pp. 637-76, 1989.

IANNI, Octavio. *Escravidão e racismo*. São Paulo: Hucitec, 1978.

——. *Raças e classes sociais no Brasil*. 3ª ed. São Paulo: Brasiliense, 1987.

INSTITUTO PANAMERICANO DE GEOGRAFIA E HISTÓRIA. *Legislación y política inmigratoria en el cono sur de America: Argentina, Brasil, Uruguay*. México: Organización de los Estados Americanos, 1987.

JANOTTI, Maria de Lurdes Mônaco. *Os subversivos da República*. São Paulo: Brasiliense, 1986.

LANDERS, Vasda Bonafini. *De Jeca a Macunaíma: Monteiro Lobato e o modernismo*. Rio de Janeiro: Civilização Brasileira, 1988.

LEVI, Darrell E. *The Prados of São Paulo, Brazil*. Athens: University of Georgia Press, 1987.

LOVELL, Peggy A. (org.). *Desigualdade racial no Brasil contemporâneo*. Belo Horizonte: CEDEPLAR, Universidade Federal de Minas Gerais, 1991.

LUEBKE, Frederick C. *Germans in Brazil: A Comparative History of Cultural Conflict During World War I*. Baton Rouge: Louisiana State University Press, 1987.

MACIEL, Cléber da Silva. *Discriminações raciais: negros em Campinas (1888-1921)*. Campinas: UNICAMP, 1987.

MAGGIE, Yvonne. *Catálogo: Centenário da Abolição*. Rio de Janeiro: CIEC, Núcleo da Cor, Universidade Federal do Rio de Janeiro, 1989.

MAROTTI, Giorgio. *Black Characters in the Brazilian Novel*. Los Angeles: Center for Afro-American Studies, Universidade da Califórnia, Los Angeles, 1987.

MARSON, Adalberto. *A ideologia nacionalista em Alberto Torres*. São Paulo: Duas Cidades, 1979.

MARTINS, Wilson. *História da inteligência brasileira*. 7 vols. São Paulo: Cultrix, 1976-8.

MASSI, Fernanda. "Franceses e norte-americanos nas ciências sociais brasileiras

(1930-1960)". In MICELI, Sérgio (org.). *História das ciências sociais no Brasil.* Vol. I, pp. 410-49. São Paulo: Vértice, 1989.

MEADE, Teresa & PIRIO, Gregory Alonso. "In Search of the Afro-American 'Eldorado': Attempts by North American Blacks to Enter Brazil in the 1920's". *Luso-Brazilian Review,* 25 (1), pp. 85-110, 1988.

MEDEIROS, Jarbas. *Ideologia autoritária no Brasil, 1930-1945.* Rio de Janeiro: Fundação Getúlio Vargas, 1978.

MICELI, Sérgio. *Intelectuais e classe dirigente no Brasil (1920-1945).* São Paulo: DIFEL, 1979.

———. *História das ciências sociais no Brasil.* Vol. I. São Paulo: Vértice, 1989.

MIRANDA, Maria do Carmo Tavares de. *À memória de Gilberto Freyre.* Recife: Massangana, 1988.

MOTA, Carlos Guilherme. *Ideologia da cultura brasileira, 1933-1974.* São Paulo: Ática, 1978.

MOURA, Clóvis. *O preconceito de cor na literatura de cordel.* São Paulo: Resenha Universitária, 1976.

———. *Brasil: raízes do protesto negro.* São Paulo: Global, 1983.

———. *Sociologia do negro brasileiro.* São Paulo: Ática, 1988.

———. *As injustiças de Clio: o negro na historiografia brasileira.* Belo Horizonte: Oficina de Livros, 1990.

NACHMAN, Robert G. "Positivism, Modernization and the Middle Class in Brazil". *Hispanic American Historical Review,* 57 (1), pp. 1-23, 1977.

NASCIMENTO, Abdias do. *O negro revoltado.* Rio de Janeiro: Nova Fronteira, 1982.

———. *O genocídio do negro brasileiro.* Rio de Janeiro: Paz e Terra, 1978.

NEEDELL, Jeffrey D. *A Tropical Belle Epoque: Elite Culture and Society in Turn-of--the-Century Rio de Janeiro.* Cambridge: Cambridge University Press, 1987.

NOVAES, Regina Reyes & FLORIANO, Maria da Graça. *O negro evangélico.* Rio de Janeiro: Instituto de Estudos da Religião, 1985.

OLIVEIRA, Lúcia E. Garcia de, PORCARO, Rosa Maria & ARAÚJO, Teresa C. N. *O lugar do negro na força de trabalho.* Rio de Janeiro: Departamento de Estudos e Indicadores Sociais (DEISO), Instituto Brasileiro de Geografia e Estatística, 1985.

OLIVEIRA, Lúcia Lippi. *A questão nacional na Primeira República.* São Paulo: Brasiliense, 1990.

QUEIROZ, Paulo Edmur de Souza. *A sociologia política de Oliveira Vianna.* São Paulo: Convívio, 1975.

QUEIROZ, Suely Robles Reis de. *Os radicais da República. Jacobinismo: ideologia e ação, 1893-1897.* São Paulo: Brasiliense, 1986.

QUEIROZ JÚNIOR, Teófilo de. *Preconceito de cor e a mulata na literatura brasileira.* São Paulo: Ática, 1975.

RICCI, Maria Lúcia de Souza Rangel. *Guarda-Negra: perfil de uma sociedade em crise*. Campinas: Ricci, 1990.

RODRIGUES, José Honório. *História da história do Brasil*. Vol. II, tomo I [*A historiografia conservadora*]. São Paulo: Nacional, 1988a.

———. *História da história do Brasil*. Vol. II, tomo II [*A metafísica do latifúndio: o ultrarreacionário Oliveira Vianna*]. São Paulo: Nacional, 1988b.

ROSEMBERG, Fúlvia & PINTO, Regina Pahim. "Raça negra e educação". *Cadernos de Pesquisa*, 63, 1987.

SCHWARTZ, Stuart B. *Slaves, Peasants, and Rebels: Reconsidering Brazilian Slavery*. Urbana: University of Illinois Press, 1992a.

———. "Brazilian Ethnogenesis: Mamelucos, Mestiços, and Pardos". Dissertação apresentada à Conferência sobre o Novo Mundo — Mundos Novos: A Experiência Americana, 2 a 4 de junho, École des Hautes Études en Sciences Sociales, Paris, 1992b.

SCHWARZ, Roberto. *Ao vencedor as batatas*. São Paulo: Duas Cidades, 1977.

———. *Um mestre na periferia do capitalismo: Machado de Assis*. São Paulo: Duas Cidades, 1990.

SEVCENKO, Nicolau. *Literatura como missão: tensões sociais e criação cultural na Primeira República*. São Paulo: Brasiliense, 1983.

SILVA, Nélson do Vale. "Cor e o processo de realização socioeconômica". *Dados*, 24 (3), pp. 391-409, 1981.

———. "Updating the Cost of Not Being White in Brazil". In FONTAINE, Pierre-Michel (org.). *Race, Class and Power in Brazil*, pp. 42-55. Los Angeles: Center for Afro-American Studies, Universidade da Califórnia, Los Angeles, 1985.

SKIDMORE, Thomas E. "Race and Class in Brazil: Historical Perspectives". In FONTAINE, Pierre-Michel (org.). *Race, Class and Power in Brazil*, pp. 11-24. Los Angeles: Center for Afro-American Studies, Universidade da Califórnia, Los Angeles, 1985.

———. "Fato e mito: descobrindo um problema racial no Brasil". *Cadernos de Pesquisa* (SP) 79 (novembro de 1991), pp. 5-16.

———. "Bi-Racial U.S. vs. Multi-Racial Brazil: Is the Contrast Still Valid?". Dissertação apresentada à Conferência sobre Racismo e Relações Raciais nos Países da Diáspora Africana, 6 a 9 de abril, Rio de Janeiro, 1992.

———. "The Myth-Makers: Architects of Brazilian National Identity". In GONZÁLEZ-ECHEVARRÍA, Roberto & PUPO-WALKER, Enrique (orgs.). *Cambridge History of Latin American Literature*. Cambridge: Cambridge University Press, 1993.

SOUZA, Neusa Santos. *Tornar-se negro: as vicissitudes da identidade do negro brasileiro em ascensão social*. Rio de Janeiro: Graal, 1983.

SPITZER, Leo. *Lives in Between: Assimilation and Marginality in Austria, Brazil, West Africa, 1780-1945*. Cambridge: Cambridge University Press, 1989.
STEPAN, Nancy Leys. *"The Hour of Eugenics": Race, Gender, and Nation in Latin America*. Ithaca: Cornell University Press, 1991.
VAINFAS, Ronaldo. *Ideologia e escravidão: os letrados e a sociedade escravista no Brasil colonial*. Petrópolis: Vozes, 1986.
——. *Trópico dos pecados*. Rio de Janeiro: Campus, 1986.
VEJA. 28 de agosto de 1985.
VENÂNCIO FILHO, Alberto. *Das arcadas ao bacharelismo: 150 anos de ensino jurídico no Brasil*. São Paulo: Perspectiva, 1977.
VENTURA, Roberto. *Estilo tropical: história cultural e polêmicas literárias no Brasil, 1870-1914*. São Paulo: Companhia das Letras, 1991.
VIEIRA, Evaldo Amaro. *Oliveira Vianna e o Estado corporativo*. São Paulo: Grijalbo, 1976.
VIOTTI DA COSTA, Emília. *A Abolição*. São Paulo: Global, 1982.
——. *The Brazilian Empire: Myths and Histories*. Chicago: University of Chicago Press, 1985.
WINANT, Howard. "Rethinking Race in Brazil". *Journal of Latin American Studies*, 24 (1), pp. 173-92, 1992.
WOOD, Charles H. & CARVALHO, José Alberto Magno de. *The Demography of Inequality in Brazil*. Cambridge: Cambridge University Press, 1988.

Créditos das imagens

p. 51: Acervo Fundação Biblioteca Nacional — Brasil

p. 54: *André Rebouças*. Rodolfo Bernadelli. Óleo sobre tela, 1877. Reprodução do Museu Afro-Brasil

pp. 55, 75, 115, 150, 152, 155, 190, 238, 255, 258 e 261: Acervo Iconographia

p. 56: Acervo Fundação Joaquim Nabuco - Recife

pp. 69 e 97: akg/ LatinStock

p. 104: Agência Estado

p. 162: Fotografia de Flavio de Barros. Acervo da Fundação Biblioteca Nacional — Brasil.

pp. 163, 168 e 254: Acervo da Biblioteca Guita e José Mindlin

p.172: Acervo Fundação Biblioteca Nacional — Brasil. Reprodução de Francisco Moreira da Costa

p. 230: Instituto Histórico e Geográfico Brasileiro

Índice remissivo

Os números de páginas em *itálico* referem-se a ilustrações

abolicionismo, 11, 24, 43-4, 49-63, 66, 80, 86, 91, 167, 199, 301, 308n, 310-2n, 318n, 321n
Abolicionismo, O (Nabuco), 57, 62, 311-3n
Abranches, Dunshee de, 216, 343n
Abreu, Capistrano de, 46, 158, 217, 218, 329n, 343-4n, 368n, 370n
Academia Brasileira de Letras, 168, 211, 237, 248, 249, 250, 265, 321n, 326n, 332n, 357n, 368-9n
Ação Integralista Brasileira *ver* integralistas
Afonso Celso, conde de, 154, *155*, 171, 187, 189, 312n, 328-9n
Africanos no Brasil, Os (Nina Rodrigues), 322-3n
Agassiz, Louis, 72, 92, 94, 95, 106, 109, 126, 174, 187, 234, 263, 272, 314n, 343n
Alagoas, 84
Albuquerque, Medeiros e, 122, 147, 148, 151, 215, 324n, 328n, 337n, 343n
Alencar, José de, 25, 42, 58, 59
Alencar, Mário de, 158, 215
Alves, Rodrigues, 91, 134, 149, 195, 214, 245, 367n
Amado, Gilberto, 131, 228, 234, 247, 303, 327n, 342-3n, 347-8n
Amado, Jorge, 322n, 356n
Amaral, Azevedo, 274, 361n
Amazonas, 53, 84
América espanhola, 197, 306n; *ver também* Argentina
Ammon, Otto, 100, 278
Andrada e Silva, José Bonifácio de, 49, 310n
Andrade, Mário de, 25, 250, 268, 352n, 359-60n

383

Andrade, Oswald de, 249
Andrade, Valente de, 227, 346n
Anthouard, barão de, 145, 146
antissemitismo, 284
antropologia, 23, 26, 93, 101, 104, 114, 117, 174, 178, 260, 267, 284, 303, 305, 323n, 356n, 358n, 360n
Aranha, Graça, 42, 45, 144, 147, 167, 168, 170, 171, 198, 239, 250, 327n, 331-2n, 352n
Araripe Júnior, 45, 46, 304, 326n, 330n, 332n
Argentina, 26, 42, 91, 187, 188, 192, 199, 204, 205, 206, 208, 209, 210, 227, 247, 270, 306n, 340-1n
arianismo, 94, 96, 120, 122, 178, 235, 362-3n; *ver também* "racismo científico"
Arinos, Afonso, 141, 221, 330n, 344-5n, 368n
Arnold, Thomas, 94
Assis, Machado de, 25, 27, 139, 140, 143, 147, 326n, 368n
Associação Americana de Antropologia, 285
Ataíde, Tristão de, 247, 345n
Austregésilo, Antônio, 264
Azevedo, Aluísio, 198
Azevedo, Fernando de, 260, 286, 287, 299, 309-10n, 313n, 321-2n, 335n, 347n, 354n, 356n, 365n, 368n
Azevedo, Thales de, 22, 295

bacia amazônica, 106, 198
Bagehot, Walter, 54
Bahia, 39, 52, 57, 84, 102, 104, 130, 133, 160, 161, 173, 213, 219, 256, 260, 295, 297, 315n, 325n, 342n, 344n, 346n, 350n, 353-4n, 356n, 368n

Bandeira, Sousa, 45, 151, 153, 154, 304, 327-8n, 331-2n
Barbosa, Rui, 34, 54, 197, 212, 215, 221, 245, 249, 253, 338-9n, 342n, 344n, 350n, 353-4n, 369n
Barca de Gleyre, A (Monteiro Lobato), 327n, 353-4n
Barreto, Lima, 15, 25, 141, 347n
Barreto, Luís Pereira, 47, 224, 310n
Barreto, Paulo *ver* João do Rio
Barreto, Plínio, 224
Barreto, Tobias, 45, 91, 167, 216, 309n
Barros, Teotônio Monteiro de, 275, 276
Barroso, Gustavo, 283, 284, 364n
Bastide, Roger, 81, 295, 316-7n, 366n
Batista de Lacerda, João, 101, 102, 111, 112, 113, 114, 116, 117, 118, 119, 261, 262, 272, 300, 323-4n, 360n, 362n
Batista, Álvaro, 269
belle époque, 27, 143, 145, 146, 147, 150, 157, 195, 345n
Bello, José Maria, 240, 304, 313-4n, 344n, 349n, 353n
Bernardes, Artur, 245, 246
Bevilácqua, Clóvis, 45, 272, 309-10n, 323n, 332n, 360n, 369n
Bezerra, Alcides, 109, 323n, 331n, 341n, 350n
Bezerra, Andrade, 269, 270, 271, 275
Bilac, Olavo, 145, 151, 219, 220, 221, 222, 223, 230, 241, 249, 324n, 328-9n, 344-5n, 347n, 349n
Boas, Franz, 178
Bonfim, Manuel, 27, *172*, 173-9, 211, 234, 264, 332-3n, 357n, 362n
Bonifácio, José *ver* Andrada e Silva, José Bonifácio de

borracha, 135
Braga, Cincinato, 269, 271, 275
Braga, Teófilo, 100, 321n
"branqueamento", 11, 12, 13, 14, 63, 66, 85, 87, 88, 89, 107, 110, 112, 114, 115, 116, 117, 118, 119, 120, 123, 125, 126, 160, 169, 170, 193, 200, 236, 244, 262, 268, 269, 271, 272, 273, 276, 277, 278, 279, 280, 281, 283, 285, 286, 288, 291, 293, 297, 298, 317n, 319n, 325n, 348n, 357n, 364-5n, 368n
Brás, Venceslau, 214, 245, 257, 346n
Brasil, Assis, 227, 232, 346-7n
Brecheret, Victor, 249
Bryce, lorde James, 199, 213, 282, 343n, 349n
Buckle, Henry Thomas, 68, 69, 70, 71, 74, 75, 126, 163, 213, 313n, 331n, 343n
Burton, Richard, 187

caboclo, 141, 251, 252, 253, 254, 333n, 353n; ver também "Jeca Tatu"
Cabral, João, 269
café, 86, 134, 149, 186, 201, 202, 206, 252, 325n, 351n
Calmon, Miguel, 219, 220, 223, 225, 233, 234, 344n, 347n
Calógeras, João Pandiá, 283, 350n, 364n
Calvino, Italo, 9, 10
Campos Salles, Manuel Ferraz de, 134, 135
Canaã (Graça Aranha), 147, 167, *168*, 170, 250, 313n, 331-2n
Canadá, 194, 204, 205, 208, 209, 270
Candido, Antonio, 33, 42, 141, 300, 308n, 314n, 326n, 331n, 353n, 370n
Canudos, 27, 160, 161, *162*, 165, 166, 198, 330-1n
Capítulos de história colonial (Capistrano de Abreu), 329n
capoeiras, 89, 90
Caráter nacional brasileiro, O (Moreira Leite), 299, 363n, 366n
Cardoso, Fausto, 45
Cardoso, Fernando Henrique, 316n
Cardoso, Vicente Licínio, 247, 276, 351n
Carlyle, Thomas, 94
Carneiro Leão, Antônio, 247, 312n, 347n, 350-1n
Carneiro, Édison, 268, 357n, 360n, 366n, 368n
Carvalho Neto, 271
Carvalho, Arnaldo Vieira de, 224
Carvalho, Bulhões de, 348n
Carvalho, Elísio de, 148, 149, 152, 328n, 349n, 364n
Carvalho, Ronald de, 247, 364n
Casa-grande & senzala (Freyre), 266, 267, 307n, 357-9n
Castelo Branco, Camilo, 146
catolicismo, 38, 41, 45, 47, 48, 170, 359n
Ceará, 46, 53, 58, 84, 213, 253, 325n
Celso, Afonso *ver* Afonso Celso, conde de
Chamberlain, Houston Stewart, 94, 100, 234
Chateaubriand, Assis, 337n
chineses, 60, 63, 64, 65, 66
Clapp, João, 54
Clemenceau, Georges, 199, 341n
Clube Militar, 226
Coelho Neto, 131, 143, 151, *152*, 157,

215, 220, 228, 249, 303, 327-8n, 344n, 346n, 370n
Colégio Pedro II, 46
colônia alemã no Brasil, 217, 218
Comissariado da Alimentação Pública, 230
Comte, Auguste, 45, 47, 48, 159, 234, 314n
Conferência de Paz de Versalhes, 243
Conferência Internacional de Genética, 284, 285
Conferência Pan-Americana, 198
Congressos Afro-Brasileiros, 266
Conselheiro, Antônio, 133, 160, 162, 165
Constant, Benjamin, 46, 309n
Cooper, James Fenimore, 41
coronelismo, 130
Correia, Raimundo, 151
Correia, Serzedelo, 194
Couty, Louis, 71, 72, 314n
Cruz, Oswaldo, 191, 195, 255, 256, 257, 369n
Cuba, 43, 64, 227
cultura alemã, 167
cultura brasileira, 76, 100, 141, 146, 248, 286, 309, 313, 321, 322, 335, 354, 365, 368
cultura francesa, 32, 228
Cunha, Euclides da, 25, 27, 42, 133, 158, 163, 171, 198, 211, 256, 261, 272, 276, 304, 308n, 323n, 329-32n, 339n, 342n, 356-7n, 369n

D'Eu, conde, 51
Darwin, Charles, 45, 95, 124, 159, 234
darwinismo social, 73, 95, 97, 104, 159, 211
Defesa Nacional, A (revista), 219

"degenerescência latina", 96; ver também lusofobia
Del Picchia, Menotti, 249
democracia racial, 11, 14, 82, 296
Denis, Pierre, 114, 115, 324n
descolonização da Ásia e da África, 293
desigualdade racial, 13, 21, 281, 282
determinismo climático, 31, 68, 107
Dewey, John, 233
Di Cavalcanti, Emiliano, 351n
Dias, Gonçalves, 25, 41
Diniz, condessa Sílvia, 148
discriminação racial, 13, 285, 289, 290, 296; ver também preconceito racial; racismo
Dória, Antônio de Sampaio, 224, 345n
Doumer, Paul, 145
Doutrina Monroe, 177, 228
DuBois, W. E. B., 113
Dumont, Santos, 156, 157
Dunham, Katherine, 291
Duque Estrada, Osório, 312n
Duque, Luís Gonzaga, 147

ecletismo, 38, 45, 47, 307n
"embranquecimento" ver "branqueamento"
Eschwege, W. L. von, 278
Escola do Recife, 45, 46, 47, 272, 309n
"escola histórica" do racismo, 94, 108
Escola Paulista de Sociologia, 13
escravidão: abolida, 22, 23, 30, 31, 32, 37, 49, 50, 51, 52, 57, 73, 80, 81, 113, 176, 186, 189, 199, 200, 310-3n, 368n; variações regionais, 86, 296; ver também abolicionismo; racismo; tráfico negreiro

Espírito Santo (estado), 84, 167, 168, 331n
Estado de S. Paulo, O, 34, 160, 161, 318n, 322-3n, 329-31n, 343-4n, 346n, 353n
Estados Unidos, 13, 18, 19, 26, 32, 34, 43, 56, 61-4, 70, 81-2, 84-5, 87, 91, 92, 94, 98-9, 107-10, 117-21, 123-6, 158, 177-8, 181, 187-8, 193, 197, 199, 201, 204-5, 208-11, 217, 222, 226-8, 233, 235, 240, 262-3, 270, 272, 274-6, 278, 281-2, 287-95, 297, 317-8n, 320n, 324n, 339n, 341n, 346n, 350n, 355-6n, 360-1n, 365-6n
evolucionismo, 45, 164; ver também darwinismo
Exército, 39, 43, 48, 49, 50, 51, 53, 58, 62, 91, 133, 135, 159, 160, 165, 166, 213, 216, 223, 226, 233, 241, 246, 308n, 310n, 345n
exposições: na Europa, 188; no Brasil, 301; nos EUA, 189, 190

febre amarela, 70, 191, 195, 239, 255, 323n, 337n
Fernandes, Florestan, 295, 296, 316-7n, 319n, 360n, 366-7n
Ferraz, Sampaio, 216, 343n
Ferrero, Guglielmo, 199, 320n, 332n, 339-40n
fertilidade dos grupos raciais, 84, 85, 99, 278, 318n; ver também "branqueamento"; miscigenação; mistura racial; racismo
Fonseca, Deodoro da, 132
Fonseca, Hermes da, 212, 213, 214, 245
França, Eduardo, 47
Francisco, Martim, 113, 323n

Franklin, Benjamin, 60
Freyre, Gilberto, 24, 28, 89, 244, 251, 264, 266, 267, 268, 276, 280, 284, 288, 299, 307n, 317n, 320n, 323n, 328-9n, 331-2n, 335n, 338n, 352n, 357-9n, 363n, 365n
futurismo, 249, 250

Gama, Domício da, 198
Gama, Luís, 54
Gama, Saldanha da, 132
Garnier (editora), 146
genética, 67, 71, 106, 285, 303
Gentil, Alcides, 183, 334n, 339n
Glidden, George, 92
Gobineau, Arthur de, 69, 70, 71, 92, 94, 100, 234, 278, 281, 314n, 320n, 322n, 335n, 355n, 361n
Goeldi, Emílio, 102
Goiás, 84, 231, 256, 354n
Gomes, Napoleão, 271
Grant, Madison, 281
Grieco, Agripino, 304, 355n, 362-3n
Guerra do Paraguai, 39, 42, 44, 50, 51, 188, 308n
Guimarães, Antônio Carlos de Oliveira, 46
Gumplowicz, Ludwig, 164

Haeckel, Ernst, 45
Harris, Marvin, 297, 317n, 367n
Hasenbalg, Carlos, 13, 21
Hellwald, Friedrich, 234
herança africana, 291
Hilliard, Henry, 58, 59, 60, 312n
"hipótese poligênica", 92, 93, 95, 96
Hitler, Adolf, 284, 288, 289
Hoetink, Henry, 87, 316n, 319n
holandeses no Brasil, 60

387

Hugo, Victor, 47, 55, 58, 145, 312n
Huxley, Thomas, 159

Ianni, Octavio, 22, 295, 316n, 367n
identidade nacional, 18, 19, 24, 25, 27, 128, 153, 222, 233, 237
Ihering, Herman von, 101, 321n
imigração, 22, 26, 57, 62, 63, 64, 65, 66, 78, 79, 83, 88, 100, 111, 120, 122, 160, 166, 169, 185, 187, 192, 194, 199, 200, 201, 202, 203, 204, 206, 207, 245, 269, 270, 272, 273, 274, 277, 279, 283, 286, 297, 301, 321n, 335-7n, 341n; chinesa, 64, 65, 66; de negros dos EUA, 274; europeia, 62, 63, 66, 78, 145, 166, 169, 176, 182, 193, 194, 201, 204, 270, 276, 321n; japonesa, 274
indianismo, 41, 45; ver também romantismo
índios, 70, 76, 77, 78, 101, 105, 111, 117, 278, 280, 286, 321n, 362n
Ingenieros, José, 71, 97, 314n
Instituto Histórico e Geográfico Brasileiro, 323n, 338n, 340n
Instituto Nacional de Música, 148
Integração do negro à sociedade de classes, A (Florestan Fernandes), 360n, 367n
integralistas, 283
interpretação patriarcal da sociedade brasileira, 266, 267
Isabel, princesa, 80

jacobinismo, 136, 196
Jaguaribe, Domingos, 191
japoneses, 192, 273, 275, 276
"Jeca Tatu", 252, 253, 254, 256, 257, 353-5n

João de Barro, 194, 337n
João do Rio, 149, *150*
João Grave, 109, 323n
João VI, d., 63, 186, 197
jornalismo, 143, 302, 303
judeus, 245, 284, 285

Knox, Robert, 94

Ladislau Neto, 101, 106
Laemmert (editora), 161, 330n
Lafitte, Pierre, 46
Lamarck, Jean-Baptiste de, 124
Lapouge, Vacher de, 96, 97, 100, 101, 164, 234, 278, 320-2n, 350n, 362n
Le Bon, Gustave, 96, 97, 109, 110, 234, 258, 272, 350n
Lei Afonso Arinos, 290, 291
Lei do Ventre Livre, 52, 59, 202
"Lei dos Sexagenários", 53
Lemos, Miguel, 46
Lênin, V., 180
liberalismo, 32, 36, 42, 43, 54, 66, 67, 138, 143, 200, 224, 225, 231, 253, 285, 307n
libertos de cor, 81, 83, 86, 317n; ver também mulatos; miscigenação; mistura racial
Liga da Defesa Nacional, 221, 223, 224, 230, 344n
Liga Nacionalista, 224, 225, 345n
Liga pelos Aliados, 215, 228
Liga Pró-Saneamento do Brasil, 257, 258
Lima, Alceu Amoroso, 304, 345n, 349n, 362n
Lima, Antônio Pereira, 225
Lima, Manuel de Oliveira, 119, 324-5n, 338n

Lima, Rocha, 46
Lima, Saboia, 183, 333n
Literatura e sociedade (Candido), 141, 326n, 370n
Littré, E., 46
Lobato, Monteiro, 28, 146, *238*, 249, 252-9, 327n, 348n, 353-5n, 370n
Lobo, Gusmão, 54, 55
Lopes Neto, Simões, 141
lusofobia, 136, 137; *ver também* jacobinismo; degenerescência latina
Machado, Pinheiro, 214
Macunaíma (Mário de Andrade), 250, 352n
Magalhães, Basílio de, 234, 235, 236, 347-8n
Maia, Alcides, 141
malária, 191, 192, 195, 256, 257
Malfatti, Anita, 249
Malheiro, Perdigão, 61
manifesto abolicionista, 32, 60, 310n
Maranhão, 84
Marat, Jean-Paul, 145
Marinetti, Filippo, 248
Marinha, 91, 226; discriminação na, 91; revoltas na, 132
Martins, Joaquim Pedro de Oliveira, 175
Mártir, Deocleciano, 137
marxismo, 180, 294, 329n
Mascarenhas, Aníbal, 137
materialismo, 45
Mato Grosso, 41, 84, 115, 213, 214, 261, 262, 269
Melo Morais Filho, Alexandre José de, 102, 141
Mendes, Raimundo Teixeira, 309n
Mendonça, Lúcio de, 143, 161

Mendonça, Salvador de, 64, 313n, 335n
Menezes, Caio de, 193, 268, 337n, 344n
Menezes, José Ferreira de, 54
Mesquita Filho, Júlio de, 224
Mesquita, Júlio de, 160
mestiços, 18, 82, 89, 99, 100, 105, 106, 107, 109, 110, 111, 112, 116, 117, 118, 126, 161, 169, 174, 233, 235, 262, 263, 264, 279, 320n, 331n, 363n; *ver também* miscigenação; mistura racial; mulatos
Métis ou mestiços do Brasil, Os (Lacerda), 111
métis, 111, 112, 113, 323n
Minas Gerais, 39, 61, 86, 130, 134, 135, 141, 231, 245, 270, 278, 345n, 352n
Minha formação (Nabuco), 311n, 326n
Miranda, Pontes de, 247
miscigenação, 69, 70, 77, 78, 89, 98, 99, 100, 106, 107, 111, 118, 119, 120, 121, 165, 169, 179, 244, 261, 263, 267, 268, 272, 275, 280, 282, 285, 287, 323n, 358n, 363n, 365n; *ver também* "branqueamento"; mistura racial; mulatos
mistura racial, 113, 363n; *ver também* "branqueamento"; democracia racial; índios; mulatos; raça branca; raça negra
Moacir, Pedro, 229
modernismo, 18, 147, 248, 250, 300, 327n, 351-4n
monarquismo, 22
Monroe, Doutrina, 177, 228
Monteiro, Tobias, 115, 231, 232, 324n, 347n
Moog, Clodomir Vianna, 294, 366n
Morais, Prudente de, 133

Moreira, Juliano, 264
Moreira, Nicolau, 54
Morton, Samuel, 92
Mota Filho, Cândido, 249, 333n
Moussy, Martin de, 174
mulatos, 18, 81, 82, 83, 85, 87, 90, 91, 94, 99, 100, 106, 112, 116, 118, 169, 262, 278, 290, 317-8n, 320n, 347n, 358n, 362n; ver também libertos de cor; mestiços; miscigenação; mistura racial
Müller, Lauro, 228, 369n
Muniz, Patrício, 47
Murtinho, Joaquim, 108, 323n
Mussolini, Benito, 284

Nabuco, Joaquim, 28, 32, 52, 54-5, 56, 57-63, 65, 66, 91, 143-4, 147, 150, 167-8, 189, 198-200, 279, 295, 306n, 311-3n, 321n, 324n, 326n, 338n
nacionalismo, 24, 76, 181, 182, 184, 210, 219, 223, 225, 226, 237, 240, 242, 293, 297, 326n, 334n, 349n, 352n, 360n, 368n; ver também jacobinismo
nacionalismo econômico, 182, 184, 242, 334n, 349n
nacionalismo negro, 293, 360n, 368n
Nascimento, Abdias do, 298, 367-8n
nazismo, 244, 283, 284, 285, 287, 288, 364n
negro ver raça negra
Neither Black Nor White (Degler), 317-9n, 366-7n
Neiva, Artur, 256, 257, 269, 354n, 360n
Neves, Eduardo das, 156
nórdicas, raças, 72, 96, 178, 264; ver também arianismo
Nott, Josiah, 92

Ordem e progresso (Freyre), 299, 320n, 328-9n, 338n
Organização nacional, A (Torres), 179, 182, 334n
Orlando, Artur, 45, 194, 309n, 320n, 337n
Osório, Joaquim, 269
Otávio, Rodrigo, 138, 143, 157, 198, 326n, 329n, 337n, 339n
Ouro Preto, visconde de, 132

Paim, Antônio, 38, 307n, 309n, 370n
Palmares, quilombo dos, 175
Pará, 84, 213
Paraguai, guerra do ver Guerra do Paraguai
Paraíba, 84, 252, 323n, 331n
Paraná, 84, 132, 214, 226, 341n
parnasianismo, 147
Partido Conservador, 129
Partido Liberal, 44, 51, 52, 54, 57, 129
Partido Republicano, 43, 44, 52, 309n
Patrocínio, José do, 54, 55, 58, 63, 131, 311-2n
Peçanha, Nilo, 157, 246, 329n
Pedro I, d., 132
Pedro II, d., 24, 39, 40, 44, 50, 55, 58, 71, 138, 142, 186, 187, 204, 241, 335n
Peixoto, Afrânio, 122, 147, 192, 195, 238, 239, 257, 272, 321n, 324n, 327n, 335-6n, 338n, 343n, 348n, 354n, 360n
Peixoto, Floriano, 132
Pena, Afonso, 130, 134, 157, 246, 342n
Pena, Belisário, 255, 256, 257, 354n
Pereira, Miguel, 252
Pernambuco, 39, 45, 52, 84, 130, 213, 256, 269, 313n, 319n, 345n, 351-2n, 354n

Pessoa, Epitácio, 245
Pestana, Rangel, 224
Piauí, 84, 256, 354n
Picchia, Menotti del ver Del Picchia, Menotti
Pimentel, Figueiredo, 147
Pinheiro, João, 212, 326n
político, sistema: da República, 135, 139, 210, 215, 247; do Império, 39, 307n
Pompeia, Raul, 138, 139, 211, 326n
Pontes, Carlos, 173
população brasileira, 19, 107, 114, 115, 163, 165, 170, 202, 206, 262, 281, 287, 333n
população negra, 70, 88, 111, 114, 118, 191, 262, 278
Por que me ufano do meu país (Afonso Celso), 154, 328n
Porto Rico, 43
Portugal, 24, 32, 39, 41, 42, 122, 136, 139, 146, 235; ver também lusofobia
positivismo, 45, 46, 47, 48, 49, 306n, 309n
Prado, Antônio da Silva, 189
Prado, Eduardo, 27, 186, 211
Prado, Paulo, 281, 282, 283, 363n
preconceito racial, 13, 26, 61, 62, 63, 64, 90, 93, 108, 121, 125, 157, 191, 193, 233, 252, 275, 276, 284, 296, 317n, 324n, 332n, 357n, 359n, 367n
Primeira Guerra Mundial, 26, 141, 167, 178, 203, 215, 241, 301, 349n, 359n
Primeiro Congresso Brasileiro de Eugenia, 274, 358n, 361n
Problema vital (Monteiro Lobato), 258, 355n

Problema nacional, O (Torres), 179, 181, 262, 334n

Quatrefages de Bréau, Jean Louis Armand de, 174
Queiroz, Eça de, 32, 136, 325n
Querino, Manuel, 260, 356n
questão racial, 11, 12, 29, 30, 96, 119, 121, 167, 178, 239, 244, 248, 276, 281, 292, 301, 306n
Quilombo dos Palmares ver Palmares, quilombo dos

raça branca, 93, 105, 106, 107, 112, 116, 121, 122, 193, 273, 276, 286; ver também arianismo; "branqueamento"
raça negra, 109, 110, 113, 118, 121, 270; ver também escravidão; herança africana; miscigenação; mistura racial; mulato
racismo, 12, 28, 64, 69, 92, 94, 108, 174, 176, 179, 244, 271, 279, 280, 283, 285, 286, 287, 288, 293, 294, 319n, 321n, 361-2n; "racismo científico", 28, 174, 179, 244, 279, 280, 285, 286, 287, 288, 294, 319n; ver também "branqueamento"; discriminação racial; questão racial; preconceito racial
Ramos, Artur, 84, 266, 284, 322-3n, 353n, 355n, 357n, 362n, 364-5n
Rangel, Alberto, 354-5n
Rangel, Godofredo, 146, 327n
Ratzel, Friedrich, 178, 261, 278, 331n
Rebouças, André, 24, 54, 55, 91, 311n
reforma educacional, 247
regionalismo, 39, 85, 177, 351-2n
Reis, Fidélis, 270, 271, 272, 274, 360n

391

Reis, Joaquim Silveira dos, 157
Renan, Ernest, 45, 54
Retrato do Brasil (Paulo Prado), 281, 363n
Revista Brasileira, 74, 142, 168, 315-6n, 327n, 331n
Revista do Brasil, 237, 238, 348n, 369n
revoltas militares, 154; *ver também* Exército; Marinha
Ribeiro, René, 295, 319n
Ribeiro, Tomás, 139
Rio Branco, barão do, 186, 187, 197, 198, 199, 213, 227, 242, 332n, 335n, 338-40n
Rio de Janeiro, 23, 25, 39, 46, 84, 86, 101, 102, 130, 134, 137, 138, 141, 142, 145, 147, 157, 173, 178, 191, 192, 195, 198, 213, 214, 249, 252, 255, 260, 264, 277, 283, 295
Rio Grande do Norte, 84
Rio Grande do Sul, 84, 129, 130, 132, 135, 137, 141, 214, 273, 325n, 341n
Roca, general, 91, 324n
Rodrigues, Nina, 102-3, *104*, 105-8, 117, 119, 126, 260, 262, 266, 321-2n, 331n, 356n
romantismo, 11, 18, 26, 41, 45, 47, 171, 308n; *ver também* indianismo
Romero, Sílvio, 12, 25, 42, 45, 73, 74, *75*, 78, 100, 107, 116, 131, 211, 259, 264, 304, 307-9n, 314-5n, 321n, 324n, 326n, 333n, 341-2n, 356n
Rondon, Cândido, 115, 261, 263
Roosevelt, Theodore, 115, 124, 125, 283, 324n
Root, Elihu, 198
Roquette-Pinto, Edgar, 114, 260, *261*, 262-5, 274, 276, 281, 284, 300, 356-8n, 360n, 362n, 369n
Rousseau, Jean-Jacques, 145

Sá, Salvador Correia de, 65
Saneamento do Brasil (Belisário Pena), 255
sanitarismo, 252
Santa Catarina, 84, 132, 214, 228, 341n
São Paulo, 18, 23, 26, 39-40, 44, 52-3, 80, 84, 86, 88, 90-1, 113, 130, 133-5, 141, 146-7, 156, 159-61, 188, 192, 201-3, 218, 224, 225, 231, 234, 236-7, 240, 246, 249-52, 258-60, 268, 276, 295
saúde pública, 71, 195, 233, 239, 241, 254, 256, 257, 258, 259, 268, 324n, 353-4n; *ver também* febre amarela; malária
Schliemann, Heinrich, 178
Segunda Guerra Mundial, 288, 293, 295, 359n
Semana de Arte Moderna, 250
Sergipe, 45, 84, 173
Serra, Joaquim, 55
sertanejos, 133, 160, *162*, 163, 164, 165, 166, 256, 257, 262, 271, 321n; *ver também* caboclo
Sertões, Os (Euclide da Cunha), 27, 147, 158, 160, 161, *163*, 166, 167, 261, 263, 330-1n
Serviço de Profilaxia Rural, 257
serviço militar obrigatório, 220, 224
Silva, Nelson do Valle e, 13
Silveira, Paulo, 218
Silveira, Tasso da, 247
simbolismo, 147, 300
Sinimbu, visconde de, 64
Soares, Hermann, 108, 109, 323n
Sobrados e mucambos (Freyre), 266, 317n, 357n
Sociedade Auxiliadora da Indústria Nacional, 63

Sociedade Central de Imigração, 204, 340n
Sociedade Contra a Escravidão, 55, 60
Sociedade Eugênica de São Paulo, 258
Sociedade Imperial de Imigração, 71
Sociedade Nacional de Agricultura, 273
Sociedade para a Importação de Trabalhadores Asiáticos de Ascendência Chinesa, 64
Sociedade Promotora da Imigração, 202
sociologia, 23, 138, 176, 259, 260, 267, 286, 303, 321n, 352n, 362n, 367n
Sodré, Jerônimo, 52
Sousa, Inglês de, 45
Sousa, Meneses e, 64
Sousa, Vicente de, 54
Spencer, Herbert, 73, 97, 159, 234, 300, 307n, 310n
Spengler, Oswald, 242
Steidel, Frederico, 224, 225

Taine, Hippolyte, 45
Taunay, visconde de, 71, 308n
Távora, Franklin, 45
taylorismo, 237
teorias raciais, 11, 73, 75, 267, 286, 303, 361n, 365n
Topinard, Paul, 175
Torres, Alberto, 27, 34, 172, 173, 177, 178, 179, 180, 181, 182, 183, 211, 220, 231, 234, 246, 264, 277, 282, 302, 304, 333n, 334n, 350n, 357n, 363n
Torres, Antônio, 183
tráfico negreiro, 37, 57, 78, 84, 85, 88, 318n
Truman, Harry S., 289

ufanismo, 155, 156, 171
UNESCO, 295, 366n
Urupês (Monteiro Lobato), 253, 254, 256, 259, 353-5n

Vale, Eurico, 271
Vasconcelos, Zacarias de Góis e, 44
"vender" o Brasil, 185, 190
Veríssimo, José, 106, 142, 167, 215, 237, 303, 304, 324n, 326-7n, 332n
Vianna, Francisco José de Oliveira, 173, 183, 247, 276, 277, 278, 279, 280, 287, 304, 355n, 361-3n

Wagley, Charles, 295, 297, 319n, 366-7n
Waitz, Theodor, 174
Wilberforce, William, 76, 92
Wilde, Oscar, 149

Zaborowski, 175
Zacarias, primeiro-ministro ver Vasconcelos, Zacarias de Góis e

1ª EDIÇÃO [2012] 1 reimpressão

ESTA OBRA FOI COMPOSTA PELA SPRESS EM MINION E IMPRESSA EM OFSETE
PELA GRÁFICA BARTIRA SOBRE PAPEL PÓLEN SOFT DA SUZANO S.A.
PARA A EDITORA SCHWARCZ EM AGOSTO DE 2021.

FSC
www.fsc.org
MISTO
Papel produzido
a partir de
fontes responsáveis
FSC® C105484

A marca FSC® é a garantia de que a madeira utilizada na fabricação do papel deste livro provém de florestas que foram gerenciadas de maneira ambientalmente correta, socialmente justa e economicamente viável, além de outras fontes de origem controlada.